KB239458

韓國漢文敎育學會 創立 30週年 紀念
韓國漢文敎育硏究叢書 2

한문과 교수·학습 방법론

송병렬·진철용 편

보고사

발간사

韓國漢文敎育學會가 1981년 6월 27일 韓國漢文敎育硏究會라는 이름으로 創立된 지 30년, 어느덧 한 세대의 단위를 넘겼다. 작고하신 李家源(1대: 1981.6~1983.6) 초대 會長으로부터 閔丙秀(2·3대: 1983.7~1987.6), 鄭愚相(4·5대: 1987.7~1991.6), 李簾衡(6대: 1991.7~1993.6), 朴天圭(7대: 1993.7~1995.6), 金容傑(8대: 1995.7~1997.6), 申用浩(9대: 1997.7~1999.6), 金相洪(10대: 1999.7~2001.6), 朴性奎(11대: 2001.7~2003.6), 李明學(12·13대: 2003.7~2007.6), 金呂珠(14대: 2007.7~2010.6) 회장에 이르기까지 14대 11분이 각기 당대의 회장단 및 임원진과 함께 학회를 이끌어주시는 동안, 그 사이 많은 변화가 있었다. 박천규 회장 재임 때인 1994년 6월 25일 학회 회칙이 개정되면서, 학회 명칭이 韓國漢文敎育硏究會에서 韓國漢文敎育學會로 바뀌었다. 학회지『漢文敎育硏究』는 閔丙秀 회장 재임 때인 1986년 창간호, 鄭愚相 회장 재임 때인 1988년 제2호 이후 매년 1회 발간에서, 金相洪 회장 재임 때인 2000년 제14호 이후 연간 2회 발간하여, 2012년 6월 현재 제37호까지 발간됐다.『漢文敎育硏究』제1호에는 10편의 논문이 실렸는데 그 중 한문교육 주제를 다룬 논문은 2편에 불과했다. 그러나『漢文敎育硏究』제36호는 14편의 게재 논문 가운데 한문교육 주제를 다루지 않은 논문이 1편이고, 제37호는 21편의 게재 논문 모두가 한문교육 주제를 다룬 논문들이다. 30년 전 한문교육 연구의 불모지대에서 출발한 우리 학회가 어느덧 30년이 경과하는 동안 한문교육 연구의 화려한 꽃들을 피우기 시작했던 것이다. 이 모두가 역대 회장님들을 비롯한 학회의 선배 회원들 및 동학의 여러 회원들이 한문교육에 대해 가진 뜨거운 애정과 관심의 결과가 아닌가 한다.

이번에 간행하는 『韓國漢文教育學 研究叢書』는 지난 30년간을 중심으로 그 동안의 한문교육의 성과를 되돌아보고 앞으로의 과제를 전망하는 야심찬 기획이다. 이 기획을 위하여 한국한문교육학회의 이사진 중에서 기획 실무를 전담할 간행위원회를 구성하고, 간행위원회에서 총서의 기획 및 총서의 각 분야별 주편자 섭외를 진행하여, 2011년 3월 19일 고려대학교에서 제1차 한국한문교육학 연구총서 주편자 회의를 개최하였다. 이후 평균 매달 1회씩 주편자 회의를 열어 총서의 구성 및 주제 분류, 논문 선정 원칙, 진행 일정 등을 논의하고 각 총서의 총론 원고 작성 방법 및 그 내용 검토를 진행해 왔다. 그 결과 『韓國漢文教育學 研究叢書』를 『한문과 교육과정론』(윤재민·송혁기), 『한문과 교수·학습 방법론』(송병렬·진철용), 『한문과 평가론』(장호성·김경익), 『한문과 교재론』(정재철·심재경), 『한문과 문법론』(이군선·김성중), 『한문교육학 연구방법론』(김왕규·김동규), 『한문과 수업론』(백광호·엄선용), 『한문과 문학교육론』(임완혁·김연수), 『한자 어휘 교육론』(이동재·허철), 『한문교육사』(남궁원·신영주) 등 모두 10권으로 구성하게 되었다.

이 『韓國漢文教育學 研究叢書』가 모름지기 한문교육 연구의 새로운 진화의 계기가 되기를 기대하며, 이 기획을 위하여 애써 주신 주편자 여러분들과 간행위원회 위원들, 그리고 옥고를 허락하여 이 연구총서를 갖가지 색깔로 더욱 빛나게 해 주신 각 논문 필자 선생님들께 이 자리를 빌려 거듭 감사의 마음을 전한다. 또한 요즘처럼 어려운 출판 환경 아래에서도 10권이나 되는 총서의 간행을 흔쾌히 수락하고 성심껏 만들어 주신 보고사의 김흥국 사장님과 편집부의 여러분들께도 깊은 감사를 드린다.

2012년 6월
한국한문교육학회 회장 윤재민

차 례

제1부 총론

漢文科 敎授·學習 方法 硏究의 成果와 方向

　　宋秉烈 ··· 9

제2부 기존 연구의 성과들

기초 조어표의 활용을 통한 조어표의 효과적인 지도방안

　　강덕희 ··· 35

漢字語 敎授-學習 方法에 對한 硏究-中學校 6次 敎育課程을 中心으로

　　元容錫 ··· 93

漢文科 교수·학습 지도 방법-시청각 자료 활용을 중심으로

　　裵源龍 ··· 113

漢文科 學習의 傳統的 朗讀法에 對하여

　　-漢文科 學習의 效果的 一方案의 摸索

　　백원철 ··· 133

近體詩의 4단 구성과 그림으로 하는 漢詩 수업

　　이태희 ··· 147

옛날이야기와 수수께끼를 통한 한자·한문 학습
이복규 ·· 157

漢文科에 적용가능한 웹기반수업과 문제중심학습
백광호 ·· 175

漢文敎科敎育에서「漢字의 짜임」指導 方法의 一考察
    －象形字·指事字를 중심으로
宋秉烈 ·· 193

文化遺産을 活用한 漢字·漢字語 敎授-學習 方法
金恩暻 ·· 221

讀者 反應 中心 漢詩 敎授-學習 模型
金載暎 ·· 269

漢文科 敎授-學習 方法의 體系化 方案
金載暎 ·· 287

U.C.C를 기반으로 하는 한시학습 방법 연구
    －7차 고등학교 교육과정 한시를 중심으로
李京雨 ·· 315

漢文科 敎授·學習의 理論과 方法
宋秉烈 ·· 353

한문과 교수·학습 방법론 논저목록 ······················· 381

제1부
총론

漢文科 敎授·學習 方法 硏究의 成果와 方向

宋秉烈

Ⅰ. 緒論

　교수·학습 방법은 연구자들의 학교 현장에서 적용 가능한 것을 제시하여야 한다. 따라서 교수·학습 방법은 교육과정에 반영되어 현장 교사들에게 활용할 수 있도록 하여야 한다. 그러나 한문과의 경우 6차 교육과정 이전에는 이렇다 할 교수·학습 방법이 제시되지 못했다. 이는 교수·학습 방법의 연구가 부진했던 탓이다. 그러나 1990년대 후반 들면서 한문과 교수·학습 방법에 관한 연구 논저들이 다수 나왔으며 그러한 성과가 교육과정에 반영되었다.

　이에 본고는 한문과의 교육과정에 나타난 교수·학습 방법들을 개괄해보고, 1986년 이후 한문 관련 교육학회지에 나온 논문들을 대상으로 한문과 교수·학습 방법 연구사를 서술해 보고자 한다. 물론 교육대학원에서 많은 한문 교육 관련 석사 학위 논문들이 나왔다. 그 가운데 관심을 가질 만한 논문이 간혹 있겠으나 이들을 다 참조하기에는 연구사에서 상당한 부담이 있어, 일단 제외한다. 다만 일부 박사학위 논문은 그 방법이 참신하고 현장 한문과 학습에 실행이 가능한 것은 대상에 포함시켜 다룬다. 이에 이들 논문들이 그동안 어떻게 발전해왔는지를 살펴보고, 그 내용을 짚어서 성과를 논하고자 한다. 물론 성과 뒤에는 문제점이나 부족한 부분도 있으리라고 생각한다. 따라서 이러한 부분을 보완할 수 있도록 그동안의 성과를 바탕으로 향후 연구의 방향을 진단해 보고자 한다.

Ⅱ. 敎育課程에 따른 漢文科 敎授·學習 方法의 現況

漢文科 敎授·學習 方法의 硏究는 그 歷史가 아주 日淺하다. 日淺한 역사에도 개발된 교수·학습 방법은 비교적 다양하다. 그러나 실제로 교육과정 상에서 제시할 수 있는 것은 그다지 다양하지 않다. 이 때문인지 5차 교육과정 이전에는 교육과정 해설서에도 교수·학습 방법은 제시되지 않았고, '지도상의 유의점'으로 대신하였다.

5차 한문과 교육과정의 '지도상의 유의점'에서 제시된 방법을 보면 "문장의 구조와 형식은 문장을 바르게 독해하는 데 활용할 수 있도록 지도한다."[1]이다. 이는 '문장 구조 활용 독해지도' 유의사항을 제시하였으나, 방법이라고 하기에는 많이 부족하다. 학문적으로 방법 연구의 안을 낸 것은 아니기 때문이다. 6차 한문과 교육과정부터 해설서에 '한문과의 방법'이 구체적으로 제시되었다. 그 하위에 '가. 교수·학습 계획, 나. 교수·학습 방법, 다. 교수·학습 자료, 라. 교수·학습 상의 유의점' 등이 제시되었다. 구체적인 교수·학습 방법의 내용은 다음과 같다.

---

1) 문교부(1988), 176면, 중학교 한문과 교육과정 해설, 문교부; 문교부(1989), 192면, 고등학교 한문과 교육과정 해설, 문교부.

　(1) 한자는 가능한 한 한자어나 간이한 문장과 관련지어 지도한다.

　(2) 한자의 짜임은 그 특징이 뚜렷한 한자를 통하여 한자 학습의 흥미를 유발시키고, 한자의 음과 뜻에 대한 이해도를 높이는 범위 내에서 지도한다.

　(3) 한자의 부수, 획수, 필순은 한자를 자전에서 찾고, 바르게 쓰는 데 도움이 되는 범위 내에서 지도한다.

　(4) 한자어는 가능한 한 언어생활이나 문장 독해와 관련지어 지도한다.

　(5) 한자어의 짜임은 그 특징이 뚜렷한 것에 한하여 한자어의 풀이나 문장 구조와 관련지어 지도한다.

　(6) 고사성어, 격언이나 속담, 명언 명구는 겉으로 드러난 뜻과 함께 속뜻을 파악하고, 선인들의 지혜와 사상을 이해하며, 그 가르침을 되새길 수 있게 지도한다.

　(7) 문장의 구조는 문장의 기본 구조를 바탕으로 하여 확장 구조로 발전시켜 지도하고, 허자는 기본적인 허자의 쓰임과 구실을 통하여 문장을 바르게 이해하는 데 도움이 되게 지도한다.

　(8) 한문은 한문 문장을 바르게 이해하거나 감상할 수 있는 기초적인 독해 능력을 신장시키는데 주안을 두되, 그 속에 담긴 선인들의 사상과 감정을 이해할 수 있게 지도한다.[2]

　위의 내용은 교수·학습 방법이 아니라, 앞서 5차 한문과 교육과정 때와 같이 한문과 교수·학습 지도상의 유의점을 영역별로 제시한 것에 불과하다. 따라서 모든 문장이 '～ 이해하는 데 도움이 되게 지도한다'로 되어 있다. 오히려 '교수·학습 자료'에 "교수·학습의 효과를 높이기 위하여 카드, 융판, 괘도 등 시청각 자료를 그 특성에 맞게 활용하여 지도하도록 한다."[3]고 하여 방법적인 내용이 소박하게 제시되어 있다.

---

2) 교육부(1994), 87~95면, 중학교 교육과정 해설 −한문·컴퓨터·환경−, 교육부; 교육부(1995), 175~186면, 고등학교 교육과정 해설 −한문Ⅰ, 한문Ⅱ−, 교육부.
3) 앞의 책, 교육부(1994), 96면; 교육부(1995), 186면.

이와 같이 교수·학습 방법이 척박했던 데에 비해 7차 한문과 교육 과정에서는 구체적인 교수·학습·방법이 제시되었다.

> 한자·한자어는 부수 중심 지도법, 구조 분석법, 조어 분석법, 언어 활용법, 반복 학습법, 색출법, 비교 학습법 등 다양한 수업 방법을 적용하여 지도한다. …… 고사성어, 격언·속담·명언·명구는 다양한 수업 방법을 적용하여 겉으로 드러난 뜻과 함께 속뜻을 알게 …… 지도한다. 〈보기〉 토의 학습법 …… 역할놀이 학습법……. [4]

7차 교육과정에 와서야 비로소, '부수 중심 지도법, 구조 분석법, 언어 활용법' 등의 구체적인 교수·학습 방법이 제시되었다. 그러나 7차 교육과정의 교수·학습 방법에는 한문과 교수·학습 방법 연구가 충분히 반영되지 못한 면도 있으며, 일부 개념과 용어가 불일치하기도 하였다. 2007년 개정 한문과 교육과정의 교수·학습 방법은 7차 교육과정의 문제를 일부 보완하고, 그동안의 연구 성과를 반영하였다. 다음과 같이 정리하였다. "토의학습법과 토론학습법 등은 나누어서 정리하였다. 토의학습은 '문제해결을 위해 학급 전체에서 학습자와 교사 또는 학습자 간 질의·응답으로 진행하는 학습법'으로, 토론학습법은 '문제 해결을 위해 학급을 몇 개의 작은 모둠으로 나누어 모둠끼리 학습 내용을 자유롭게 토론하고, 모둠별로 토론 결과를 발표하는 학습법'으로 재정의하였다. 부수 중심 지도법은 용어는 같으나, 개념과 예시를 완전히 달리하였다. 부수 중심 지도법의 내용을 명칭에 맞게 제시하였다. 구조 분석법은 개념은 같으나, 예시를 제시하여, 그 내용을 분명히 알 수

---

4) 교육 인적 자원부(1999), 202~203면, 중학교 교육 과정 해설 -외국어(영어), 재량 활동, 한문, 컴퓨터, 환경, 생활 외국어-, 교육인적 자원부; 교육부(2001), 57~58면, 고등학교 교육과정 해설, 13 한문-, 교육부.

있게 하였다. 조어 분석법은 개념을 용어에 맞게 변경하였으며, 예시도 그에 따라 변경 제시하였다. 언어 활용법은 개념은 같으나, 예시를 내용에 맞게 변경하여 제시하였다. 따라서 새교육과정의 교수-학습 방법은 제시된 명칭과 개념, 예시를 일치 시켰다. 이는 7차 교육과정에서 '교수-학습 방법'에 제시된 여러 학습법이 명칭, 개념, 예시의 불일치로 혼란을 주었던 것을 바로 잡은 것이다."[5] 2007년 개정 한문과 교육과정에서는 '강의 학습', '현장 학습', '협동 학습' 등의 행동중심 교수·학습법을 제시하여 교수·학습 방법의 체계를 세웠다고 할 수 있다.

이러한 과정을 거치고 난 후에 2011년 한문과 교육과정 교수·학습 방법을 보면 그 방법의 수도 많아지고, 종류도 다양해졌다. 2011년 한문과 교육과정이 제시한 교수·학습 방법은 다음과 같다.

> 강의법, 구조 분석법, 그림을 활용한 학습법, 낭독법, 도형화된 노트 활용 쓰기, 독자 반응 중심 학습법, 문제 중심 학습법, 부수 중심 지도법, 비교 학습법, 색출법, 어순 구조를 통한 독해 지도법, 언어 활용법, 역할놀이 학습법, 웹기반 중심 학습법, 이미지컷 활용 학습법, 자원(字源) 활용법, 자전(字典) 활용 학습법, 조어 분석법, 토론 학습법, 토의 학습법, 한자카드 활용법, 허사 지도를 통한 독해지도법, 현토활용법, 현장 학습, 협동 학습[6]

2007년에 제시되지 않았던 방법들이 보인다. '그림을 활용한 학습법, 낭독법, 도형화된 노트 활용 쓰기, 독자 반응 중심 학습법, 문제 중심 학습법, 어순 구조를 통한 독해 지도법, 웹기반 중심 학습법, 이

---

5) 송병렬(2008), 1433~1436면, 2007年 改定 漢文科 敎育課程에 관한 硏究, 漢文學報 제18집, 1424~1458면, 우리한문학회.

6) 교육과학기술부(2011), 69~72면, 고등학교 교육과정 해설 13 -한문-, 교육과학기술부.

미지컷 활용 학습법, 자원(字源) 활용법, 자전(字典) 활용 학습법, 한자카드 활용법, 허사 지도를 통한 독해지도법, 현토활용법’ 등은 그동안 교수·학습 방법 연구자들이 제시한 것을 과감하게 받아들인 것이다. 짧은 연구 기간에도 불구하고, 다양한 방법이 개발된 것이다. 이들 대부분은 현장 한문과에 적용 가능한 방법들이다.

Ⅲ. 漢文科 敎授·學習 方法의 摸索

초기 한문과 교과교육에 대한 연구는 교과 교육의 정체성을 논의하는 쪽으로 모색되었다. 따라서 교수·학습 방법에 관한 연구 논문은 상당한 시간이 필요했다. 『漢文敎育硏究』 제1호에 실렸던 宋載卲의 「漢文敎育은 왜 필요한가?」는 한문교육의 정체성에 대한 논문이다. 宋載卲는 한문은 동아시아의 보편적인 문화이면서 역사적 체험과 경험이 누적된 전통문화이고 더불어 현재 우리가 사용하고 있는 언어의 구성과 매우 밀접한 관련이 있기 때문에 한문교육이 필요하다고 주장하였다. 이글은 상당한 반향을 일으켰고, 당시에 한문과 교육의 필요성에 대한 이론적 제공을 했다. 이 글 이후에 교수·학습 방법에 대한 필요성을 느끼고 후속 논문들이 제출된다. 초기 논문을 제출한 이는 金慶洙이다. 그의 「漢文敎科와 그 指導案」은 한문과의 성격과 한문과 지도안의 개념과 성격을 제시하고, 두 개의 실제 지도안을 제시하였다. 지도안 내에는 교수·학습 방법이 있었지만, 그 방법은 교사가 제시한 것으로 연구자의 연구 내용은 아니었다. 따라서 『漢文敎育硏究』 1호에는 교수·학습 방법에 관한 연구는 박약한 수준이었다.

이후 『漢文敎育硏究』 2호에서 李鍾虎의 「高校漢詩 指導方法에 관한 試論」[7]이 실렸다. 이 논문은 효과적인 漢詩 學習을 위해서 수업 진행상 무엇을 강의할 것인가에 초점을 맞추었다. 그는 漢詩 學習의 構成을 '作者, 題目, 本文(詩), 出典' 등으로 보고, 학습의 바람직한 절차를 '本文(詩)〉題目〉作者〉出典' 순으로 제시하였다. 本文의 이해는 '①낱말 이해 ②형태 이해 ③주제 이해'로 제시하였다. 본문 詩의 指導方法이라고 밝혔지만, 사실상 指導 節次인 '①讀詩 ②解詩 ③作詩 ④評詩'를 제시하였다. 이어서 교사의 활동 단계, 학습자의 활동 단계 등을 제시했다. 해당 논문은 '指導方法'이란 題目을 달고 있기는 해도 漢文科의 敎授·學習 模型이나, 敎授·學習 方法을 제시한 것은 아니었다. 한시 학습에서 우리가 지도해야 할 학습 내용 요소와 敎授·學習의 지도 절차를 제시한 것이다. 따라서 본격적인 교수·학습 방법에 관한 논문은 아니다. 같은 호에 張基聖의 「한문의 독해력 신장을 위한 허사와 문형학습지도에 관한 연구」[8]는 한문의 특징이 어순에 의해서 의미가 결정되는 것이므로 글의 관계와 구성 방법을 알도록 지도하기 위해 허사의 쓰임과 기능을 중심으로 학생들의 이해도를 측정하고 문형의 단계적 학습을 제시하였다. 이 논문은 이미 문법서에 제시된 '문형지도 기본 구조와 확장 구조를 통한 지도'를 교수·학습 방법으로 제시한 것이다. 즉 '문법의 지도를 통한 한문 학습'을 교수·학습 방법으로 이해한 것이다.

1990년 『漢文敎育硏究』 제4호에 金翊壽의 「漢字의 字形分析을 통한 字義의 理解—漢字 指導方法에 대한 試考—」[9]가 나왔다. 이 논문은 '字形을 分析하여 字義를 이해' 하도록 하는 指導 方法을 제시한다고 했지만, 논문 대부분은 字形의 分析에 그치고 말았다. 따라서 이후에 나온 '성부

---

7) 李鍾虎(1988), 89~105면.
8) 張基聖(1988), 106~140면.
9) 金翊壽(1990), 104~152면.

활용 자의 학습법'에 토대가 되는 역할만 했다. 같은 호에 최승호의 「構造類型의 探索活動을 통한 漢字·漢字語·漢文에로의 단계별 指導方案」[10]은 장기성과 마찬가지로 문형지도의 기본 구조의 학습에다가 선행 단계로 한자와 한자어의 학습을 추가 시켰다. 이는 문형의 기본 구조를 교수·학습의 방법으로 제시한 것이다. '漢字는 聲符를 활용하여 字音과 부수자를 중심으로 字義의 지도를, 漢字語는 짜임을 활용하여 造語 原理의 지도를, 한문은 成分論을 중심으로 文章 構造의 指導'를 강조하였다. 결국은 한자, 한자어, 한문의 짜임과 구조를 학습 활동 요소로 이해하지 못하고, 도리어 이를 지도 방법으로 인식한 것이다. 따라서 장기성과 같이 문법서의 재탕 수준을 넘지 못했다. 이같이 초기에는 한문과 교수·학습 방법에 대한 수준 있는 논문은 쉽게 출현하지 못했다.

그러던 중 1991년 『漢文敎育硏究』 제5호에 강덕희의 「기초 조어표의 활용을 통한 조어표의 효과적인 지도방안」[11]이란 논문에서 '조어'를 활용한 지도 방법을 제시하였다. 해당 논문은 조어 원리를 교수·학습 방법으로 제시하고, 새로운 조어를 지도하고 이해하는 학습 원리로 제시했다. 그러나 해당 논문은 지도 방법은 제시했으나, 제시한 교수·학습 방법에 대해 명칭을 부여하지 않았다. 즉, 이론을 '고유명사화' 하지 못한 것이다. 결국 후에 '조어 분석법(어휘의 짜임을 풀이하여 지도하는 학습법[12])'의 단초를 제공하였다. 그래도 이 논문은 한문과에서 지도 방법을 최초로 제시한 논문이다.

이런 가운데 韓國漢字漢文敎育學會가 창립이 되고, 1994년 마침내

---

10) 최승호(1990), 57~103면.

11) 강덕희(1991), 49~113면.

12) 교육과학기술부(2008a), 213면, 중학교 교육과정 해설 Ⅴ, 교육과학기술부. 교육과학기술부(2008b); 71면, 고등학교 교육과정 해설13, 교육과학기술부.

학회지『漢字漢文硏究』가 창간되었다. 漢字·漢文 敎育 관련 학회가 비로소 둘이 된 것이다. 이 해 김상홍이『漢字漢文敎育』1호에서「漢詩 鑑賞指導의 一斑」[13]을 발표하였다. 이 논문에서 한시 시체의 특성과 詩題의 이해, 시의 주제 및 소재 분석, 시인의 사상과 시의 수사법 및 표현기교, 그리고 시의 일반에 대한 분석의 방법을 제시하였다. 매우 다양한 한시 학습 내용을 논하였다. 그러나 대부분 내용이 교수·학습 방법이 아니라, 시를 이해하는 접근 방법에 대한 것이었다. 이와 같이 한문과 교수·학습의 방법에 대한 연구는 한자·한문 교육 관련 학회가 출범하고 학회지가 나온 이후에도 상당 기간 자기 방향을 찾지 못했다.

Ⅳ. 漢文科 敎授·學習 方法의 發展

상당히 오랜 시간 자기 방향을 찾지 못했던 한문과 교수·학습 방법에 대한 연구는 1990년대 중반에 와서 방향성을 갖기 시작했다. '방법'이니 '모형'이니 하는 것을 논할 수 있을 정도의 것이 제시되는 발전의 시기를 맞기 시작하였다. 이후 다양한 논문들이 제시되는데, 그 연구의 방향은 크게 두 가지이다. 그 두 가지는 敎授 方法, 敎授·學習 模型이다. 각기 개념과 범주에서 조금 차이가 있기는 하지만, '方法'은 技法을 중심으로 분류한 것이고, '模型'은 수업의 절차를 중심으로 분류한 것이다.

1. '敎授 方法'의 成果

교수 방법은 한문과의 학습 요소를 효과적으로 지도할 수 있는 지

---

13) 김상홍(1994), 153~174면.

도법이다. 이에 대해 연구한 한문과의 논문으로 최초라 할 수 있는 것은 역시 위에서 제시한 강덕희의 「기초 조어표의 활용을 통한 조어표의 효과적인 지도방안」14)이다. 이 논문에서 제시한 교수 방법은 강덕희 선생 자신이 命名하지 않고 내용만 제시했다. 이에 필자가 '조어 활용 교수 방법'이라고 명칭을 부여한다. 조어 활용 교수 방법이란, 선습 한자의 전후에 다른 한자를 첨가하여 漢字語를 만드는 것이다. 이에 전이력이 높은 한자어를 조어표로 작성하여 소단원별로 제시하였다. 이 논문은 방법의 제시와 함께 造語表를 제시했다는 점에서 충분한 공로가 있다.

1994년 김우용의 「特活을 通한 漢文科 學習指導가 學習者의 學力伸張에 미치는 影響」15)에서 '한자카드 놀이법'이란 구체적인 명칭을 사용하여 교수·학습 방법을 제시하였다. 한자카드 놀이법은 일반적인 방법으로 카드를 활용하여 '한자의 짜임, 한자어의 조어, 한문의 문형 학습'을 제시하였다. 그러나 '한자카드 놀이법'은 '교육과정' 또는 '한문문법서'에 제시된 조어, 문형지도를 '카드놀이'라는 매체를 방법으로 활용한 사례를 보여준 것이 의미가 있다. 같은 해에 『漢字漢文教育』 1호에 「漢文讀解力 伸張을 爲한 段階的 文型 指導 方案」16)이 제출되었는데, 이 논문은 앞서 장기성, 최승호의 경우와 큰 차이를 보이지 않고 있다.

이어서 1995년 조규남은 「그림을 活用한 漢字指導法 研究」17)에서 '甲骨文, 金文, 小篆, 隷書, 現代楷書'의 발달 과정과 함께 해당 한자에 해당하는 그림을 제시하여 학습자에게 한자를 쉽게 기억할 수 있

---

14) 강덕희(1991), 49~113면.
15) 金禹鏞(1994), 107~125면.
16) 卞英安(1994), 127~151면.
17) 조규남(1995), 49~113면.

는 방법을 제시하였다. 즉, 한자에 남아 있는 회화적 특성을 최대한 재생시켰다. '그림 활용 한자 지도법'으로 명명할 수 있다. 그러나 논문 대부분이 한자와 해당 한자에 대한 그림, 그리고 甲骨文부터 現代 楷書까지 字體 變遷 過程을 제시하고 있어, 일부 字義와 관련이 없는 漢字들까지 모두 그림 활용 한자로 지도하여 교수 방법의 학문적 과학성을 일부 상실하고 있다.

이후 1996년 裵源龍의 「漢文科 교수·학습 지도 방법-시청각 자료 활용을 중심으로-」[18)는 '융판 활용 한자어 지도법'에서 '비교 학습법', '반복 학습법', '대체 학습법', '색출 학습법', '활용법', '신체부위를 이용한 카드 활용법', '역할 놀이 카드 활용법'을 제시하였다. 여기서 다양한 학습법과 융판 및 카드 제작의 방법까지 제시하였다. 그러나 제시된 다양한 학습법은 모두가 '융판 활용 한자(어) 카드 학습법'에 속한다. 다만, '역할 놀이 카드 활용법'만은 '한자(어) 카드 학습법'에 '역할 놀이 학습법'을 결합한 것으로 '역할 놀이 학습법'을 한문과의 학습에 적용시킨 사례이다. 기타 다양한 시청각 자료 활용 학습법을 적용하였는데, 학습지, 슬라이드, O.H.P, 실물화상기, V.T.R 등 시청각 매체를 활용한 학습법을 소개하였다. 그러나 학습 방법과 지도 방법 및 모형 등은 제시되지 않고, 시청각 매체를 제작하고 활용하는 과정만 소개하는데 그쳤다.

여기까지의 교수 방법은 대체로 교수 방법의 모색과 모방 단계라고 할 수 있다. 이 시기까지는 다양한 교수 방법을 적용한 것이다. 즉 기존의 교육학 쪽에서 제시한 이론을 그대로 옮겨다 모방적으로 적용한 것이다. 모방이긴 하나 그래도 이전의 교수 방법을 전혀 소개하지도

---

18) 裵源龍(1996), 107~125면.

못했던 것에 비하면 매우 큰 진전이며, '한문과의 교수 방법'이라는 이름을 걸 수 있게 되었다.

이러한 것에 한 걸음 더 나아간 것은 1997년 白源鐵의 「漢文科 學習의 傳統的 朗讀法에 對하여－漢文科 學習의 效果的 一方案의 摸索－」[19] 이다. 백원철은 전통적인 낭독법을 黙讀과 聲讀으로 聲讀을 平讀과 朗讀으로 분류하였다. 본디 전통적인 성독은 선인들이 읽어 오던 방식으로 高低長短과 情感을 실어 읽는 것을 말하는데, 여기에 고저장단 없이 평범하게 읽는 것을 平讀이라 하고, 오늘날 전통적 성독이 어려운 교사에게 평독법을 제시한 것이다. 따라서 읽는 법을 통칭하여 '낭독법'이라고 하고 이를 평독과 낭독(=聲讀)으로 구분하여 제시한 것이다. 낭독법은 기존의 전통의 성독에 평독을 더하여 제시한 교수 방법으로 본격적으로 한문과 독자의 교수 방법이 제시된 것이라 할 수 있다.

이어서 이태희의 「近體詩의 4단 구성과 그림으로 하는 漢詩 수업」[20] 은 한시의 학습 요소인 起承轉結을 효과적으로 학습시키기 위해서 창의적으로 개발한 방법이다. '한시 그림 그리기 학습법'인 이 교수 방법은 신문에 4단 컷 만화의 전개 방식과 한시의 기승전결의 전개 방식이 일치하는 것에 착안하여 적용한 것이다. 4단 컷 만화의 경우, 세 번째 장면에서 反轉을 통해서 주제에 접근하고 독자의 주의를 환기시킨다. 근체시 절구시의 경우도 기승전결의 4단계 중 '轉'의 단계에서 시적 전환이 이루어지며, 結의 주제로 마무리된다. 따라서 연구자는 바로 4단 컷 만화와 근체시 절구의 기승전결의 전개방식의 유사성을 하나의 교수 방법으로 활용한 것이다. 이전까지의 교수 방법이 모방적이라면 '한시 그림 그리기 학습법'은 창의적인 교수 방법으로 평가할 만하다.

---

19) 白源鐵(1997), 31~43면.
20) 이태희(1997), 5~12면.

'낭독법'이나 '한시 그림 그리기 교수법'은 모두 학습 요소의 특징을 살려서 제시한 교수 방법이다. 그래서인지, 이후 이복규도 '破字(회의자 또는 형성자의 複體字)'와 '同音異義語'를 이야기를 통해 풀이하였다. 「옛날 이야기와 수수께끼를 통한 한자 한문 학습」[21]이 바로 그것이다. 한자를 파자 풀이 이야기를 통하여 한자를 익히게 하는 '이야기 파자 풀이 학습법', 同音異義의 한자 또는 한자어에 重意性이 있는 것을 활용해서 이야기로 익히게 하는 '이야기 동음이의 풀이 교수법'을 제시하였다. 이는 이야기와 학습 요소가 결합된 것으로 흥미로운 교수 방법이다. 또한 수수께끼를 통한 한자 교수법도 제시하고 있다. 이 역시 파자할 수 있는 한자라든가 한자의 구성 모양을 가지고 만들어낸 수수께끼들이다. 이들 교수 방법은 학생들에게 흥미를 불러일으킬 수 있는 재미있는 교수법이다. 모든 한자나 한자어를 이야기로 풀 수 없으며, 문자학의 시각으로 보면 학술적인 요소가 떨어진다는 단점이 있다.

2001년 宋秉烈은 「漢文敎科敎育에서 '漢字의 짜임' 指導 方法의 一考察—象形字·指事字를 중심으로—」[22]에서 '이미지컷을 활용한 교수법'을 제출하였다. 상형자와 지사자는 이미 사물의 모양을 본뜨고 자체가 변화되는 과정 속에서 이미지컷의 속성을 지니고 있다. 이미지컷은 사물의 모양을 이미지화 한 것이다. 따라서 상징과 의미를 지닌다. '이미지컷을 활용한 교수법'은 생활 주변에 많은 이미지컷의 원리를 상형자와 지사자를 이해시키는 교수법으로 응용한 것이다. 이 논문은 학습자들이 쉽게 경험할 수 있는 생활 주변의 이미지컷과 상형, 지사자 원리의 유사성을 발견하고 이를 학습 방법으로 도입한 것이다. 따라서 학습자의 경험을 방법으로 활용하고 있는 측면에서 실용

---

21) 이복규(1999), 57~72면.
22) 宋秉烈(2001), 165~189면.

적인 교수 방법이라 할 수 있다.

이후 김은경의 「문화유산을 활용한 한자·한자어 교수·학습 방법」은 문화재에서 볼 수 있는 한자와 한자어를 교육에 활용하는 방법, 김재영의 「신문, 방송을 활용한 한자·한자어 교수 학습 방법」은 신문과 방송 매체에서 나오는 한자, 한자어를 효과적으로 지도하는 교수 방법을 제시하였다. 그러나 이후 한문과에 학습 요소를 응용한 교수 방법은 주춤하고 있다. 그 대신 최근에는 여러 가지 교수·학습 모형을 한문과에 적용한 논문들이 제출되고 있다.

2. '敎授 模型'의 成果

교수 모형에 따른 지도안은 원래 지도 모형이 그에 따라 수업 지도안을 작성하여 수업에 반영하는 것이 목적이다. 그러나, 일반적으로 초기에는 강의식 수업 모형에 자신들이 수업 지도안을 작성하여 제시하는 것이 일반적이다. 따라서 교수 모형 안에는 다양한 교수 방법이 사용된다. 여기서는 교수 모형을 위주로 제시한다.

일반적으로 한문과에서는 강의식 모형이 가장 일반적이었다. 따라서 그에 따라 지도안도 다수 개발되었다. 앞서 언급한 초기의 지도안 형태의 안들이 강의식 모형을 따른 것들이다. 그러나 대부분의 논문들이 모형을 언급하지 않았으며, 지도 절차와 지도안을 제시하는데 그쳤다. 1996년 원용석은 「한자어 교수·학습 모형」이란 논문으로 한문과에 교수·학습 모형을 최초로 제시하였다. 그가 제시한 '교수·학습 모형'은 논문에서 구체적으로 명칭을 밝히지 않았다. 전형적인 '강의식 유형'에 해당한다고 할 수 있겠다. 이 모형에서 그는 '도입 → 전개 → 종합 → 정착'으로 도표화하여 제시했다.

2000년 백광호는 「漢文科에 적용 가능한 웹기반 수업과 문제중심 학습」[23]을 제시하였다. 그는 처음으로 한문과 구성주의 이론에 입각한 교수 모형을 소개했다. 구성주의 학습 이론은 학습자 개인의 직접적 체험과 학습자간의 협동학습을 강조하기 때문에 정보화 시대에 창의적 자율적, 협조적 인간형성에 적합하다는 것이다. 이에 백광호는 이러한 구성주의 철학에 근거한 웹기반 학습과 문제해결 학습법을 한문과에 적용하여 제시했다. 이러한 연구 방법은 당시 한문과에 구성주의를 유행시킨 계기가 되었다.

2006년 金鍊秀는 『漢詩 敎育에서 구성주의 교수·학습 방법 연구』[24]를 제출하였다. 여기서 그는 '인지적 도제 중심의 한시 교수·학습 모형'을 설계하였다. 모형은 '강의→토의→강의→강의→정리'이다. 이 모형은 협동학습의 모형을 한시에 적용한 것이다.

2007년 金載暎은 「讀者 反應 中心 漢詩 敎授·學習 模型」을 제출한다. 김재영이 제시한 모형은 '텍스트 제시→텍스트와 학습자와의 교류1(한시 1차 해석)→텍스트와 학습자와의 교류2(모둠별 토의로 2차 해석, 학습자 1차 반응)→다른 텍스트와의 교류(모둠 토의로 학습자 2차 반응—한시 관련 다른 텍스트 선정)→평가와 보상(모둠별·개인별 평가와 보상)'이다. 이 모형은 앞서 김연수의 제출한 '인지적 도제 중심의 한시 교수·학습 모형'과 같이 구성주의 이론을 바탕으로 한 것이다. 따라서 모형은 다르지만 협동수업의 모형의 또 다른 응용이다. 위의 두 모형은 앞서 제시한 구성주의 이론을 적극 수용한 데서 나온 성과물이라고 할 수 있다.

2007년 宋秉烈은 「漢文科 敎授·學習의 協同學習 模型 適用」[25]에서

---

23) 백광호(2000), 453~470면.

24) 金鍊秀(2006).

25) 宋秉烈(2007), 401~424면.

구성주의에 따른 협동학습을 한문과에 적용한 사례를 보고하였다. 그는 모형을 '모둠 구성(모둠 짜기, 배치, 역할 부여, 신호 연습, 기록 준비, 모둠 형성)→교사의 텍스트 준비(세부 학습 요소의 목표 설정, 발문 준비, 학습활동 사전 확인, 자료 준비)→학습자 중심 모둠학습(텍스트 제시, 학습자 자발적 참여, 학습자간 협력 학습, 교사의 역할: 협력자=조력자)'로 설계하였다. 이 방법은 구성주의 따른 협동학습을 한문과에 적용한 것으로 학습자의 자발적 참여를 유도한다는 장점을 지니고 있다. 그러나 아직은 그 모형이 단순 명료하고 치밀하게 구성되지 않았다. 추가적인 개발이 필요하다.

가장 최근에 제출된 교수 모형은 李京雨의 「UCC를 기반으로 하는 한시 학습 방법 연구-7차 고등학교 교육과정 한시를 중심으로-」[26] 이다. UCC(User Created Contents)는 사용자가 제작한 콘텐츠라는 말로 인터넷 사용자들이 자신이 표현하고자 하는 것을 동영상으로 제작하여 올리는 것이다. 이를 교수·학습 모형에 적용한 것이다. 따라서 'UCC 기반 한시 수업 모형'은 교사나 학생 누구든지 자신들이 한시의 내용을 동영상으로 제작하여 제시한다는 것을 전제로 하는 것이다. 이경우는 모형의 구체적 과정을 명칭화하지 않았다. 필자가 정리해 본 바에 의하면 UCC 기반 한시 수업 모형은 '한시 텍스트 이해(한시의 독해→감상)→UCC 제작(한시의 학습 요소 추출→한시의 극화→UCC 제작→학습에 맞게 편집→동영상 활용 수업'으로 되어 있다. UCC 기반 한시 수업 모형은 학습자에게 동영상을 제공함으로써 흥미를 불러일으킨다는 점에서 매우 긍정적이다. 다만 모형은 제시되었지만, 학습 모형으로 확실한 이론화는 덜 되어 있다.

---

26) 李京雨(2009), 87~129면.

교수 모형에 관한 교수·학습 방법 논의는 최근에 많이 제시되었다. 그러나 모형 개발이 워낙 어려운 일인데다가 그에 따른 이론화 또한 매우 至難한 과정이다. 위에 제시된 교수 모형은 구성주의에 따른 모형으로 기본적으로 협동학습을 전제로 하고 있다. 따라서 독자적인 모형으로 제시되기 위해서는 보다 치밀한 설계가 필요하다.

V. 漢文科 敎授·學習 方法 硏究를 위한 方向 摸索

1990년대부터 시작된 敎授·學習 方法에 대한 연구는 2000년대 들어서서 비교적 활발하게 進行되었다. 學術誌에 보고된 漢文科 敎授·學習 方法 관련 論文도 100여 편에 달한다. 90년대 초반의 상황과 비교하면 매우 빠른 속도로 발전해 온 것은 틀림없다.

"그러나 이러한 양적인 연구 성과에도 불구하고 체계적인 면에서 다소 미흡한 부분이 있다. 현재 學會에 보고되고 있는 漢文科 敎授·學習 方法에 대한 硏究들이 '模型'이나 '方法' 次元에서 논의되기 보다는 단순히 '技法' 차원에 그치고 있다는 점이다. 물론 學習者의 흥미 유발이나 주의 집중을 위한 교실 수업의 技法들도 필요하겠지만, 問題는 연구의 틀이 지나치게 '技法'에 편중되었다는 점이다. 이는 漢文 敎科의 敎授·學習 '모형' 또는 '方法'의 不在 때문이다."27) 그런데 실제로는 '모형과 방법'의 不在라기 보다는 교육학적 연구 방법의 틀이 없었기 때문이다. '방법', '모형' 등을 구분하지 못하고 그 때 그 때 떠오른 발상을 논의하면서 제시하는 수준이었던 것이다. 이 때문에 초기의 논문에서 비슷한 주제들이 여럿 겹쳤던 것이다.

---

27) 김재영(2007), 129~157면.

앞으로 한문과 교수·학습 방법에 대한 연구를 확산시키고자 하면 한문과 교수·학습 방법의 개념을 명확하게 하고, 개념에 따른 방법을 체계화 할 필요가 있다. 이에 2007년 김재영은「한문과 교수·학습 방법의 체계화 방안」에서 의미 있는 표를 제시하였다.

〈표 1〉 2007년 개정 교육과정에서 추출한 한문과 교수·학습 방법[28]

기준		교수–학습 방법
교육 과정의 영역	읽기	낭독법
	이해	강의법, 토의학습법, 역할놀이 학습법
	문화	토론 학습, 비교학습법
	한자	이미지컷 활용 지도법, 부수중심 지도법, 구조 분석법
	어휘	조어 분석법, 언어 활용법, 색출법, 비교학습법
	문장	
교수·학습의 형태	강의법	
	토론법	
	현장학습	
	협동학습	

〈표 2〉 학회 연구 논문에서 추출된 한문과 교수·학습 방법[29]

기준		교수·학습 방법
기법중심	교수·학습 요소 및 자료 개발	그림(옛이야기, 수수께끼) 활용법, 자원 활용법, ARCS 적용법
	텍스트의 활용 및 감상	그림과 지명 활용법, 창의적 프로그램 활용법, 몽학교재 활용법
	멀티미디어 활용	시청각 활용법, 하이퍼미디어 활용법, 인터넷 웹기반 활용법
내용중심	독해 과정	허자 지도를 통한 독해 지도 방법, 어순 구조를 통한 독해 지도 방법, 자형 분석법, 조어표를 활용한 지도 방법
	중국 이론	구형학 이론 적용 방법 (집중 식자, 분산 식자, 자리 식자)
	전통 교육 방법	낭독법, 현토 활용법

---

28) 김재영(2007), 137면.

29) 김재영(2007), 139면.

<표 3> 현장 연구에서 추출한 한문과 교수·학습 방법[30)]

기준	교수·학습 방법
한자 영역	구조분석법-형성자·회의자를 이용, 일상언어활용법-신체·간지·숫자 등 활용, 비교학습법-상대자를 이용한 이야기 만들기, 옥편 지도법, 한자 카드 활용법
단문 영역	매체를 통한 고사성어 학습법-라디오, 영화, 대중가요 이야기를 통한 고사성어 학습법, 속담을 통한 토론 학습법, 고사성어를 통한 협동 학습법, 사자성어 의미 표현을 통한 창의성 계발 학습법, 오륜을 통한 가치 탐구 학습법
산문 영역	연극·방송극을 활용한 역할놀이 학습법, 역사신문을 활용한 통합 학습법, 협동학습을 통한 한문 독해력 학습법
한시 영역	대중가요·그림을 통한 매체 활용 감상법, 그림·만화를 활용한 한시 감상법, 현대시와 비교를 통한 한시 감상법

그동안 한문과 교수·학습 방법이란 이름으로 여러 논문과 지도안 들이 제출되었다. 김재영은 이들을 교육과정, 학회 논문, 교사모임 잡지 등을 조사대상으로 삼고 각각의 것을 각각의 분류체계로 제시하 였다. 분류의 기준이 일정하지 않아서 재분류해야 하는 번거로움이 있고, 여전히 무엇을 기준으로 해야 할 지에 대해 제시하지 않았다는 측면에서 많은 아쉬움이 있는 글이다. 그러나 무엇보다 이러한 교수 방법의 종류를 모두 제시하였다는 것은 의의가 있다.

이에 대해 반응한 논문이 송병렬의 「한문과 교수·학습의 이론과 방법」이다. 그는 해당 논문에서 교수·학습 방법의 기준을 제시하였 다. 그가 제시한 기준에 따른 도표를 보면 다음과 같다.

---

30) 김재영(2007), 142면.

〈표 4〉[31]

기준	교수·학습 방법
행동 중심 교수·학습 방법	강의법, 질문법, 토론법, 개별 학습법, 브레인스토밍과 버즈 학습법, 문제 중심 학습법, 협동 학습법, 자기주도 학습법, 역할놀이 학습법, 낭독법
내용 중심 교수·학습 방법	부수 중심 지도법, 구조 분석법, 조어 분석법, 이야기를 통한 고사성어 학습법, 도제식 한시 교수·학습법, 자원활용법, 비교학습법, 허자지도를 통한 학습법, 어순 구조를 통한 학습법
매체 중심 교수·학습 방법	언어 활용법, 색출법, 이미지컷 활용 학습법, 한자 카드 활용법, NIE 활용 학습법, 웹기반 교수·학습 방법, 자전 활용 지도법
전통적인 학습 방법	송독법, 다독 학습법, 격물치지 학습법(정독 학습법), 전심전력 학습법, 암송 학습법

　기존에는 한문과의 교수·학습 방법을 분류하는 기준이 분명치 않았다. 이 표는 '행동 중심, 내용 중심, 매체 중심' 등으로 교수·학습 방법을 분류할 수 있는 기준을 제시했다. 또한 거기에 전통적인 학습법을 제시하여 전통과 현대를 아우르기까지 했다. 그러나 교수 모형에 대한 분류는 전혀 제시하지 않았다. 온전한 분류라고 하기엔 여전히 부족함이 있다. 그러나 이와 같은 분류의 제시를 통해 한문과 교수·학습 방법의 연구가 어디에서 이루어지고 있는 지를 연구자들이 확인할 수 있다는 점에서 의의가 있다. 이뿐만이 아니다. 이러한 분류는 교수·학습 방법 연구에 대한 개념이 정리된 것이다. 따라서 앞으로 교수·학습 방법 연구의 방향까지도 모색할 수 있는 단서도 제공한 것이다.

　일반적으로 '행동 중심 교수·학습 방법'은 교육학 연구자들의 이론 제공을 받아서 한문과의 교수·학습 방법에 응용하거나 적용한 것이다. '내용 중심 교수·학습 방법'은 한문과의 학습 요소를 대상으로 해서 교수·학습 방법을 연구한 것이다. '매체 중심 교수·학습 방법'

---

31) 송병렬(2009), 81~82면.

은 교육 공학의 발달과 교육 매체의 발달에 힘입은 것이다. 개발된 공학 도구나 교육 매체를 한문과 교수・학습 방법에 따라 적용하고 개발한 것이다.

따라서 한문과의 교수・학습 방법의 방향은 교육학 연구의 이론을 수용하여 한문과에 적합한 교수・학습 방법을 연구해야 하고, 한문과의 학습 요소를 대상으로 해서 좋은 교수・학습 방법을 연구해야 한다. 또한 현대 사회의 매체 발달은 매우 빠른 속도로 진행되고 있다. 최근에는 스마트 폰과 같은 통신 기구가 교육에도 영향을 미칠 조짐을 보이고 있다. 따라서 새로운 매체에 알맞은 한문과 교수・학습 방법이 개발되어야 할 것이다.

또한 2000년대 중반 이후 동아시아를 중심으로 한자・한문 교육에 관한 연구자들이 활발하게 교류를 시작했다. 2004년도 한국한문교육학회가 북경에서 국제학술대회를 개최한 이후로 2006년도 1월 상해 국제학술대회, 8월 풍도 국제학술대회, 2007년 1월 베트남 하노이 국제학술대회, 2009년 일본 쓰꾸바 국제학술대회를 개최하여 아시아권의 한자・한문 교육 연구자들이 교류가 활발해졌다. 게다가 한국한자한문교육학회는 2011년 1월 홍콩대학에서 국제학술대회를 개최하였다. 이를 통하여 아시아 국가들의 한자, 한문 교육관련 논문들이 발표되었다. 외국의 학자들이 발표한 교수・학습 방법에서는 謝錫金의 「愉快有效的漢字部件識字法」[32], 黃震遐・陳耀良의 「漢字字母敎學法」[33], 張政遠, 「日本漢字學習的傳統與方法」[34] 등의 논문들이 있다.

---

32) 謝錫金(2011), 愉快有效的漢字部件識字法, 漢字漢文硏究 26집, 韓國漢字漢文教育學會, 45~62면.

33) 黃震遐・陳耀良(2011), 漢字字母敎學法, 漢字漢文硏究 26집, 韓國漢字漢文教育學會, 383~397면.

34) 張政遠(2011), 323~339면.

이러한 아시아 국가를 비롯한 국제 교류는 매우 큰 의미를 지닌다. 교수·학습 방법의 연구에서 다양한 연구가 제시될 것이기 때문이다. 중국어를 모국어로 쓰고, 한문 고전을 배우는 중국, 대만, 홍콩, 마카오에서의 한자·한문 교수·학습 방법, 자국어를 쓰면서 한문 고전의 전통이 있는 한국과 일본에서의 한자·한문의 교수·학습 방법, 자국어를 쓰면서 한문 고전의 전통이 없는 말레이시아, 싱가폴, 몽골 등의 한자 교수·학습 방법은 각기 서로 달라야 할 것이다. 이는 한자·한문이라는 학습 체제의 상이점 때문이다. 학습 체제는 차이가 있겠지만, 서로 보완이 되는 면도 있다. 따라서 이러한 상호간의 차이를 인정하면서 서로간에 어떤 방향에서 교수·학습 방법을 모색하는 지 연구해볼 만한 것이다. 바로 이러한 측면이 교수·학습 방법의 새로운 방향을 시사하는 것이다.

VI. 結語

한문과 교수·학습 방법의 연구사에서 사실 빼 놓을 수 없는 것이 있다. 그것은 '전국한문교사모임'에서 나온 『한문교육』 회지이다. 여기에 제시된 글들은 학계에 정식으로 제출되지 않은 것이지만, 다양한 교수법, 지도법이 제시되어 있다. 韓國漢文敎育學會의 『漢文敎育研究』와 韓國漢字漢文敎育學會의 『漢字漢文敎育』에서 나온 교수·학습 방법 논문의 일부는 전국한문교사모임의 『한문교육』에서 자극을 받거나 힘입은 바가 크다. 『한문교육』에서 제출된 많은 교수법, 지도법은 백광호가 「漢文科 授業에서의 교육용 콘텐츠 활용 방안」[35]에서

---

35) 백광호(2009), 131~156면.

소개한 바가 있다. 이들은 모형으로 제시되거나 이론화된 방법은 아니지만, 나름 현장 한문과 교육에서 실용적으로 두루 쓰이고 있다. 이들 자료를 충분히 활용하면 앞으로 많은 좋은 모형과 교수 방법이 이론화 될 수 있다.

위의 살펴 본 다수의 논문들은 이론이 없는 한문과에 교수·학습 방법의 이론을 제공한 공로가 크다. 그러나 100여 편에 달하는 교수·학습 방법 이론의 논문의 대부분은 모형을 적용해 본 수업 사례이거나 수업 지도안이었다. 또 일부는 기존의 논문을 응용한 것도 있다. 어떤 논문은 학습 요소와 교수 방법을 구분하지 못하는 것도 있다. 이러한 것은 교수·학습 방법에 관한 연구자들이 개선해야 할 점이다. 위의 두 가지 점을 보완하면 앞으로 교수·학습 방법의 전망은 비교적 밝다고 할 수 있다.

제2부
기존 연구의 성과들

기초 조어표의 활용을 통한 조어표의 효과적인 지도방안

강덕희

Ⅰ. 緒論

1. 研究의 趣旨

解放後 1972年 敎育法 施行令이 改定되기까지 30餘年 동안 漢文 敎育은 贊反의 反復과 一貫性 없는 語文 敎育政策으로 混迷를 거듭해왔다.

그러나 1972年부터 漢文科 敎育이 교과 교육의 일환으로 獨立되어 "古典文化의 繼承과 漢文 文化圈 안에서의 調和 그리고 全體的인 發展을 圖謀한다"[1]는 目的 아래 漢文 敎育이 復活되었다.

以後 漢文 學習은 漢文 敎科書를 中心으로 盲目的 暗誦主義로 漢字語, 格言, 故事, 熟語 等을 反復시켰으며, 漢字와 漢字語의 지도는 짜임을, 文章의 지도는 構造와 形式을 지도한다는 내용을 가지고 國語 文法의 用語를 借用하여 억지로 맞추어 矛盾이 많은 단편적인 지도를 하여왔다.(그 예로, 漢字의 六書 分類는 『說文解字』의 分類와 우리가 현재 보편적으로 分類하고 있는 것은 매우 다르고, 中國 현지에서는 그다지 重要視 여기지 않고

---

1) 문교부, 『고등학교 한문과 교육 과정 해설』(1989.7.10) 97면.

있다. 用語 역시 現在까지 정착되지 못하고 있다.) 또한 입시 위주의 公式的인 틀 안에 넣어 機械的이며, 活用의 범위가 限定되고 말았다.

한편 漢文(字) 指導 內容을 達成키 위하여 過重한 分量의 과제를 履行토록 하여 實生活에 도움을 주지 못했으며 興味없는 과목으로 認識되고 말았다.

그러나 금번 제5차 개정 敎育 課程案에는 漢字와 漢字語의 지도 內容을 文章과 言語 生活에서의 活用에 관한 點을 강조함으로써 종전보다는 보다 興味를 가지고 학습에 임하리라 생각된다.

本 研究者는 이에 착안하여 漢文 學習의 效果的인 試圖方法의 하나로 漢文(字) 學習에 있어서 漢字語 造語力에 대하여 관심을 가지고 지도한 바, 적은 時間內에 많은 效果를 거두게 되었던 經驗(本 研究者가 근무하고 있는 광주직할시 송정 여자 상업 고등학교에서는 常用漢字의 지도가 차지하는 비율은 대단히 크고 꼭 필요하기에 매일 常用漢字를 지도하고 있다)을 토대로 不足한 點을 補完·研究하여 實行하였다.

漢文 敎育은 言語學的으로 보아 表意文字로서 독특한 長點을 적절하게 活用하면 效果的인 學習을 할 수 있다는데 창안하여 漢字의 음, 뜻, 짜임 等은 勿論이고 정해진 時間內 많은 漢字를 익혀 活用하기 위해서는 漢字의 造語力에 있음을 감안, 단계적 지도를 통하여 그 能力을 伸張하는 지도 과정 및 資料를 開發할 것을 目的으로 研究를 進行하였다.

2. 研究 問題

漢文(字)學習의 지도 방법은 여러 종류가 있겠으나 그 중 정해진 時間內에 많은 漢字를 익혀야 하고 이를 活用해야 하는 現在의 敎育에서, 漢文(字)에 대한 基本 構造의 形式과 言語 生活에의 활용력을 기르며,

效果的인 造語 지도의 過程과 이에 必要한 資料를 開發한다.

漢文(字) 敎育에 있어서 興味誘發과 常用漢字 지도의 效果를 높이는 基礎 造語表를 作成한다.

視覺的 理解를 通한 효과적인 學習指導를 하기 위하여 괘도 等 學習 資料를 開發 作成한다.

위의 基礎 造語表와 多樣한 學習 資料를 活用하여 構造的인 교수—학습 方法으로 造語力 伸張을 圖謀한다.

3. 用語의 定義

1) 漢字 敎育과 漢文 敎育

漢字 敎育이란 國漢文 混用을 前提로 常用漢字와 낱자를 組合하여 構成한 漢字語의 지도를 目的으로 하는 敎育을 말하며, 漢文 敎育이란 漢字語로 構成된 文章의 讀解 指導를 目的으로 한 敎育을 말한다.

漢文을 讀解하기 위해서는 漢字의 學習이 先行되어야 하나, 이 경우의 漢字 學習은 漢文 讀解를 위한 手段的인 性格을 띤다고 할 수 있다.

2) 漢字와 漢文

(1) 漢字 : 漢文字 하나하나를 말한다.(낱자)

　　例 : 天, 地, 玄, 黃, 人, 間.

(2) 漢字語 : 漢字 2個 以上이 組合되어 日常生活에서 使用되고 있는 말을 말한다.

　　例 : 家庭, 社會, 國家, 學校.

(3) 漢文 : 漢字語 2個 以上이 配合되어 主述關係(곧 주어가 있고 서

술어가 들어간 것)를 이루는 文章을 말한다.

例 : 李舜臣은 名將也라

霜葉이 紅於二月花라

3) 造語·基礎造語表

(1) 造語 : 新出漢字나 先習漢字의 前·後에 다른 한자를 첨가하여
漢字語(常用漢字)를 만드는 것을 말함.

例 : 思/思考, 思想, 意思.

(2) 기초 조어표 : 각 소단원 별로 신출 한자에 대하여 부수·획수,
본문 中 신출 한자가 들어가 이루어진 한자어(상용한자), 신출
한자를 이용한 한자어(상용한자), 전이력이 높은 한자의 파자를
나타낸 表이다. (학생은 과제로써 이루어진다.)

Ⅱ. 理論的 背景

1. 漢文 教育의 變遷과 改善의 必要性

1) 起源

漢字의 起源을 仔細하게 밝힌 定說은 없지만 自然 現象이나 짐승의
발자취를 본떠 中國의 전설시대 황제의 士官이었던 창힐이란 사람이
만든 것이 처음이라 전해질 뿐이다. 이것을 구체화하여 象形 文字를
만들었는데 初期에는 540字가 基本字였으나 그 후 차츰 수가 늘어 『강희
자전』(청대, 장육서·진정경 등 30명)에는 49,030字나 수록되어 있다.[2]

---

2) 조두현, 『고등학교 한문 Ⅰ 참고서』(서울 : 금성출판사, 1980.1.) 13~14면.

2) 傳來

이러한 漢字가 우리나라에 언제부터 傳來되었는지에 대한 여러 說을 綜合하여 보면 1550年 前 위만조선시대(中國 한무제가 사군 설치 당시, 기원전 108年)라는 견해이다.[3]

3) 使用

漢字가 들어온 (三國時代부터 活用) 以後로 訓民正音 創製까지는 말할 것도 없고 그 以後에도 우리의 文學과 政治, 經濟, 文化, 敎育 등 모든 分野에서 公用 文字로서 그 表記 手段이 되었으며, 우리 先人들은 漢字, 漢文으로 自身들의 體驗을 記錄하고 感情을 表現하며 이해하는 도구로 사용되었기에 제반 漢文 기록은 우리 祖上들의 思想, 情緒, 生活態度는 勿論, 價値觀까지 간직하고 있는 우리의 보편적인 文化의 寶庫인 것이다.[4]

4) 漢文 敎育 改善의 必要性

이렇게 漢文으로 기록된 우리의 古典들을 올바르게 理解하기 위해서는 漢文 敎育이 必要하였고, 또 배워왔다.

그런데 우리나라의 옛날 漢文 敎育은 서원이나 서당에서 一般的으로 千字文의 暗記로부터 始作하여『계몽편』,『명심보감』等으로 學習한 뒤, 四書三經에 이르면 '讀書百編意自見'이라는 多讀式과 '讀書破萬卷'이라는 廣讀 위주로 學習하여 왔으며, 使用에 있어서도 一般的으로 잘 모르는 字句를 使用하므로써 自身의 識見을 과시하는 傾向을 가지게 되어 一般에게 더욱 어려운 것으로 認識되게 하였다.

---

3) 권중구,『한문대강』(서울 : 통문관, 1972.8) 2면.
4) 문교부,『한문과 교육 과정 해설』(1989.7) 97면.

이렇듯 서당식 學習을 한 사람은 勿論, 현재까지 漢文·漢字 功夫는 自學으로 이루어지고 있다.

그러기에 漢文·漢字의 짜임과 構造 등 合理的이고 科學的으로 체계 있게 지도 받지 못했고, 또 그들이 자라 後世를 敎育했기에 구태의연한 方法이 反復되어 漢字·漢文은 외우기 어렵고 解讀하기 어려운 것이라고 自認해 왔으며, 지금도 學生들은 單語 中心으로 漢字의 음과 뜻만 알면 된다는 思考方式에 빠지고 말았다.[5]

더욱이 우리나라의 漢文 敎育은 解放後 1972年까지 약 30餘年 동안, 한글을 전용하려는 측과 이에 反對하는 측과의 틈바구니에서 語文 敎育 政策은 중심 없이 흔들리게 되어 더욱 이해하기 어렵게 인식되어졌다.

그 後 정식 교과목으로 復活되었으나 구태의연한 暗誦 위주의 漢文 時間이 되어 있으며, 등한시 되어 왔다. 그래서 지금도 學生들 사이에는 배우기 힘들고 難解한 科目으로 認識되고 있다.

이러한 認識들을 拂拭시키기 위해서는 學習者로 하여금 興味를 가지고 배움에 임하고 보다 쉽게, 보다 많이 기억할 수 있는 方法이 摸索되어야 하는 것이다.(해방 후 자세한 변천 과정은 本研究報告書 25~30면을 참고 바람)

2. 漢文 敎育의 內容

1) 敎育 課程(高等 學校)

(1) 前文

漢文을 讀解할 수 있는 技能을 길러 漢文 記錄을 理解하고 感想하게 하며, 傳統文化를 아끼고 바르게 繼承, 發展시키려는 態度를 가지

---

5) 권지용, 『교육 연구』(서울 : 교육 연구사, 1970.), 78면.

게 한다.[6]

(2) 目標 要素 5個 項目[7]

① 漢字를 알고 活用하게 한다.

안다 : 각 글자의 音과 뜻, 形·音·義의 특징, 자전 사용법 등에 대한 이해를 뜻한다.

活用한다 : 漢字의 특징이나 생성 원리에 대한 이해를 통하여 한자 학습을 용이하게 하고 日常의 言語 生活에 活用할 수 있도록 함을 의미한다.

② 漢字語를 알고, 文章과 言語 生活에서 活用하게 한다.

이는 漢字가 모여서 漢字語가 됨을 이해시키고, 한자어를 익혀 日常의 言語(國語) 生活이나 漢文 文章의 學習에서 응용, 적용, 활용할 수 있도록 하여야 함을 의미한다.

③ 文章의 구조와 형식을 알고 글을 체계적으로 이해하게 한다.

漢文 文章을 構造的으로 分析, 文章의 形式을 바르게 파악하여 바르게 해석하며, 讀解 技能을 伸張시킨다는 것을 뜻하고, 체계적 이해란 구조와 형식에 더하여 글을 체계적으로 이해할 수 있도록 함을 의미한다.

④ 여러 가지 글의 種類와 특징을 알고, 漢文 記錄을 理解하고 감상하게 한다.

여러 가지 글 : 다양한 종류의 글의 양식(論辨類, 序跋類, 奏議類, 書牘類, 贈序類, 詔命類, 傳狀類, 碑誌類, 雜記類, 箴銘類, 頌贊類, 辭賦類, 哀祭類, 詩歌類, 小說類)을 말함.

---

6) 문교부, 한문과 교육 과정 해설(1989.7), 129면.

7) 문교부, 상게서, 130~132면.

한문 기록의 이해 감상 : 글의 특징이나 형식을 알고 내포된 思想, 감정, 정조, 가치관, 주제까지 파악할 수 있도록 함을 말함.

⑤ 漢文 기록에 담긴 先人들의 사상, 감정 및 가치관을 이해하고, 전통 문화를 바르게 수용·발전시키려는 태도를 가지게 한다.

漢文에 관한 敎育을 통해서 이루어질 수 있는 價値 目標로서 漢文 敎育의 궁극적 目標이다.

漢文 기록을 바르게 독해하여, 先人들의 사상, 감정, 가치관 이해 전통문화의 바른 수용과 발전시키려는 태도, 東洋 文化圈에 능동적인 대처, 나아가 世界的 文化 發展에 이바지할 수 있는 태도를 갖도록 하는 데 유의한 목표이다.

(3) 漢文 敎育用 基礎 漢字

1972. 8. 16. 문교부에서 한문 교육용 기초 한자 1,800字를 확정 공포하여 中·高校에서 漢文科 敎育을 통하여 필수적으로 지도하게 되었다.

2) 敎授 – 學習

1800字의 敎育用 基礎 漢字는 中·高에서 하루 한 자씩 지도하게 되는 셈이다.

따라서 지도상 隘路点이 있으나, 領域에 맞추어 체계있게 構造的 特徵을 살려 造語力을 充分히 지도하고[8], 科學的인 學習 지도가 이루어져야 하며, 나아가 日常의 言語 生活에 活用되도록 하여야 한다.

漢字가 모여 漢字語가 되는 경우의 예를 들면 '意'字의 앞뒤에 여러

---

8) 이가원, 『한문신강』(서울 : 신구문화사, 1976.2), 64~202면.

한자가 結合되어 創意, 厚意, 誠意, 眞意, 辭意, 謝意, 敬意, 故意, 發意, 本意, 善意, 隨意, 任意, 惡意, 如意, 合意, 好意, 意識, 意志, 意氣, 意味, 意義, 意向, 意趣, 意思, 意圖, 意外, 意慾…… 等으로 擴充시켜 多樣하게 轉移되도록 한다.

또한 漢字의 낱자를 몇 개 알면 새로 접하게 되는 여러 單語도 다시 알게 된다.

예를 들어 「放, 火, 死, 傷, 生, 心, 氣, 産」을 알고 있다면 두 자씩 組合하여 生死, 生氣, 生産, 放生, 死生, 死産, 死傷, 心火, 心氣…… 等의 뜻도 쉽게 알게 되어 國語學習은 勿論 他敎科目에도 도움이 된다.9)

그 뿐 아니라 木字만 알아도 '나무' 하고 關係가 되는 것을 알고 있다면 木工, 木刻, 木造, 木手, 木材, 木版, 古木, 伐木 等의 活用을 통해 그 뜻이 모두 '나무' 하고 관계 있음을 알게 되고, 學習指導의 效果를 올릴 수 있어 自信感을 갖게 되고 漢字 學習에 向上을 가져오게 된다.

이렇듯 漢字는 表意性 視覺文字이며, 우리의 日常生活에서 떠날 수 없기에 多樣한 지도와 많은 時間이 필요하다.

學習에 있어서도 처음에는 어렵고 부담이 많다고 하지만 漢字는 대체로 一字一言으로서 한 글자를 배우게 되면 一言의 의의를 自然히 알게 되어 國語文法도 쉽게 이해가 될 것이다.

한번 기억이 되면 그동안 고심이 되나 그 表意性과 視覺文字로써 이해가 쉽기 때문에 造語의 活用을 익히면 그 效用이 크다.10)

漢字는 읽을 줄 알면 써 보게 되며 써 보자는 즉흥적 思考가 서게 마련이다. 이미 배워 익힌 漢字와 生活에 관련된 범위의 漢字를 提示하여 뜻이 통하도록 組合해 보며 活用하고 變用함으로써 漢字의 技能

---

9) 남광우, 『현대 국어 국자의 제문제』(서울 : 일조각, 1971.3), 70면.

10) 이용욱, 『교육평론』(서울 : 교육 평론사, 1979), 54면.

을 이해할 수 있고 차츰차츰 알게 되면 더 알고자 하여 10字를 알면 100字를, 100字를 알면 200字를 알려고 하는 마력이 있다.[11]

漢字 學習에 있어 아무리 과학적이고 체계적으로 한다고 해도 興味를 잃게 되면 안 된다. 興味를 갖고 學習에 임하게 하려면,

첫째 : 계획적이고 체계적인 基礎 造語表에 依해 매 과마다 괘도와 카드를 만들어 提示하고, 한자놀이(수수께끼, 파자) 等 多樣하고 多角的인 지도는 造語의 伸張과 漢字의 習得을 容易하게 할 수 있다.[12]

둘째 : T.P 資料의 活用은 學生들 自身이 漢字에 對한 興味를 갖게 되고 造語力이 向上될 것이다.[13]

以上과 같이 漢字는 글자마다 形, 音, 義가 있어 視覺的 效果가 크고 造語가 自由로와 派生되는 연관 언어 학습으로 지도하면 興味 誘發과 早期 熟達이 된다.[14]

3. 漢字의 造語 指導

漢字의 두 가지 뛰어난 技能을 살려 지도하면 學習의 效果를 올릴 수 있다.[15]

첫째 : 사리의 理解로 記憶되기에 기계적 암기보다 그 파악된 개념이 정밀하고 오래 간다.

둘째 : 造語의 만능성을 지도하면 많은 效果를 올릴 수 있다. 예를 들면 「學」字 앞에 놓여 組合된 것이 78個 뒤에 놓여 80個 合하여 158個

---

11) 여중동, 「일정강습 강의서」(1973.8)

12) 조용욱, 『어문연구』(서울 : 일조각, 1974.), 189~194면.

13) 이용욱, 전게서, 11면.

14) 안승덕, 『새교육』(대한 교육 연합회, 1974.), 162면.

15) 오지호, 『어문연구』(서울 : 일조각, 1973.), 42면.

의 單語가 '배운다, 학문한다, 공부한다'는 類의 뜻을 포함하고 있다.

그러므로 程度에 따라 造語를 잘 活用하면 大量의 單語를 쉽게 알 수 있게 된다.[16)]

따라서 長期的이고 科學的인 조사 연구에 依해 가능한 한 漢字가 가지고 있는 特殊性을 살려 漢字 造語力의 효과적인 지도가 必要하다.

4. 漢字와 漢文과의 關係 및 構成 形態

1) 漢字와 漢文과의 關係

漢字는 中國固有의 文字로서 常用된 우리 어휘의 構成單位를 뜻하고, 漢字 敎育이란 國漢文 混用을 前提로 하는 敎育을 말하며 나아가 國語 敎育에 대한 일환으로 볼 수 있다.[17)]

漢文 敎育은 讀解指導를 目的으로 하는 敎育이다.

2) 漢字의 構成 形態

大部分 物體의 모양을 본떴고 자음도 自然 現象의 音을 취하였다. 이는 漢字의 짜임이라 하는데 種類로는 다음 여섯 가지가 있다.[18)]

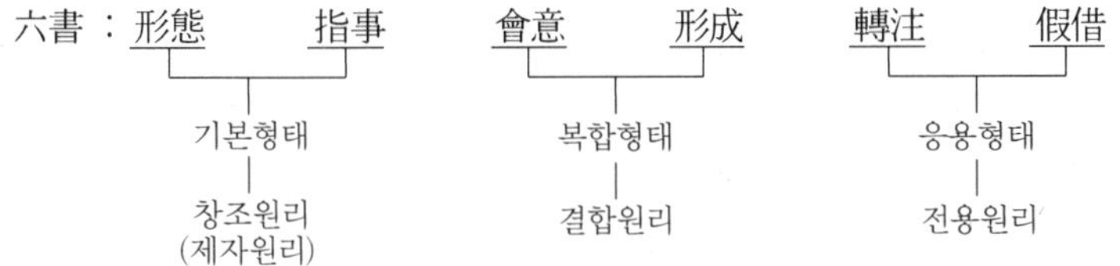

---

16) 오지호, 전게서, 42면.
17) 남광우, 전게서, 10면.
18) 문교부, 전게서, 135~139면.

(1) **象形字** : 구체적인 사물의 모양을 본떠서 만든 글자로 시각적인 형태 자체에서 그 문자가 가리키는 사물을 쉽게 짐작할 수 있으며, 그 한자가 가리키는 뜻까지도 알 수 있다. 그러므로 한자 學習의 興味를 돋우고, 學習 成果의 전이성을 높이는 데 가장 效果的인 文字이다.

(2) **指事字** : 추상적인 생각이나 뜻을 점이나 선으로 나타낸 글자이다. 지사문자는 시각적인 형태 자체에서 그 문자가 가리키는 개념을 미루어 짐작할 수 있다.

※ 상형자와 지사자는 한자의 기본이 되는 글자로서 漢字의 부수 글자가 거의 이에 속한다.

(3) **會意字** : 이미 만들어진 둘 以上의 글자들을 結合하여 새로운 글자를 만들고, 그 글자들이 지닌 뜻과 합하여 새로운 뜻을 나타낸 글자이다. 회의자는 結合된 外形 形態에 있어 기성 문자가 상하, 좌우, 내외, 삼각 등으로 結合되며 結合된 글자들의 結合된 의미로 새로운 뜻을 나타낸다.

(4) **形聲字** : 이미 만들어진 글자를 둘 이상 結合하여 새로운 글자를 만들되, 일부는 소리를 나타내고 일부는 뜻을 나타낸 글자를 말한다.

※ 그런데 이 음부가 소리만을 나타내는 것이 아니고 듯과도 관계가 있음이 밝혀졌다. 예를 들면, 靑이 음만을 나타내지 않고 음과 뜻을 동시에 나타내고 있음을 알면 '淸, 晴, 精, 睛' 等의 음이 '청' 또는 '정'이고, 그 뜻이 각 부수와 관련된 '맑다, 개다, 정하다, 눈동자' 등임을 유추할 수 있다. 漢字의 약 70%를 차지하고 있다.

(5) **轉注字** : 이미 만들어진 글자를 가지고 그 뜻을 類推하여 다른 뜻으로 굴리고(轉) 끌어내어(注) 쓰게 되었는바 이러한 用字의 方法을 전주라 한다. 種類로는 아래와 같다.

① 音이 달라지는 것(異音異議字)

樂(풍류 악) 音樂

↳樂(즐길 락) : 음악을 들으면 즐겁다. 娛樂

↳樂(좋아할 요) : 즐거운 것은 사람들이 좋아한다. 樂山

② 달라지지 않는 것

老(늙은이 로) 長老

↳老(익숙할 로) : 늙은이는 경험이 많아 일에 익숙하다. 老鍊

↳老(쇠약할 로) : 늙은이는 몸이 쇠약하다. 老衰

(6) 假借字 : 이미 만들어진 글자의 뜻에 관계없이 음이 같은 글자를 빌려다가 쓰는 用者의 方法으로 만든 글자이다. 의성어나 의태어의 表記에 많이 쓰이고 오늘날에도 외래어의 표기에 많이 쓴다.

3) 漢字語의 構成

漢字 자체를 科學的으로 理解하기 위해 漢字語의 構造類型에 따라 지도하면 學習의 興味와 自己 스스로 이해하여 풀이하는 能力을 伸張시키게 된다.[19) 이의 種類로는 아래와 같다.

(1) 主述關係 : 주어와 서술어 關係로 이루어진 한자어이다. 주어는 그 주체나 주제가 된다. 서술어는 행위·동작·상태 등을 나타내고 「~가 ~함, ~가 ~임」으로 해석한다.

(2) 述目關係 : 서술어와 목적어 관계로 이루어진 한자어이다. 서술어는 行爲나 動作을 目的語는 그 대상이 된다. 「~를 ~함」으로 해석한다.

---

19) 정환상, 『한문의 허자 연구』(한국 국어 교육 연구회, 1976), 12면.

(3) 述補關係 : 서술어와 보어 관계로 이루어진 한자어이다. 서술어는 행위나 동작을 보어는 서술어를 도와 不足한 뜻을 완전하게 해 준다. 「~이(가) ~함, ~에 ~함」으로 해석한다.

(4) 修飾關係 : 수식어와 피수식어의 관계로 이루어진 한자어이다. 種類는 아래와 같다.

　① 관형어 + 체언 「~한~, ~의 ~, ~하는 ~」으로 새김을 한다.

　② 부사어 + 체언 「~하여 ~함, ~하게 ~함」으로 새김한다.

　　※ ~(이, 히, 리, 처럼)~

(5) 竝列 關係 : 같은 성분의 한자끼리 나란히 竝列되어 짜여진 한자어이다. 이의 種類는 아래와 같다.

　① 對立 關係 : 서로 반대 또는 상대되는 의미를 가진 漢字가 나란히 병렬되어 이루어진 漢字어이다. 「~와(과)~, ~하고 ~함」으로 새긴다.

　② 對等 關係 : 서로 대등한 의미를 가진 漢字가 나란히 놓이어 이루어진 漢字어이다. 「~와(과) ~」으로 새긴다.

　③ 類似 關係 : 서로 비슷한 뜻이나 같은 뜻을 가진 漢字가 나란히 놓이어 이루어진 漢字어이다. 또는 같은 글자가 겹쳐진 한자어(첩어)로 두 글자의 종합된 뜻으로 새긴다.

4) 漢文의 構造

文章의 構造를 지도하면 漢文의 이해력이 分明하게 된다[20]. 형태별로 살펴보면 아래와 같다.

---

20) 조문제·정우상, 『한국 어학 신강』(서울 : 한문사, 1974.2.), 189면.

(1) 基本 構造(주성분으로 이루어진 文章)

① 主·述 構造 : 주어와 서술어로 이루어진 구조 「~이(가) 어찌한다(또는 어떠하다, 무엇이다)」로 새긴다.

例 : 月落 (달이 지다) ──────────── 落(동사)

李舜臣將軍也 (이순신은 장군이다) ──────── 軍(명사)

途遠 (길이 멀다) ──────────────── 遠(형용사)

② 述·目 構造 : 主語(主體), 서술어(行動), 목적어(대상)로 이루어진 漢字어이다. 「~가 ~을(를) ~하다」로 새긴다.

例 : 德潤身. 孔子過泰山, 君使臣……

③ 述·補 構造 : 主語(主體), 서술어(行動), 補語(주어를 돕거나 서술어를 보충 또는 한정하여 부족한 뜻을 완전하게 하는 구실을 한다.) 「~은(에) ~이(가) ~하다(이다)」로 해석한다. 補語의 세 가지 경우는 다음과 같다.

a) 주어를 돕는 경우

ⅰ) 存在를 나타내는 同動詞 爲, 有, 無 等이 사용된 것

子爲誰　　　　　　父子有親

ⅱ) 비교의 뜻을 나타내는 同動詞 似, 如, 若, 同, 猶 等 상용된 문장

菊似君子

ⅲ) 불완전 자동사, 化, 成 等이 사용된 文章

滄海化桑田, 桑田成滄海

b) 目的語를 보충하는 경우 : 불완전 타동사가 사용된 文章(目的補語)

吾必以仲子爲巨擘

c) 서술어를 보충·한정하는 경우 : 체언의 앞에 전치사 於, 于, 乎 等이 놓인 어구

軍至大邱　　　　青出於藍　　　　堯讓天下於許由

④ 述目補 構造 : 주어(주체), 서술어(행동), 목적어(대상), 보어(목적어를 도와 서술어와 목적어 관계를 명확하게 해줌) 「~가 ~을(를) ~에게(하다고) ~하다」로 새김.

季康子問政於孔子　　　　齊宣王見孟子於雪宮

(2) 擴張構造

① 주술확장구조 : 周公管叔之弟也. 淸風徐來.

② 술목확장구조 : 君子以文會友, 君子必誠其意

③ 술보확장구조 : 行善之人如春園之草. 人皆有善

④ 술목보확장구조 : 三顧臣於草蘆之中. 吾必謂之學矣

以上으로 한자의 구성 형태와 한자어의 구조 문장의 구조 등을 活用하면 科學的 이해와 興味가 배가될 것이다.

5. 漢文科 敎育課程의 變遷과 5차 교육과정의 주요내용[21]

1) 교수 요목기(1946. 11. 7 ~ 1955. 7. 31)

고등학교의 한문 지도 내용에 관한 규정은 없고 주로 국어과와 관련되는 한자지도 및 국한문 혼용에 관한 것만 제시 하였다.

2) 1차 교육 과정기(1955. 8. 1~1963. 2. 15)

해방 후 처음으로 '한자 및 한문 지도'를 교육 과정으로 구체화했으나 국어Ⅱ에 포함시켜 국어 교육의 일부로 간주하였다.

---

21) 문교부. 고등학교 한문과 교육과정 해설(1989.7.10.), 98~129면.

특징 : 평이한 한문 문장을 가르쳐

• 한학 특유의 趣意를 파악하게 하고

• 한학이 우리 文化에 미친 영향과 동양 文化의 연원을 인식하게 하여 건실한 人格陶冶에 이바지 하도록 했다.

3) 2차 교육 과정기(1963. 2. 15.~1974. 12. 31.)

국어Ⅱ에 포함시켰고, 내용도 1차와 대동소이였다. (단 두 번에 걸친 교육 과정 부분 개정이 있었다.)

① 1969年 교육 과정 부분 개정

'漢字 및 漢文지도'에 관한 규정 자체 말소.

② 1971年 교육 과정 부분 개정 : 漢文 교과를 독립 교과로 신설 '한문'을 정규 과목으로 지도할 수 있도록 함.

③ 1972年 8月 16日 : 문교부에서 漢文 교육용 기초 한자 1,800字를 확정 공포 필수적으로 漢文과 교육을 통해 지도하게 되었다. (중·고교에서)

4) 3차 교육 과정기(1974. 12. 31~1981. 12. 31 고시)

1971年 부분적인 교육 과정 개정시에 漢文 교과를 설치하고, 1972年 2月 28日 교육법 시행령으로 한문 교과를 독립 교과로 신설 공포하였는바, 종전까지 국어Ⅱ에 포함되었던 한문 과정이 한문 교과로 독립되어 한문 Ⅰ,Ⅱ로 나누어 지도하게 되었다.

1975年부터는 중·고 교과서에 1,800字(한문 교육용 기초 漢字)의 범위 내에서 漢字를 괄호 안에 병기하기로 정하였다.

교육 과정의 내용을 목표, 내용, 지도상의 유의점으로 구성하였다.

※ 지도 사항(한문 Ⅰ)
- 한자의 음, 구조, 뜻
- 한문의 구조
- 한자어로 된 격언, 고사, 숙어
- 우리 선조가 남긴 文學, 歷史, 哲學 등에서 평이한 文章
- 중국의 경전, 문학, 역사, 철학 등에서 평이한 문장

5) 제4차 교육 과정기

(1981. 12. 31 고시. 1984. 3. 1 시행이후~제5차 교육 과정 고시 이전)

漢文 Ⅰ·Ⅱ로 구분한 교육 과정의 내용을 각각 목표, 내용, 지도 및 평가상의 유의점으로 구성. 3차와 대동소이함.

※ **內容**
- 한자의 음과 뜻을 알고 익힌다.
- 한자와 한자어의 짜임을 알고 활용한다.
- 허자의 쓰임을 알고 익힌다.
- 복합문의 구조를 알고 익힌다.
- 문장의 형식을 이해한다.
- 여러 가지 글의 특징을 이해한다.
- 글의 중심이 되는 뜻을 안다.
- 한문 기록에 나타난 선인들의 생활, 사상 및 가치관을 이해한다.

6) 5차 교육 과정(1988. 3. 31 고시)

① 개정의 기본 방향
- 단일 교육 과정으로 구성하였다.
- 한자, 한자어, 한문의 지도 영역 설정 및 내용의 체계적인 조직
- 한문 독해력 신장을 통한 한문 기록의 이해·감상 강조

◎ 한자 및 한자어의 언어생활에서의 활용성 강조

• 지도 및 평가 상의 유의점의 상세화

② 내용

a. 한자

• 한자의 음과 뜻 알기

◎ 한자를 바르게 쓰고 활용하기

• 한자의 짜임을 통하여 한자 이해하기

b. 한자어

• 한자어의 음과 뜻 알기

◎ 한자어를 바르게 쓰고 활용하기

◎ 한자어를 익혀 언어생활에서 바르게 사용하기

• 한자 성어의 짜임을 알고, 문장구조 이해에 활용하기

c. 한문

• 문장의 기본 구조를 알고 활용하기

• 문장의 확장 구조를 알고 활용하기

• 복합문의 구조를 알고 활용하기

• 문장의 형식을 알고 활용하기

• 허자의 구실을 알고, 문장 독해에 활용하기

• 산문의 특징을 알고 독해하기

• 한시의 특징을 알고 감상하기

• 좋은 글귀를 암송하고, 그 감명을 되살리기

• 한문 기록에 담긴 선인들의 사상, 감정 및 가치관 이해하기

• 한문 기록에 담긴 선인들의 훌륭한 행실을 본받고, 전통 문화를 바르게 수용 발전시키려는 태도 가지기

6. 5차 교육 과정 개정으로 한문과 교육에 기대하는 효과

1) 한자 학습

한자는 자형, 자음, 자의를 나타내는데 있어 일정한 체계를 가지고 있고, 기본 단위로서의 形, 音, 義는 새로운 문자를 생성하는 경우에도 기본 형식으로 작용한다.

> 例 : 木, 未, 林, 柱, 梅 等처럼 한자는 어떤 요소나 여하한 형태의 변화도 없이 이미 이루어진 다른 한자를 가지고 재결합시키면 새로운 의미의 단위인 새로운 글자를 만들 수 있다는 것을 짐작할 수 있다. (유의점은, 자형, 자음, 의미 지시의 방법을 그대로 유지하고 있다는 점이다.) 자형에서 정방형, 자음에 있어 단음절성, 의미의 지시에 있어서 나무, 끝, 숲, 기둥, 매화라는 각각의 뜻을 나타내는 일련의 방법은 한자 학습을 分節的 方法으로 할 수 있는 可能性과 漢字 學習의 興味를 유발시켜 學習 效果를 재고시킬 수 있다는 잇점을 지니고 있다. 그러므로 漢字의 生成 원리에 대한 學習이 先行되면, 學習 부담으로 지적되는 획수, 쓰기, 자형의 인지 문제도 동시에 해결될 수 있다. (단 모든 한자가 그러하지 않으므로 자연에 대한 충분한 연구를 통해 학습의 전이 효과가 큰 것을 택하여 생성 원리를 터득하게 할 것)

2) 한자어의 학습

한자어는 결합 구성된 방법에서 볼 때 몇 가지 원리에 의해 독자적이며 체계적인 방법으로 짜여 있다. 그 특징은

> ① 轉移性이 있다. 空輸 …… 空 → 輸 → 出 …… 輸出
> ② 連語性이 있다.

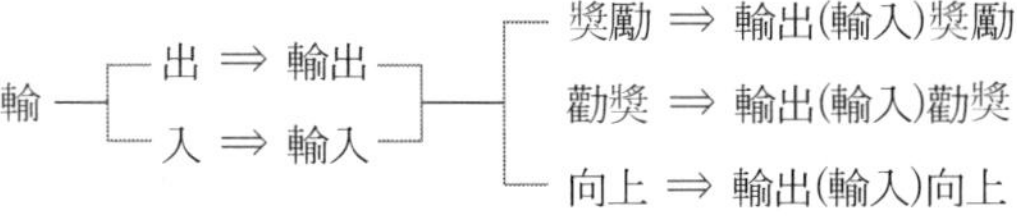

③ 明證性이 있다. 見 → 見聞 → 視察 → 觀察(見, 視, 觀)

이상의 예로써 한자어의 生成에도 漢字와 같이 어떤 媒介 要素나 형태의 변화 없이 이미 만들어진 다른 한자를 직접 轉移시키거나 연이어 놓으면 새로운 意味 單位를 나타낼 수 있는 漢字語가 生成된다. 이러한 方法은 새로운 의미를 나타낼 수 있는 수많은 漢字語를 生成하는 데 신속하고 간결한 방법이고 한자어 자체의 의미를 신속하게 容易하게 파악할 수 있다. 또한 동일한 부수가 들어 있는 漢字語는 같은 부류의 뜻을 나타내고 있는 漢字의 뜻을 쉽게 유추하게 됨으로써 그 낱말의 뜻도 용이하게 파악할 수 있다. 漢字語의 이같은 明證性은 漢字語 자체의 의미를 이해하고 추리하는데 도움이 될 것이고 漢字語의 造語力을 기르는데도 효과가 있다.

따라서 漢字語의 학습도 生成 原理를 活用하여 分析的인 방법으로 학습 효과를 높일 수 있기를 기대하고 있다.

Ⅲ. 研究의 節次 및 方法

1. 研究의 對象 및 期間

1) 對象 : 松汀女子商業高等學校 1學年 情報科(10名)
2) 期間 : 1989.12～1990.7

2. 研究의 方法 및 日程

1) 方法

① 文獻研究

② 資料開發 및 活用

    a. 基本造語表 作成

    b. 괘도 및 카드 제작

③ 檢證方法

    a. 資料活用後 學力 向上度 측정

    b. 學力評價는 中間考査와 期末考査 2回로 實施

2) 日程

ⓐ 設 計	89. 12. 20~89. 12. 30
ⓑ 文獻研究	89. 12. 30~90. 1. 30
ⓒ 計劃樹立(主題設定)	90. 2. 1~90. 2. 28
ⓓ 資料준비	90. 1. 1~90. 2. 28
ⓔ 實 行	90. 3. 1~90. 7. 21
ⓕ 檢 證	90年 5月과 7月(상용한자 4月, 6月)
ⓖ 報告書作成	90. 8

3) 研究 制限

① 本 研究는 本校에서 채택한 敎科書 내용만을 취급 限定하였다.

② 今學年度에는 1學年에 限했으며, 高等學校 漢文 上, 第四單元까지로 制限하였다.

③ 造語表에 의한 造語力 지도는 情報科에 限하여 지도하였고 他班은 比較分析하는 데 參考하였다.

4) 檢證 方法

① 흥미도 검사 : 설문지(209매)

② 조어력 및 학력 향상도 검사 : 학력 평가(5月, 7月) 및 상용한자 고사(2회. 4月, 6月)의 결과로 측정함.

③ 검사대상 1학년 정보과 105명, 상과 104명

Ⅳ. 研究의 實行

1. 研究實行 重點 1의 實踐

-課題 1-

> 基礎 造語表를 作成 活用하여 漢文 學習의 興味誘發과 常用漢字 지도의 효과를 높인다.

漢文(字) 教育의 效果的인 指導를 하기 위하여 高等學校 漢文 上[22] 第 4單元까지 나오는 新出漢字 295個에 대하여 基本的 造語表를 作成하였다. 破字 지도는 한자자전(민중서관. 1974.)을 참고하였다.

1) 作成 原則

① 新出漢字와 그 外 先習漢字도 活用하였다.

② 造語表를 通한 反復學習과 예습 복습을 통하여 지속적으로 活用하였다.

③ 教科書 本文 및 補充學習에 나오는 造語를 색출 先習시킨 후 작성하였다.

---

22) 정우상·정달영, 漢文 上 (서울 : 동아출판사, 1990) 1~40면.

2) 基礎 造語表 作成

① 單元內 新出漢字 數와 造語數

大單元	小單元	新出漢字數	本文內 造語數	常用漢字로 많이 쓰이는 造語數	破字指導 漢字數
I. 先進 하는 祖國	1. 祖國 2. 敎育 3. 經濟	19(3) 25(·) 26(3)	16 21 23	10 15 18	7 10 16
II. 成語와 故事	1. 脣亡齒寒 2. 指鹿爲馬 3. 昏定晨省	24(2) 28(·) 29(·)	11 11 17	7 7 5	14 11 16
III. 文型의 理解	1. 春風吹 2. 旅鳥懷林 3. 有恒心	23(3) 26(1) 23(·)	21 24 23	8 8 11	18 18 18
IV. 배움의 길	1. 立志 2. 讀書 3. 勸學	23(·) 25(3) 24(1)	23 22 21	18 9 13	12 11 14
	計	295(17)	233	129	165

※ 기초 조어표에서 다룬 한자 및 한자어의 수	
新出漢字數 ────────────	295
1800字外 新出漢字數 ────────	17
敎科書 本文內 造語數 ────────	233
常用漢字로 많이 쓰이는 造語數 ────	129
破字로 說明할 漢字數 ────────	165

② 漢字의 基礎 造語表(이 표는 本文 新出漢字로 制限함)

※표읽기 : △, ○ - 괘도용 한자, 부수의 ● : 어려운(찾기) 부수, 조어의 ● : 상용한자

單元	新出漢字	部首	本文內造語	造語	破字
I. 1. 祖國	檀	木 13	檀君		
	△ 倍	人 8	倍達民族	倍加, 倍數, 百倍	
	弘	弓 2	● 弘益	弘報	弓 + 厶 (廣의 省劃)
	錦	金 8		錦衣	金 + 帛 (비단)
	殉	歹 6	● 殉國	殉職	歹 + 旬 (뒤를 쫓는다)
	△ 護	言 14	● 受護	護國 護身 保護	
	添	水 8	添花	添加	

單元	新出漢字	部首	本文內造語	造語	破字
	還	辵 13	還鄕	還國	
	綿	糸 8	綿衣	綿密 綿織物	糸＋帛
	織	糸 12	● 織物	組織	
	總	糸 11	● 總和	總理	
	團	口 11	● 團結	團員	
	繁	糸 11	● 繁榮	繁盛	
	催	人 11	● 개최	催促	人＋崔 (서두르다)
	悠	心 7	● 悠久	悠然	
	演	水 11	● 講演	演習 演奏	水＋寅 (두팔을 벌린 모양 → 햇살이 퍼짐. 옴)
	邦	邑 4	● 友邦	萬邦	
	隣	阜 12	隣國		
	儉	人 13		儉素	人＋僉 (조사하다)
	○ 被	衤 5	괘도用 한자		
	※ 孕	子 2		孕胎	
	※ 繡	糸 13		刺繡	
I 2. 敎育	標	木 11	● 目標	標示 標本	木＋票 (불티가 너울거리 며 높이 올라감)
	革	革 0	● 革新	改革 革帶	
	踏	足 8	● 踏査	踏襲	𧾷＋沓 (겹치다)
	査	木 5	踏査	調査 査家	
	蹟	𧾷 11	古蹟	遺蹟	𧾷＋責 (책임, 발자취, 음)
	△ 啓	口 8	● 啓發	謹啓	
	△ 斷	斤 14	● 判斷	斷念 斷案	
	○ 批	手 4	● 批評	批判 批旨	扌＋比 (견주다)
	評	言 5	批評	批判 評價	言＋平 (공평하다)
	創	刀 10	● 創作	創造 創始	倉＋刀 (상처내다)
	裁	衣 6	● 裁斷	裁量	
	狀	犬 4	狀啓	賞狀	
	蒙	艸 10	啓蒙	蒙昧	
	漆	水 11	● 漆板	漆器	
	板	木 4	漆板	木板 板子	木＋反 (넓적하다, 뒤집다)
	掛	手 8	● 掛圖	掛鐘時計	

單元	新出漢字	部首	本文內造語	造語	破字
	懇	心 13	懇談會	懇切	
	班	玉 6	● 班長	班點	
	獎	大 11	● 獎學金	獎勵	
	吐	口 3	● 吐露	吐血　實吐	口＋土 (나오다)
	恕	心 6	● 容恕		如＋心
	罔	●网 3		罔極	
	殆	歹 5	危殆	殆半	歹＋台 (죽음) (재난)
	嘗	● 口 11	未嘗不		
	寢	宀 11	寢食		
I 3. 經濟	濟	水 14	● 經濟	濟世　濟涉	水＋齊 (가지런하다)
	尖	小 3	● 尖端	尖銳	小＋大
	術	行 5	● 技術	術數　術策	
	提	手 9	● 提携	提示　提議	手＋是 (바로 나아가다 물건을 나르다)
	携	手 10	提携	携帶　携手	
	貿	貝 5	貿易	貿易風	
	獲	犬 14	獲得	捕獲	
	賃	貝 6	勞賃	賃金　賃貸	任＋貝 (일하다)
	拂	手 5	● 支拂	拂拭	扌＋弗 (나무를 바로잡다)
	販	貝 4	● 販賣	販路　市販	貝＋反 (되풀이하다)
	帳	巾 8	● 帳簿	帳幕　記帳	巾＋長 (천) (펴다)
	簿	竹 13	帳簿	簿記	
	△ 蓄	艸 10	● 貯蓄	蓄積　蓄産	
	勵	力 15	● 獎勵	勵行　蓄勵	
	裕	衣 7	● 富裕	餘裕　裕福	衤＋谷 (풍부하다)
	堤	土 9	● 堤防	防波堤	土＋是 (멈추다)
	△ 構	木 10	● 構築	構成　構想	
	築	竹 10	構築	築城　建築	
	幅	巾 9	● 路幅	大幅	巾＋畐 (천) (음)

單元	新出漢字	部首	本文內造語	造語	破字
	擴	手 15	● 擴張	擴大 (拡)	手＋廣 (하다) (넓다)
	張	弓 8		緊張	弓＋長 (길다, 길게하다)
	含	口 4	含蓄	包含	今＋口 (속으로 숨다)
	寧	宀 11		安寧	
	營	火 13		兵營　營業	
	○ 惟	心 8		思惟　惟獨	忄＋隹 (묻다, 알아보다)
	傾	人 11		傾斜　傾國	人＋頃 (머리를 기울이다)
	● 侈	人 6	● 奢侈		人＋多 (자랑하다)
	● 懶	心 16		懶怠	
	● 奢	大 9			
II 1. 脣亡 齒寒	○ 脣	● 肉 7		丹脣	辰＋月 신 → 순
	睦	目 8	● 和睦	親睦	目＋坴 (친하다)
	梨	木 7		梨花	利＋木 (음)
	碧	● 石 9		碧眼	
	肥	肉 4	馬肥	肥料　肥沃	月＋巴 (물건의 알맞은 모양)
	紫	糸 5		紫煙	此＋糸 (음)
	梅	木 7		梅雨　梅實	木＋每 (음)
	酸	酉 7		酸味　酸素	酉＋夋 (주류) (서는 일, 걷는 일)
	蜜	虫 8		蜂蜜	
	網	糸 8		大網領	糸＋罔 (밧줄) (단단하다)
	緊	糸 8		緊張　緊要	
	培	土 8	栽培	培養	土＋咅 (덧붙이다)

單元	新出漢字	部首	本文內造語	造語	破字
	據	扌 13	● 根據	雄據　據處	扌＋豦 (지팡이에 기대다)
	折	扌 4	折枝	折衷	扌＋斤
	準	● 水 10	● 準備	準則	(자르다)
			● 繼承	繼續	
	桑	木 6	桑田	桑葉	
	架	木 5	● 書架	架橋	加＋木 (물건을 얹다)
	蘇	艸 16		蘇生	艸＋穌 (음)
	謂	言 9		所謂	言＋胃 (옮기다)
	燕	火 12		燕息	
	齊	齊 0		整齊	
	隱	阜 14	● 隱蔽	惻隱	
	蔽	艸 12	隱蔽	蔽塞　蔽一言	
	● 秦	禾 5			
	● 趙	走 7			
Ⅱ. 2. 指鹿 　　爲馬	鹿	鹿 0		鹿角　鹿皮	
	阿	阜 5		阿諂	阜＋可 (휘어 구부러지다)
	遷	辵 12		左遷　變遷	
	緣	糸 9		緣故　因緣	
	矯	矢 12		矯正	
	補	衣 7		補充　補給	衤＋甫 (모종의 뿌리를 둘러 쌈)
	株	木 6		株式	木＋朱 (단단히 서다)
	兎	● 儿 16		鳥兎	
	拔	扌 5		選拔　拔萃	扌＋犮 (바깥으로 끌어냄)
	塞	土 10	● 塞源	要塞　窘塞	
	○ 源	水 10	塞源	根源　源泉	水＋原 (근원)
	激	水 13		激動　激勵	
	濁	水 13		淸濁　濁流	
	割	刀 10		割當　割印	害＋刀 (해하다, 나누다)
	腹	肉 9			

單元	新出漢字	部首	本文內造語	造語		破字
	驛	馬 13	● 驛長	驛馬	驛砧	
	紀	糸 3	● 紀綱	紀元		糸 + 己 (굽은 것을 바로잡다. 뒤섞인 것을 정리하다)
	沒	水 4	● 沒頭	沒落		
	員	● 口 7	● 議員	官員	定員	
	△ 贊	● 貝 12	● 贊助	贊反	贊否	
	△ 斯	斤 8	● 斯界	斯學		其 + 斤 (도끼로 자르다)
	△ 暢	● 日 10	● 流暢	和暢		申 + 昜 (펴다)
	專	寸 8	專權	專攻	專門	
	恐	心 6		恐怖		
	群	羊 7		群衆	群像	君 + 羊 (둘러싸는 일)
	驗	馬 13		受驗	試驗	馬 + 僉 (본디 말의 名)
	獻	犬 16		文獻	獻納	
	邪	邑 4		邪惡		
	● 丞	● 一 5	丞相			
II 3. 昏定 晨省	昏	日 4		昏迷	黃昏	氏 + 日 (드리우다, 떨어지다)
	晨	日 7	● 晨省			
	鶴	鳥 10		鶴髮	鶴首	
	滄	水 10		滄江	滄海	水 + 倉 (음)
	粟	米 6		粟米		西 + 米 (초목의 열매모양)
	裳	衣 8	紅裳	衣裳		尙 + 衣
	△ 巧	工 2	巧言	巧拙		工 + 丂 (기술) (음)
	姑	女 5		姑婦		女 + 古 (음)
	○ 息	心 6		利息	安息	自 + 心 (코) (마음)
	翁	羽 4		老翁		公 + 羽 (깃, 목)

單元	新出漢字	部首	本文內造語	造語		破字
	累	糸 5		累次		
	懸	心 16		懸隔		
	辨	辛 14		辨論	辨明	
	倉	人 8	● 穀倉	倉卒		
	茫	艸 6	滄茫	茫茫	茫漠	艸＋汒 (水＋亡)
	超	走 5	● 超越	超人		走＋召 (음)
	越	走 5	超越	越等		
	肖	肉 3	● 肖像畫	不肖		小＋月 (닮은 자태)
	像	人 12	肖像畫	現像	像形	人＋象 (사람이 닮음)
	具	●八 6	● 家具	具備		
	互	●二 2	● 相互間	互惠		
	牧	牛 4	● 牧場	牧民		
	候	人 8	● 氣候	斥候	候鳥	
	條	木 7	● 條件	條理		
	件	人 4	條件	事件	件名	人＋牛 (끌다)
	帶	巾 8	溫帶	革帶	寒帶	
	淸	氵 8		冬溫	夏淸	氵＋靑 (차다)
	轉	車 11		自轉		車＋專 (둥글다)
	禍	示 9		禍福	災禍	
	測	水 9	不測	測量		水＋則 (재다)
Ⅲ 1. 春風吹	忽	心 4	忽吹	疏忽		勿＋心 (없어지다)
	蝶	虫 9	胡蝶	胡蝶		虫＋葉 (음)
	胡	●肉 5	胡蝶	胡亂		古＋月 (소의 턱밑 살)
	△ 亂	乙 12	亂舞	戰亂		
	孤	子 5	孤飛	孤見	孤獨	子＋瓜 (적다)
	● 杜	木 3	杜甫	杜門		木＋土 (음)
	● 甫	●用 2	杜甫	甫田		
	紛	糸 4	● 紛亂	紛爭		糸＋分 (실을 여럿으로 나누면 어지럽다)

單元	新出漢字	部首	本文內造語	造語	破字
	刺	刀 6	亂刺	刺殺	束 + 刀 (뽀족한 날이 가시같이 붙음)
	疏	● 疋 7	● 疏忽	疏通	疋 + 束 (물의 흐름)
	蘭	艸 17		金蘭之契	++ + 闌 (음)
	菊	艸 8		黃菊	
	○ 零	雨 5	● 零下	零細	
	蜂	虫 7	蜂蝶	蜂起	虫 + 奉 (창 → 침)
	簡	竹 12	● 簡略	書簡	竹 + 間 (틈, 사이)
	略	田 6	● 簡略	計略　省略	田 + 各 (목적지에 이르는 각각의 일)
	哲	口 7	● 哲學者	明哲　哲人	折 + 口 (음)
	凍	冫 8	● 동결	解凍	冫 + 東 (음)
	臺	● 至 8	● 築臺	臺本	
	崩	山 8	● 崩壞	崩御	山 + 朋 (음)
	壞	土 16	崩壞	破壞	
	恭	● 심 16		恭敬	共 + 心 (함께하다)
	輔	車 7	輔仁	輔佐　轉輔	車 + 甫 (돕다)
III 2. 旅鳥 懷林	懷	心 16	懷林	感懷　懷古	
	池	水 3	池魚	池沼	水 + 也 (둘러싸다)
	沐	水 4	新沐者	沐浴	水 + 木
	彈	弓 12	彈冠	彈丸	弓 + 單 (둥근 알)
	冠	冖 7	彈冠	衣冠　冠禮	
	振	手 7	振衣	振興　振動	手 + 辰 (떨며 움직이다)
	淵	水 9		深淵	
	桂	木 6	桂冠	桂皮	木 + 主 (음)
	述	辵 5	● 述懷	著述	辵 + 朮 (착달라붙다)

單元	新出漢字	部首	本文內造語	造語		破字
	疑	● 疋9	懷疑	疑心		
	辨	辛 9	思辨	辨論	辨別	
	訟	言 4	● 訟事	訴訟		言＋公 (다투다)
	賓	貝 7	大賓	主賓	賓客	
	燥	火 13	● 乾燥	燥濕		火＋喿 (없애다)
	沙	水 4	● 沙漠	沙汰		水＋少 (물이 적다)
	漠	水 11	沙漠	漠然		水＋莫 (물이 없다)
	宮	宀 7	古宮	宮闕		
	彩	彡 8	● 彩色	先彩		采＋彡 (겹치다) (아름답다)
	陵	阜 8	江陵	王陵		阜＋夌 (언덕) (음)
	輩	車 8	● 先輩	輩出	後輩	非＋車 (나란히 하다)
	嶺	山 14	大關嶺	嶺東		山＋領 (능선)
	墳	土 12	古墳	墳墓		土＋賁 (부풀어오르다)
	訴	言 5	訴訟	告訴		言＋斥 (거슬러 올라가다)
	社	示 3	● 社會	會社	社稷	示＋土 (신)
	康	广 8		健康	康寧	
	制	刀 6	新制	統制	制度	牜＋刀 (나뭇가지 뻗은 모양)
Ⅲ 3. 有恒心	災	火 3	● 災禍	災亂		火＋巛 (불과 물의 재화)
	殃	歹 5	殃禍	災殃		歹＋央 (신의 꾸중)
	微	彳10	微△細	微妙		
	詳	言 6	● 詳細	禾詳	吉祥	言＋羊 (작다)
	胞	肉 5	● 細胞	同胞		月＋包 (임신모양)
	菌	艸 8	細菌	毒菌		
	鬼	鬼 0	神出鬼沒	鬼神	鬼才	
	賴	●貝9	● 信賴	依賴		束＋負 (짐지다)

單元	新出漢字	部首	本文內造語	造語	破字
	僧	人 12	僧舞	高僧 (범어음역자)	人＋曾 (음)
	侍	人 6	侍衛	侍女	人＋寺 (물건을 꼭 간직하다)
	衛	行 10	侍衛	防衛	
	附	阜 5	附和雷同	附錄	阝＋付 (언덕) (붙이다)
	雷	雨 5	● 附和雷同	雷聲	雨＋田 (구름) (부딪히다)
	○ 項	頁 3		項目	工＋頁 (위쪽) (머리)
	點	黑 5	● 點數	點火	黑＋占 (위치)
	策	竹 6	● 策定	策略	竹＋束 (음)
	府	广 5	● 政府	府庫	广＋付 (건물) (주는 일)
	壤	土 17	土壤	天壤	
	汚	水 3	● 汚染	汚物	水＋亐 (막히다) (고여있는 물)
	染	木 5	汚染	染色	氿＋木 (즙(水)많다(九)나 무즙에 많이 되풀이 넣음)
	蠻	虫 19	蠻勇	野蠻	
	衝	行 9	衝突	要衝	行＋重 (길거리) (꿰뚫다)
	突	●穴 4	● 衝突	突發	穴＋犬 (구멍에서 개가 뛰어나옴)
	頻	頁 7	● 頻繁	頻度	步＋頁 (물무뉘) (얼굴을 찡그리다)
	○ 妨	女 4	不妨	妨害	女＋方 (구부리다) (여자가 일을 방해하다)

單元	新出漢字	部首	本文內造語	造語	破字
IV 1. 立志	港	水 9	● 歸港	港口	
	屬	尸 18	歸屬	等屬　屬託	
	辭	辛 12	● 辭免	辭表　辭任	
	疫	疒 4	免疫	防疫　疫神	
	任	人 4	● 任意	任命　任務	人＋壬 (무거운짐을듬)
	操	手 13	● 志操	操縱	手＋枲 (많은 새들이 나무 위에 떼지어 시끄럽게 지저귐) → 많은 자잘한 일
	索	糸 4	● 思索	索出　索引	
	耐	而 3	● 忍耐	耐火	而＋寸 (수염) (彡 → 털) 수염깎음(죄인)
	克	●儿 5	● 克己	克服　克亂	
	怠	心 5	● 怠慢	怠業	台＋儿 (허물어지다)
	慢	心 11	怠慢	自慢	忄＋曼 (완만하다)
	逸	辶 8	安逸	逸品	
	値	人 8	● 價値	數値	人＋直 (상당하다)
	床	广 4	● 册床 病床		
	稿	禾 10	● 原稿	草稿　稿料	禾＋高 (높이 자라다)
	鉛	金 5	● 鉛筆	鉛管　亞鉛	金＋㕣 (검푸르다) 검푸른금속……
	秩	禾 5	● 秩序	秩米	禾 ＋ 失 (쌓다) (벼를 깔끔하게 쌓다)
	資	貝 6	● 資質	資金　資料	
	般	舟 4	● 一般	全般	
	距	足 5	距離	距擊	𧾷 ＋巨 (거부하다)
	離	隹 11	● 距離	離散	
	篤	竹 10	● 篤志	危篤　篤實	竹＋馬 (말의 걸음이 늦다)

單元	新出漢字	部首	本文內造語	造語	破字
IV 2. 讀書	△ 廢	广 12	廢者	廢物	
	雅	佳 4	不雅	優雅	牙+佳 (음)
	博	十 10	博奕	博識	
	豈	● 豆 3			山+豆 (장식한 북의 모양)
	● 奕	● 大 6	博奕	奕碁	亦+大 (음)
	○ 刊	刀 3	● 廢刊	全廢	干+刀 (범하다)
	鑛	金 15	廢鑛	鑛山	金+鑛
	優	人 15	● 優雅	優劣	
	趣	走 8	雅趣	趣味　趣旨	走+取 (재촉하다)
	缺	缶 4	● 出缺	缺席	缶+夬 (독) (깨지다) (독이 깨어짐)
	肺	肉 4	心肺	肺肝	肉+市 (장기) (초목이 무성하게자라다 왕성하다)
	痛	疒 7	● 苦痛	痛憤	
	疾	疒 5	痛疾	疾病　疾視	
	涯	水 8	● 生涯	天涯	
	飜	飛 12	● 飜譯	翻意	
	譯	言 13	● 飜譯	通譯	
	貢	● 貝 3	● 貢獻	貢物	工+貝 (바치다)
	複	衣 9	● 複寫	複雜	
	寫	宀 12	複寫	寫本	
	栗	木 6	栗谷	戰栗	
	職	耳 12	官職	職分　職業	
	亭	亠 7	花石亭	亭子	
	整	● 支 12		整備　整理	敕+正 支:일하다 束:묶다. 긴장시킴 (몸을 긴장시켜 주의 깊게 함) 正:바로잡다(음)
	肅	● 聿 7		自肅	
	雜	佳 10	● 雜念	雜音　複雜	

單元	新出漢字	部首	本文內造語	造語	破字
	襟	衣 13		衣襟	衤 + 禁 (닫치다) (옷깃을 여밈 → 가슴, 마음)
	毋	毋 0		毋論	
IV 3. 勸學	舟 智	舟 0 日 8		片舟 智能 智慧	知 + 日 (신) (넣어둠)
	祥	示 6	祥雲	吉祥 祥瑞	示 + 羊 (神) (좋다)
	披	手 5		披露	手 + 皮 (째다) (손으로 열다)
	覩	見 9		目睹	者 + 見 (보다)
	檢 束 濯 航	木 13 ●木 3 水 14 舟 4	● 檢査 ● 約束 ● 洗濯 ● 航路	點檢 點數 拘束 濯足 航海	舟 + 亢 (앞으로 가다)
	拓	手 5	● 開拓	拓本	手 + 石 (사방으로 흩어지다)
	周 圍 掃	●口 5 口 9 帚 8	● 周圍 周圍 ● 淸掃	周到 包圍 掃除	手 + 帚 (닦아서 깨끗이 하 다, 빗자루의 뜻)
	毁 損	殳 9 手 10	毁損 毁損	毁傷 損益	手 + 員 (둥근 것)
	慣	心 11	● 習慣	慣例 慣習	心 + 貫 (꿰뚫다) (오랜 습관)
	廊 類 似 托 贈	广 10 頁 10 人 5 手 3 貝 12	畵廊 ● 類似 類似 依托 寄贈	舍廊 種類 近似 似而非 托子 贈與	貝 + 曾 (보내다)

<u>※ 기초 조어표 활용 결과 다음과 같았다.</u>

교사·학생 공히 작성하였다.

교사·학생 공히 예습이 효과적으로 이루어졌다.

작성　한자 옥편(자전) 활용이 자연적으로 많아졌다.

조어력이 향상되었다.

파자는 교사만 작성하였으나 학생들 중에는 이행한 학생도 있었고 그 지도는 학습에 흥미를 제고시켰다.

학생들은 스스로 학습에 임하는 습관이 길러졌다.

※ 부수 글자의 도해 및 義를 지도 병행하였다. (지림자전. 서울 삼화 인쇄소. 1969. 11. 17.에 의함) 214자의 부수 글자의 생성 원리는 한자를 이해하는 데 매우 중요하다. (교육 과정 해설집)

2. 研究實行 重點 2의 實踐

-課題 2-

> 造語의 效果的인 指導를 위한 資料를 開發 製作한다.

보다 效果的인 造語 지도를 위해 可視的이고 構造的인 도식화로 理解를 증진시키고 흥미를 제고하기 위하여 다음과 같이 각 單元別로 괘도 1枚씩을 제작 活用하였다.

1) 製作原則

① 基礎造語表에서 新出漢字 2~3字에 限하였다.

② 理解力, 興味度를 고려하여 發展的인 思考力을 伸張시키도록 하였다.

2) 體制

① 全紙 1枚를 活用하였다.

② 先習漢字를 利用 2~3個씩 前後로 比較시켰다.

③ 可能한 한 毛筆을 사용하였다.

④ 순서

  a. 짜임

  b. 활용(부수 및 선정 한자의 活用-造語를 말함)

    ㉮ 부수別

    ㉯ 漢字別(카드 사용)

3) 活用

① 新出漢字 지도 후 발전강화학습에 利用하였다.

② 授業 終了後까지(다음 班 移動時까지) 提示하였다.

  : 시각적 효과

4) 資料內容

총 造語數 467個, 本文出現 造語數 233個, 合700個

괘도자료 1

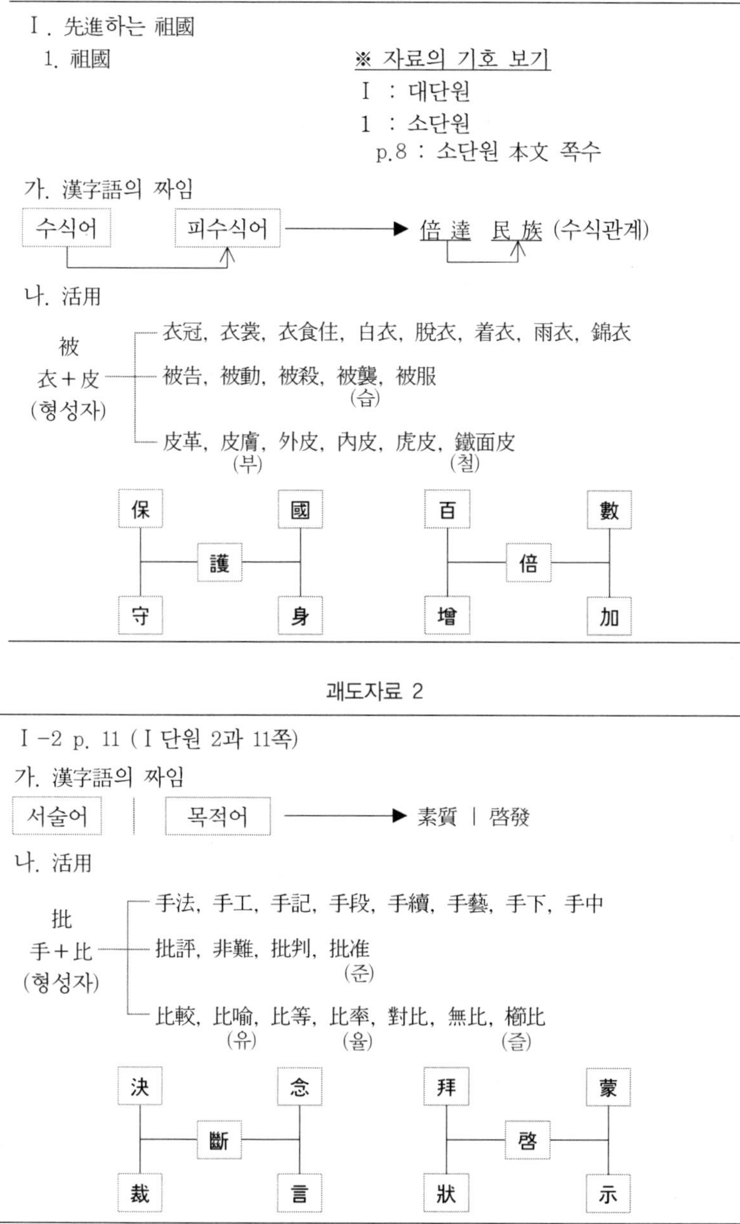

Ⅰ. 先進하는 祖國

  1. 祖國

※ 자료의 기호 보기
Ⅰ : 대단원
1 : 소단원
p.8 : 소단원 本文 쪽수

가. 漢字語의 짜임

수식어 ── 피수식어 ──────▶ 倍 達 民 族 (수식관계)

나. 活用

被
衣＋皮
(형성자)

┬ 衣冠, 衣裳, 衣食住, 白衣, 脫衣, 着衣, 雨衣, 錦衣

├ 被告, 被動, 被殺, 被襲, 被服
　　　　　　　　　　(습)

└ 皮革, 皮膚, 外皮, 內皮, 虎皮, 鐵面皮
　　(부)　　　　　　　　　　(철)

保 ── 護 ── 國
守 ── 護 ── 身

百 ── 倍 ── 數
增 ── 倍 ── 加

괘도자료 2

Ⅰ-2 p. 11 (Ⅰ단원 2과 11쪽)

가. 漢字語의 짜임

서술어 │ 목적어 ──────▶ 素質 │ 啓發

나. 活用

批
手＋比
(형성자)

┬ 手法, 手工, 手記, 手段, 手續, 手藝, 手下, 手中

├ 批評, 非難, 批判, 批准
　　　　　　　　　　(준)

└ 比較, 比喻, 比等, 比率, 對比, 無比, 櫛比
　　(유)　　　　(율)　　　　　　(즐)

決 ── 斷 ── 念
裁 ── 斷 ── 言

拜 ── 啓 ── 蒙
狀 ── 啓 ── 示

과도자료 3

Ⅰ -3 p. 14

가. 漢字語의 짜임

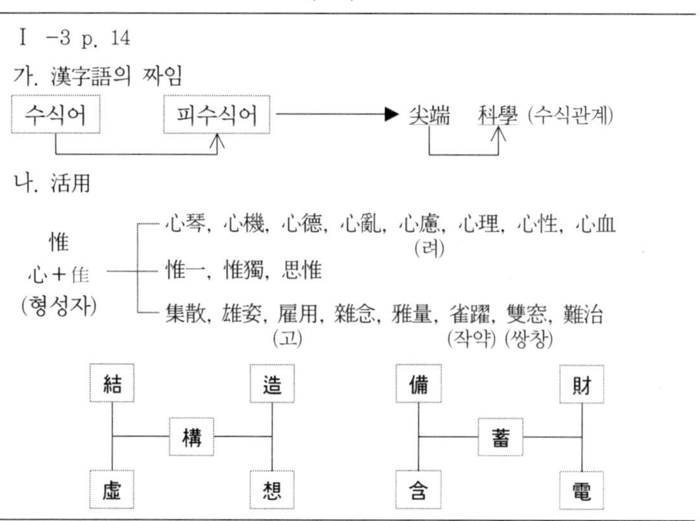

과도자료 4

Ⅱ -1 p. 19

가. 文章의 構造

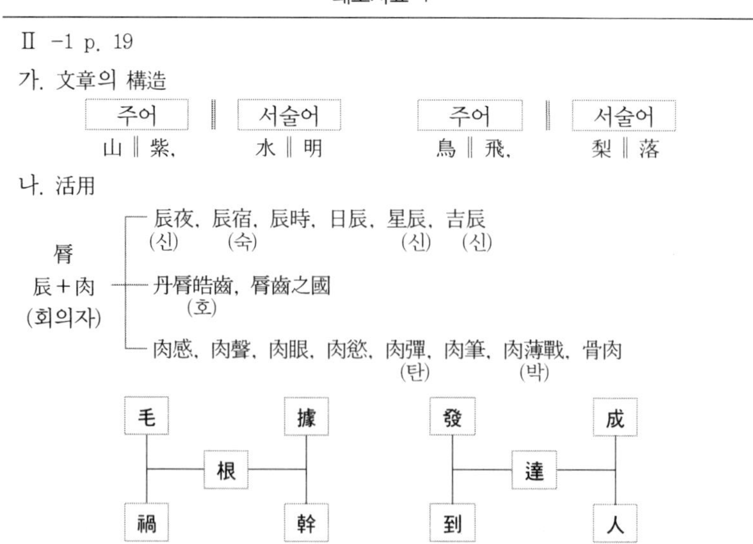

괘도자료 5

Ⅱ -2 p. 22

가. 漢字語의 짜임

서술어 ‖ 목적어		서술어 ‖ 보어
拔ㅣ本	塞ㅣ源	改ㅣ過 遷／善

나. 活用

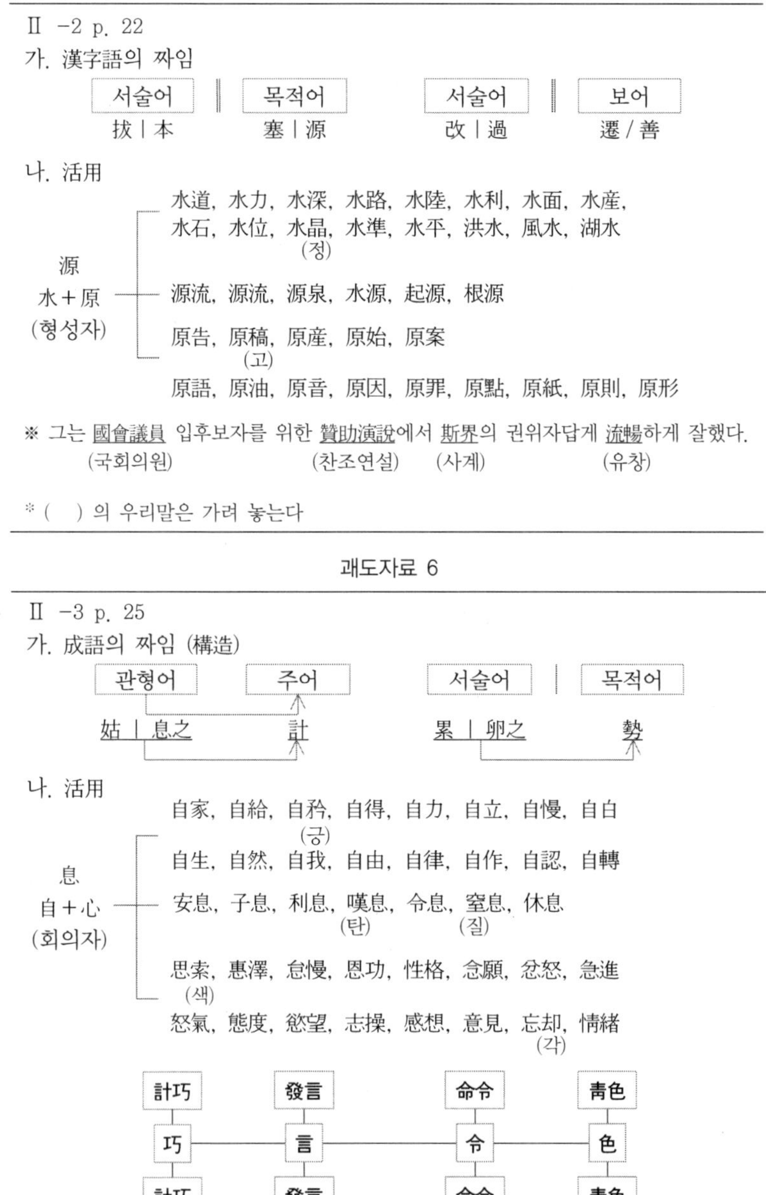

源
水＋原
(형성자)

水道, 水力, 水深, 水路, 水陸, 水利, 水面, 水産,
水石, 水位, 水晶, 水準, 水平, 洪水, 風水, 湖水
　　　　(정)

源流, 源流, 源泉, 水源, 起源, 根源

原告, 原稿, 原産, 原始, 原案
　　(고)

原語, 原油, 原音, 原因, 原罪, 原點, 原紙, 原則, 原形

※ 그는 <u>國會議員</u> 입후보자를 위한 <u>贊助演說</u>에서 <u>斯界</u>의 권위자답게 <u>流暢</u>하게 잘했다.
　　(국회의원)　　　　　　　　(찬조연설)　(사계)　　　　　(유창)

＊ (　) 의 우리말은 가려 놓는다

괘도자료 6

Ⅱ -3 p. 25

가. 成語의 짜임 (構造)

관형어 주어	서술어 ｜ 목적어
姑ㅣ息之　　計	累ㅣ卵之　　勢

나. 活用

息
自＋心
(회의자)

自家, 自給, 自矜, 自得, 自力, 自立, 自慢, 自白
　　　　(긍)

自生, 自然, 自我, 自由, 自律, 自作, 自認, 自轉

安息, 子息, 利息, 嘆息, 令息, 窒息, 休息
　　　　　　(탄)　　(질)

思索, 惠澤, 怠慢, 恩功, 性格, 念願, 忿怒, 急進
(색)

怒氣, 態度, 慾望, 志操, 感想, 意見, 忘却, 情緖
　　　　　　　　　　　　　　　(각)

計巧	發言	命令	靑色
巧	言	令	色
計巧	發言	命令	靑色

괘도자료 7

Ⅲ -1 p. 31

가. 文章의 構造

주	│	술
風		吹

관	주	│	부	술
春	風		忽	吹

나. 活用

零
雨＋令
(회의자)

- 雨季, 雨期, 雨水, 雨備, 雨天, 雨露, 雨後竹筍 (순)
- 好雨, 降雨, 暴雨
- 零細, 零下, 零上, 零點, 零時
- 令夫人, 令慈, 令息, 令愛, 令妹, 令弟, 令姪 (질)
- 軍令, 命令, 設令, 口令, 法令

(亂)
- 亂動, 亂脈, 亂發, 內亂, 紛亂
- 攪亂, 判亂, 錯亂, 混亂, 淫亂
  (교)   (착)   (음)

※ 그 글은 簡略하게 表現되었지만, 깊은 哲學的인 意味가 담겨져 있다.

(한자는 카드로 뒤집어 놓음.)

괘도자료 8

Ⅲ -2 p. 33

가. 文章의 構造

관	주	│	술	│	관	목
旅	鳥		懷		舊	林

나. 活用

沐
水＋木
(형성자)

- 江湖, 沈着, 決定, 油紙, 沃土, 池塘, 永遠, 沒頭, 河床, 治安 (몰)
- 沼澤, 永山, 果汁, 汗牛充棟
  (소)   (즙)
- 沐浴
- 木刻, 木工, 木蓮, 木馬, 木理, 木像, 木石, 木村, 木版, 木炭
- 古木, 伐木, 接木, 草木, 枯木, 巨木, 土木, 香木, 植木

※ 思 : 思辨 → 辨訟 → 訟事 → 事大 → 大賓 → 賓客
※ 旅 : 旅客 → 客愁 → 愁心 → 心情 → 情景 → 景致

(끝말 잇기)

과도자료 9

Ⅲ -3 p.36

가. 文章의 構造

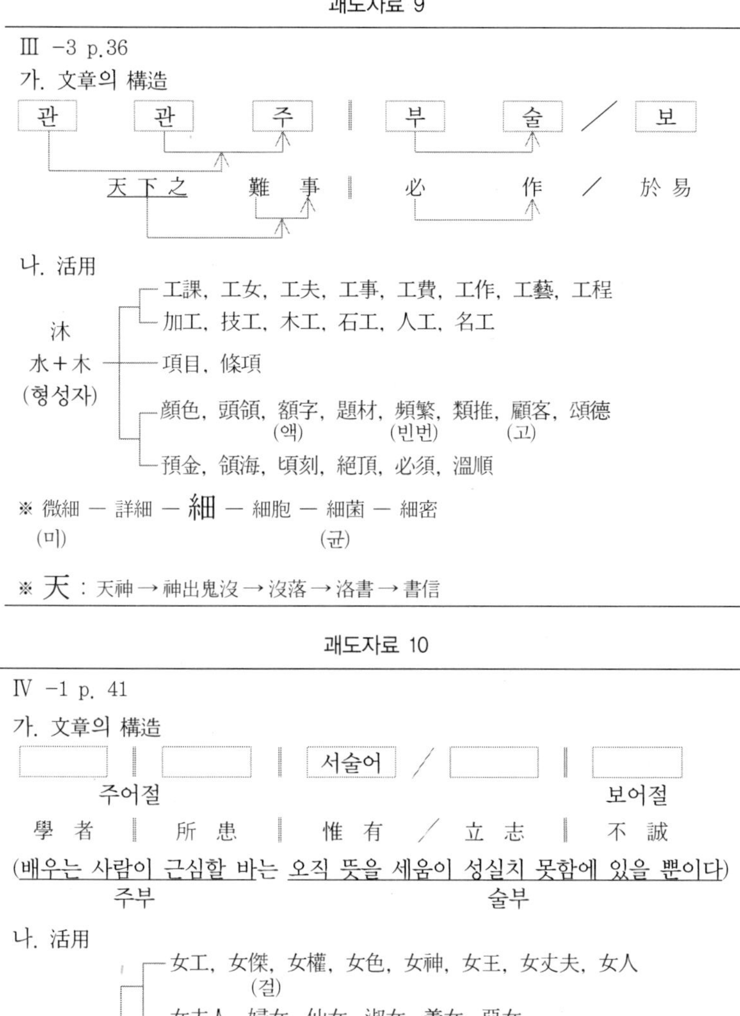

| 관 | 관 | 주 | | 부 | 술 | / | 보 |

天下之　難 事 ∥ 必　作 / 於 易

나. 活用

沐
水＋木
(형성자)

- 工課, 工女, 工夫, 工事, 工費, 工作, 工藝, 工程
- 加工, 技工, 木工, 石工, 人工, 名工
- 項目, 條項
- 顔色, 頭領, 額字, 題材, 頻繁, 類推, 顧客, 頌德
  (액)　　　　　　(빈번)　　(고)
- 預金, 領海, 頃刻, 絶頂, 必須, 溫順

※ 微細 — 詳細 — 細 — 細胞 — 細菌 — 細密
　(미)　　　　　　　　　　(균)

※ 天 : 天神 → 神出鬼沒 → 沒落 → 洛書 → 書信

과도자료 10

Ⅳ -1 p. 41

가. 文章의 構造

| | ∥ | | ∥ | 서술어 | / | | ∥ | |

주어절　　　　　　　　　　　　　　　　　　보어절

學 者 ∥ 所 患 ∥ 惟 有 / 立 志 ∥ 不 誠

(배우는 사람이 근심할 바는 오직 뜻을 세움이 성실치 못함에 있을 뿐이다)
　　　주부　　　　　　　　　　　술부

나. 活用

妨
女＋方
(형성자)

- 女工, 女傑, 女權, 女色, 女神, 女王, 女丈夫, 女人
  (걸)
- 女主人, 婦女, 仙女, 淑女, 善女, 惡女
- 妨害
- 方途, 方面, 方物, 方法, 方式, 方案, 方言, 方位
  (도)
- 方正, 方策, 方針, 方便, 方向, 八方美人

※ 問 : 問責 → 責任 → 任意 → 意志 → 志操 → 操心 → 心思 → 思索 → 索引
→ 引力 → 力道 → 道理 → 理想 → 想像

괘도자료 11

Ⅲ -2 p. 44

가. 文章의 構造

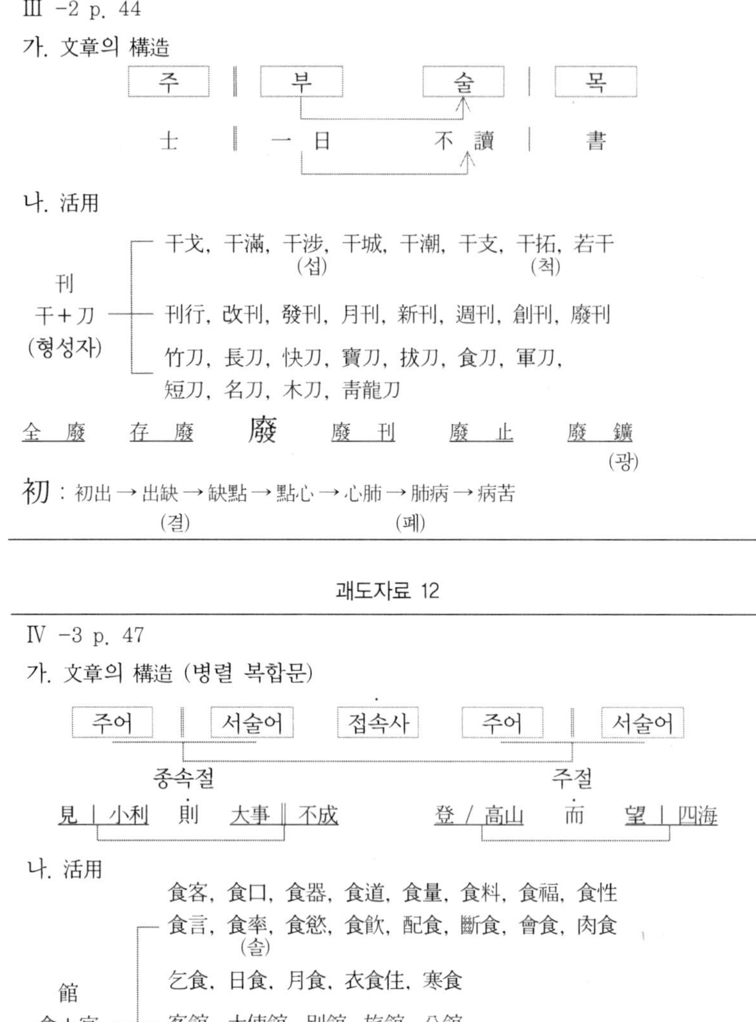

괘도자료 12

Ⅳ -3 p. 47

가. 文章의 構造 (병렬 복합문)

※ 괘도를 작성하여 활용한 결과 다음과 같은 점이 길러졌다.

◦ 괘도에 나타난 한자어 (조어를 통한) 수 : 467個

◦ 사용된 조어틀 수 : 24個

◦ 말잇기 놀이에 사용된 한자어 수 : 45個

◦ 모필을 사용하였기에 한자의 확실한 획을 구분하는 능력이 길러졌다.

◦ 시각적 효과를 가져와 이해력이 빨랐다.

◦ 자기가 조사한 것에 보충을 손쉽게 할 수 있었다.

◦ 조어틀을 사용하였기에 시간이 절약되고 사용 후 환경 정리용으로
1주간 게시가 가능하였다.

3. 研究實行 重點 3의 實踐

-課題 3-

> 基礎 造語表와 開發되 資料를 活用하여 구조적인 교수-학습 方法으
> 로 造語力 伸張을 돕는다.

研究實行 重點 3의 課題를 實踐하기 위하여 다음과 같은 지도과정
의 모형을 작성 지도하였다.

1) 지도과정 模型

단계	내용	비고
도입	· 單元 진단평가 (10문항 ~ 15문항) · 本文 읽기 (수업 시작 前) 동기유발	· 2개 반 표집 (정보처리과, 상업과 1개 반씩 1차시에 해당하는 반) · 1次時에 限함 · 한문 학습 위원 (상용한자 게시 위원)
	· 前時學習 想起 · 先行 造語 再生 · 本時學習目標 提示	· 本時 學習에 대한 흥미 유발 및 내용 암시 · 2次時부터 적용함 · 차트 및 카드 活用時 익힌 것

전개	· <u>基礎學習</u> ·新出漢字 익히기 ·本時文章 構造 分析 · <u>本文學習</u> ·어구 ·本文 해석 · <u>新習漢字 造語 構成</u> ·本文內의 것 조사 ·과제 제시 한자 이용	·音, 義, 部首, 劃數, 六書 ·文章構造 形式 ·어구짜임 ·정확한 해석 (어휘해석) ·新出漢字 지도시 並行도 可함 (기초 조어표 活用) ·과제 확인 및 조사내용 발표 (다양한 한자어 기대)
종결	· <u>深化 補充</u> · <u>形成 評價</u> · <u>과제 제시 및 차시 예고</u>	·造語 ·속뜻 ·目標到達 確認 ·파자가 용이한 한자 1字와 신출 자 中 2~3個

2) 지도의 실제(지도안)

(1) 단원 : Ⅲ. 文型의 理解

(2) 소단원 : 二. 旅鳥懷林

(3) 차시 : 3/6

(4) 지도 일시 : 1990. 5. 21.~1990. 5. 26.

(5) 본시 학습 목표

◦ 술목 확장 문장의 구조를 알고 제시된 문장을 분석할 수 있다.

◦ 신출 한자(7字)의 짜임, 음, 뜻을 알 수 있다.

◦ 주어진 한자(懷, 思, <u>沐</u>)를 사용하여 넷 이상의 한자어를 만들 수 있다.

(6) 본시 학습 활동 전개안

※연구 수업 지도안이 아니므로 갑종이 아님

단계		교수-학습 활동	비고
도입	본문낭독	○. 수업 시작前, 本文 읽기	·한문 학습위원이 지도
	동기유발	T. 주술 확장 문장의 구조를 발표하도록 한다. S. 주어와 서술어 앞에 수식어가 온 문장	·T : 교사 ·S : 학생 ·관 : 관형어 ·부 : 부사어
	전시 학습 상기	관 주 ‖ 부 술	
	선행조어재생	T. 주술 확장 문장의 예문을 말해보도록 한다. S. 梅花滿開(다른 예문도 됨)	·다섯개의 예문중 하나
	본시 학습 목표 확인	T.「亂」字의 앞 뒤에 한자를 써서 뜻이 통하는 한자어 넷을 만들어 보도록 한다. S. 亂動, 亂脈, 亂發, 叛亂, 混亂, 錯亂……	·예상되는 한자어임
		T. 本時 學習 目標를 提示하고 주된 內容을 알도록 한다. ◦ 술목 확장 문장 구조 분석 ◦ 신출 한자 익히기 ◦ 한자어 만들기(조어)	·자세한 진술은 앞 부분 참조
전개	본문 제시	T. 本文提示 ◦旅鳥는 懷舊林하고 池魚는 思故淵이라. ◦新沐者는 必彈冠이요 新浴者는 必振衣니라	·차트 ·언더라인 : 신출자 ·적색 : 부수
		T. 가리킴 봉으로 짚어가며 먼저 읽고 학생은 따라 읽는다.	·2회 반복
	기초학습	T. 신출한자(언더라인)의 부수, 획수를 표시하고 음과 훈을 익히도록 한다.	·7字
	신출한자 숙독		·조어는 다양하게 하는 것이 효과적임. (기초 조어표 活用)

한자	부수	획수	육서	조어
懷	心	16(19)	형	懷古, 感懷
池	水	3(6)	형	池沼, 池面
沐	水	4(7)	형	沐浴
彈	弓	12(15)	형	彈丸

冠	冖	7(9)	회	衣冠
振	手	7(10)	형	振興, 振動
淵	水	9(12)	형	深淵

<table>
<tr><td></td><td>

S. 신습 한자의 쓰임을 익힌다
(위의 표 조어란 참조)
※ 판서는 본문 밑 또는 칠판의 여백에 한다.
※ 신출 한자는 여러 경우의 조어를 통해 그 뜻을 알 수 있도록 한다.
※ 用語의 정의
<u>신출한자</u> : 지금까지 배우지 않았던 한자
<u>신습한자</u> : 본시에 새로 익힌 한자

</td><td>※ 유의점</td></tr>
</table>

전개

본문학습

본문 해석

문장구조 분석

○ 本文 해석 하기
T. 주요 어귀를 풀이하여 판서한다.
· 旅鳥 : 철새, 나그네 새
· 新沐者 : 머리를 새로 감은 사람
· 新浴者 : 몸을 새로 씻은 사람
S. 本文을 해석해 본다.
T. 本文 해석을 바탕으로 우리 국어의 문법과 연관시켜 본다.
~가(이, 은/는) ~을(를) ~하다.

관	주 ‖	부	술	관	목

S. 本文 해석을 성분(문장)별로 분류 한다.

<u>철새(떠도는 새)</u>는 옛 숲을
　　(수)　(주어)(수)(목적어)
<u>그리워한다</u>(생각한다)
　(서술어)

철새(떠도는 새) : 旅鳥
옛 숲 : 舊林
생각한다 : 懷
S. 분류한 성분을 한문 구조에 대입한다.

旅　鳥 ‖ 懷　舊 ∣ 林

T. 종합 정리하여 강조한다.
※ 술목 문장 : 주어, 서술어, 목적어 앞에 수식어가 없는 문장-기본 문장

		※ 술목 확장 문장 : 기본 문장에 수식어가 들어간 문장 ※ 술목 구조는 행동자인 주어, 행동을 나타내는 서술어, 행동의 대상을 나타내는 목적어로 이루어진 문장 구조이다. T. 다른 문장도 위의 문장에 준하여 문장의 구조를 분석하도록 한다. 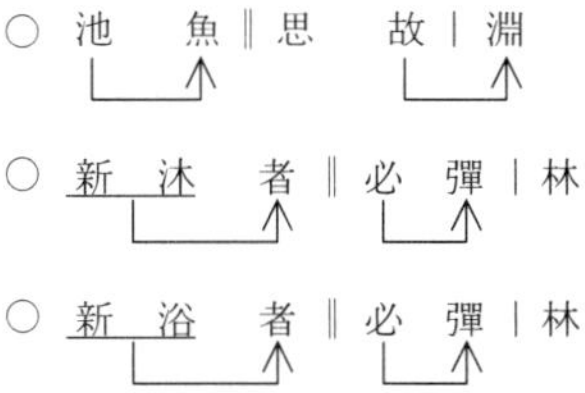 ○ 池　魚 ‖ 思　故 ∣ 淵 ○ 新　沐　者 ‖ 必　彈 ∣ 林 ○ 新　浴　者 ‖ 必　彈 ∣ 林	· 정의 · 학생들이 하도록 함.
전개	조어 구성	T. 신출 한자 중 과제로 제시한 懷, 思, 沐 자로 한자어를 만들어 보도로 한다. S. 과제 확인 후 발표한다.  感懷 — 懷古 　　　懷 述懷 — 懷疑 想思 — 思想 　　　思 意思 — 思索 沐 ┬ 水 : 氷山, 治安, 江山 (변) 　　└ 木 : 木刻, 木馬, 伐木, 草木	· 기초 조어표 活用 · 과제물을 보고 응답한다. 조어수는 넷 정도 · 조어 틀에 알맞은 한자를 넣는다. · 이 단계가 끝나면 차트 제시
종결	심화 보충	T. 차트 설명 T. 대구 설명 新沐者 必彈冠 ↕　　↕　↕ 新浴者 必振衣	· 차트 제시 (2차시 부터는 처음부터 끝까지 게시한다.)

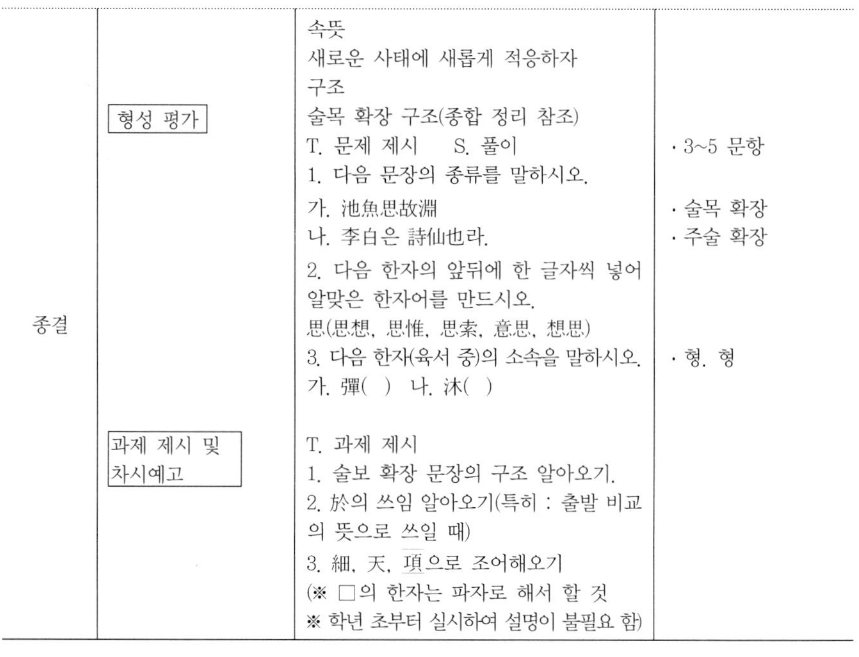

| 종결 | 형성 평가 | 속뜻
새로운 사태에 새롭게 적응하자
구조
술목 확장 구조(종합 정리 참조)
T. 문제 제시   S. 풀이
1. 다음 문장의 종류를 말하시오.
가. 池魚思故淵
나. 李白은 詩仙也라.
2. 다음 한자의 앞뒤에 한 글자씩 넣어 알맞은 한자어를 만드시오.
思(思想, 思惟, 思索, 意思, 想思)
3. 다음 한자(육서 중)의 소속을 말하시오.
가. 彈( ) 나. 沐( ) | ·3~5 문항

·술목 확장
·주술 확장

·형. 형 |
| | 과제 제시 및 차시예고 | T. 과제 제시
1. 술보 확장 문장의 구조 알아오기.
2. 於의 쓰임 알아오기(특히 : 출발 비교의 뜻으로 쓰일 때)
3. 細, 天, 項으로 조어해오기
(※ □의 한자는 파자로 해서 할 것
※ 학년 초부터 실시하여 설명이 불필요 함) | |

판서계획

文章의 構造

a. 술목 확장 문장 : 기본 문장(술목)에 수식어가 첨가된 문장

b. 구조 분석

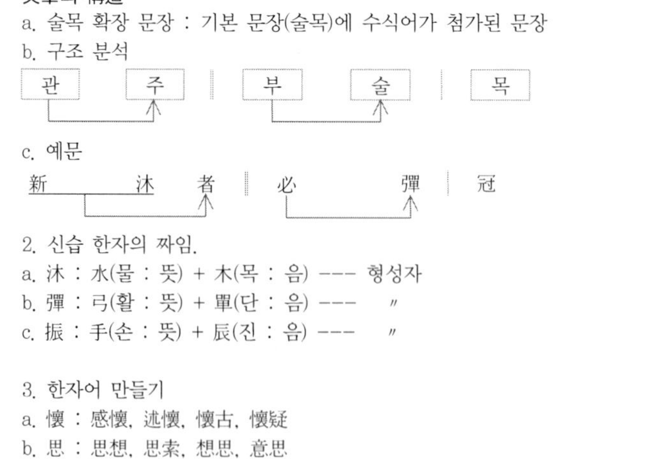

c. 예문

2. 신습 한자의 짜임.

a. 沐 : 水(물 : 뜻) + 木(목 : 음) --- 형성자

b. 彈 : 弓(활 : 뜻) + 單(단 : 음) ---   〃

c. 振 : 手(손 : 뜻) + 辰(진 : 음) ---   〃

3. 한자어 만들기

a. 懷 : 感懷, 述懷, 懷古, 懷疑

b. 思 : 思想, 思索, 想思, 意思

c. 沐 : 水(변) : 治安, 氷水, 沒頭

　　木 : 木刻, 木工, 木馬, 伐木, 草木

3) 지도상 유의점 (造語 지도시)

(1) 基礎 造語表는 교사·학생 각각 작성하였다. (조어 작성 틀에 따라 작성하였다)

※ 기초 조어표의 틀(양식)

단원	신출 한자	부수 획수	뜻	본문 내 한자어	造語	破字

※ 조어수는 1~2個 씩으로 한정하였다.

(2) 조어 지도는 新出 漢字 學習時 竝行되기도 하고 따로 시간을 할애하여 지도하기도 하였다.

○ 新 浴 者 必 振 衣
(手·7)
振動, 振興, 士氣振作

(3) 과제로 내준 한자는 조어 틀에 넣어 만들어 활용토록 하였다.

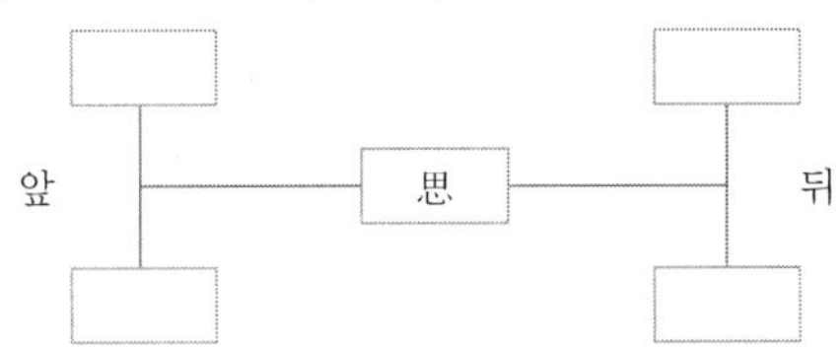

(4) 造語를 할 때는,
① 우리말로 단어를 말한다.
② 제시한 한자로 한자어를 만들 수 있나 본다.
③ 한자로 대입한다.

예 ;　사격,　　　사고,　　　사감,　　　사료……
　　　(쏘다)　　　(생각)　　　(집)　　　(생각)
　　　×　　　　　○　　　　　×　　　　　○
　　　　　　　　　(思考)　　　　　　　　(思料)

(5) 되도록 학습한 조어 또는 선행 조어(※ 아니어도 좋다)로 國漢文 混用文을 만들어 보았다.

　예 ; 軍人들의 士氣를 振作시키기 위하여 새 衣服을 支給하여 故鄕 으로 休暇를 보냈다.

V. 檢證

1. 興味度 檢査 및 學力向上度 檢査

漢字의 造語 지도를 통한 漢文(字) 學習이 學習者에게 주는 興味와 참여도의 檢査를 위해 다음과 같이 연구반과 비교반을 전후로 비교하 여 보았다.

1) 興味 調査(연구반과 비교반) 2개 반씩(1개 반 정원 52名)

설문내용	연구반		비교반	
	인원	%	인원	%
한자 조어학습에서 재미있다	54	51	32	31
한자 조어학습에서 재미없다	16	15	51	49
모르겠다	35	34	21	20
계	105	100	104	100

※ 연구반 : 정보처리과, 비교반 : 상업과

한자 조어 지도를 통한 상용한자의 지도에 대하여 비교반에서는 31%
가「재미있다」, 49%가「재미없다」,「모르겠다」가 20%로 약 반수 가량
이 흥미 없어 하고 있는 반면, 연구반에서는「재미있다」51%,「재미없
다」15%,「모르겠다」34%로 나타나 체계적이고, 구조적이며 학생 스스
로 참여하여 進行하는 조어 지도를 통한 상용한자 지도는 興味 있는
수업이 이루어졌다고 볼 수 있다.

2) 興味度 및 조어력에 대한 조사(연구반)

2개 반 105名

설문내용		初(3月)		末(7月)	
		人員	%	人員	%
漢文學習에 對하여	가. 興味 있다	31	29.5	81	77.1
	나. 興味 없다	57	54.3	9	8.6
	다. 그저 그렇다	17	16.2	15	14.3
學習에 대한 興味 (조어력 중심)	가. 향상되었다	·	·	83	79.1
	나. 조금 향상 되었다	·	·	10	9.5
	다. 그대로인 것 같다	·	·	12	11.4
괘도 활용에 대하여 (※ 제반 자료 포함)	가. 많은 도움이 된다	·	·	76	72.4
	나. 그저 그렇다	·	·	10	9.5
	다. 도움이 되지 않는다	·	·	19	18.1

漢文(字) 學習에 대하여 전후로 비교한 결과 연구 시작 前에는「興
味 있다」가 29.5%로 대다수가 지루하고 하기 싫어하는 과목으로 인
식되고 있었으나 硏究가 계속되는 동안 그 興味度가 77.1%로 증가 되
었고 그 理由를 보면 자료 活用으로 직접 연관된 常用漢字의 기억이
증대되었다는 것으로 보아 資料活用을 통한 學習지도는 많은 성과가
있었다고 해석된다.

※ 한문과 學期末考査(1990年 7月 4日) 결과표

집단	N	$\overline{X}$	S. D	Z(검증) (대표집 N 〉 30)	비고
연구반	105	64.58	21.61	3.376	
비교반	104	54.35	22.71		

※연구반 : 정보처리과, 비교반 : 상업과

3) 學力評價 결과

(1) 문제점

① 문제의 難易度를 確實하게 가릴 수 없다

② 해마다 學生들이 實力差가 있고, 정보처리과 학생과 상업과 학생들의 학습에 임하는 태도가 다를 수 있다.

③ 敎師의 偏見이 作用될 수 있다.

(2) 結果

위와 같은 문제점은 있으나 보다 발전적인 지도 방법을 적용하였다는 點에서 감안해 보면

① 評價 點數差가 10點 以上이 되었고

② 표준 편차의 의의도가 p.〈0.001 로 나타나 통계적으로 퍽 의의 있음을 보여주고 있다.

以上으로 기초 造語表에 依한 체계적인 지도는 한문교육에 效果가 있다는 것을 가능케 하였다.

4) 造語力 向上度 檢證

조어력 향상도를 측정키 위하여 각종 평가(중간고사, 학기말 고사, 상

용한자 고사)에 25%(단 상용한자 고사 100%)를 조어에 관한 문제를 출제 하였다.

○ 통과율 및 결과표

고사별 반별	중간고사 (통과율)	기말고사 (통과율)	상용한자 4월	상용한자(6월)			의의도 (상용한자 고사)
				평균점수	표준편차	Z검증	
연구반105명	62%	78%	53점	69점	13.25	2.44	
비교반104명	61%	69%	51점	63점	21.24		

(평균점수)

※ 結果

(1) 중간고사와 기말 고사의 통과율은 10문항 (총문항의 25%)에 대하여통과한 것을 말함. 이것으로 보아 연구가 시작된 지 5개월이 지난 기말 고사에서는 통과율이 연구반에 16%나 증가하였다.

(2) 상용한자 평가에서는 제2회(6월) 평가 시 평균점수 약 6점의 차이를 가져왔고 의의도가 .01〉p로 나타나 퍽 의의 있는 것으로 나타났다.

(3) 이상으로 연구가 진행됨에 따라 조어력이 차츰 향상되고 있다는 것을 알 수 있다.

Ⅵ. 요약 및 결론

1. 要約

1972年에 復活된 漢文 教育은 今年 5次 改定까지 오는 동안 어렵고 興味 없는 學習으로 認識되어 왔다.

또한 적은 時間에 많은 漢字를 익히기 위해 傳統的으로 써오던 非能率的인 教授-學習에서 脫皮하여 학습의 效果와 能率을 올리고, 實業系高等學校에서 가장 必要하고, 要求되는 常用漢字 지도를 위해 各

單元마다 新出 漢字의 基礎 造語表를 만들고 여기에 따른 掛圖 및 기타 資料를 개발하여 構造化된 學習 模型에 따라 多樣한 學習 지도를 한 結果, 漢文 學習에 대한 理解力과 興味度가 높아졌으며 造語力이 伸張되었다.

2. 結論

漢文 學力 向上 및 常用 漢字의 效果的인 지도는 漢文의 特性을 考察한 結果 造語力에 있음을 認知하고 實施한 結果,

1) 造語 지도의 效果를 높이기 위하여 教育 課程 및 教科 內容 分析을 通한 造語表를 作成 체계적인 지도를 한 結果, 造語力이 伸張되었으며(16% 증가), 漢文科에서 發見學習이 形成되었고, 漢文 實力이 向上 되었다.

2) 造語 지도용 掛圖 및 기타 資料를 活用한 지도는 造語力 伸張에 다음과 같은 도움이 되었다.

   (1) 漢文 學習에 대한 興味와 關心이 고조되었다.
   (2) 創意力 伸張과 自主的이고 自律的인 學習 方法이 체득되었다.
   (3) 掛圖의 사용은 지도상 時間的 制限을 받지 않았고, 恒常 사용이 可能하며, 視覺的 效果를 가져와 漢字의 記憶에 도움이 되었다.

3) 構造化된 學習 지도 模型은 多樣한 探究 調査 活動을 가능케 하였고, 自學 自習 및 漢文 學習에 自信感을 길러 주었다.

4) 5次 교육 과정 개정안에서 강조되고 있는 漢文 지도는 바로 本 研究者가 實施한 造語 지도에 있음을 밝힌다.

3. 提言

1) 漢文 時間이 주당 2시간은 되어야겠다.(주 1시간으로는 忘却率이 크다.)

2) 現場 研究 結果 좋은 學習資料로 認定된 것은 敎育 開發院에서 修正 補完하여 一般化시켰으면 한다.(한문과는 거의 없음.)

3) 인문계와 실업계의 교과서는 분리가 되었으면 한다.

이 글은 『漢文敎育硏究』 제5호(韓國漢文敎育學會, 1991)에 수록한 논문을 재수록한 것이다.

漢字語 敎授-學習 方法에 對한 研究

-中學校 6次 敎育課程을 中心으로

元容錫

Ⅰ. 序論

1. 研究의 必要性

漢字가 우리나라에 전래된 것은 正確한 記錄을 발견할 수는 없지만 대략 漢四郡이 설치되었을 무렵 이미 한자는 이 땅에 들어와 있었다고 보아야 할 것이다.[1] 그 후 2천여 년에 걸쳐 漢字, 漢文은 우리나라의 國字로 사용되어 왔으며, 한글 專用의 바람이 거세게 불고 있는 현 시점에서도 국어사전의 漢字語 語彙는 70% 정도나 된다고 한다.[2] 한글 전용을 그대로 인정한다고 해도 바르고 효과적인 국어 및 언어생활을 위해서는 한자 공부를 하지 않을 수가 없는 것이다.

---

1) 서울大學校 東亞文化研究所編, 『國語國文學事典』, 新丘文化社, 서울, 1986, 671면.

2) 李應百, 「국어 사전 어휘의 류별 구성비로 본 한자어의 중요도와 교육 문제」, 『어문연구』 25.26합병호, 서울, 1980.
　　* 한글학회에서 펴낸 『큰사전』(1947~1957)의 통계에 따르면 표준말로 잡은 낱말 중에 한자어는 전체의 60%에 이른다고 분석하고 있다. 허웅, 「우리말과 글에 쏟아진 사랑」, 문성출판사, 부산, 1979. 40면.

실제로 한자어는 우리나라에 있어서 한문 학습의 기초일 뿐만 아니라 국어 학습 및 언어생활의 기본 축이 되고 있음을 부인할 수는 없다. 더구나 학교 현장에서는 다양한 과목 학습에 있어서 가장 문제로 지적되는 것이 두말할 나위도 없이 용어의 이해에 관한 것이다. 한자 및 한자어의 학습 없이는 현행의 어떠한 학문도 학생들에게 용어의 개념을 파악하게하기 힘들며 문맥의 통찰이 어려운 실정이다.

그러나 그간의 연구가 한자어에 관해서는 그다지 진행이 흡족치 않았으며, 또한 약간의 연구 결과도 학교 현장에 투입되기에는 다소 무리가 있었다. 더구나 1995학년도부터 시행될 제6차 교육과정에서는 한자·한자어·한문에 대하여 언어생활과 실생활과의 연계를 강력하게 주장하고 있다. 따라서 이제는 그 효용성에 관해서는 한자, 한자어, 한문 중 한자어의 비중이 가장 크게 인식되기 시작하였으며 그에 따른 연구가 시급히 요청되는 시점이라 하겠다.

한자어의 연구는 대체로 짜임과 語義의 把握을 중심으로 하는 교수-학습 방법이 주된 과제로 파악할 수 있는데, 그간 짜임에 관해서는 다소의 논거가 있었고 실제로 교과서에도 반영되었을 뿐만 아니라 교수-학습에도 적용되고 있지만 국어 및 언어생활에 적용되는 연구는 너무도 미미한 실정이다. 게다가 학교 현장에서는 한문 번역에 도달하기 위한 한자어 내지는 문법을 지도함에 따라서 한자조차 어렵다고 느끼는 학생들에게 문법 및 해석 순서 등을 필수적으로 지도함으로써 한문 자체를 까다로워 하고 흥미가 없는 과목으로 인식하게 하였다. 그리하여 학생들은 실생활을 위하여 한문 교육의 필요성을 피부로 느끼면서도 아예 한문 과목에 등을 돌리는 일조차 일어나게 되었다.

이러한 문제의 해결을 위해서는 적절한 교수-학습 방법의 연구와 다양하고도 흥미 있는 자료의 개발로 교수자의 짐을 덜어 줄뿐만 아니라 학습자에게도 흥미와 동기를 유발하고 한문 교육의 질을 높여야 한다는 점에 한문 교육 담당자들은 공감해 왔다. 그러나 아직 이 부분에 대한 연구는 활발히 진행되지 못하고 있으며 이에 따라 시의에 능동적으로 대처하고 한문에 관한 위상 정립을 위해서 한자어의 교수-학습 방법에 관한 연구의 필요성은 날이 갈수록 더욱 시급하고 중요한 문제로 부각되고 있다.

2. 先行의 研究 檢討

본론에 들어가기에 앞서서 본고에서는 기왕의 연구 집적물들을 검토함으로써 기존의 이론을 탐색하고, 그에 따른 장단점을 파악할 뿐만 아니라 본고의 나아갈 방향도 제시하고자 한다.

이제까지 한자어에 관한 부분만을 연구한 저서 및 논문은 그 수가 극히 미미한 실정이다. 대개는 한문 전체를 다루면서 그 과정의 한 부분으로서 한자어를 다루어 왔으며 그것도 한자어 자체를 다루었다기보다는 한문을 번역하는 수단에서 부분적으로 스치는 정도였다.

20세기에 들어서 漢字語 敎授에 관한 著書로 가장 앞서는 것은 1929년에 발간된 田壎의 『漢文敎授捷徑』[3]을 들 수 있다. 이 책은 과거 漢文을 주된 文字로 使用하던 생활이 한글 생활로 이행되며 漢文敎育機關의 역할이 줄어들고 新學問이 점차 영향력이 높아지고 있는 상황 속에서 아동들에게 좀 더 쉽게 한문을 가르칠 의도로 저술된 것인데 주로 한자어와 虛字의 해석에 초점을 맞추고 있다. 그 중 한자어 부분만을 살펴보면 한자어를 해석 유형별로 나열하고 유형별의 해석 순서를 제시하고 있다. 다만, 이 책을 가지고 공부하고자 한다면 유

---

3) 田壎, 『漢文敎授捷徑附註釋』, 保景文化社, 서울, 1994, 重刊本.

형별의 해석 순서를 숙지하고 한문 속에서 적절히 적용하게 해야 할 텐데 좀 더 조직적이지 못하고 다소 과거의 암기식 교육 방법을 택하고 있는 것이 문제이다. 그러나『漢文敎授捷徑』은 신학문을 공부하고 있는 사람들이 한문을 공부하기 어려울 것이라고 전망하고 한문을 가르치기 위한 새로운 시각을 열었다는 데서 중요한 의미를 담고 있다.

이후에 나온 논저들은 대개 한문 학습을 기준으로 한 저서들에 한자어의 구조 정도를 담고 있을 뿐이다. 趙鍾業은『漢文要解』4)에서 漢字語 組合의 形態를 品詞의 結合으로 認識하고 주로 품사의 조합에 의하여 한자어가 생성되는 모습을 제시하고 있다.

또한 劉永春은「漢文學習指導에 關한 硏究」5)에서 敎育 理論에 依據한 科學的 指導 方案을 제시하고 있다. 이 論文은 漢文敎育 全般에 관한 주변국과 우리나라의 현황을 소개하고 교수-학습을 어떠한 방식과 도구를 이용하느냐에 초점이 맞추어져 있다. 그러나 대체로 개요작성 방식의 체제를 띠고 있어 그 자세한 내용을 알 수가 없다. 구체적인 교수-학습 모형과 방안을 제시하고 있지 않기 때문이다.

같은 해에 발표된 崔應洵의「中等學校 漢文學習方法改善에 관한 一硏究」6)에서는 융판을 사용한 한자어의 조합의 모습을 보여주고 있다. 하나의 단어를 제시하여 그 단어 속의 한자를 바꾸어 나감으로서 漢字語의 派生力을 보여주고, 그러한 과정 속에서 한자 및 한자어의 학습이 이루어지도록 하고 있다. 그러나 이 논문 역시 그간에 수없이 주장되었던 한자어의 파생력을 융판이라는 도구에 접목시켰을 뿐 그

---

4) 趙鍾業,『漢文要解』, 새문社, 서울, 1982.

5) 劉永春,「漢文學習指導에 關한 硏究」,『圓光漢文學』第3輯, 圓光漢文學會 編輯部, 1987.

6) 崔應洵,「中等學校 漢文學習方法改善에 關한 一硏究」, 江原大學校 敎育大學院 漢文敎育專攻, 春川, 1987. 21~23면.

다지 새로운 것은 아니라고 할 수 있다.

이러한 상황 속에서 韓國漢字漢文敎育學會가 創立되면서 漢文의 體系를 漢字, 漢字語, 漢文으로 分類 硏究하면서 비로소 漢字語에 關한 논의가 활발해졌다. 韓國漢字漢文敎育學會에서 編纂한 『漢文科敎育論』7)에서 金基昌은 「漢字語 指導」8)라는 論文을 통하여 漢字語의 造語力을 밝히고, 漢字語의 짜임에서 漢文의 文章 構造로 進行하는 過程을 認識시키고자 하였다. 이것은 現行의 漢字語 敎育의 典型이며, 대부분의 漢文을 가르치고 배우는 이들이 基本的으로 學習해야 하는 부분으로 이제껏 漢字語의 敎授-學習을 擔當한 모든 사람들이 이 過程을 밟아 왔다고 할 수 있다.

또한 같은 책에서 鄭愚相은 「漢字와 漢字語 學習의 硏究」9)를 통해 그간의 漢字와 漢字語에 관한 論文들을 整理해 놓고 있다. 그 중 漢字語에 관한 것은 3편뿐이며 그나마도 구해 보지 못하여 실정을 자세히 알 수는 없으나 대체로 교육 현장을 중심으로 한 연구물로 보인다. 기타 시중에서 판매되고 있는 한자어 학습에 관련된 서적들이 있는데10) 이 책들은 한자어를 주로 다루어서 다양한 한자어의 쓰임을 소개하고 있으나 교수-학습에 적용하기는 체제나 내용 면에서 부실하여 참고 자료에서 제외하였다. 결론적으로 말한다면 이제까지 漢文을 工夫한 사람들이 가지고 있던 생각의 대부분은 漢文의 讀解가 주로 그 目的이었다고 할 수 있다.

---

7) 韓國漢字漢文敎育學會編, 『漢文科 敎育論』, 한샘出版株式會社, 서울, 1993.
8) 前揭書, 221~230면.
9) 前揭書, 396~401면.
10) 鄭周永, 『漢字登龍門』, 學一出版社, 서울, 1993. 趙漢枸, 『敎育漢字漢字語辭典』,
　　誠心圖書, 서울, 1994. 等.

Ⅱ. 本論

1. 漢字語의 定義

漢字語의 敎授—學習 方法을 모색하려면 우선 漢字語라는 말이 무엇을 뜻하는지를 알아야 할 것이다. 이제까지의 硏究는 이 부분을 지나치게 소홀히 다루어 온 느낌이 적지 않다. 개념을 정의하지 않고 漠然히 對象을 論할 수는 없는 일이다. 이제까지 漢字語에 대한 論議 속에 한자어를 다루어 놓은 것을 보면 그 의미에 따른 범위를 어디까지로 할 것인지 한계가 분명하지 않다. 통상적으로, 한자와 한문의 사이에 있는 두 자 이상의 단어 및 단구 정도를 한자어라고 지칭하였던 듯하다. 이러한 불합리를 해소하기 위하여 우선 한자어에 대한 사전적인 의미를 알아보고 그 내용을 정리해 보고자 한다.

1) 辭典的인 意味

① 한자로써 된 낱말[11]

② 한자로써 된 말[12]

③ 국어 속에서 쓰이고 있는 중국 기원의 어휘[13]

④ 국어 속에서 쓰이고 있는 한자의 어휘[14]

위의 사전적인 의미를 살펴보면 대체로 비슷한 듯 하면서도 해석에 따라 매우 다른 의미와 범위를 설정할 수 있게 한다. 그 중『國語國文

---

11) 李熙昇, 『엣센스 國語辭典』, 民衆書林, 서울, 1988. 2067면.

12) 한글학회, 『우리말 큰사전』, 어문각, 서울, 1992. 4546면.

13) 서울大學校 東亞文化硏究所編, 『國語國文學事典』, 新丘文化社, 서울, 1986. 671면.

14) 東亞出版社 編輯部, 『東亞原色世界大百科事典』, 東亞出版社, 서울, 1988. 512면.

學事典』은 그 범위를 좀더 자세히 규명해 놓고 있다.

"한자어를 자수에 따라 나누면, ①일자어(一字語)가 약간 있다. 향(香). 객(客). 시(詩) ②이자어(二字語)가 거의 대부분이다. 수선(水仙). 진주(眞珠). 모자(帽子) 등, 그 밖에도 일상 쓰이는 관념적 추상 어휘들이 많다. ③삼자어(三字語)들도 적지 않다. 봉선화(鳳仙花). 대리석(大理石) ④4자 이상의 어휘는 많지 않다. 동서남북(東西南北)"15)

위의 내용에는 한자를 한글 어순에 맞추어 조합하여 쓰고 있는 한자어와 현대에 새로이 조어된 한자어가 포함되어 있지 않으나 한 글자라도 독립된 단어로 쓰일 수 있으면 한자어로 분류하고 있으며, 그 구분은 대략 한 단어로 쓰이느냐 아니냐에 달려 있는 듯이 보인다. 그리고 『東亞大百科事典』의 내용은 『國語國文學事典』과 大同小異하므로 그 궤를 함께 한다고 할 수 있다.

그러나 이런 부류 외에 成語, 四字成語, 古事成語에 관한 문제가 남게 된다. 四字成語와 古事成語가 모두 成語에 포함되는 것이지만 여기서는 3자까지를 성어로 규정하고, 4자로 된 성어 중에서도 '前後左右', '大韓民國' 등 단일하게 쓰이는 성어와 故事가 붙어 있는 古事成語로 나눈 것이다. 또 완벽한 문장의 형태를 띠고 있는 성어나 고사성어를 한자어에 포함시키느냐 않느냐 하는 것은 문제이다.

이러한 한자어의 정의에 관한 논의는 이제껏 진행된 일이 없어서 단정할 수는 없으나 한자와 一字語, 단어로서의 성어와 한문 문장으로서의 문법을 갖춘 성어와의 문제는 본고의 논의 사항이 아니므로 후일을 기약하면서, 본고에서는 일단, "한자어는 한자가 단독 또는 다른 한자와의 결합을 통해 낱말로 쓰이게 된 말"로 잠정적으로 그

---

15) 前揭書.

범위를 한정하고자 한다.

2. 6次 敎育課程과 漢字語 敎育

우리의 사고방식은 우리의 언어생활과 다름이 없다. 어떠한 언어를 어떻게 구사하느냐에 따라 우리의 사고방식은 달라지기 때문이다. 우리 언어 속에 한자 어휘가 70%를 차지하고 있다면 한자어를 학습하는 자체가 바로 우리의 사고를 지배하고 있다고 해도 과언이 아닌 것이다. 이렇게 중요한 한자어가 지금껏 한문 수업에서 학습되어 얼마나 우리의 언어생활에 적용되고 있는지는 다시 생각해 보아야 할 문제이다. 그리하여 교육 정책 입안자들은 바야흐로 교육과정에서 한자어를 언어생활에 적용하는 문제를 강하게 제기하였다.

1992. 6. 30에 발표된 교육부의 ≪중학교 6차 교육과정≫[16]에서는 한문과의 성격을 다음과 같이 규정하고 있다.

"한문과는 국어 어휘의 많은 부분을 차지하고 있는 한자어의 학습을 통하여 언어생활에 도움을 줄 뿐 아니라, 한국인으로서 갖추어야 할 일반교양을 기르게 하는 교과이다. 또한 한문과는 한자어로 된 학습 용어를 이해하는 데 필요한 능력을 길러, 일반 교과를 학습하는 데도 도움을 주는 도구 교과적 성격을 지닌 교과이기도 하다."[17] 여기에서 밝힌 한자어의 효용은 다음의 세 가지로 압축된다.

1) 언어생활에의 도움
2) 한국인으로서의 일반교양 배양
3) 한자어로 된 학습 용어 이해

---

16) 교육부, 『중학교 교육과정』, 교육부 고시 제1992-11호.
17) 前揭書, 179면.

계속해서 한문과 목표에서는 다음과 같이 한자어 학습의 목표를 설정하고 있다.

> 나. 한자어를 익혀 언어생활에 활용하게 한다.[18]

이어서 방법(여기에서 방법이란 교수-학습 방법을 말함)에서는 한자어에 대하여 다음의 세 가지를 제시하고 있다.

> (4) 한자어는 가능한 한 언어생활이나 문장 독해와 관련지어 지도한다.
> (5) 한자어의 짜임은 그 특징이 뚜렷한 것에 한하여 한자어의 풀이나 문장 구조와 관련지어 지도한다.
> (6) 고사 성어, 격언이나 속담, 명언 명구는 겉으로 드러난 뜻과 함께 속뜻을 파악하고, 선인들의 지혜와 사상을 이해하며, 그 가르침을 되새길 수 있게 지도한다.[19]

위의 글로 미루어 제6차 교육과정의 한자어 교수-학습 방법은 언어생활의 활용과 한문 문장 독해의 2가지로 분류하고 있으며, 짜임은 그 비중이 낮추어지고 있는 것을 알 수 있다.

그리고 이어서 나온 《중학교 교육 과정 연수 자료》에서는 다음과 같이 설명하고 있다.

> (2) '한자', '한자어' 영역에서는 한자 및 한자어의 일상 언어생활에서의 실용성을 고려하여, 교육용 기초 한자와 한자어, 고사 성어 등에 대한 실생활에서의 활용성에 주안을 둔 지도를 강조하였다.[20]

---

18) 前揭書, 180면.
19) 前揭書, 185면.
20) 교육부, 『중학교 교육과정 연수자료』, 교육과정 연수자료 6-'93.6. 219면.

위의 6차 교육 과정을 중심으로 살펴본다면 앞으로의 한자어 교육은 한문 문장을 번역하는 교육의 차원이 아닌 언어생활 및 실생활 속의 교육이 핵심이 된다고 보아야 할 것 같다. 그러한 내용은 위의 성격에서 제시한 세 가지의 핵심 사항 중에서 한자어 목표를 설정할 때 언어생활에 초점을 둔 것으로 보아 분명해진다.

그러나 아직 실생활 속에서 쓰이는 한문 문장이 다수 존재하므로 문장 독해를 위한 한자어 교육도 충분히 고려되어야 할 것이나, 문장 독해를 위한 한자어 교육은 이제까지의 한자어 교육에서 충분히 다루어져 왔고 현재도 다루어지고 있는 것이다. 따라서 이제 남은 것은 일상 생활과 언어생활 속에서 한자어 활용을 어떠한 방식으로 지도하느냐에 대한 문제이다.

3. 漢字語 敎授-學習 方法

1) 方向

한자어의 교수-학습 방법은 한문과 교수-학습 중 일부에 해당한다. 따라서 한자·한문과 연계되어 유기적으로 지도되어 왔으나 한자어만을 위한 교수-학습 모형은 아직 다양하게 개발되어 있지 못하다. 몇몇 뜻 있는 사람들의 연구에 의해서 조어를 위한 파생법을 보여 주거나, 한자어의 구조를 품사의 조합으로 분류하거나, 혹은 두 자 사이의 관계성을 파악하는 등의 노력이 있어 왔으나 이러한 내용을 종합하여 이제까지의 입장을 살펴보면 한자어의 교수-학습은 대체로 국어와의 연계가 그다지 심도 있게 고려되지 않았으며 그렇다고 한문 번역에 중점을 둘 수도 없었던 어정쩡한 상태의 한자어 교육이 있어 왔을 뿐이다. 따라서 본고는 6차 교육 과정에 입각하여 다음과 같은 전제를 설정하고 교수-학습 방법을 고안하고자 한다.

(1) 학생과 교사가 함께 참여하는 교수-학습 방법

과거의 한문과 교수-학습이 교사 중심으로 이루어졌다면 이제부터는 교사의 우수한 어휘력과 사고 능력을 선행하고 학생이 이어 그것을 창조적으로 계승하여 보다 효과가 탁월한 교수-학습이 되도록 한다.

(2) 언어생활에 초점을 둔 한자어 교수-학습 방법

6차 교육과정이 지나치게 기능성과 효용성을 강조하고 있다는 비난[21]을 면치 못하고 있으나 어차피 교육과정은 교육의 나침반이니만치 가급적 그 의도를 계승하여 학교 교육 현장에서도 직접 활용할 수 있도록 한다.

(3) 한자어를 통하여 한자를 익히고 한자어를 다시 재조립하는 조어방식의 교수-학습

단계성과 통일성을 주어 학생 스스로 교육 내용을 인지해 가는 교수-학습이 되도록 한다.

(4) 교과서는 재구성하여 기본 자료로 활용하며 무조건 우선시하지는 않는다.

교과서는 그 발간 취지가 교육 목표를 달성하기 위한 자료이다. 그러나 이제까지 우리의 교육은 교과서 그 자체를 수업 전반에 우선시

---

21) 김란주, 『漢文敎育硏究』 第7號, 「중학교 한문 교육의 문제점과 개선 방향」, 서울, 1993, 84면.

하였으며, 그것을 어떠한 과정을 통하든 마치면 하나의 과정이 종료되는 것으로 인식하는 우를 범해 왔다.

(5) 교육 공학에 관한 문제는 교수-학습 시스템 속에서 유효하고도 적절한 방법을 찾는다.

교육 기자재를 사용하여 교육의 질을 높이는 문제는 교육과 관련된 대부분의 토론장에서 강력히 주장되어 왔다. 그러나 학교 현장에서는 그다지 중요한 부분으로 인식되지 못했다. 이제부터는 교수-학습 모형에 따라서 어떠한 기자재를 선택하느냐가 그 활용의 가치를 드러내게 될 것이다.

2) 指導 內容

제6차 교육 과정에서 지도해야 할 한자어의 내용은 다음과 같다.

   (1) 한자어의 음과 뜻
   (2) 한자어 바르게 쓰기(필순)
   (3) 한자어의 짜임
      ① 유사 관계　　② 병렬 관계
      ③ 수식 관계　　④ 주술 관계
      ⑤ 술목 관계　　⑥ 술보 관계
   (4) 한자어의 활용
   (5) 고사성어
      ① 고사성어의 음과 뜻
      ② 고사성어의 속뜻과 선인들의 사상

3) 授業의 實際

지도내용 중 가장 중요하게 다루어져야 할 내용은 전제한 6차 교육과정을 고려할 때 마땅히 한자어의 음과 뜻을 아는 것이다. 한자어의 지도를 통하여 한자를 알게 할 뿐만 아니라 한문 문장의 해석까지도 연장되어 활용할 수만 있다면 최선이 되겠지만 우선 한자어의 음과 뜻을 알고 실생활에 적용하는 문제를 실제 수업 적용을 통하여 시안을 작성해 보았다.[22]

이에는 우선 학습해야 할 내용을 여러 장면으로 나누고 단계성을 주어 학생들이 쉽게 대할 수 있도록 한글로부터 접근하여 한자어를 우선 익히고 한자학습으로 나아가는 방법을 취하였다. 또한 시각적인 혼란을 막기 위하여 원문의 위치를 살려서 끝까지 그대로 유지하도록 배려하였으며 내용의 강화를 위하여 반복학습을 하도록 하였다.

(1) 도입

① 학습 동기 유발
② 선수 학습 확인 (전시 학습 상기)
③ 학습 목표 제시 및 설명
    - 신습 한자의 음과 뜻 알기
    - 한자어의 음과 뜻 알기
    - 한자어를 언어생활에 활용하기
    - 기본적인 한자어의 짜임 알기

---

22) 본문 내용은 제6차 교육과정에 사용될 중학교 2학년 교과서의 한 단원을 임의로 선택하여 재구성한 것이다. 본문에는 한자어만 나열되어 있으나 한글 살을 붙여 문장으로 만든 것으로 현재 채택의 과정에 있기 때문에 저자와 출판사의 명칭은 알 수가 없다.

(2) 전개

장면 1

교사는 다음과 같은 문장을 학생들에게 제시한다.

> 우리의 영토와 영해와 영공은 우리의 구국간성인 육해공군이 지켜오고 있으며, 육해공군은 그 동안 우리의 부국강병으로 백전백승의 자주국방을 이루어 왔으므로 끝내 우리는 평화통일을 이루고야 말 것이다.

적용 가능 수업 보조물 : 슬라이드, O.H.P. 괘도, 인쇄, 복사(판서)

장면 2

학생들은 장면1)을 읽어보고 문장 속에 있는 한자어와 성어를 찾아낸다. 그 후 아는 한자 및 한자어는 직접 공책에 써 본다.

> 영토, 영해, 영공, 구국간성, 육해공군, 부국강병, 백전백승, 자주국방, 평화통일

장면 3

교사는 다시 다음과 같은 문장을 제시한다.

> 우리의 領土와 領海와 領空은 우리의 救國干城인 陸海空軍이 지켜오고 있으며, 陸海空軍은 그 동안 우리의 富國强兵으로 百戰百勝의 自主國防을 이루어 왔으므로 끝내 우리는 平和統一을 이루고야 말 것이다.

적용 가능 수업 보조물 : 슬라이드, O.H.P. 괘도, 인쇄, 복사. (판서).

장면 4

학생들은 자신이 찾아내서 써 본 한자어와 비교하고 다시 읽는다.

장면 5

교사는 다시 다음의 표를 제시하여 학생에게 확인시킨다.

> 領土 領海 領空 救國干城 陸海空軍
> 陸海空軍 富國强兵 百戰百勝 自主國防 平和統一

적용 가능 수업 보조물 : 슬라이드, O.H.P. 괘도, 인쇄, 복사. (판서).

* 위의 표는 원문의 한글을 모두 삭제하고, 한자어를 원래 있던 자리

에 그대로 둔 것으로 한자어의 정렬이 바뀌면서 이루어지는 학습자의
혼란을 다소라도 줄이기 위한 것이다.

장면 6

교사가 장면 5의 표를 지시하고 학생들과 함께 읽는다.

장면 7

교사는 다음의 한자표를 제시하고 학생들은 모르는 한자를 확인한다.

形	뜻과 음	形	뜻과 음	形	뜻과 음	形	뜻과 음
領	거느릴(령)	土	흙(토)	海	바다(해)	空	하늘(공)
救	구원할(구)	國	나라(국)	干	방패(간)	陸	뭍(륙)
軍	군사(군)	富	부유할(부)	强	강할(강)	兵	병사(병)
百	일백(백)	戰	싸울(전)	勝	이길(승)	自	스스로(자)
主	주인(주)	防	막을(방)	平	평평할(평)	和	화목할(목)
統	거느릴(통)	一	한(일)				

* 위의 한자 표는 본문에 있는 한자어의 순서대로 나열한 것으로 전체
적인 통일성을 고려하였다.

장면 8

교사의 안내로 학생들이 한자의 뜻에 의거 한자어를 해석한다.
* 直譯을 한 후 意譯으로 나아간다.

領土 : 한 나라의 주권을 행사할 수 있는 구역 (영해, 영공 포함)
領海 : 항만 내외와 함께 연안국의 통치권 밑에 있는 바다.
領空 : 영토와 영해 위의 하늘.
救國干城 : 유사시 나라를 구하여 낼 군인.
救國 : 나라를 구하여 냄.
干城 : 나라를 방위하는 군인.
陸海空軍 : 陸軍 + 海軍 + 空軍 = 陸海空軍

富國强兵 : 나라를 부유하게 하고 군대를 강하게 함.
富國 : 부유한 나라. 强兵 : 강한 군대.
百戰百勝 : 싸우면 싸울 때마다 이김.
百 : 온갖, 모든.
自主國防 : 남의 힘을 빌지 않고 스스로 나라를 지킴.
平和統一 : 군대 힘을 빌지 않고 평화롭게 나라를 통일함.

장면 9

장면 6)까지를 다시 한 번 진행한다.

장면 10

해석을 상기하고 한자어의 짜임은 대표적인 것을 선정하여 밝힌다.
본래는 먼저 짜임을 설명하고 한자어에 적용하는 것이 순서이겠으나
짜임의 비중이 낮은 것과 중학생의 수준을 고려하여 해석을 한 후 짜
임을 익히도록 하였다.

① 수식 관계

領 土 : (국가가) 거느린 땅.

※ 수식 관계 : 앞의 한자가 뒤의 한자를 꾸며 주는 한자어.
  예) 領海, 領空, 陸軍, 海軍, 空軍, 百戰, 百勝, 自主

② 술목 관계

救 | 國 : 나라를 구원하다.

※ 술목 관계 : 서술어와 목적어로 이루어진 한자어.
  예) 讀書, 愛國, 敬老

장면 11

학생들은 이제까지 학습한 한자어 및 성어를 국어 문장에 적용하여
문장을 짓고 학습한 한자어는 한자로 쓴다. (이때 교사는 가볍게 필순
에 대한 사항을 지도하되 강조하지 않는다.)

예) ① 自主國防을 위해서는 富國强兵이 필요하다.
   ② 우리의 陸海空軍은 百戰百勝의 신념으로 國防에 임하고 있다.
   ③ 우리의 소원은 平和統一이다.

(3) 종합

① 학습 내용 정리
   - 본문 확인
   - 한자어 적용의 예 들기
② 결손 부분 보충

(4) 정착

① 형성평가
② 과제 제시

4) 敎授-學習 模型

위의 내용을 차시 별 교수-학습 모형으로 제시하면 다음과 같다.

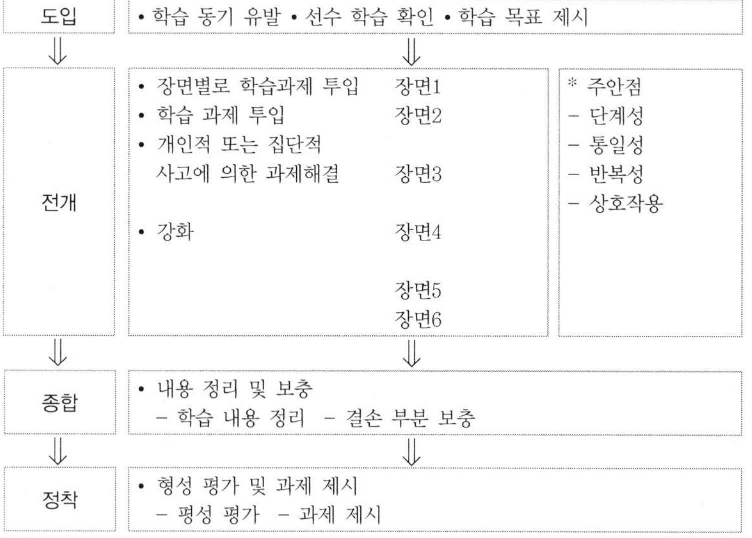

Ⅲ. 結論 및 提言

이상으로 한자어 교수-학습 방법에 대한 하나의 시도를 해 보았다. 6차 교육과정은 당초 한문 과목의 폐지를 주장했던 교육과정이다. 그 이유는 물론 한문을 국어에 포함시킨다는 명분이었지만 과연 국어에서 한문을 담당할 수 있을지는 의문이다. 이러한 주장이 등장하게 된 데에는 교육과정 담당자들의 몽매에도 그 책임이 있겠지만 시각을 바꾸어서 현재 학교 교육에서 한문을 담당하고 있는 우리 자신도 돌아보아야 할 것이다.

우선 한자어에 관한 사전적인 의미를 살펴보건대 그 정의가 다소 차이가 있어서 하나의 개념으로 인식되지 않고 있음을 확인하였다. 여러 사전들의 한자어의 풀이를 보면 해석에 따라서는 한자, 한자어, 비교적 한자의 숫자가 적게 사용된 한문까지 포함하는 내용을 담고 있었다. 명쾌한 정의를 내리는 일은 물론 쉬운 일이 아니겠으나 다시 한 번 논의가 되어야 할 부분이다.

또한 그간 우리는 한문 교육에서 늘 한문에 중점을 둔 교수-학습에 치중해 왔다. 그러나 한문의 독해는 주로 정신적인 부분을 안고 있으며 외국어라는 인식을 줄 수도 있는데 반하여 한자어는 실생활과 언어생활에서 그 효용이 높으며 또 긴요하게 쓰이고 있는 것이다[23]. 그러나 이제까지는 한자 및 한자어에 관한 부분이 다소 소홀하게 다루어졌다. 따라서 한자어의 교수-학습은 국어에서 쓰이는 어휘의 대다수가 한자어라는 입장에서 출발하는 것이 타당하며, 그로 인한 한자어 교수-학습 방법의 연구에 대한 요구가 증대되어 간다는 것은 불문가지이다. 그리하여 한자어 교수-학습 방법에 대한 연구는 몹시도 시급하고 중요한

---

23) 경기도 교육청, 『教科研究會 세미나 資料集』, 獎學資料 '94-6, 1994 참조.

문제로 부각되게 되었음에도 불구하고 그간의 연구는 주로 한문 및 한시 등에 초점이 주어져 한자어에 대한 연구는 그야말로 미미한 실정이었으며, 몇 편의 논저들도 모두 한자어에 관한 것이 아니고 한문 속의 일부분으로 한자어를 취급하고 있어서 한자어에 대한 고찰은 이제부터 시작된 것이라고도 할 수 있다. 이후의 한자어 교수-학습 방법은 한자어를 분류하고 그 유형에 따른 교수-학습 모형이 개발되어야 할 것이다.

　마지막으로 남은 이야기는 교과서에 관한 것이다. 교과서 집필진은 해당 교과서를 적절히 운영할 수 있는 방안을 연구하여 그 교과서로 하여금 각 단원을 보다 효과적으로 운영할 수 있는 교수-학습 방법과 교수-학습 자료를 제공해야 한다. 그것은 전국의 중등학교 한문과 교원 수급 상황이 비전공자가 한문을 담당하는 비율이 몹시 높기 때문이다. 이들을 보다 효과적으로 지원함으로써 한문에 관한 위상을 높일 수 있으며, 학습자에게도 한문을 까다롭고 흥미 없는 과목이라는 생각을 바꿀 수 있게 하는 것이다. 특히 한자어의 경우는 막연히 한자를 읽고 쓰는 수업이 될 우려가 높아서 그러한 요구가 더욱 절실하다 하겠다.

참고문헌

東亞出版社 編輯部, 『東亞原色大百科事典』, 東亞出版社, 1988.
서울大學校 東亞文化硏究所編, 『國語國文學事典』, 新丘文化社, 1986.
李熙昇, 『엣센스國語辭典』, 民衆書林, 서울, 1988.
한글학회, 『우리말 큰사전』, 어문각, 서울, 1992.
교육부, 『중학교 교육과정』, 교육부 고시 제1992-11호
교육부, 『중학교 교육과정 연수자료』, 교육과정 연수자료 6-'93.6.
京畿道 敎育廳, 「생활한자 교육의 활성화 방안」, 『교과연구회 세미나 자료집』, 1994.
趙漢枸, 『敎育 漢字, 漢字語 辭典』, 誠心圖書, 1994.
田塤, 『漢文敎授捷徑』, 保景文化社, 서울, 1994. 重刊本.
鄭周永, 『漢字登龍門』, 學一出版社, 서울, 1993.

趙鍾業, 『漢文要解』, 새문社, 서울, 1982.

金基昌, 「漢字語 指導」, 『漢文科 敎育論』, 韓國漢字漢文敎育學會 編, 1993.

김란주, 「중학교 한문 교육의 문제점과 개선 방향 -설문조사를 중심으로-」, 『漢文敎育研究』 第7號, 韓國 漢文敎育研究會 刊, 1993.

劉永春, 「漢文學習指導에 關한 研究」, 『圓光漢文學』 第3輯, 圓光漢文學會 編輯部, 1987.

鄭愚相, 「漢字와 漢字語 學習의 研究」, 『漢文科 敎育論』, 韓國漢字漢文敎育學會 編, 1993.

崔應洵, 「中等學校 漢文學習方法改善에 관한 一研究」, 江原大學校 敎育大學院 漢文敎育專攻, 春川, 1987.

이 글은 『漢字漢文敎育』 제2집(韓國漢字漢文敎育學會, 1996)에 수록한 논문을 재수록한 것이다.

漢文科 교수·학습 지도 방법

-시청각 자료 활용을 중심으로

裵源龍

Ⅰ. 序

〈중·고등학교 교육과정〉에 의하면 '제7장 한문과의 방법'-'교수·학습 자료' 편에서 시청각 기자재의 활용에 대해 다음과 같이 언급하고 있다.

'한자', '한자어', '한문'의 교수·학습 효과를 높이기 위하여 카드, 융판, 괘도 등 시청각 자료를 그 특성에 맞게 활용하여 지도하도록 한다.

이에 대한 〈교육과정 해설〉에 의하면, 한문과 수업에서 이용할 수 있는 시청각 자료와 그에 알맞은 지도 내용을 다음과 같이 밝히고 있다.

① 카드 : 한자의 형·음·의, 부수, 한자·한자어의 짜임 등
② 융판 자료 : 한자의 형·음·의, 부수, 필순, 한자·한자어의 짜임 등
③ 학습지 : 신습 한자, 한자어, 형성 평가 등
④ 괘도 : 문장의 구조, 한시 등
⑤ 투시물 환등기(O.H.P) : 한자의 획수, 필순, 한자·한자어의 짜임 등
⑥ V.T.R : 한자의 부수, 획수, 필순, 한자·한자어의 짜임 등

이상의 교육과정 및 그 해설에서 밝힌 내용은 그만큼 시청각 자료의 활용을 강조한 것이라 하겠다. 교육 현장에서 활용할 수 있는 시청각 자료로는 위에서 제시한 것 외에도, 환등기나 실물 화상기 등이 있고, 융판 대신에 자석판을 활용할 수도 있다.

그런데 우리의 교육 현실은 아직 이 모든 자료를 완벽하게 갖추어 놓고 자유롭게 활용할 수 있는 단계에 이르지 못한 실정이다. 열악한 교육 환경과 보충 수업 등으로 인한 교사들의 과중한 업무 등으로 인하여, 교사들이 시청각 자료를 직접 제작 개발하여 활용하기가 용이하지 않은 것이 교육 현장의 현실이다. 이러한 현실 속에서 漢字語 지도를 위해서 손쉽게 제작하여 활용할 수 있는 시청각 자료 중의 하나가 '융판 자료'가 아닌가 한다. 융판은 보조 칠판으로 기왕에 학교마다 마련된 원고지 칠판이나, 모눈 칠판 등의 뒷면을 활용하는 방법도 있으므로 융판에 붙일 카드만 제작하면 언제라도 활용이 가능하기 때문이다.

본고에서는 융판 자료의 제작 및 그 활용법을 중심으로 고찰해 보고자 한다.

Ⅱ. 漢字語의 類型 및 特性

1. 漢字語의 類型

漢字는 表意文字이기 때문에 '一字一義'를 원칙으로 造字된 것이다. 따라서 거의 모든 漢字가 하나의 독립된 漢字語를 이룰 수 있다고 보아도 틀린 말은 아닐 것이다. 그러나 韓國語를 중심으로 본다면 單音

節로 이루어진 漢字語, 二音節로 이루어진 漢字語, 三音節語, 四音節語, 五音節 이상의 多音節語 등으로 나누어 볼 수 있다. 이에 관한 보기를 들면 다음과 같다.

가. 單音節語: 江, 山, 金, 銀, 車, 一, 十, 百, 千, 萬, 億, 東, 西, 南, 北 등

約, 總, 但, 卽(부사)

時, 分, 割, 里, 名, 市, 道, 郡, 邑, 面 (단위)

나. 二音節語: 日出, 愛國, 無限, 靑山, 父母, 希望, 急急, 可能, 不可, 斷乎 등

다. 三音節語 : 太極旗, 無窮花, 獨立門, 景福宮, 北漢山, 宇宙船, 停留場, 孝子洞 등

라. 四音節語 : 東西南北, 男女老少, 獨立新聞, 民主主義, 大韓民國, 一片丹心 등

마. 多音節 合成語 : 敎育 → 敎育資料 → 敎育資料展 → 敎育資料 展示 會 → 敎育資料集 → 敎育資料 集成 → 敎育資料社 → 敎育資料 會社

2. 漢字語의 特性

가. 一字一義性 : 한 음절로 된 하나의 漢字가 하나의 漢字語로 쓰이는 경우

나. 造語性 : 漢字나 漢字語에 다른 漢字나 漢字語가 연결되어 이루는 새로운 漢字語.

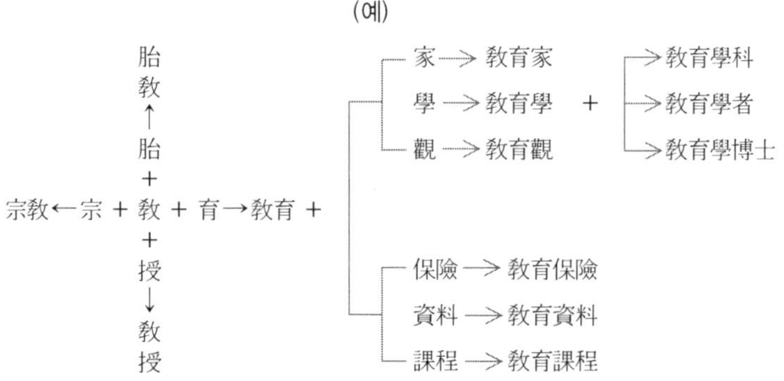

Ⅲ. 융판 자료 만들기

1. 재료의 구입

1) 융판 [150㎝ × 90㎝] 구입(4~5만 원선)
제작 : 모눈 칠판, 자석 칠판 등의 뒷면 활용-융 원단을 사서 붙임
(6~7천 원)
2) 하드보드지 : 전지나 반절 또는 4절 등을 구입 잘라서 활용
(절단기 이용)
3) 찍찍이 : 뒷면에 풀이 묻어 있는 테이프 식이 편리함. 가위로 잘라
서 활용.
4) 프린트 및 복사용지
5) 양면 테이프

2. 제작 방법

1) 활용할 카드의 원고 작성

기본 카드 : 주로 轉移性의 조건을 제시하는 카드(1장)

보조 카드 : 기본 카드의 조건에 맞는 카드(여러 장)

2) 컴퓨터로 출력

(흔글 3.0 → 글자 모양 - 글꼴: 신명 궁서 - 크기: 127포인트 - 진하게/
인쇄: 인쇄 옵션 - 확대 144% - MAX, 여러 차례 원하는 크기만큼 확
대 재복사)

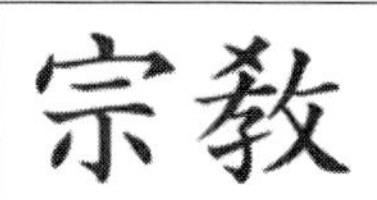

3) 착색

칼라 복사기 이용, 컴퓨터- 모양/ 글자 모양/ 외곽선- 출력 색칠 이용

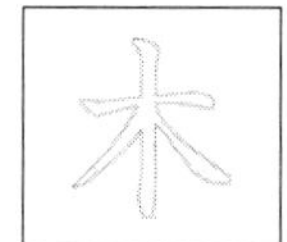

4) 카드 만들기

가) 원고 자르기 : 복사된 원고에서 만들고자 하는 카드의 크기에 맞게
  자르기
나) 하드보드지 자르기 : 원고의 크기에 맞춰 하드보드지 자르기
다) 원고 + 하드보드지 : 양면 테이프 이용 원고를 하드보드지에 붙임
라) 찍찍이 + 하드보드지 : 하드보드지의 뒷면에 찍찍이를 적당히 잘라
  붙임

5) 활용 방법

가) 융판을 칠판 난간이나 교탁에 올려놓기
나) 기본 카드 붙이기

木	宀		+	教	+	

다) 보조 카드로 연출하기

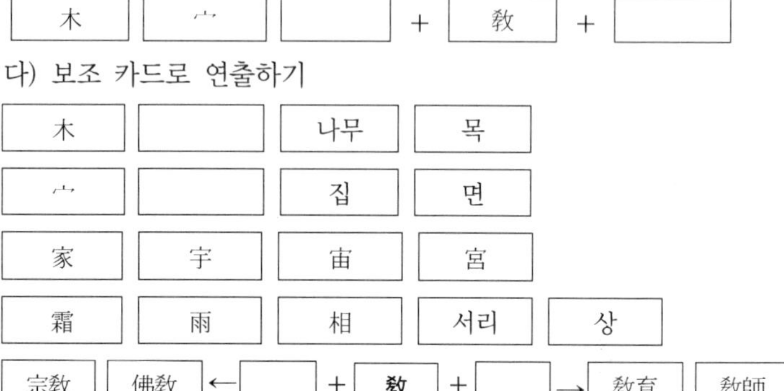

Ⅳ. 융판 자료를 활용한 漢字語 지도법

1. 비교 학습법(한자어의 음과 뜻)

1) 異音異義字가 활용된 漢字語

(1) 한자어 카드

| 樂曲 | 樂園 | 樂山 |

(2) 독음 카드

| 악곡 | 낙곡 | 낙원 | 락원 | 요산 | 악산 |

(3) 의미 카드

| 음악의 곡조 | 즐거운 동산 | 산을 좋아함 |

2) 頭音法則이 적용되는 漢字語

(1) 한자어 카드

| 女子 | 男女 |, | 樂園 | 娛樂 |

(2) 독음 카드

| 여자 | 남여 |, | 낙원 | 오락 |
| 녀자 | 남녀 |, | 락원 | 오악 |

3) 滑音調 현상이 적용되는 漢字語

(1) 한자어 카드

| 難民 | 困難 |, | 異種 | 智異山 |

(2) 독음 카드

| 란민 | 곤난 | , | 리종 | 지이산 |

| 난민 | 곤란 | , | 이종 | 지리산 |

4) 여러 가지 뜻으로 쓰이는 漢字語

(1) 한자어 카드

| 日月 | 春秋 |

(2) 독음 카드

| 일월 | 춘추 |

(3) 의미 카드

| 해와 달 | 세월 | , | 봄과 가을 | 연세 |

2. 반복 학습법(漢字語의 짜임)

1) ☐ 와 ☐ [병렬 관계; 대립·대등 병렬]

| 東西 | 天地 | 上下 | 內外 | 前後 | 忠孝 | 草木 | 牛馬 | 紙筆 |

2) ☐ 하고 ☐ 함[병렬 관계; 대립·대등 병렬]

| 大小 | 難易 | 興亡 | 是非 | 善惡 | 淸淨 | 正當 | 廣大 | 視聽 |

3) ☐ 의 ☐ [수식 관계]

| 人情 | 鷄卵 | 魚頭 | 國花 | 校門 | 草根 | 羊皮 | 顔色 | 秋風 |

4) ☐ 한 ☐ [수식 관계]

| 高山 | 青天 | 白雲 | 綠草 | 黑馬 | 長江 | 大洋 | 白鳥 | 明月 |

5) ☐ 하게 ☐ 함[수식 관계]

| 快走 | 廣告 | 必勝 | 高揚 | 急行 |

6) ☐ 가 ☐ 함[주술 관계]

| 月出 | 日沒 | 日暮 | 年少 | 心亂 |

7) B 를 A 함[술목 관계]

| 讀書 | 卒業 | 愛國 | 忍苦 | 修身 | 齊家 | 治國 | 問安 | 事親 |

8) B 가 A 함[술보 관계]

| 無情 | 有罪 | 有德 | 難忘 | 多難 |

9) B 에 A 함[술보 관계]

| 登山 | 登校 | 入室 | 出席 | 下車 |

10) A A [유사 관계]

| 樹木 | 希望 | 困難 | 群衆 | 同等 |

11) A A [첩어 관계]

| 家家 | 急急 | 堂堂 | 色色 | 年年 |

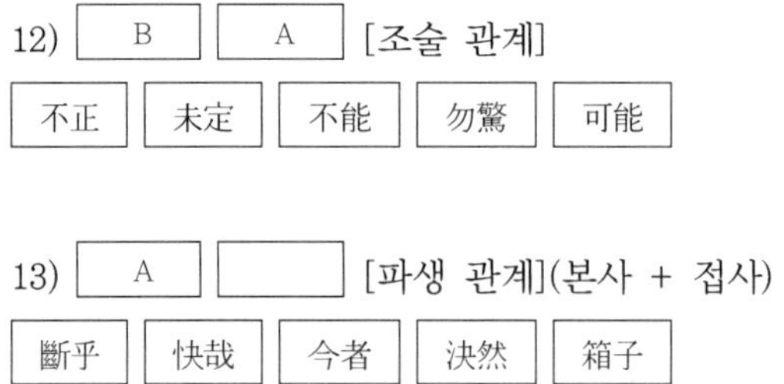

3. 대체 학습법

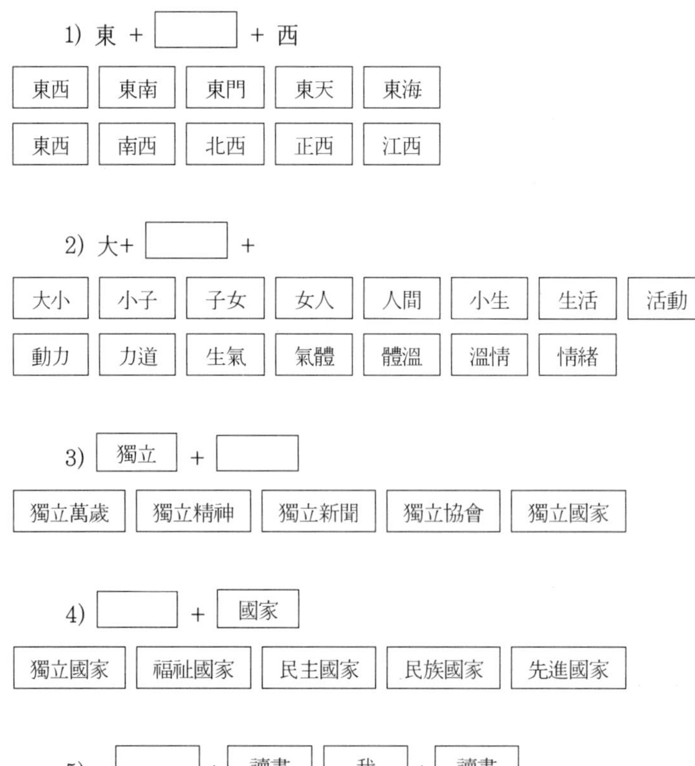

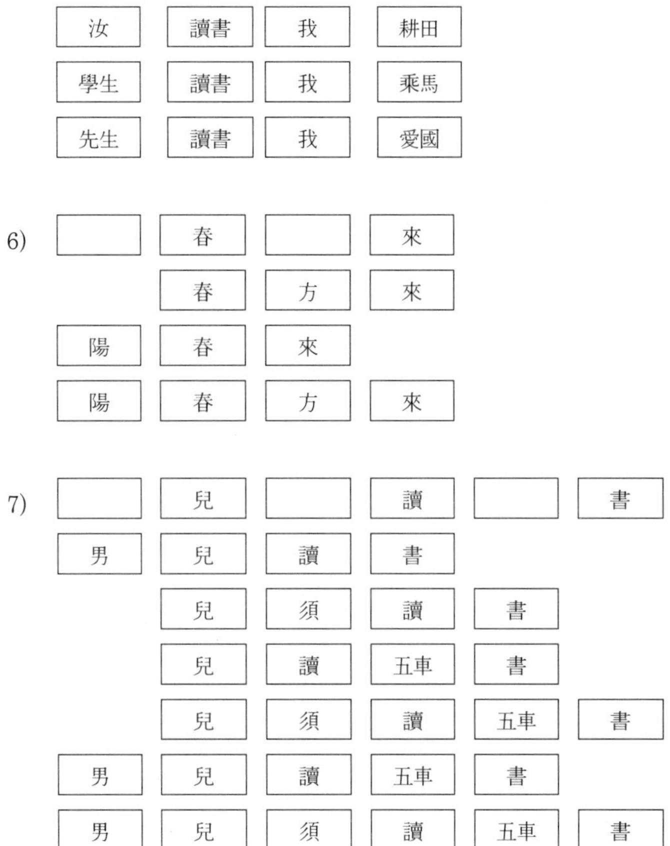

4. 색출 학습법

1) 月出於東山　月出於東海　月出

2) 日沒於西山　日沒於西海　日沒

3) 農夫播種於田畓 農夫播種於火田　農夫　播種

4) 孝子揚名於後世　孝子　揚名　後世

5) 水深可知　人心難知　水深　可知　人心

6) 聖人何故獨爲聖人 我則何故獨爲衆人邪 │聖人│ │衆人│ │何故│

7) 君子以同道爲朋 小人以同利爲朋 │君子│ │小人│ │同道│

5. 활용법

1)

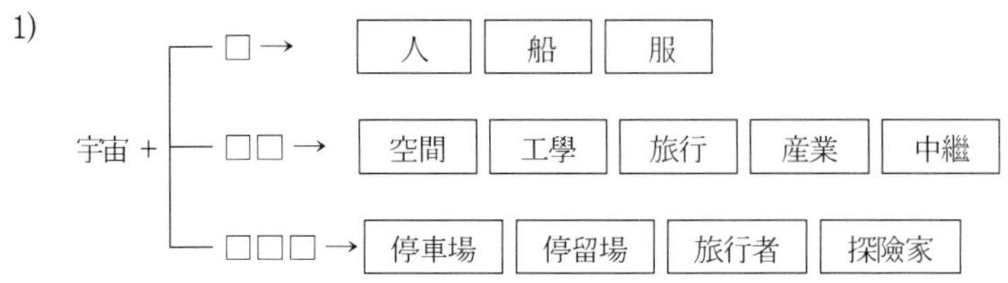

2)

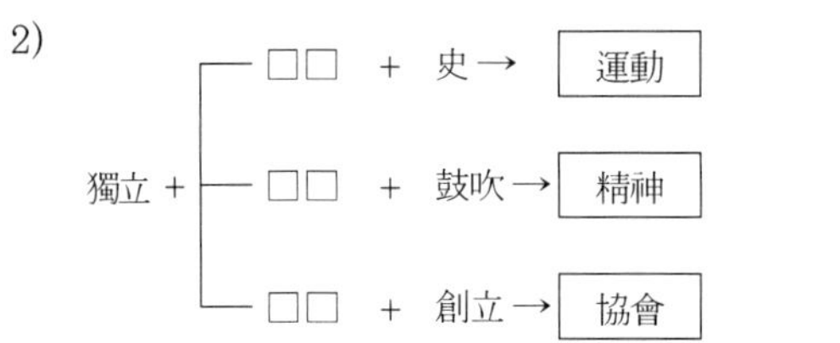

3)

4) 國漢文 혼용 문장

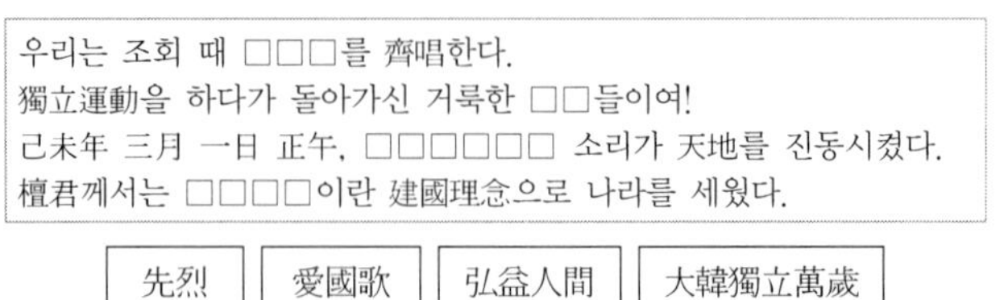

6. 신체 부위를 이용한 카드 활용법

1) 손바닥 활용법 : 장갑형(카드의 양쪽에 고무줄을 꿰어 손을 끼울 수 있도록 하여 활용하는 방법)

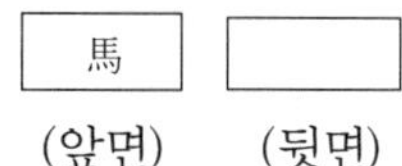

(앞면)　　(뒷면)

2) 머리 활용법 : 모자형(모자의 전면 중앙에 카드를 붙임)

3) 얼굴 활용법 : 가면형(가면의 위나 아래에 카드를 붙인다)

4) 가슴 활용법 : 턱받이형(턱받이의 중앙에 카드를 붙임)

5) 등 활용법 : 지게형(등에다 카드를 짊어진 형태로 활용하는 방법)

7. 역할 놀이 카드 활용법

1) 숫자 카드 역할 놀이 : 열다섯 명의 학생에게 一二三四五六七八九十百千萬億兆 등의 숫자를 가지게 하고, 각각의 역할을 부여한다. 교사가 지시하는 숫자의 카드를 가진 학생들이 모였다 흩어졌다 하면서 연출한다.

(카드 활용 예) 1조 2,345억

2) 동물 카드 역할 놀이 : 子(鼠) 丑(牛) 寅(虎) 卯(兎) 辰(龍) 巳(蛇) 午(馬) 未(羊), 申(猿), 酉(鷄) 戌(犬), 亥(豚), 猫 등의 동물 카드를 활용하여 다음과 같은 전래 동화를 들려주고 연출하게 한다.

　(예화) 아주 먼 옛날, 동물이 말을 할 때의 일이다. 옥황상제가 모든 동물에게 중요한 명을 내렸다. "아무 달 아무 날, 동트는 아침에 대궐 앞에 오는 동물에게 영원한 상급을 주리니, 빠지지 말고 참석하도록

하라." 이 소식이 전해지자, 모든 동물들은 상제가 있는 대궐로 갈 준비를 서둘렀음은 당연한 일. 그러나 불행히도 이 소식을 듣지 못한 동물이 있었으니, 다름 아닌 고양이었다. 그래서 고양이는 쥐에게 물었겠다. 아마 이 때는 고양이와 쥐도 먹이나 친했었나 보다. "쥐야, 대궐에 가는 날이 언제니?" 그런데 쥐는 하나의 경쟁자라도 줄이려고 했는지 모르지만, 모이는 날을 다음날로 일러주고 말았다.

한편 소는 걸음이 다른 동물보다 느려서 그날 아침에 일찍 닿기 위해 새벽같이 일어나 길을 나섰다. 외양간을 나서는 소를 본 쥐는, 먼 길을 걷는 것보다 소를 타고 가는 것이 좋을 듯싶어 소 등에 잽싸게 올라탔다. 이를 아는지 모르는지 소는 열심히 걸어 날이 희멀겋게 밝아 올 즈음 대궐 문 앞에 이르게 되었다. 물론 다른 동물들의 모습은 아직 보이지 않았다. 한숨을 돌리며 한 걸음 한 걸음 내딛는 순간 등에 타고 있던 쥐가 뛰어내려 대궐 문으로 달려가더니 소리쳤다. "야, 내가 일등이다." 물론 이는 선언적 의미를 지닌 말이다. 경위야 어떻든 간에 쥐가 결국 일등으로 도착한 셈이다. 조금 뒤에 동물들이 속속 도착했다. 호랑이도 왔고, 토끼도 왔으며, 용도 도착했다. 그리고 뱀, 말, 양, 원숭이들도 바삐 왔다. 닭도 홰를 치며 왔고, 개도 달려왔다. 끝으로 돼지도 꿀꿀거리며 왔다. 열두 말리 동물들이 제각기 순서대로 도착한 것이다. 물론 고양이는 그날 오지 못했다.

옥황상제는 이들 열두 마리에게 영원히 버리지 못할 벼슬을 주었다. 대궐 문전에 도착한 순서대로 내린 벼슬이 바로 오늘날의 十二支요 이른바 열두 띠 동물이다. 그런데 다음날 도착한 고양이가 문제였다. 그는 쥐에게 속은 것을 알고 이를 갈았다. 이때부터 쥐와 고양이 사이는 불구대천의 원수가 되어 고양이는 쥐만 보면 잡아먹으려 하고, 쥐는 고양이만 보면 도망가게 되었단다.

(카드 활용 예)

子	丑	寅	卯	辰	巳	午	未	申	酉	戌	亥

(十二支)

牛羊 牛馬 牛豚 (牛로 시작되는 단어)

犬馬 犬羊 犬猿 (犬으로 시작되는 단어)

龍虎 龍馬 龍蛇 (龍으로 시작되는 단어)

鷄犬 鷄豚 鷄龍 (鷄로 시작되는 단어)

3) 식물 카드 역할 놀이 : 木草花松柏梅蘭菊蓮竹穀米麥豆太

(카드 활용 예) 식물군으로 분류하기

木 : 松柏梅 (나무 종류로 분류하기)

草 : 蘭菊蓮 (풀 종류로 분류하기)

穀 : 米麥豆太 (곡식 종류로 분류하기)

花 : 松梅蘭菊蓮 (꽃이 피는 풀과 나무)

梅蘭菊竹 (四君子)

4) 가족 카드 역할 놀이 : 祖孫父母兄弟姉妹叔姪姑婦夫子女

(카드 활용 예)

祖孫 父母 兄弟 姉妹

叔姪 夫婦 (두 자로 짝짓기)

父母兄弟, 兄弟姉妹 (넉 자로 짝짓기)

祖孫 祖父 祖母 (짝 바꾸기)

父母 父兄 父子 父女 (오른 짝 바꾸기)

祖母 父母 叔母 姑母 (왼편 짝 바꾸기)

祖 - 父 - 子 - 孫 (서열로 늘어 서기)

* 이상의 역할 놀이 카드 활용법은 앞에서 밝힌 신체 부위를 활용한 카드 활용법을 병행하여 실시하면 효과적이다.

V. 기타 시청각 자료의 활용법

1. 학습지

1) 재료의 준비 : 인쇄 용지, 또는 복사 용지
2) 제작·활용 방법
   (1) 학습지의 원고 작성
   (2) 인쇄 또는 복사 - 배부 활용

〈학습지 활용 예 : 중2. Ⅰ - 三. 大韓民國〉

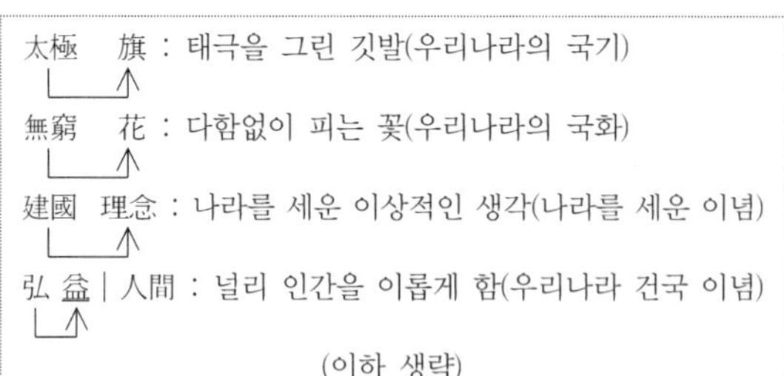

위에서 보는 바와 같이 익히 알고 있는 한자어라 할지라도 한자어를 이루는 한자의 뜻과 그 한자들의 결합 관계에 따라 되도록 직역에 충실하게 지도한다.

2. 괘도

1) 재료의 준비: (1) 배접지, (2) 붓, 먹물, 벼루, (3) 프린트 용지,
　　　　　　　(4) 괘도 걸이

2) 제작·활용 방법

(1) 원고 작성

(2) 서예 기능 보유자 : 배접지에 붓글씨로 제작

서예 기능 보유자 : (흔글 3.0 → 글자 모양- 글꼴: 신명 궁서- 크기: 127포인트-진하게/ 인쇄: 인쇄 옵션- 확대 150%로 출력 - 복사기 이용 150% 확대 복사 - 배접지 붙여서 활용)

3. 슬라이드(환등기 용)

1) 자료의 준비 : (1) 카메라, (2) 슬라이드 필름, (3) 환등기, (4) 스크린

2) 제작·활용 방법

　(1) 슬라이드 원고 작성(융판 자료 활용 가능)

　(2) 사진 촬영(현상-슬라이드 제작)

　(3) 환등기로 상연

4. T.P.자료(OHP용 필름)

1) 자료의 준비

　(1) OHP 필름, 2) OHP 펜, 3) OHP(오버 헤드 프로젝트)

2) 제작·활용 방법

　(1) 원고 작성

　(2) OHP 펜으로 직접 제작 또는 복사기 이용 복사 제작

　(3) OHP로 상연

5. 실물화상기

1) 재료의 준비 : (1) 실물화상기, (2) TV 수상기 도는 스크린

2) 제작·활용 방법

  (1) 원고 작성

  (2) 실물화상기를 TV 수상기나 스크린에 연결

  (3) 원고 또는 실물을 화상 판에 올려서 상연

6. V.T.R(비디오) 자료

1) 자료의 준비 :

  (1) 원고, (2) 비디오 테이프, (3) 카메라, (4) TV 수상기 및 VTR

2) 제작·활용 방법

  (1) 원고 작성

  (2) 촬영(비디오 카메라)

  (3) 편집

  (4) 비디오 상영

7. 융판 자료

1) 자료의 준비

  (1) 융판, (2) 하드보드지, (3) 찍찍이, (4) 프린트 용지, (5) 양면
테이프

2) 제작 방법

  (1) 원고 작성

  (2) 컴퓨터로 출력(흔글 3.0 → 글자 모양- 글꼴: 신명 궁서- 크
기: 127포인트-진하게/ 인쇄: 인쇄 옵션- 확대 150%로 출력
- 복사기 이용 110~150%로 확대 복사)

　　　(3) 착색 : 칼라 복사기 이용, 컴퓨터 - 모양/ 글자 모양/ 외곽선-
　　　　출력-색칠 이용
　　　(4) 카드 만들기
　　　　가) 원고 및 하드보드지 자르기, 나) 원고 + 하드보드지 + 찍찍이
　　　(5) 활용 방법
　　　　가) 융판을 칠판 난간이나 교탁에 올려놓기
　　　　나) 기본 카드 붙이기
　　　　다) 보조 카드 연출하기

8. 자석판 자료

　1) 자료의 준비
　　　(1) 철판(자석 칠판), (2) 자석, (3) 본드, (4) 카드용 하드보드지
　2) 제작·활용 방법
　　　(1), (2), (3)은 융판 자료 제작과 비슷함.
　　　(4) 카드 만들기
　　　　가) 원고 및 하드보드지 자르기
　　　　나) 원고+하드보드지+자석(카드 무게 지탱하는 크기 또는 여러 개)
　　　(5) 활용 방법
　　　　가) 자석판을 칠판 난간이나 교탁 위에 올려놓기
　　　　나) 기본 카드 붙이기
　　　　다) 보조 카드로 연출하기

VI. 結

　이상에서 살펴본 모든 시청각 자료를 한 사람의 교사가 모두 만들
어 활용한다는 것은 불가능한 일이다. 따라서 교과서 개발 당시 교과

서 편수자나 출판사에서 이들 자료를 개발하여, 함께 검정을 받아 활용하는 방법 등이 강구되어야 현장에서 효과적으로 이용할 수 있을 것이다. 또한 현장의 교사들도 모든 교과 단원을, 어느 한 가지 시청각 자료만을 활용하려 하지 말고, 매 단원의 특성에 맞는 자료를 선별해서 개발 활용하도록 노력해야 하겠다.

이 글은 『漢字漢文敎育』 제3집(韓國漢字漢文敎育學會, 1996)에 수록한 논문을 재수록한 것이다.

漢文科 學習의 傳統的 朗讀法에 對하여

-漢文科 學習의 效果的 一方案의 摸索

백 원 철

Ⅰ. 問題 提起

중등학교 한문과 교육과정에서는 지도해야 할 영역을 '한자' '한자어' '한문'의 3대 영역으로 나누고 이들을 학생들이 쉽고 재미있게 학습할 수 있도록 체계적으로 지도해야 한다고 명시하고 있다.[1] 이어서 각 영역 별로 지도해야 할 내용을 상세히 제시하고 있으니, 예를 들면 '한자'의 경우 "한자는 가능한 한 한자어나 간이한 문장과 관련지어 지도한다." 등으로, '한문'의 경우 "한문은 한문 문장을 바르게 이해하거나 감상할 수 있는 기초적인 독해 능력을 신장시키는 데 주안을 두되, 그 속에 담긴 선인들의 사상과 감정을 이해할 수 있게 지도한다." 등으로 되어 있다.

이들 영역에 대한 구체적인 교수·학습활동에 해당하는 읽기·쓰기·내용이해 지도와 관련지어 살펴보면 특히 '읽기' 지도 부분은 아주 疏略한 수준에 그치고 있음을 알 수 있다. 예를 들면, "평가 방법

---

1) 교육부, 「교수·학습방법」, 『중학교 교육과정 해설』, 89면, 1994.(『고등학교 한문과 교육과정 해설』, 175면에도 같은 내용이 있다.)

은 읽기와 쓰기, 내용의 이해와 감상 등을 균형 있게 평가할 수 있도록 단답형, 서술형 등 다양한 방법을 활용하되,……"[2]와 "한자의 음과 뜻을 알고……," 또는 "한문을 독해할 수 있게 한다."[3] 등에서 보는 바와 같이 '읽기'는 '한자'나 '한문'의 '음'을 알게 하는 것을 단순하게 지칭하고 있기 때문이다.

이는 '한문 교과'가 語文系列의 교과목인 점을 고려한다면 곧 바람직하지 못한 현상임을 깨달을 수 있다. 어문교과의 경우 '읽기'는 그 교과목의 성격상 결코 소홀히 할 수 없으며, 특히 우리 한문교과의 경우 그 특수성과 오랜 전통성에 비추어 볼 때 더욱 중요시하지 않을 수 없는 것이다.

Ⅱ. 漢文學習과 聲讀

우리 선인들이 글을 읽을 때는 대체로 소리를 내어 읽었으며, 이는 하나의 관습으로 굳어져 있었다. 이는 근래까지도 적잖이 남아 있던 鄕村의 서당에서 목격할 수 있었으며, 오늘날에도 전통적인 서당식 교육을 고수하는 몇몇 곳이 남아 있어 이를 직접 접할 수 있다. 그러므로 옛 문헌을 통해서 위와 같은 점을 확인하긴 그리 어렵지 않다.

麗末 鄭圃隱 및 李陶隱 등이 成均館의 敎官으로 있을 때 學徒들이 雲集하여 경전을 수업하였는데 그 때의 성대한 정경을 "글 읽는 소리가 날이 다하도록 그치지 않았다(讀書聲窮日不輟)"[4]고 표현하였으며,

---

2) 위의 책, 104면.
3) 위의 책, 112면.
4) 李崇仁, 『陶隱集』, 卷四, 「贈李生序」.

조선시대 成均館의 講製에서도 "모든 儒生들이 경서를 강할 때에는 구두가 자세하고 분명해야 한다(諸生講經, 句讀詳明)."[5]고 하였는 바, 여기서도 곧 소리를 내어 강하고 있음이 확인된다.

나아가 고인들은 소리내어 읽는 학습의 효과를 보다 분명히 밝히면서 권장하는 경우도 있었으니 다음과 같은 경우이다.

> 내가 처음에 글을 지을 때에는 한 번 붓을 움직이면 곧 누백천언이나 되어, 뜻의 이르는 바를 손이 따라 갈 겨를이 없었는데, 오늘날에는 식견과 의취가 스스로 조금은 진전되었다고 생각되는데도, 제목을 받아 종이를 펴 눈을 감고 턱을 괴고서도 혹 겨우 한 두 구를 쓰고 멈추게 되어, 마치 어긋나서 서로 이어가지 못하는 듯하니, 이는 독서를 오랫동안 그만둠에서 온 명백한 폐해가 아니겠느냐? 옛 사람들이 말하는 독서란 깊이 마음을 가라앉히고 책을 펴서 익숙하도록 하는 것이어서, 모두 이것은 소리내어 책을 펴서 읽는 것만을 가리킴은 아니나, 그러나 한 번 붓을 대어 천언을 써 내려감이 도도하여 막힘이 없게 되는 것은, 바로 이 소리내어 읽음에서 얻은 힘이니, 깊이 스스로 힘쓰지 않으면 안 된다.[6]

위의 글은 洪淵川이 아우에게 주는 글의 일부이다. 그는 아우에게 훌륭한 문장을 지을 수 있는 힘은 고서를 많이 읽는 데서 길러진다고 하면서, 특히 위와 같이 소리 내어 독서할 것을 권장하였던 것이다.

그리하여 고인들의 독서 습관이 이러하였으므로 讀書聲과 관련된

---

5) 成均館, 『太學志』, 上編, 卷五, 「學令」.

6) 洪奭周, 『淵泉先生文集』, 卷十六, 「答舍弟憲仲書」, "吾始爲文時, 一涉筆卽屢百千言, 意之所到, 手不暇應, 今識見意趣, 自以爲少進矣, 而命題布紙, 瞑目支頤, 或厪書一二句, 旋止, 若戞戞不能相續, 此非讀書久廢之明害乎. 古人所謂讀書者, 沈潛披翫, 皆是不獨指伊吾聲, 然其所以能一筆千言, 滔滔不竭, 政在此伊吾聲中得力, 不可不深自勵也."

故事와 逸話들이 전하여 내려오고 있으니, 史書에 기록된 것으로는 朴珪壽에 얽힌 다음과 같은 이야기를 들 수 있다.

> 박규수를 발탁하여 급제시켰으니, 규수는 지원의 손자이다. 이보다 앞서 孝明世子가 일찍이 몇 명의 수하를 따라 미행하다가 壯洞에 이르렀다. 이때 규수는 마을에서 독서하고 있었는데 세자가 그의 글읽는 소리가 마음에 들어 찾아가 그를 보고 말하기를 "내가 장차 너를 등용하겠다."고 하고 이어 지원이 지은 열하일기를 가지고 돌아갔었다.[7]

이밖에 野談類에서도 讀書聲과 관련된 것들을 찾기는 그리 어렵지 않다.[8]

Ⅲ. 漢文科의 읽기 지도 실태

한문과 학습에서 읽기는 어떻게 지도해야 하는가? 이에 관련하여는 교수·학습의 지침이 되는 『교육과정 해설』에서조차 이 문제는 전혀 언급되어 있지 않고 있다. 그러므로 일선 교육현장의 담당 교사들에게 전적으로 일임되어 있다고 보겠다. 그렇다면 중·고등학교 교수·학습현장에서 한문과의 읽기는 어떻게 지도되고 있는가?

이에 대하여 중·고교 한문과 교사를 대상으로 그 실태를 파악한

---

7) 金澤榮, 『韓國歷代小史』, 卷二十六, 「韓紀」, 憲宗七年條, "擢朴珪壽及第, 珪壽趾源之孫也. 先是孝明世子, 嘗夜從數隸微行, 至壯洞, 時珪壽在洞中讀書, 世子悅其聲就見之, 日吾將用爾. 因取趾源所著熱河日記而歸."

8) 野談類에는 다음과 같은 것이 있다. "李諮議가 일찍이 먼 길을 가다가 어느 객점에 들어 촛불을 밝히고 독서를 하는데, 그 소리가 금석에서 울려나오듯 낭랑했다(李諮議, 嘗遠行, 至一店, 明燭讀書, 其聲若出金石. 安錫儆, 『霅橋別集』, 卷一, 『漫錄』)."

결과는 다음과 같다.9)

1) 대상 교사의 근무지별 현황

지역 과목	인천	대전	경기	충북	전남	경북	제주	계
한문	5	12	70	12	2	5	2	108명

2) 대상 교사의 출신 대학별 현황

출신교 과목	강원대	계명대	공주대	교원대	단국대	동국대	성균관대	
한문	6	2	18	5	13	1	7	
	성신여대	안동대	영남대	원광대	전주대	청주대	미상	계
	9	2	6	2	6	19	12	108명

3) 대상 교사의 근무교별 현황

인원 \ 구분	중학교	고등학교	계
인원	62	46	108

4) 신출 한자 읽기 지도의 방법

구분	교사 선독 후 학생 개인 지명	교사 선독 후 학생 일제 독(讀)	교사 설명 후 개인별 읽기	기타
중학교	13.3%	60%	10.7%	16%
고등학교	13%	57.4%	14.8%	14.8%

---

9) 한문과 읽기 지도의 실태를 파악하기 위한 설문지 조사 및 그 결과에 대한 통계 등, 본고에 인용한 제반 내용은 '1996년도 중등 한문과 1급 정교사 자격 연수'(기간: 1996. 7. 15.~8. 21., 장소: 공주대 사대 부설 중등교원연수원) 에 참가한 교사들이 주체가 되어 조사 활동한 결과로 작성된 보고서에서 인용한 것임을 밝히며, 아울러 본 조사를 담당했던 교사들의 노고에 감사한다. (본 조사활동은 연수중 필자가 담당한 '한문과의 교수·학습방법'이라는 강좌에서 분임 활동의 일환으로 실시된 것이었다.)

5) 본문 읽기의 회수

회수		0회	1회	2회	3회	9회
내용 풀이전	중	0%	15.6%	35.6%	44.4%	0.9%
	고	14.8%	24.1%	26%	11.1%	0.6%
내용 풀이후	중	0%	26.7%	26.7%	0.4%	
	고	38.9%	33.3%	22.2%	0.4%	0.2%

6) 읽기 지도의 시간 할애 정도

시간	5분 이내	10분 정도	15분 정도	일정치 않음
중학교	29%	63%	5%	3%
고등학교	8%	67%	8%	17%

7) 전통적 읽기 방식인 성독의 활용 유무

구분	활용한다	활용하지 않는다	무응답
중학교	0.2%	26.7%	73.1%
고등학교	0.7%	29.7%	69.1%

8) 성독을 배운 경험의 유무(교사의 경우)

구분	있다	없다
중학교	20%	80%
고등학교	27.8%	72.2%

9) 성독을 배운 곳

구분	대학	써클활동	지역서당	사설학원	기타
중학교	0.4%	0%	0.9%	0.4%	0.2%
고등학교	0.4%	0%	10%	0.3%	0.3%

10) 성독을 배운 기간

구분	1개월 미만	1개월 이상	3개월 이상	기타
중학교	0.7%	0.4%	0.4%	0.4%
고등학교	0.2%	0.4%	11.8%	0.9%

11) 성독을 전혀 활용하지 않는 이유

구분	자신이 없음	교실 환경	효과에 대한 회의	기타
중학교	87%	13%	·	·
고등학교	67%	8%	8%	17%

[참고]

※성독의 활용 사례 소개

다음에 소개하는 성독의 활용 사례는 경기도 성남시 S고등학교에 근무하는 어떤 교사의 실천 사례이다. 학습에 직접 성독을 적용하고 그 결과가 어떠한가를 생생하게 들려주고 있어서 書簡 그대로 소개한다.(내용중 익명을 사용한 점에 대하여 同學들의 이해를 바라며, 특히 비록 학문적 필요에 의한 것이기는 하나 개인적 서신을 공개하게 된 데 대하여는 해당 교사에게 깊이 양해를 구한다.)

一次 書信

B 교수님께

안녕하십니까?

저는 지난 여름 공주에서 교수님과 1정 연수로 뵈었던 경기도 성남 S고등학교에 근무하고 있는 ○○○교사입니다. 이렇게 무례를 무릅쓰고 글을 올림은 교수님께 어려운 도움을 받고자 하는 까닭입니다. 연수가 끝나 갈 무렵, 교수님께서 여러 책을 소개하시면서 또 한문수업 방법에 대해 말씀하시며 전통적인 수업 방법에 대해서, 특히나 읽기 지도에 대한 말씀이 제게 매우 커다란 동기와 '바로 저것이다'라는 강한 깨우침을 주었습니다. 그리고 '나도 실천해 보자' 고 다짐하였습니다. 그러나 대학시절에도 저는 접하지 못한 경험이라서 아주 생소한 터라 연수 마치고 돌아와 혼자 크게 읽어보기도 하였지만 여간 해내기가 어렵습니다. 게다가 저희 학교 교감선생님께서 저의 근무하는 모습을 보시고 성남 관내 연구수업을 제안하셨던 것이 지난 3월이었습니다. 지금 와서 후회되는 것이 연수 기간중에 교수님께 특별히 배워 오지 못했는가 하는 점입니다. 그때 교수님의 말씀을 듣고 연구수업에 적용해 보자는 생각을 했으면서도 말입니다.

그래서 아까 말씀드린 도움을 받고자 하는 것이 그것입니다. 같이 동봉해 드리는 TAPE에 복사한 단원을 교수님의 육성으로 녹음해 보내 주시면 …… 제가 무례한 일임을 알면서 감히 교수님께 편지를 올립니다.

초보적인 방법부터 고저장단의 멋들어진 숙달된 방법까지 단계적으로 녹음해서 보내 주시면 날짜가 조급한 10월 27일의 연구수업에 당장 이용할 수 있고 또 앞으로 제가 교수님 녹음으로 연습하여 학생들 교육하는 데에 정말로 큰 도움이 되고 학생들에게도 커다란 경험이 되리라 자신합니다. 직접 찾아가 뵙고 녹음을 청하여도 어려운 일일텐데 건방지게 서신으로 부탁드림은 바쁜 여러 학교 행사 핑계로 돌리면서도 교수님께서 강하게 전통적인 읽기 지도에 대하여 강의하시던 열정이 흔쾌히 승낙해 주시리라 굳게 믿기 때문입니다. 교수님, 저의 무례함을 널리 이해해 주시고 저에게 또 앞으로 그 수많은 학생들에게 큰 도움을 주실 것을 거듭 바랍니다.

교수님의 학문적 깊이를 더욱 바라며 회답만을 고대하겠습니다.

1992.10.12.
○○○ 올림

二次 書信

B 교수님께

지금쯤 건강은 어떠신지요? 괜시리 제가 부담을 드리고 폐를 끼쳐 드린 것은 아닌지 모르겠습니다. 부쳐 주신 TAPE 덕에 연구수업은 극찬을 받았습니다. 참석하신 선생님들도 시도하고자 하시더군요. 그것보다 더욱 제게 아니 또 학생들에게 많은 도움이 되고 있습니다. 전의 수업보다 아이들이 생기가 돌고 의욕을 갖고 한문수업에 임하는 모습을 보며 교수님께 더욱 감사드리고 있습니다. 흥미 유발은 물론 독해 능력 신장에 커다란 계기가 되고 효과를 충분히 거두고 있습니다. 아이들은 한 번 더 읽어보고자 성화입니다. 저의 어려운 부탁을 흔쾌히 들어주신 교수님께 다시 한 번 감사드리며 글을 맺고자 합니다.

내내 건강하시고 학문 성취에 큰 결과 이루어 주시기 바랍니다.

성남에서 올립니다.

1992년 11월 14일

Ⅳ. 漢文科 읽기 지도와 朗讀法

읽기는 그 방식에 따라 黙讀과 聲讀으로 나눌 수 있겠다. 소리를 내어 읽는 聲讀의 경우도 고저장단 없이 平凡하게 읽는 경우와, 옛적 선인들이 읽어 내려오던 전통적 방식 곧 고저장단과 情感을 실어 읽는 경우로 다시 구분할 수 있을 것이다. 여기서 필자는 전자를 '平讀'이라 칭하고, 후자를 '朗讀'으로 부르고자 한다. 선인들은 곧 '聲讀 = 朗讀'으로 인식하였으므로 굳이 문제 될 것이 없겠으나, 오늘날에는 소리를 내어 읽더라도 고저장단과 정감을 싣지 않는 平讀이 더욱 보편화되었기 때문이다. 다음에 예시하는 각각의 경우는 필요에 따라 녹음 TAPE 및 육성을 사용하여 낭독법을 적용시켜 보고자 한다.

1. 漢字 · 漢字語 읽기와 朗讀

◆ 漢字

天地玄黃 宇宙洪荒
春夏秋冬 東西南北
前後左右 水木金土

◆ 漢字語

孝子 孝婦 志士 烈女

米穀 野菜 果樹 花草

◈ **成語**

淸風明月 花朝月夕

他山之石 漁父之利

虎死留皮 人死留名

한자 및 한자어 낭독에서는 우선 소리를 크게 내어 읽는데 주안점을 두어야 하고, 이렇게 함으로써 학습에 활력을 불어넣을 수 있으며, 학생 모두에게 일체감을 느끼게 하는 장점이 있다.

2. 문장 읽기와 朗讀

讀書는 起家之本이요

勤儉은 治家之本이니라 (明心寶鑑)

子曰 學而時習之면 不亦說乎아

有朋이 自遠方來면 不亦樂乎아

人不知而不慍이면 不亦君子乎아 (論語)

문장의 낭독에서도 역시 우선 목소리를 크게 내도록 지도하는 것이 중요한데, 이때 고저장단의 고려는 다음의 문제이다. 다시 말하면, 고저는 물론 장단의 구분 없이 큰 목소리로 또박또박 같은 음조로 읽도록 지도하여야 하며, 이를 반복시키면 흥이 나게 되고 이렇게 되면 학생들 스스로 자연스럽게 장단 및 고저를 고려하게 되기 때문이다.

3. 漢詩 읽기와 朗誦

시는 특히 시의 특성인 律格美가 있어 전례적으로 吟詠하고 朗誦되어 왔으며, 이렇게 하여 詩가 갖는 형식적 美感과 이울러 다감한 정서적 운취를 더욱 풍부하게 느낄 수 있었던 것이다. 그러므로『교육과정 해설』에서도 "漢詩는 근본적으로 朗誦을 전제로 해서 지어진 것이므로, 풀이할 때에도 시적인 律格을 고려하여 내용의 감상과 아울러 음악적인 미감을 느낄 수 있도록 해야 한다"[10]고 명시하고 있다.

그런데 전래되는 한시의 낭송에서도 틀에 짜여진 방식을 고집하기보다는 각자의 개성대로 다양한 방식을 구사하고 있는 바, 다음에 예시한 시들의 낭송 TAPE을 통해서 확인된다.

◉ **推句**

天高日月明

地厚草木生

日月天年鏡

江山萬古屛

◉ **途中寒食**

宋之問

馬上逢寒食

途中屬暮春

可憐江浦望

不見洛橋人

---

10) 교육부, 「한시를 풀이하고 감상하기」,『고등학교 한문과 교육과정 해설』, 153면.

◉ 送人

鄭知常

雨歇長堤草色多
送君南浦動悲歌
大洞江水何時盡
別淚年年添綠波

◉ **秋夜雨中**

崔致遠

秋風惟苦吟
世路少知音
窓外三更雨
燈前萬里心

◉ **關雎三章**

關關雎鳩ㅣ	在河之洲로다
窈窕淑女ㅣ	君子好逑로다
參差荇菜를	左右流之로다
窈窕淑女를	寤寐求之로다
求之不得이라	寤寐思服하야
悠哉悠哉라	輾轉反側하소라
參差荇菜를	左右採之로다
窈窕淑女를	琴瑟友之로다
參差荇菜를	左右芼之로다
窈窕淑女를	鍾鼓樂之로다

위와 같은 전래적 낭송법 이외에 오늘날의 한시의 낭송에서는 우리 민요 가락과의 접합도 시도할 만하다고 본다. 예를 들면 「送人」과 같은 시를 우리 전래 민요 「달아 달아 밝은 달아」의 가락에 얹어 낭송하

는 방법 등이다. 낯익은 가락이므로 특히 암송하는데 큰 효과가 있을 것이다.

V. 結言

신교육과정(제6차 교육과정)에서는 한문과 학습이 흥미롭게 이루어져야 함을 특별히 강조하고 있다. 예컨대 "중·고교 한문과가 필수 교과가 아닌 선택 교과임을 고려하여 한문 학습이 '쉽고 재미있게', '체계적이며 효과적'으로 이루어지도록 하는데 중점을 두었다."11)고 하거나 또는 "흥미 있고 효율적인 한문과 교수·학습 방법의 강구"12)라고 하는 등 '흥미 있는 학습'에 상당한 비중이 주어져 있음을 알 수 있다. 지난해인가 어떤 TV 고전 드라마에서는 주인공의 형제들이 소년 시절에 서당 교육을 받는 정경을 자주 방영하였다. 10여세 아래의 어린이 형제가 서당을 오가는 길에 암송하는 글귀는 대체로 그 드라마의 내용과 결부된 '형제간의 우애'를 말하는 것들이었는데,13) 이때 시청자의 눈길을 끈 것은 그 글귀의 내용이 아니라, 곧 낭랑한 목소리로 글귀를 외우는 그들의 귀엽고도 앙증맞은 모습이었다. 뿐만 아니라 그 글귀에는 高低長短과 興이 있어 보는 이로 하여금 훈장과 서당이 있던 지난 시대를 향한 아련한 향수까지를 불러일으키는 것이었다.

이때 필자는 여러 사람들에게서 질문을 받았다. 그 대체의 요지는

---

11) 교육부, 「한문과의 방법」, 『중학교 교육과정 해설』, 85면.

12) 교육부, 「한문과 신·구 교육과정의 비교」, 『고등학교 교육과정 해설』, 217면.

13) 이들 소년 형제가 암송하던 글귀는 우리 전래의 初學敎材인 『四字小學』에 있는 주로 다음과 같은 것 들이었다. "兄無衣服, 弟必獻之, 弟無飮食, 兄必與之…… 雖有他親, 豈若兄弟."

"한문을 저렇게 흥겹게 공부할 수 있는데 왜 지금은 그렇게 못하느냐?" 하는 것이었다. 이것은 무엇을 말함인가? 바꾸어 말하면 이것은 곧 우리 한문 교육계를 상대로 한 학부모들의 질문이고 근본적으로는 학생들의 요구 사항이기도 하다.

이제 우리 한문 교육계로서는 교육의 수요자인 학부모 사회와 학생들의 요구에 걸맞은 한문과 교재의 편성과 교수·학습 방법을 강구해야 할 때라고 본다. 더구나 제7차 교육과정의 개정을 눈앞에 두고 있으며 날로 한문과의 위치가 흔들리고 그 영역이 잠식되고 있는 현 상황에서는 더욱 그 필요성이 증대된다고 하겠다.

본고에서 검토한 한문과 읽기 지도에 있어서의 朗讀法의 적용은 '교수·학습방법'의 하나로서 제시한 것이다. 또한 본고는 한문과 고유의 개성있는 '교수·학습방법'의 개발이 비전공교사(상치교사) 및 타교과목과의 차별화를 선명히 하고, 그 결과로 한문 전공 교사로서의 위상 정립과 한문 교과의 전통적 특성을 부각시키는데 일조가 될 수 있다는 생각에서 작성된 것임을 밝힌다.

이 글은 『漢文教育研究』 제11호(韓國漢文教育學會, 1997)에 수록한 논문을 재수록한 것이다.

近體詩의 4단 구성과 그림으로 하는 漢詩 수업

이태희

Ⅰ. 근체시의 4단 구성(기승전결)의 학습

1. 근체시의 4단 구성(기승전결)의 의의

중·고등학교 과정에서 '한문과'의 수업 진행은 단순한 일이 아니다. '한자'를 가르칠 때에는 읽는 것에서부터 자원(字源), 한자를 바르게 쓰기, 한자 활용(한자어), 문장은 문장대로 쉽지 않다. 그러나 가장 곤란한 것은 '한시 학습'이다. '한시수업'이 목표하는 감상의 수준까지 가려면 사전에 기초 학습이 매우 복잡하기 때문이다. 즉 신출한자 학습, 한시의 해석, 한시의 형식 등에 관한 학습이 선행되고 나서야 작품의 감상을 할 수 있다. 그 중 학생들에게 잘 이해시키기 곤란한 것은 근체시의 絶句의 경우는 '起承轉結', 律詩는 '首頷頸尾'의 전개를 이해시키는 것이다. 이는 학생들 자신이 기승전결의 전개방식이 갖는 미적 특징을 이해하지 못하는 데서 교사가 까다로운 형식의 암기만을 강요한다고 생각하기 때문이다. 다소 전문적인 이론과는 차이가 있을 수도 있지만 현장 학습의 경험에서, 한시 형식이 어떠한 재미를 주는 지에 대해서도 복잡한 설명보다는 축구경기의 재미가 다소 복잡한 규칙에 있듯이 한시 특히 근체시에서 재미를 주는 요소는 그 형식에 있다고 설명하는 것이 훨씬 직접적이고 수업 효과도 높다.[1] 따라서 학교 수업에서는 한시 수업은 이론적인 접근보다는 쉽고 재미있는 방법을 모색해야만 한다. 본 수업 사례는 "근체시의 4단 구성 즉 기승전결(수함경미)의 전개"의 수업 중에서 쉽고 재미있었다는 평을 받은 수업 방법이다.

2. 근체시의 형상화와 기승전결의 표현

중·고등학교 한시 교육에서 가장 중요한 것은 아마도 시 형상의 전달일 것이다. 이것은 다시 구체적으로 말하자면 학생들의 머리 속에 시를 한편의 드라마처럼 기억시킨다는 뜻이다. 현재 대부분의 많은 교사들은 한시 교육을 지은이 소개, 신출한자 및 단어 설명, 시의 해석, 시의 대략적 이미지 주입, 시의 주제 설명 정도로 하고 있음이 사실이다. 이것은 마치 밥, 고추장, 시금치, 고사리, 도라지 등의 음식을 따로 먹고 비빔밥의 맛을 느끼라는 것과 별다를 바 없는 것이다. 왜냐하면 시라는 것은 작자의 사회적 정치적 현실과 시 창작 당시의 분위기가 섞여 하나의 예술품으로 탄생하는 것이기 때문이다. 시는 평면적으로 볼 수 있는 것이 아니라 입체적으로 감상해야 한다는 말이다. 그것은 곧 한편의 영화처럼 머릿속에 연상되어야 하고 교사의

---

1) 축구경기를 하는 데에도 운동장의 크기는 가로 세로 각각 몇 m, 골대의 규격은 얼마 하는 등등의 제약이 있듯이 시를 짓는 사람들도 격식과 틀을 갖추어 놓고 시를 지음으로서 그 틀 안에서 능력을 발휘하며 시적 감동을 독자에게 효과적으로 전달하는 재미를 맛보게 되었던 것이다. 그것이 바로 근체시이고 그 틀이란 것은 글자수·대구(對句)·운(韻) 등등일 것이다. 결국 함축적이고 감정의 절제와 과장이 필연적으로 수반될 수 밖에 없게 된 것이다.

역할은 바로 그렇게 되기까지의 과정을 만들어 주는 매개자의 역할을 하는 것이다.

근체시 학습에서 가장 어려운 것의 하나는 기승전결 또는 수함경미의 4단 구성 방법을 학생들에게 이해시키는 일이다. 물론 흔히 사용하는 방법으로는 참고서에서 설명한 것을 그대로 인용하는 방법일 것이다. 그러나 그러한 것은 편리한 지도는 될 수 있으나 학생들을 구체적으로 이해시키기에는 어려움이 있다.

이에 4단 구성을 전달하는 방법으로 신문의 4단 컷 만화를 이용하는 방법을 제시하고자 한다.

이는 신문의 4단 컷 구성이 전형적인 기승전결의 구성방식을 취하기 때문에 근체시의 4단 구성을 잘 비유 설명할 수 있고, 특히 만화라는 양식이 이미지 전달에 효과적이기 때문이다.

그러면 그림과 한시를 참고하여 보자.

위의 시사만화는 96년 9월 4일(수요일)자 한겨레신문에 게재된 김을호 화백의 4단 컷 만화『미주알씨』이다.

(1)의 작품은 요즘 문제되고 있는 OECD 가입문제와 관련하여 경제불황의 문제를 곁들여 풍자하고 있다.

① 첫 번째 그림에서는 정부 당국자가 경제회생을 위해서 거품을 빼야 한다고 역설하고 있다.

② 두 번째 그림에 가면 첫 그림의 내용을 받아 그 거품의 주범이 바로 '고임금, 과소비'라면서 거품의 의미를 확대 전개하고 있다.

③ 세 번째 그림에 가서는 전환이 이루어지고 있다. 당국자의 말을 듣고 있던 사람이 갑자기 '저런! 입에 거품도'라고 지적하고 있다. 거품의 주범이 또 있다는 암시를 나타내고 있다.

④ 네 번째 그림에서는 반전이 이루어지면서 결론이 도출되고 있다. 그것은 이러한 경제 불황속에서 OECD가입만을 부르짖고 있는 모습을 보여줌으로써 국민정서와 무관하게 추진되고 있는 정부의 정책에 일침을 가하고 있는 것이다. 이로써 독자들에게 웃음 속에서 고도의 풍자를 보여 주고 있는 것이다.

(2)(3)(4) 작품도 대체적으로 (1)과 유사한 구성을 보여 주고 있다. 이같은 구성방식은 근체시의 전개과정과 흡사하다. 물론 한시의 전개과정은 시사만화처럼 풍자를 위한 것이 아니라 시적 감동을 위한 것이다. 그러나 그 구조의 유사성은 학생들에게 기승전결의 과정을 구체적으로 이해시키는 데는 매우 효과적이다.

다음 한시를 보자.

秋雲漠漠四山空　　가을 구름 아득히 떠가고 온 산은 고요한데
落葉無聲滿地紅　　낙엽은 소리 없이 땅에 붉었구나
立馬溪橋問歸路　　시냇가에 말을 세우고 돌아갈 길을 물으니
不知身在畵圖中　　내몸이 그림 속에 있는 줄을 깨닫지 못했네

(訪金居士野居, 鄭道傳)

1. 시인의 시선이 먼 산의 하늘에 맞춰져 있다.

2. 대구를 이루는 청각적 표현과 대상이 하늘에서 땅으로 바뀌고 있다. 그러나 여전히 시선은 먼 곳에 고정되어 있다.

3. 시선이 갑자기 다리라고 하는 좁은 공간으로 좁혀진다. 그리고 대화와 행동이 들어간다.

4. 여기서 작자의 시선은 갑자기 시 밖으로 나온다. 마치 그림을 보는 감상자의 입장으로 바뀌는 것이다. 그래서 시인이 표현하고자 한 자연 경치가 그림같이 아름다우며, 자신이 자연의 일부임을 말하고 있다.

여기서 시인이 4단 구성이 아닌 다른 기법을 썼다면 감동의 내용이 달라졌을 것이다. 이에 본문과 4단 컷 그림을 토대로 직역이 아닌 다소 무리일 정도의 의역을 해보기로 한다.

"아스라한 구름 아래 온 세상이 고요한데
낙엽은 소리 없이 땅을 온통 물들이네
갈 곳 몰라 돌아갈 길 물으니
이 내몸이 그림이 될 줄이야"

위의 해석이 한시 원문과는 다소 거리가 느껴질 지라도 충분히 그림을 통하여 시상의 변화와 전환을 머릿속에 상상할 수 있을 것이다. 논리적인 언어를 가지고 기승전결 또는 수함경미 등을 설명하는 것보다 훨씬 효과적이다.

Ⅱ. 모둠별 4단 컷 그리기 학습

1. 수업준비 및 지도상의 유의점

그림을 이용하는 수업은 학생들의 그림 솜씨를 활용하는 것도 매우 좋다.

요즘 학생들은 그림에 관심들이 많아 웬만하면 자신들이 간단한 만화 정도는 다 그릴 줄 안다. 그래서 이들의 그림에 대한 관심을 수업과 연계하는 방식을 취해 보았다.

-. 한시 단원의 기본 강의가 끝난 다음, 학생들에게 모둠(조 편성)을 구성해 준다.

  -. 회화적 표현이 가능한 한시를 적절히 선정한다.

  -. 사전에 4단 구성의 각 특징이 설명되어야 한다.

  -. 일정시간 동안 4단 만화로 그리도록 한다. 한 장의 그림으로 그려
     도 좋다.

2. 수업진행

<수업 진행 방법>

학습내용	비고
한시 해석 및 사단 구성 설명	
배운 한시를 그림으로 그려보기	그림을 그릴 수 있는 도구를 사전에 준비한다. 준비 도구는 OHP필름, 네임펜
학생작품발표	교사는 OHP를 준비하여 학생들 작품을 바로 그 자리에서 보여준다.(OHP가 준비가 불가능한 경우는 간단한 그림도구를 준비해서 실시해도 된다.)
마무리	

3. 결과 및 평가

① 학생들 자신은 자신들이 그림을 그리기 위해서 한시의 내용을 정확하게 알려고 노력을 한다. 따라서 그림을 그리는 동안 모둠원 끼리 작품을 다시 해석하게 되어 내용을 다들 잘 이해하게 되었다.

② 4단 컷을 그리는 동안 기승전결의 전개방식을 정확히 표현하려고 노력하는 동안 자연스럽게 기승전결이 가지고 있는 맛(미적 요소)을 느끼게 되었다.

③ 딱딱하게 받아들여지기 쉬운 한시가 학생의 개성과 유머 감각에 의해 다양하게 해석되어 재치 있게 표현되었다.

④ <한시 시화 그리기 대회>의 개최나 특활반(한시 시화 그리기 반)

의 상시 운영도 구상해 볼 만하다.

Ⅲ. 맺는말

　한시수업의 가치를 어디에 두고 목표를 잡느냐에 따라 그 수업 방식에는 많은 차이가 날 수밖에 없다. 하지만 한시를 통하여 학생들에게 정서를 길러주고 지적능력을 키우는데 목적이 있다면 그 수업 방법은 당연히 학생들로 하여금 스스로 느끼고 생각하도록 이끌어 내는 것이어야 한다. 그 구체적인 방법으로는 영상 및 시청각 자료를 통한 교육을 실시하는 것이다. 그것은 직접적인 화면 및 상황을 제공함으로써 학생들로 하여금 쉽게 접근할 수 있는 기회를 제공하는 것이다.

　현재 각급 학교에서 한문시간에 공학 도구를 쉽게 활용하기란 쉽지가 않다. 그래서 실천 가능한 최선의 방법이라 제시하는 것이 신문의 4단 컷을 이용하여 사단 구성을 이해하는 것이다. 먼저 신문 4단 컷 만화를 설명하고 그 구성법에 대하여 다소 이해가 되었을 때 그것을 그대로 한시 구성에 대입시킨다면 가르치는 사람과 배우는 사람 서로간에 느끼는 범위가 확대되어 구태여 많은 학습도구를 필요로 하지는 않을 것이다.

　한시 수업을 할 때에 그림을 그리게 하는 것이 타 교과의 영역과 관련해서 다소 어려운 점이 있는 것은 사실이지만 한시형식을 이해시키는 데는 매우 효과적이었다. 물론 한시 수업에서 모두 그림을 그리게 하는 것도 그리 바람직하지는 않다. 그러나, 기승전결의 전개방식을 이해시키는 수단으로는 매우 바람직한 방법이라고 할 수 있다.

※ 예시 漢詩

〈四時〉　　　　陶潛

春水滿四澤　　봄물은 못에 가득 차고
夏雲多奇峯　　여름 구름은 기이한 봉우리도 많도다
秋月揚明輝　　가을 달은 밝은 빛을 발하고
冬嶺秀孤松　　겨울 산마루엔 외로운 소나무가 빼어나도다

〈春曉〉　　　　孟浩然

春眠不覺曉　　봄잠에 날 새는 줄도 몰랐더니
處處聞啼鳥　　곳곳에서 새들 지저귀는 소리 들리네
夜來風雨聲　　간밤에 비바람 소리 나더니
花落知多少　　꽃잎은 얼마나 떨어졌을까?

〈花石亭〉　　　　李珥

林亭秋已晚　　숲 속의 정자에 가을이 벌써 저물어가니
騷客意無窮　　이 내 생각 끝없이 일어나네
遠水連天碧　　멀리 보이는 저 물빛은 하늘에 잇닿아 푸르고
霜楓向日紅　　서리 맞은 단풍은 햇볕을 받아 붉구나
山吐孤輪月　　산은 외로운 둥근 달을 토해 내고
江含萬里風　　강은 만리의 바람을 머금었네
塞鴻何處去　　변방의 기러기는 어디로 가는가
聲斷暮雲中　　울음 소리 석양의 구름 속에 끊어지네

(을유문화사 고교 한문1 中에서)

※ 그림 자료 첨부(OHP, 실물투영기)

이 글은 『漢文敎育硏究』 제11호(韓國漢文敎育學會, 1997)에 수록한 논문을 재수록한 것이다.

옛날이야기와 수수께끼를 통한 한자·한문 학습

이복규

Ⅰ. 머리말

한자·한문 학습과 관련하여 요즈음 학생들의 공통적인 반응 가운데 하나가 '어렵다'는 것이다. 가르치는 사람은 이 점을 현실로 인정하면서 교육에 임해야 한다. 한자·한문 공부를 어렵지 않게 느끼도록 하기 위해서 가능한 방법을 다 동원해 보아야 한다. 그 가운데 하나가 옛날이야기와 수수께끼를 통한 학습이라고 생각한다. 옛날이야기나 수수께끼만은 누구나 재미있어 하므로, 이를 잘 활용하면 한자·한문 학습의 효과와 흥미를 제고하는 데 일조할 수 있으리라 기대한다.

필자는 우리 구비문학을 공부하고 채록하면서, 옛날이야기와 수수께끼 중에서 한자·한문 학습에 긴요하게 활용할 만한 자료를 상당수 발견하였다.[1] 혼자만 알기에는 아까워 이들 자료 가운데에서 비교적

---

1) 관련 자료를 담고 있는 대표적인 자료집으로 다음을 들 수 있다. 한국구비문학대계 1~82(성남: 한국정신문화연구원, 1980~1988) 임석재, 한국구전설화 1~12(서울: 평민사, 1987~1992).

재미있는 것만 골라 단행본[2]으로 출판하기도 하였다. 이들 자료는 한자·한문 학습을 위하여, 또는 한자·한문의 소양을 바탕으로 조상들이 개발한 것들이며 오늘날에도 충분히 재활용할 만하다고 생각한다. 이 글에서도 그런 시각에서, 이들 자료를 어떤 경우에 활용할 수 있겠는지에 대하여 소개하고자 한다. 사례별로 유형화하여 제시함으로써 '재미있는 한자·한문 학습'에 관심을 가진 분들에게 조금이라도 도움이 되었으면 한다.

Ⅱ. 옛날이야기를 통한 한자·한문 학습

1. 한자 학습

1) 破字풀이를 통한 글자 익히기

破字풀이는 한자를 깨뜨리거나 결합하여 새로운 뜻으로 풀이하는 것[3]을 말한다. 말하자면 모든 글자를 會意문자인 것처럼 여기는 것이 파자풀이의 전제요 원리라 하겠다. 이 파자풀이는 다음 장에서 살펴볼 수수께끼에 아주 많이 응용되어 있는데, 이야기 자료에도 흔하게 등장한다. 이를 적절하게 활용하면 특정 한자를 좀더 재미있게, 인상적으로 익힐 수 있을 것이다. 자료 하나를 예시하면 다음과 같다.

시아버지가 환갑날 그 며느리들에게 분부를 내렸다.

"우리는 학문 있는 집안이니까 글자로 절을 해라."

그러자 큰며느리가 갓을 쓰고는,

---

2) 이복규, 옛날이야기로 배우는 한자·한문(서울: 대원미디어, 1998.2).

3) 홍순래, 파자이야기(서울: 학민사, 1996), 21면 참조.

"'편안 안(安)'자로 인사 드립니다."
라고 하였다. 계집(女)이 갓(宀)을 썼으니 '安(편안 안)'자였다.
둘째 며느리는 아들을 안고 들어와 인사하였다.
"'좋을 호(好)'자로 축하드립니다."
여자(女)가 아들(子)을 안았으니 '좋을 호(好)'자가 분명하였다.
셋째 며느리는 궁리 끝에 네 활개를 펼치면서 절을 하였다.
"'큰 대(大)'자로 인사 드립니다."
네 활개를 펼친 모습이 영락없는 '큰 대(大)'자였다.

(『옛날이야기로 배우는 한자·한문』, 22면)

이 자료에서는 '安', '好', '大'를 각각 파자하여 그 의미를 독특하게
풀이하고 있다. 자원학(字源學)적으로 검토하면 분명히 이같은 풀이
는 잘못된 것이다. '安'자에 쓰인 '宀'은 '집 면'으로서 '갓'과는 전혀
무관한 부수자이다. 하지만 이야기의 세계 또는 파자의 세계에서는
이처럼 자유롭게 해석하여, 이 글자의 의미를 재미있고 인상깊게 익
히도록 하고 있다. '好'자와 '大'자에 대한 파자풀이도 마찬가지이다.
자원적인 지식에 얽매이지 않아야만 이들 자료는 수용과 활용이 가능
하다. 또 다른 자료 하나를 제시해 보이기로 한다.

어느 구두쇠 영감 집에 손님이 왔다. 식사 때가 됐건만 갈 생각을
않는다. 곤란한 건 그 집 며느리였다. 밥상은 올려야겠는데 시아버지
성격으로 보아 손님에게까지 식사를 제공했다가는 불호령이 뻔한 일.
궁리 끝에 문밖에서 이렇게 여쭈었다.
"人良卜一이리요?('人良卜一'은 '食上'을 쪼갠 것이니, 뜻은 '식사올
릴까요?'임.)"
그러자 시아버지가 하는 말,
"月月山山커든('月月山山'은 '朋出'을 쪼갠 것이니, 뜻은 '벗이 나가

거들랑'임)

이렇게 문답하면 손님은 못 알아들을 줄 알았는데 웬걸? 손님 역시 문자깨나 아는 사람이라 이들의 수작을 훤히 알고 있었다. 점잖게 이렇게 나무랐다.

"亞心土白이로고. 丁口竹天이로다.('亞心土白'은 '惡者'를 쪼갠 것이니, '악한 놈이로고'의 뜻이며,

'丁口竹天'은 '可笑'를 쪼갠 것으로 '가소롭구나'의 뜻임)"

(『옛날이야기로 배우는 한자·한문』, 39면)

이 자료는 필자의 家兄이 중학교 때 지리 선생님한테 들은 얘기이다. 가형은 우왕좌왕하는 語文 정책 때문에 한자 교육을 거의 받지 못하고 초중등학교와 대학을 졸업한 세대다. 그런데 한문 시간도 아닌 지리 시간에, 선생님께서 여담으로 들려주었던 이 이야기와 그 속에 담긴 한자 및 한자어는 50 나이인 지금에도 생생하다고 한다. 이야기를 통해서도 얼마든지 재미있게 한자를 공부할 수 있다는 확신을 가지게 하는 증언이 아닐 수 없다.

〈삼국지연의〉에도 파자풀이가 등장한다. 너무도 두뇌 회전이 빠른 양수(楊修)를 미워한 나머지 처단하는 대목에서이다.

그 첫 번째가 '闊'자를 파자한 이야기이다. 한번은 조조가 화원(花園)을 꾸미게 하고는 완공한 날 방문하였다. 그런데 조조는 좋다든지 나쁘다든지 뭐라고 말해야 하는데도 그저 묵묵히 붓을 들어 그 화원의 문에다 '活'자를 써놓고는 가버리는 것이었다. 아무도 조조의 그 속뜻을 알아채지 못했는데, 양수는 대번에 알아차렸다. 문(門) 안에다 '活'자를 썼으니 '闊'자가 되며, 이는 화원의 문을 너무 넓게 만든 데 대해 불만을 표시한 것이라고 멋지게 해석해 조조의 비위를 건드렸다는 것이다.

두 번째 이야기는 '일합소(一合酥; 酥는 소나 양의 젖을 가공하여 만든 음식으로서 타락죽이라 함)' 이야기이다. 한번은 북변에서 타락죽을 진상해 왔다. 조조는 타락죽을 담은 합(盒) 위에 밑도 끝도 없이 '一合酥'라 쓴 뒤 책상머리에 놓아두는 것이었다. 아무도 그 의미를 몰랐는데, 양수가 들어와서 보고는, 숟가락을 가져오게 하여 여럿이서 함께 나누어 먹어 버렸다. 조조가 양수를 불러다 물었다. "그대는 왜 먹었는가?" 그러자 양수가 대답하였다. "합(盒) 위에 '一人一口酥(한 사람이 한 입씩 먹을 타락죽)'라 뚜렷이 씌어 있으니, 어찌 감히 승상의 뜻을 어길 수 있사오리까?" 이래서 또 한 번 조조의 심중을 알아 맞췄다는 것이다.[4]

2) 同音異義(字)語 익히기

한자 중에는 음은 같은데 뜻을 달리하는 글자가 있다. 무한한 사물을 유한한 음으로 표현하는 데 따른 불가피한 현상이라 하겠다. 이는 우리말에서도 마찬가진데, 이를 同音異義(字)語라 한다. 아래에 예시하는 자료를 통해서 동음이의어의 세계에 대해 흥미롭게 이해시킬 수 있다.

泗川 고을의 원님이 강을 건너게 되었다. 그런데 배를 모는 사공이 여자였다. 그 여자를 자세히 보니 대단한 인물이었다. 말을 걸었다.
"그래, 어떻게 해서 부인은 배를 모십니까? 남편의 姓은 무엇입니까?"
"우리 남편의 성은 白哥입니다."
"아이고, 부인은 참 좋으시겠네, 百 서방을 얻었으니."
그러자 그 여자가 하는 말.

---

4) 이들 자료는 이문열 평역, 三國志 8(서울: 민음사, 1990), 77면 참조.

"사천 원의 사천 부인은 四千 서방을 얻었으니 나보다 더 좋겠네."

이러는 것이었다. 원은 어떻게 보복할까 궁리하였다. 이윽고 배가 강가에 닿자 내리면서 이렇게 말했다.

"자네 배에서 내리니 서운하네."

여자가 얼른 받아서 하는 말.

"나는 참 눈물이 납니다."

"왜 눈물이 나는가?"

"내 배에 들어 있다가 나가니, 눈물이 납니다."

그러니 사천 원은 졸지에 그 여자의 아들이 되어 버렸다.

(『옛날이야기로 배우는 한자·한문』, 57면)

이 자료에서는 '泗川'과 '四千', '白'과 '百'이 각각 음은 같으나 뜻이 다른 점을 십분 활용하고 있다. 끝부분에서는 우리말 '배'가 '船'과 '腹' 두 가지 경우를 다 나타내는 것을 이용하여 주인공 간의 우열을 일순간에 역전시킴으로써 해학을 극대화하고 있다.

3) 同字異義(訓)語 익히기

한자 중에는 글자 하나로 여러 가지 다른 뜻을 나타내는 경우가 있다. 이를 同字異義(訓)語라고 한다. 문맥에 따라 그 글자의 뜻이 달라지므로, 이에 대한 지식은 한문 공부를 하는 데 필수적이다. 아래에 제시하는 자료는 '之'자에 얼마나 다양한 뜻(여기에서는 뜻이라고 하기보다는 문법적인 기능)이 있는지를 잘 보여주고 있다.

김삿갓이 여덟 살 때 글을 지은 얘기가 있다. 김삿갓이 서당을 다니는데 선생님한테 귀여움을 독차지하였다. 하도 머리가 좋고 공부를 잘하니까, 하나를 들으면 열을 알았다. 귀신처럼 잘 알았다.

그런데 선생님만 자리를 비웠다 하면 애들이 자꾸 때렸다. 하루는 이웃집에서 선생님을 초청해 선생님이 술 마시러 가시게 되었다. 틀림없이 두들겨 맞을 것 같자, 어린 김삿갓은 밖에 나가서 사다리를 타고 지붕으로 올라가 새 새끼를 잡으며 놀다가 기와를 깼다.

"옳지. 이 짓을 우리가 선생님한테 일러바치자."

선생님이 술을 잡수시고 얼큰해서 오셨다.

"선생님, 선생님!"

"왜 그러냐?"

"김삿갓이 저 지붕 위에 올라가서 새 새끼를 잡으려다 기왓장에 가서 기와를 깨뜨렸대요. 그래도 안 때리실 겁니까?"

"아 때리긴 때려야지."

그러나 때리고 싶은 맘이 없어서, 김삿갓을 보고 이렇게 말하였다.

"너 之(갈 지)자 열 둘을 놓고 글을 짓겠느냐 아니면 회초리를 열두 대 맞겠느냐?"

"글을 짓겠습니다."

"그럼 지어라."

김삿갓은 之자 12개가 들어가는 글을 거뜬히 지었다.

屋之上之登之해
鳥之雛之執之라가
瓦之落之破之하니
師之怒之撻之로다.

이래서 김삿갓은 매를 맞지 않았다고 한다.

(『옛날이야기로 배우는 한자·한문』, 124면)

이 자료에서는 '之'자에 ①대명사 ②관형형 ③소유격 ④목적격 ⑤ 주격 등 다양한 뜻과 기능이 있다는 점을 인상깊게 전달하고 있다. 시 한 편을 통하여 之자의 다섯 가지 용례를 아주 흥미롭게 배울 수 있는 자료라 하겠다. 다음 자료 〈胡地無花草〉도 같은 예이다.

> 옛날 어느 글방에서 선생님이 '胡地無花草'라는 제목으로 글을 짓게 하였다. 아이들은 각기 글을 지어 선생님한테 바쳤는데, 한 아이가 '胡地無花草'만 네 번 반복하여 적어 냈다. 선생님은 그 아이를 불러 왜 제목만 네 번 써놓았느냐고 물었다. 그러자 아이가 대답하였다.
> "이것은 제목을 네 번 쓴 것이 아니라 글을 지은 것입니다."
> "어째서 이게 글이 된단 말이냐?"
> 아이는 토를 달아 이렇게 읊어 내려갔다.
> 胡地에無花草라하나
> 胡地無花草리요
> 胡地에無花草리요만
> 胡地라無花草라네
> 다 듣고 난 선생님은 감탄하면서, 아주 잘 지은 글이라 칭찬하였다.
> (『옛날이야기로 배우는 한자·한문』, 147면)

이 자료에서는 '胡'자에 '①어찌 호' '②오랑캐 호'의 두 가지 뜻이 있다는 것을 인상 깊게 이해하도록 유도하고 있다. 문맥에 따라 적절하게 구사함으로써 똑같은 글자를 가지고도 다채로운 표현에 성공하고 있음을 알게 하는 자료이다.

4) 모양이 비슷한 한자 익히기

최근에 유통되는 구전 자료 가운데 '모양이 비슷한 한자'를 익히는 데 활용할 만한 게 있어 소개한다.

> 어머니가 딸 앞에서 유식한 척하며 『명심보감』을 읽는다.
> "자일(子日) 爲善者는 天報之以福하고."

그러자 딸이 핀잔을 한다.
"에이, 엄마는. 자왈(子曰)이지 무슨 '자일'이야?"
"뭐야? 그럼 월화수목금토'일'이지 월화수목금토'왈'이냐?"

잠시 후 머쓱해진 어머니가 딸에게 말한다.
"얘, 우리 출출한데 라면이나 끓여 먹자."
"무슨 라면 사올까?"
"응, 행(幸)라면."
"에이, 엄마는. 무슨 幸라면이야, 辛(신)라면이지."

완전히 기분이 상한 어머니가 딸에게 다시 말한다.
"얘, 우리 기분도 그런데 영화나 보러 가자."
"무슨 영화?"
"토관(土官)과 신토(紳土)"
"사관(士官)과 신사(紳士)지 '토관과 신토'가 뭐야?"
"얘, 누가 맞는지 알아보자. 당장 가서 왕편(王篇) 좀 가져 와라."

이 자료는 모양이 비슷한 한자들—日과 曰, 幸과 辛, 士와 土, 王과 玉—을 확실하게 구별하지 못하는 데서 나타날 수 있는 상황을 모녀간의 대화를 통해 드러내고 있다.

2. 한문 학습

1) 吐달기의 중요성 익히기

한문에 토를 달아 읽는 것은 첨가어인 우리 한국 특유의 현상이다. 일부에서는 토 달기 무용론을 주장하기도 하지만, 토 달기는 초학자에게는 긍정적인 구실을 한다고 보아야 한다. 그런데 토를 단다는 것은 이미 일정한 해석을 전제한 일이어서, 해석을 어떻게 하느냐에 따라 토 달기의 내용이 달라진다. 그래서 토 달기를 할 때는 신중하게 해야 한다. 토 달기의 중요성을 일깨우는 자료를 소개한다. 이른바 〈七十生男非吾子〉이야기가 그것이다.

　어떤 영감이 딸만 낳아 키우다가 상처하고 나서 늦게야 후실을 얻어서 아들을 낳았다. 꼭 칠십 나이에 아들을 낳았으니 말할 수 없이 사랑하였다. 기력이 쇠약해져 죽을 날이 가까웠음을 예감하자 어린 아들이 걱정이 되었다. 평소 딸과 사위의 행실로 보아 아들을 잘 돌보아 줄 리가 없기 때문이었다. 오랫동안 궁리 끝에 사위를 불러 일렀다.
　"내가 칠십 나이에 후처 몸에서 아들을 낳았다고는 하지만 그 아이가 내 아들이라고 믿기 어려운 일이다. 그러나 너는 내 사위가 틀림없지 않으냐? 내가 부자라 돈푼이나 있는데 이것을 위탁할 아들이 없으니 너한테 위탁하겠다. 그러니 이것을 잘 관리해서 너도 건사하려니와 저 자식이 죽지 않고 자라서 열댓 살이 되거든 글이나 가르쳐 줘라."
라고 했다.
　"예, 장인어른 그렇게 하겠습니다."
　"그런데 네게 아무 증거 없이 이 재산을 줄 수는 없으니 너한테 문서를 남겨 주마."
　"예 그럼 그렇게 하시지요."
　이렇게 해서 문서를 남겼는데, "七十生男非吾子"라고 썼다.
　"이만 하면 표가 되지 않겠나?"
　"예."
　"다시 부탁하는데, 그 아이가 열댓 살 먹도록 안 죽고 크거든 꼭 글 공부를 시켜 주게나."
　이렇게 말하고 그 노인은 얼마 안 가서 죽고 말았다. 노인이 죽자 사위는 그 문서에 근거하여 재산을 독차지해 버렸다. '七十生男하니 非吾子라' 이렇게 평서문으로 토를 달아 해석하였기 때문이다. 세월이 흘러 그 아들이 한문공부를 하고 보니 억울하다는 생각이 들었다. 그래서 관가에 가서 원한테 고소하였다.

"이만저만한 사정인데 아무데 살던 아무 노인이 내 선친인데 일찍이 연세가 높으셔서 세상을 버리고, 칠십에 얻은 저는 의탁할 데가 없어서 자형 집에 의탁을 해가지고 있는 처지인데, 아버지 재산을 자형이 다 가지고 있으니 재산을 찾아주십시오. 평소 저를 사랑하시던 아버지의 태도로 보아 제게도 재산을 남겼을 것입니다. 부디 원님께서 찾아 주십시오."

"그러면 그 문서를 가져와 봐라."

이래서 그 문서를 꺼내놓고 보니, 확실히 '七十生男非吾子'라고 써 있었다. 원님도 그 사위와 똑같이 토를 달아 해석하였다.

"이놈아. '칠십에 아들을 낳았으니 내 아들이 아니다.'라고 되어 있으니 너는 재산권이 없다. 네 자형의 것이 분명하다."

"그게 아니올시다. 그렇게 끊어 읽으시면 안 됩니다. '七十生男이나 非吾子리요?' 이렇게 토를 달아 해석해야 합니다. 그렇지 않습니까?"

원이 이 말을 듣고 보니 맞는 말이었다. 의문문으로 토를 다니 뜻이 정반대가 되는 것이었다.

"글을 다시 해석해 보아도 그렇고, 네 아버지가 평소에 너를 아낀 점을 고려해 보아도 네 이야기가 맞구나. 그만 하면 네 아버지 재산을 지킬 만큼 공부도 무르익었으니 그 재산을 가져다 지키도록 하여라."

이래서 그 아들은 아버지의 재산을 되찾아 갔다.

(『옛날이야기로 배우는 한자·한문』, 141면)

이 자료에서는 토를 어떻게 다느냐에 따라 평서문이 될 수도 의문문이 될 수도 있음을 여실히 보여준다. 그 결과 재판의 판결까지도 역전되기에 이르고 있다. 해석하고 그에 따라 토를 달 때는 문맥과 상황까지도 고려해서 종합적으로 판단해야 한다는 사실도 일깨우는 자료이기도 하다. 그런데 이 〈七十生男非吾子〉 이야기의 各篇은 아주 많다. 기본

줄거리는 동일하나 유서의 내용이 약간씩 더해지고 달라지면서 한문 학습의 묘미를 느끼게 해준다.5)

---

5) 『한국구비문학대계』 1-1. 298면.
　　(앞부분 생략) 이렇게 해서 거기에다가 뭐라고 썼느냐면 "칠십(七十)에 생남(生男)하니 비오자(非吾子)라." '칠십에 생남을 했으니 내 아들이 아니다'라는 말이다. "가장지물(家藏之物)은 부지서군(付之婿君)하노니" '집안에 있는 재물은 사위한테 붙이노니,' "외인(外人)은 물론(勿論)하라." '다른 사람은 왈가왈부하지 말라'고 썼다.
　　"이만 하면 표가 되지 않겠나?"
　　그러면서 다시 당부하였다.
　　"네 처남이 열댓 살 먹도록 안 죽고 크거든 공부나 시켜줘라."
　　이렇게 말하고 그 노인은 얼마 안 가서 죽고 말았다. 그가 죽자 그 아이들은 자형(姊兄)되는 사람한테 얻어먹으면서 공부를 하게 되었다. 그런데 이 아이의 총기가 대단하였다. 문일지십(聞一知十)이라더니, 한 가지를 들으면 열 가지를 안다더니 배운 대로 잊지 않고 잘 알았다. 몇 해 안 가서 공부가 거의 돼 가는데 같이 공부하는 학생들 여럿이 모여 앉아 비웃는 것이었다.
　　"아무것이는 친 처남이 아니라고 그러던데?"
　　이런 소문이 나는 것이었다. 이 아이는 그 말이 듣기 싫었다. 그래서 자형에게 가서 물어 보았다.
　　"자형, 내가 서당에 가서 공부를 하는데 동료들이 이렇게 말하니 내가 도저히 이 소리가 귀에 걸려서 들을 수가 없습니다. 대관절 무슨 관계로 나를 자형의 친 처남이 아니라고들 하는 겁니까?"
　　"그런 쓸 데 없는 말, 아이들 한담(閑談)하는 소리 듣지 말고 공부나 착실히 해라."
　　"그럴 리가 없어. 그럴 리 없고 우리 아버지 재물을 자형이 관리하여 일이 이렇게 되었으니 자형이 아버지의 재물을 절 주십시오. 그러면 증명이 될 것이 아닙니까?"
　　"네가 굳이 달라고 해도 줄 처지는 못 되니 차차 공부를 열심히 하면 장가도 들여 줄 것이요, 살게도 해 줄 테니 공부나 열심히 하거라. 지금은 네가 달라고 해도 내가 내줄 수 없는 사정이 있다."
　　"어째서 그렇습니까. 그렇다면 내가 관가에 가서 송사(訟事)를 해도 좋다는 말입니까?"
　　이렇게 말하고는 일어나 나가버렸다.
　　"송사를 할 테면 어디 송사를 하든지 뭣을 하든지 마음대로 해 보아라."
　　그러자 이 아이는 정말로 관가에 가서 원한테 소송을 하였다.
　　"이러저러한 사정인데 아무데 있는 아무 노인이 내 선고(先考) 어른인데, 제가 클 동안 그 살림을 자형이 맡아 가지고 있다가 제가 장성하면 저한테 돌려 주라고 하신 것인데, 자형이 주지를 않습니다. 원님께서 찾아 주십시오."

2) 끊어 읽기

토 읽기와 함께 한문 학습에서 중요한 것이 끊어 읽는 문제이다. 우리말에서도 '아버지가 방에 들어가신다'로 끊느냐 '아버지 가방에 들어가신다'로 끊어 읽느냐에 따라 문장의 의미가 확 달라지듯이 고립어인 한문은 더욱 이 문제가 중요하다. 이 점을 명료하게 증거하는 자료로 네 가지만 소개하기로 한다. 어려운 글자가 없으므로 자료 각각에 대한 설명은 생략하고 자료만 제시하겠다.

한일합병을 반대한 대신들 가운데 한 사람이 한규설이다. 이 사람은 한일합병이 맺어진 후 자신의 견해를 밝혔다.
"不可不可"
한규설을 옹호하는 사람과 그 집안에서는 이렇게 해석한다.
"不可하고 또 不可하다."
철저하게 한일합병을 반대했다는 뜻이다. 하지만 한규설을 비판하는 사람들은 이렇게 해석한다.
"不可不 可하다."

"그러면 그 문서는 어떻게 되어 있느냐?"
이래서 그 문서를 검토해 보니 '七十에 生男하니 非吾子라. 家藏之物을 付壻君하노니, 付之壻君하노니 外人은 勿論하라.'이렇게 써 있었다.
"야 이놈아, 七十에 生男하니 非吾子라, 家藏之物을 付之壻君하노니 外人은 勿論하라. 이렇게 되어 있지 않느냐?"
"아 성주님, 그게 아니올시다. 七十에 生男이나 非吾子리요? 칠십에 생남을 했으나 어찌 내 자식이 아니리요? 家藏之物을 付之하노니, 家藏之物을 내 자식에게 付之하노니 壻君은 外人이라. 사위라는 것은 外人이라, 勿論하라. 얘기하지 말아라. 이런 뜻이 아닙니까?"
원이 이 말을 듣고 깜짝 놀랐다.
"사정을 다 들어보니 너의 이야기가 맞구나. 네가 그만 하면 너의 아버지 재산을 지킬 만한 인물이 되겠으니 그 재산을 지키도록 하여라."
그래서 원님이 재산을 찾아 주었다.

한일합병을 대세에 밀려 허락하고 말았다는 것이다.

(『옛날이야기로 배우는 한자·한문』, 145면)

어느 집에 잔치가 열렸다. 그 잔치에 초대 받은 사람과 초대 받지 못한 사람, 이 둘이 만나서 대화를 나눈다. 초대 받은 사람이 초대 받지 못한 사람에게 묻는다.

"자네, 그 잔치에 갈 텐가?"

"來 不往 來不 往?"

'오래도 안 갈 텐데 오라지도 않는데 가?' 이런 뜻이었다.

이번에는 초대 받지 않은 사람이 초대 받은 사람에게 묻는다.

"자네는 갈 텐가?"

"來不 往 來 不往?"

'오라지 않아도 갈 텐데, 오랬으니 안 가?' 이런 뜻이었다.

(『옛날이야기로 배우는 한자·한문』, 146면)

어떤 늙은이가 아들은 양자였고 친딸이 하나 있었다. 그 토지는 샘물을 가운데 둔 논이 위에 세 마지기, 아래에 세 마지기가 있었다. 그런데 샘물 위의 논은 가물면 물이 모자라 농사짓기가 고약했다. 아버지는 죽을 때 유언장을 써주었다.

"井上子畓 井下女畓(우물정 윗상 아들자 논답 우물정 아래하 계집녀 논답)"

얼른 보면 이 유언장은 '우물 위가 아들의 논이고, 우물 밑이 딸의 논이다'로 해석될 수가 있었다.

장사지낸 후 양아들과 딸은 서로 우물 밑의 논이 자기 것이라며 다투었다. 마침내 재판을 하게 되었다. 유언서를 살펴보던 고을의 원이 가만히 궁리해 보니, 딸이란 출가 외인인데 그 아비가 좋은 논을 줄 리가 없었다. 그렇게 생각하고 그 문장을 보니 이렇게 해석이 되었다.

"우물이 위에 있는 것이 아들의 논이요, 우물이 밑에 있는 것이 딸의 논이다."

이래서 좋은 논이 아들 차지가 되었다.

(『옛날이야기로 배우는 한자·한문』, 148면)

어떤 사람이 누이를 시집보내면서 재산을 넉넉히 주었는데, 그 매부란 자가 방탕하여 금세 탕진하였다. 누이가 고생하는 것을 보고 다시 얼마만큼의 재산을 주었으나 매부는 그것도 이내 다 없애버렸다.

이렇게 여러 차례 살림 밑천을 대어 주었는데도 번번이 다 없애버리자 더 이상 도와주지 않았다. 그러니 누이는 살림살이가 구차하고 옹색하게 살아가는 게 고달픈 나머지 그만 병이 나서 몸져 누웠다.

매부는 처남에게 편지 한 장을 써 보냈다.

"汝妹得病十五日化去生不見死見."

처남이 그 글을 읽어 보니 틀림없이 누이가 죽었다는 기별이었다.

"汝妹가 得病하여 十五日에 化去하니 生不見이요 死見이라."

이렇게 해석되었기 때문이다.

놀라서 누이의 초상을 치르려고 쌀이며 옷감이며 돈을 달구지에 가득 싣고 갔다. 그런데 죽은 줄만 알았던 누이가 나와서 자신을 맞이하는 게 아닌가. 반가운 것보다도 매부한테 속은 게 분해서 화가 나서 따졌다.

"어떻게 죽지도 않은 사람을 죽었다고 할 수 있는가?"

"내가 언제 누이가 죽었다고 했습니까?"

"아니 자네가 편지에 죽었다고 쓰지 않았는가?"

"그 편지에 죽었다는 말이 어디 있습니까? "汝妹가 得病하여 十五日이 化去하니 生으로 不見하고 死로 見이라." 누이가 병이 난 지 십오 일이 되어가니 살아있는 것으로 보이지 않고 죽은 것으로 보인다고 하였을 뿐인데, 무얼 잘못 읽고 그러십니까?"

(『옛날이야기로 배우는 한자·한문』, 155면)

Ⅲ. 漢字 수수께끼를 통한 한자 학습

수수께끼 가운데 한자 교육과 관련된 것들을 '漢字수수께끼'라 하는데 현재까지 200여 개가 보고되어 있다.[6] 이들 중 일부는 『옛날이야기로 배우는 한자·한문』에서도 수용하고 있다.

수수께끼 일반이 그러하듯, 漢字수수께끼도 대부분은 일종의 난센스 퀴즈의 성격을 지니므로, 그 점을 이해해야 한다. 전통적인 시각, 예컨대 일반적인 字源 지식으로 접근하면 대부분의 한자수수께끼는 글자 유희에 불과하다. 하지만 수수께끼 형식을 빌어 특정 한자 또는 한자어에 대한 지식을 가르치며 즐겼던 것이 우리의 전통이었던 점을 인정한다면 그 의의는 적극적으로 평가해야 한다.

이제 한자수수께끼 가운데에서 유형별로 몇몇씩만 소개하면 다음과 같다.

1. 글자의 구성을 분석적으로 이해하게 하는 漢字수수께끼

親(나무 위에 서서 바라보는 글자는?)

醉(병아리가 상주 된 글자는?)

囚(사람을 옥에 가둔 글자는?)

困(나무를 옥에 가둔 글자는?)

籍(스무하룻날 대나무밭으로 오라는 글자는?)

李(한 살 먹어 열 살 되고 나무장수하여 아들낳고 잘 사는 글자는?)

---

6) 박노춘, "漢字 수수께끼", 어문연구 1(서울: 일조각, 1973), 44~55면; 김성배, 한국수수께끼사전(서울: 집문당, 1973); 방인태·이복규, 교양한문(서울: 집문당, 1996), 213~218면 참조.

2. 글자의 모양을 인상깊이 기억하게 하는 漢字수수께끼

只(입 아래 발 달린 글자는?)
穴(세상에서 가장 키가 작은 글자는?)

3. 訓音을 익히게 하는 漢字수수께끼

子(집안이 조용해지는 글자는?)
妻(집안이 시끄러워지는 글자는?)
且(계속해서 폭행하는 글자는?)
豫(묻기도 전에 대답하는 글자는?)

4. 기타

桑(나무 위에서 나팔 부는 자는?)
崩(산 밑에서 개 부르는 글자는?)

Ⅳ. 맺음말

필자는 대학의 한문 강의에서 이상에서 소개한 자료들을 실제로 이용해 본 경험이 있다. 상당수의 학생이 재미있어 한다는 것을 느낄 수 있었다. 시험을 치른 결과 한자수수께끼의 경우는 거의 만점을 맞아 놀라울 정도였다. 이들 자료를 학습의 보조 수단으로 적절하게 활용할 때 학습 효과가 있다는 것을 확신할 수 있었다.

이 글을 마무리하면서 한 가지 제언할 게 있다. 이들 자료를 활용하기 위해서도 그렇거니와, 재미있는 한자·한문 학습을 위하여서는 발상의 전환이 필요하다는 점이다. 정통적인 한자·한문 학습법을 기조로 유지하되, 때로는 이와 같은 구비문학 자료도 수용할 수 있는 탄력적이고 개방적인 자세를 지녀야 하겠다는 것이다.

요즘 한참 주목을 받고 있는 한자 학습서 가운데『꼬불꼬불 한자 쉽게 끝내기』라는 책[7]이 있다. 그 책의 원리는 '모든 한자를 會意문자처럼 여기기'라고 필자는 생각한다. 六書 지식으로 보면 황당무계하며 비학문적이라고 나무랄 수밖에 없는 내용으로 일관하고 있다. 하지만 그 책을 통해 독자들은 2,300여 한자를 재미있게 익히고 있다.

우리 속담에 "꿩 잡는 게 매"라는 말이 있다. 한자·한문을 익히는 것이 최고의 목적이라면, 비록 정통적인 방법에서 벗어난 것일지라도 효과가 있다면 과감히 수용할 태세를 갖추어야 한다.

이 글은『漢字漢文教育』제5집(韓國漢字漢文教育學會, 1999)에 수록한 논문을 재수록한 것이다.

---

7) 이래현, 꼬불꼬불 한자 쉽게 끝내기(서울: 키출판사, 1998).

漢文科에 적용가능한 웹기반수업과 문제중심학습

백 광 호

Ⅰ. 들어가며

우리는 몇 해 전부터 불어 닥친 교단선진화 열풍에 의해 파워포인트니 툴북이니 하는 프레젠테이션 프로그램이나 저작도구 등의 기능을 익히며, 젊은 교사든 나이든 교사든, 체육교사든 국어교사든 모두들 보다 재미있게 가르쳐보자는 일념 하나로 컴퓨터를 기반으로 한 수업자료 제작에 여념이 없었다. 그러나 이전에 각광받았던 다른 매체활용수업이 전통적인 교육방법을 사용한 수업에 비해 학습효과나 효율성에서 크게 두각을 나타내지 못해 학교현장에서 사라졌던 것처럼, 이러한 첨단 교수매체들도 학교 현장에서 점점 찬밥 신세가 되고 있는 것 같다.[1]

---

[1] 우리 학교의 어느 수업시간을 일례로 들어보겠다. 그 선생님은 아이들을 위해 파워포인트로 수업 자료를 만들었다고 한다. 교육청에서 있었던 멀티미디어 연수에서 배운 대로 '뿅뿅' 하는 소리도 넣고, 아이들이 좋아할 만한 만화 그림도 넣고 해서 완성된 작품을 디스켓에 넣어 교실에 들어갔다. 아이들의 인사가 끝난 후 멋진 자료를 보여주려던 이 선생님은 컴퓨터를 조작하느라 시간을 보내고, 집중되었던 아이들의 시선은 흩어져 버려 이때다 싶어 친구에게 장난을 치고 다른 급우에게 핸드폰으로 문자를 보내며 떠들었다. 컴퓨터는 컴퓨터대로 속도가 느려 이 선생님의 자료를 불러오다가 다운되기를 2~3번. 화가 난 이 선생님은 아이들에게 이렇게

하지만 21세기 사회는 정보화 사회이자 지식기반 사회로 복잡하고 다양한 사회이다. 이러한 지식 정보화 사회는 과거와 같이 수동적으로 지식을 전수 받는 것이 아닌, 능동적으로 지식 활용의 방법을 익히는 학습자를 요구하고 있고, 교사에게는 새로운 수업 패러다임으로의 전환을 요구하고 있다. 즉 "닫힌 수업에서 열린 수업으로, 대집단 일시 수업에서 무집단 불특정 학습자 수업으로, 수업 정보의 독과점 수업에서 수업 정보의 공유 수업으로, 수동적 지식 전수 수업에서 능동적 문제 해결 수업으로, 단편적 사고 중심 수업에서 통합적 사고 중시 수업으로, 암기 중시 수업에서 창의 사고 중심 수업으로, 개인 성취 중심 수업에서 팀 협동 성취 중심 수업으로, 통제적 분위기 수업에서 허용적 분위기 수업으로의 전환"[2] 등이 지식 정보화 사회가 요구하는 수업 패러다임의 요소들이다.

이러한 교육상황의 변화에는 최근의 소위 구성주의(Constructivism)라는 학습이론이 적용되고 있다. 구성주의 학습이론에 따르면, 구성주의는 학습자 개인의 직접적 체험학습과 학습자 간의 협동학습을 강조하기 때문에 정보화 시대의 창의적·자율적·협조적 인간 형성에 적합한 이론이라는 것이다. 여기서 교사는 지식의 전달자라는 측면보다 학습자들의 조언자, 조력자라는 역할 측면이 강조된다.[3] 이 글에서

외쳤다. "야! 분필로 하는 게 최고다. 교과서 53쪽 펴."

2) 심웅기(1996), 「수업도구로서의 인터넷: 그 잠재성과 한계」, 2면.

3) 오늘날과 같은 정보화 사회에서 교사는 학생들이 스스로 정보를 찾아 이용하는 능력인 정보 인식성(Information literacy)을 획득할 수 있도록 학생들의 협력자(collaborator)가 되는 역할의 변화를 모색해야 한다. 아울러 학습을 촉진시킬 수 있는 촉진자(facilitator) 역할, 필요에 따라 학습 중간에도 반성적으로 학습계획을 변화·개선시켜 나갈 수 있는 융통성과 탄력성을 발휘할 반성적 실행자(reflective implementer) 역할, 교육내용의 주전달자인 '창고'의 역할보다는 학습자가 스스로 정보를 찾아 학습하도록 정보의 '통로' 역할을 하는 정보 관리자(information

교수학습의 한 전략으로 소개할 웹기반교육도 그것의 최적의 학습환경을 위한 전제조건으로 구성주의적 접근을 필요로 하고 있다.

웹기반교육(Web-Based Instruction)은 현재 교육계에서 교육개혁과 관련하여 관심의 초점이 되고 있는 것으로, 물론 현재 우리 교육현장에서 실행되고 있는 상당수의 웹기반수업이 기술적인 면에 중점을 두고 설계·개발되어 학습효과를 성취하는 데 어떤 효과가 있을지 많은 의문점을 낳고는 있으나, 아직까지는 우리 교육에 웹기반수업이 도입되어 실행되는 시점이 초창기라는 점에서 보다 더 발전적인 모색이 가능하다고 본다.

이제부터는 대안으로서 제시된 WBI는 어떤 것이며, 구성주의의 하위 영역이라 할 수 있는 PBL은 어떤 것인지, 또 이 둘의 연결은 어떻게 이루어져야 할 것인지에 대해 알아보겠다.

Ⅱ. 대안으로서의 WBI와 PBL

WBI는 웹기반교육으로 번역할 수 있는데, WEB 상에서 이루어질 수 있는 교육환경을 총칭한다. WBI는 그 다양한 유형에 관계없이 웹이라는 매체가 지니는 기능, 곧 '하이퍼링크'의 기능을 지니고서 '멀티미디어 형태'의 '많은 자료'를 사용자에게 전달하고 또 교환하며, 특히 지역적인 제한을 넘어 전 세계 어느 곳으로도 연결될 수 있는 기능을 갖춘 것이다. 이러한 WBI의 특성을 교육적으로 최대한 활용하기 위해서는 구성주의적

---

manager) 역할, 그리고 교육내용과 교수전략에 대해 모든 것을 다 숙지하고 전달하는 '학습활동의 통제자'가 아니라 학생들과 함께 탐색을 하고 학습을 하는 학습동반자(learning partner)로의 변화를 모색해야 한다.

학습 환경을 적용하는 것이 바람직하다는 견해가 일반적이다.

흔히 웹 자체가 지닌 기능적 특성으로 인해, 웹을 교육에 활용하기만 하면 놀라운 학습효과를 얻을 수 있는 것으로 기대한다. 하지만 실제로는 웹의 교육적 활용과 그를 통한 학습효과를 위해서는 WBI를 위한 철저한 교수학습 전략의 수립이 필요하다.

현재 이루어지고 있는 또는 앞으로 이루어질 WBI는 여러 가지 유형이 있겠지만, 크게 세 가지 유형으로 나누어 보자면,

첫째는 '상호작용적 교환(Interpersnal Exchanges)'으로 전자우편이나 인터넷채팅과 같은 keypals, 거리가 먼 지역 간의 공통관심거리에 의한 수업연결, 시간과 장소를 초월한 질문과 답변 활동을 강조한다. 둘째는 '정보수집(Information Collections)'으로 정보교환, 데이터베이스 개발, 전자출판 등의 활동을 강조하는 경우이다. 마지막으로 세 번째는 '문제해결 프로젝트(Problem—Solving Projects)'로 주어진 문제해결을 위한 정보탐색, 서로 다른 지역 학생들 간의 개별적 작업결과 공유, 학생과 교사간의 인터넷 채팅을 통한 동시적 협의 등을 다루는 경우이다.

이와 같은 WBI의 유형적 구분은 어느 한 부분을 좀 더 강조하고 있는가 하는 정도의 차이에서만 구분될 뿐, 실상은 이들 각 유형들이 상호보완적으로 사용되는 경우가 많은데 이러한 상호 보완적인 방향이 교육적 측면에서 볼 때도 웹이 지닌 특성과 기능을 가장 적극적으로 활용하는 방안이라고 할 수 있다.

여기서는 특히 세 번째 유형인 '문제해결 프로젝트'에 가까운 PBL(Problem—Based Learning, 문제중심학습)을 중심으로 알아보겠다.4)

---

4) 여기서 한 가지 분명한 점은 '문제해결프로젝트' 유형은 WBI를 위한 하나의 '교수방법' 혹은 '교수유형'이고, PBL은 구성주의라는 학습이론에 입각한 교수—학습 모형이란 것이다.

PBL은 문자 그대로 어떤 구체적 '문제(Problem)'나 '과제(Task)'를 바탕으로 학습이 진행되는 교수-학습모형이다. 이전의 학습 환경에서 학습의 진행이 명제, 규칙과 같은 매우 추상적이고 일반적인 내용으로부터 시작하여, 그것의 실질적 적용으로 이어진 반면, PBL에서는 학습자들의 실생활이나 그들의 관심과 직접적 관련이 있으며, 구체적 상황에 기반하는 '문제'를 중심으로 학습을 펼쳐간다. 구체적인 상황에 근거한 '문제'를 풀어가면서 학습자들은 자신의 개별적 경험에 대한 일반화의 작업을 한다. 그리고 단지 한 차례의 문제에서 끝나는 것이 아니라 가능하면 유사한 '문제'를 여러 차례 제시하여 한 문제를 통해 일반화한 자신의 이해, 경험, 지식을 다시금 재조직하고 재정립할 수 있는 기회를 제공한다.

이때 PBL에서 다루는 '문제'는 기존의 학습 환경에서도 흔히 쓰이는 '질문중심적 학습'에서의 단순한 문제와는 구분되는 것으로서, PBL에서의 '문제'는 마치 어떤 드라마나 이야기의 각본과 같이 구체적인 상황, 배경, 인물, 사건이 주어지는 문제이다. 예를 들면 중·고등학교 한문교과서에서 각 단원을 학습한 후 그 단원에서 배운 내용을 정리하는 시간에 '퍼즐 만들기'를 진행해 볼 수 있을 것이다. 교사는 수업 시간에 잡지나 신문에 실린 퍼즐을 들고 가서 이런 이야기를 들려준다.

〈퍼즐 만들기〉

여러분은 드디어 꿈에도 그리던 '재미있는 한문교육' 잡지사 기자가 되었습니다. 그런데 여러분에게 첫 번째로 떨어진 임무는 그 잡지에 실을 '퍼즐 만들기'였습니다. 자, 어떻게 해야 잘 만들 수 있을까요? 모둠별로 기발한 아이디어를 동원하여 퍼즐을 제작한 후에 표로 작성하여 봅시다. 그냥 만들기엔 단어의 범위가 너무 넓으니까 이번 대단원에서 배운 한자어를 활용하여 만들어
봅시다. 가장 잘 만들어진 것은 실제 신문사에 투고도 해보겠습니다.

이러한 문제를 제시하고 나면, 학생들은 '공부를 한다'는 생각을 접어두고, 선생님이 제시한 신문사 투고를 위해, 어떤 한자어를 선정할지, 그 한자어의 설명을 어떻게 재미있게 쓸지 등을 서로 의논하고 직접 만들어 가는 과정에 적극적으로 몰두·참여하게 된다. 그리고 교사는 이러한 과정을 통해 달성하고자 했던 수업목표가 어느새 다루어지고 있음을 관찰할 수 있을 것이다.

이상에서 알 수 있듯이 PBL에서 말하는 '문제'라는 것은 학습자들의 관심이나 그들의 실생활과 매우 밀접하게 관련되어 있으면서, 다양한 접근과 해결안이 도출될 수 있고 나아가 깊이 있는 사고를 요구하는 것이어야 한다. 뿐만 아니라 개별 학습자의 개인적 학습활동보다는 다른 학습자들과 소집단을 형성하여 협동학습을 유도할 수 있는 것이어야 할 것이다. 그래야만 다른 의견과의 대립을 통해 자신의 것을 수정·발전시키고, 문제접근과 이해의 다양성, 현실의 복잡성과 같은 개념을 익히게 될 것이다.

일단 이와 같은 문제가 만들어지고 나면, 그것에 대하여 학습자들이 참고할 수 있는 학습자원들을 교사는 제공해야 한다. 이때의 학습자원들은 학습목표에 의거해 준비할 수 있다. 만들어진 문제를 해결하다 보면, 주어진 학습목표에 자연스럽게 접근하게 되기 때문에 학습자원들은 이러한 학습목표를 근거로 하여 마련한다.

결과적으로 PBL 환경을 통해 학습자들은 학습과 자신의 삶과의 직접적 연관성을 배우게 된다. 학교에서 배우는 지식은 단지 학교에서만 통용되는 '썰렁한 지식'이 아니라 바로 '나의 삶과 나의 현실에 바로 적용되는 지식'임을 깨닫게 된다.

Ⅲ. WBI와 PBL의 궁합은?

아래 표는 웹이 지닌 본래의 속성에 '상호작용성'으로 특성지어지는 WBI의 교육적 특성과 PBL 환경의 특성을 대비시켜 정리한 것이다.

〈표〉 WBI의 교육적 특성과 PBL 환경의 특성의 비교

WBI의 교육적 특성	PBL 환경의 특성
하이퍼미디어	학습자 중심적 환경
협동	협동학습
상호작용	상호작용과 네트워크화
정보자원의 다양성	학습자원의 풍부한 제공
분산화/네트워크화	해당 없음

결국 웹의 교육적 잠재력은 PBL의 환경과 잘 접목될 수 있으며, 6차 교육과정부터 강조되어 온 '수요자(학습자) 중심적 학습환경'이라는 원칙과도 일치한다. 웹을 PBL과 결합했을 때 웹은 단순히 수업활동의 '보조적 역할'을 하는 매체로서의 역할을 넘어설 수 있을 것이다.

Ⅳ. WBI를 활용한 한문과 수업 사례[5]

한문과목에 대해 아이들에게 우선적으로 떠오르는 생각은 '지루하다', '따분하다'일 것이다. 따라서 어떤 과목보다 한문교과가 WEB을 활용한 수업이 필요한데, 바로 학생들에게 흥미를 유발하게 하여 학습동기를 불러일으킬 수 있다는 점이다. 또한 문·사·철의 통합교과적인 텍스트가 많은 고등학교의 경우에는 PBL의 특성 중 하나인 '학

---

5) 이 장의 경우, 실제 수업 상황을 보다 생동감 있게 보여주기 위해 수업 내용을 그대로 옮겨 보겠다.

습자원의 풍부한 제공'이 무엇보다 필요할 것이다.

♠ 어느 수업시간

단원 : 을유出 漢文 I 十三. 論語 抄
대상 : 고등학교 1학년 학생
장소 : 학교 멀티미디어실
일시 : 2000년 10월 20일

교사 : 자, 오늘 배울 단원은 교과서 65쪽 '논어 초(論語 抄)'가 되겠어
요. 교과서는 다들 가져왔죠?

학생 : 네.

교사 : 자, 그럼 오늘 배운 단원에 들어가기 전에, '논어'가 어떤 책인
지 알아봅시다. '논어'라는 책을 들어본 사람?

발표력 있는 문석 : 네, 공자님이 지은 책으로, 좋은 말이 써 있는 한
문책입니다.

원근 : 아닙니다. 논어는 공자가 쓴 게 아니고, 공자의 제자들이 공자
가 한 말을 기록한 거라고 배웠습니다. 인생에 도움이 되는 말이
많이 있다고 배웠습니다.

교사 : 음, 원근이가 중학교 때 잘 배웠구나. 그럼 선생님이랑 자세히
알아보자.
다음 사이트를 봅시다.

교사 : 화면에서 보듯 논어는 공자의 언행과 사상, 공자와 여러 인사와의
　　　 문답, 제자들 간의 대화를 제자들이 모아 두었다가 공자가 죽은
　　　 후 한나라 시대 공자의 제자들에 의해 책으로 엮어졌다는 설이
　　　 유력합니다.
　　　 논어에 대해 소개된 사이트들은 또 무엇이 있었는지 집에서 조사해
　　　 온 것을 발표해 볼까요?
희원 : 저는 http://myhome.shinbiro.com/~orinoko/analec01.htm
　　　 에 가보았습니다.
경재 : 선생님, http://my.netian.com/~bikhouse/n/lifehanja/non
　　　 도 있습니다.
수한 : http://myhome.shinbiro.com/~haksmp에 가보면 좋은 자료가
　　　 있습니다.
동혁 : http://daejin-eph.seoul.kr/users/park-jeong-hun/nonu요.
교사 : 자, 논어는 이렇게 많은 사이트에서 소개되어 있네요. 그럼 이번에
　　　 는 여러분들이 논어를 지었다고 생각했던 공자님에 대해 알아보도
　　　 록 하죠. 여러분, 공자와 맹자에 대해 들어봤죠?
학생 : 네.
교사 : 그럼 공자가 먼저 태어났나요? 맹자가 먼저 태어났나요?
학생 :　…….
교사 : 음. 자 그럼 누가 더 선배인지… 한번 알아볼까요?

교사 : 화면의 사이트에서 알 수 있듯이 공자는 중국의 사상가로 자는
　　　중니(仲尼), 이름은 구(丘)이죠. 그의 사상은 맹자에게로 이어진다
　　　는 내용이 소개되어 있네요. 이제 잘 알았나요? 그럼 여러분들이
　　　한 번 지금 공자에 대해 소개된 사이트들을 찾아보세요.

―――――― 10분 경과 ――――――

교사 : 많이들 찾았나요? 발표해 볼 학생?

민호 : 선생님 http://www.dsency.co.kr 이란 사이트에서는 사전처럼
　　　소개가 되어있습니다.

아까 발표한 문석 : http://www.maoyi.com/010/공자.htm에도 있습니다.

나서기 좋아하는 명노 : 선생님, 미연이가 http://my-cgi.netian.com/
　　　~kshcow이란 사이트를 찾았는데 아주 자세히 나와 있어요.

교사 : 응, 그렇구나. 그럼 명노는 그 동안 뭘 찾았니?

명노 : 전 스카이6)에 있었는데요…….

교사 : 지금 명노처럼 다른 사이트에서 헤매고 있는 학생들은 선생님이
　　　수업 끝나고 'history' 조사해서 다음 시간에 혼내 줄거야7). 또
　　　찾은 곳 없어요?

말없이 항상 열심히 하는 인영 : 선생님. http://myhome.netsgo.
　　　com/kclit.confu에는 아주 자세하고 체계적으로 나와 있습니다.

교사 : 네. 다들 잘 해주었습니다. 자. 그럼 이제 본문으로 들어가죠.
　　　수업은 우선 교과서 본문에 소개된 원문들을 선생님과 함께 읽고
　　　뜻풀이를 한 후, 여러분들이 스스로 한자를 익히는 시간을 갖도록
　　　하겠어요.

―――――― 수업 진행 ――――――

---

6) 인터넷에 마구 생겨나는 실시간 채팅 사이트 중 요즘 중고생들에게 가장 있기
있는 skylove를 말한다. 무료사이트에 실명으로 가입 후 활동할 때는 가명으로 할
수 있어 익명으로 즐길 수 있는 채팅 사이트이다.

7) 인터넷공간에서 일단 방문한 곳은 'history'라는 곳에 보관하고 있으므로 그 곳
에 가보면 그 컴퓨터의 사용자가 어디어디를 방문했는지 알 수 있다. 따라서 여기
를 가끔 청소해 주는 것이 좋다. 'history'는 'windows'의 하위 디렉토리에 있다.

교사 : 자, 그럼 본문에 소개된 문장 이외에 논어에는 어떤 좋은 글들이
　　　있는지 한번 찾아보죠.

학생 : 네.

──────── 5분 경과 ────────

지현 : 선생님 http://www.netian.com/~kwonds/nono.htm에 보면
　　　원문을 찾아가기 쉽게 목차가 잘 되어 있습니다.

교사 : 네, 그래요. 그 사이트는 아까 선생님이 수업 앞부분에 보여준
　　　곳이죠.

규범 : http://user.chollian.net/~sook8874에 들어가 보니 논어에
　　　나온 말들을 쉬운 말로 풀어놓아서 읽기가 아주 편한데요.

정림 : 선생님 여기로 좀 와주세요. http://internet.ccpak.or.kr/~
　　　volthee/non.htm에 보니 목차소개는 잘 나와 있는데, 원문에
　　　대한 해석이 없어요. 해석 좀 해주세요.

교사 : 음. 선생님이 해석은 다 해줄 수 있지만, 그러면 여러분들이
　　　할 수 있는 걸 도와주는 게 되니까 안 가르쳐 준다.

교사 : 자, 이제 어느 정도 다 찾아본 것 같군요. 앞으로 여러분들은
　　　오늘의 경험을 바탕으로 삼아 공부하다가 또는 생활하다가 궁금한
　　　게 있으면 이 정보의 바다에 들어와서 해결책을 찾아보세요. 오늘
　　　수업 끝.

V. PBL을 적용한 인터넷 사이트

이제 웹상에서의 PBL 학습 활용 첫 단계로서 현재 현장에서 운영
되고 있는 몇 개의 사이트를 살펴보겠다.

본 사례들은 모두 PBL에 입각한 수업을 진행하고 있다. 우선 교사
에 의해 PBL에서 쓸 '문제'제작으로부터 시작한다. 문제 제작은 해당
주에 배워야 할 단원 목표에 따라 PBL의 문제로서의 특성에 맞게 제

작되었다. 이와 동시에 각 문제별로 그 문제의 해결에 필요한 학습자원을 선정하여 올려놓는다. 학습자들은 해당 주에 다루어야 할 문제를 웹상에서 읽고 각자 이미 정해져 있는 모둠별 토론방에서 모둠별로 문제해결을 위한 토론에 참여하게 되는데 이 기간 동안 학습자들은 비동시적 토론 또는 동시적 토론을 하도록 한다. 아직 초등학교나 중등학교에서 본격적인 재택수업이 이루어지기는 힘든 상황이므로 엄밀한 의미에선 웹상에서만 이루어지는 수업은 아니고 교실수업을 주로 하면서 WBI를 병행하게 될 것이다.

특히 여기서 소개된 사례들은 WBI과 PBL방식이 잘 어우러진 형태들이라 할 수 있는데, 다른 어느 것보다 '문제'제작과 구현이 가장 중요한 역할을 차지한다는 것을 알 수 있다. 다음에서는 각각의 수업에서 특징적인 장치들을 소개하겠다.

1. 장현초등학교(http://kvc.chollian.net/iakang1/googlms)

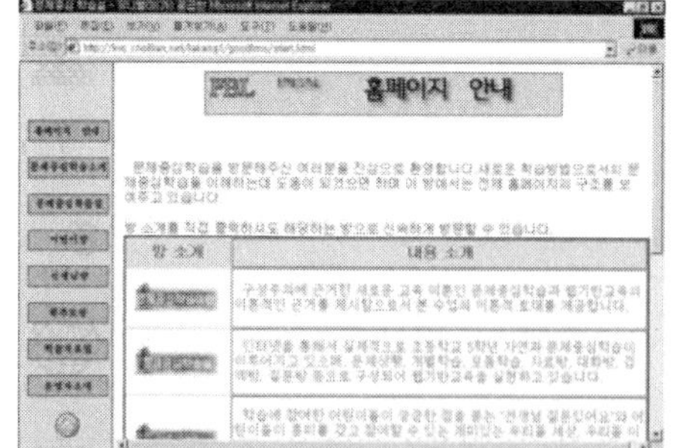

장현초등학교의 웹기반 PBL 자연과 수업은 '문제중심학습실'에서 시작된다. 학생들이 해당 주에 있는 '문제'를 선택하면 선택된 문제가 제시되고 그 문제의 아래 부분에는 문제해결에 도움이 될 만한 자료와 질문 방이 제시된다. 그리고 '모둠학습방'에서 학습자들 간에 모둠별 토론이나 보고서 제출활동이 이루어진다.

2. 금곡종합고등학교((http://kvc.chollian.net/iakang1/dream)

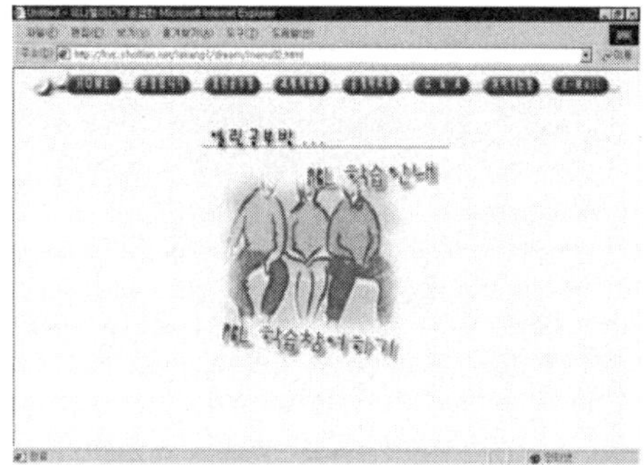

금곡종합고등학교의 음악과 수업의 경우 시간제한은 없이 제시된
PBL문제를 풀고 '조별 학습실'에 과제를 올리면, '평가하기'에서 과제
에 대한 평가를 볼 수 있도록 되어 있다. 특히 과제 평가를 학생들도
참여할 수 있도록 되어 있다.

3. 덕정고등학교(http://kvc.chollian.net/iakang1/doollys)

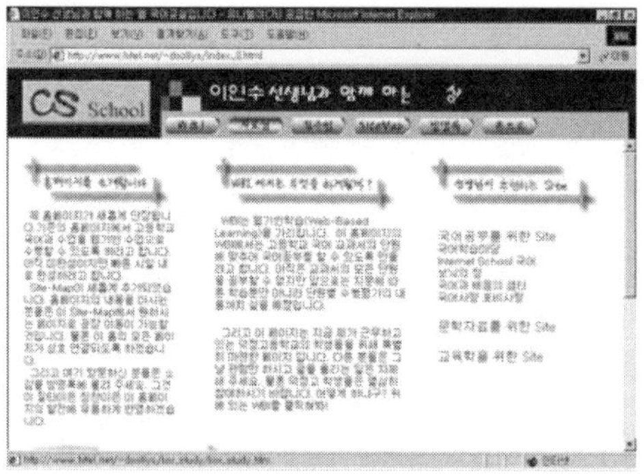

이곳은 특히 문제를 선택하면 새로운 장이 열리면서 '문제'가 제시되
고 문제의 아래 부분에는 '시범보기'라는 난을 두어서 주어진 문제를
보다 구체적인 예와 함께 학습자에게 제공함으로써 문제 자체를 오해
함으로서 빚어질 수 있는 혼선을 방지하고 있다.

Ⅵ. 한문과에서의 PBL—http://www.edu.co.kr/baekkang

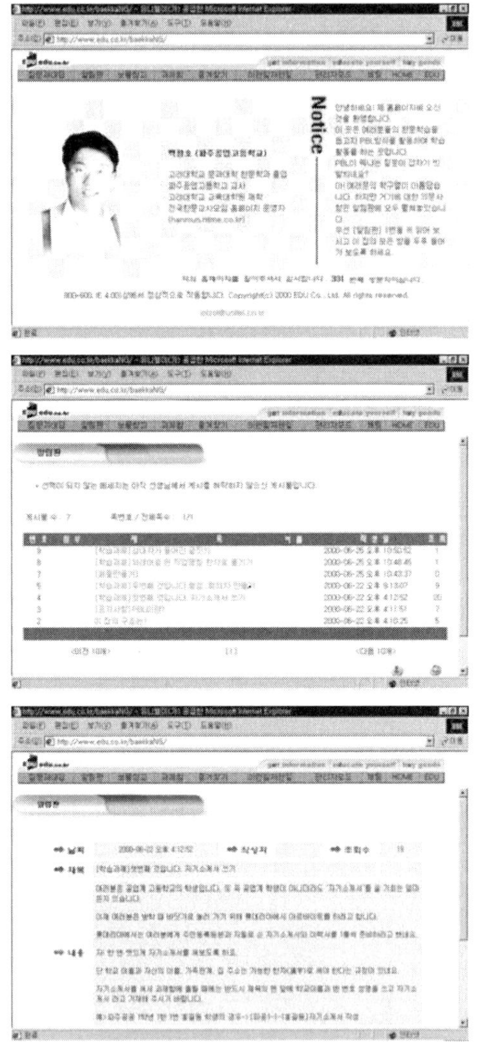

이곳은 본인이 운영하는 홈페이지로서 WBI와 PBL을 우리 한문과
에 접목시킨 곳이다. 가능한 학생들이 실생활에서 접할 수 있는 문제

들을 개발하여 제시하고 있다. 첫 화면에서는 WBI에 대해 간략히 소개하고 각 방을 소개하는 내용을 실었다.

특히 문제를 개발할 때 실생활에서 많이 접할 수 있는 것으로 제작하고자 노력했는데, 지금까지 제공된 것을 살펴보면,

☞ 옛날로 돌아가 회의·형성 문자 만들어보기(조별학습)

여러분은 옛날 중국의 어느 시대에 와 있습니다.

이 시대에는 사물의 모양을 본떠 만든 글자가 많아져 더 이상은 만들 여지가 없어서 각각의 글자를 뜻이나 음을 따와 한 글자를 만들기 시작했습니다. 자! 이제 여러분은 미리 교실에서 정해진 모둠별로 형성자나 또는 회의자를 만들어보도록 하세요. 글자는 5자 이상을 만들되, 컴퓨터상에는 새로 만든 글자라서 못 올릴 것이므로, 아래와 같은 양식으로 하시기 바랍니다.

예〉위쪽엔 사내 남, 아래쪽엔 계집 녀=男女-〉뻔할 뻔(남자가 여자 위에 올라가 있어서)

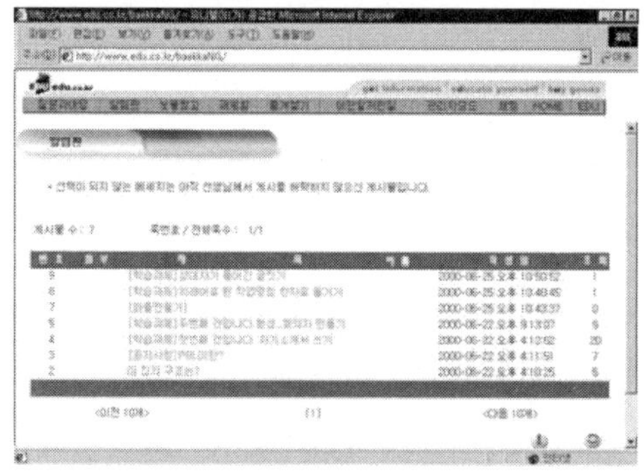

☞ 우리 동네 문화유적 조사하기

☞ 자기 집 주소를 한자로 적기

☞ 상대어로 이루어진 글짓기.

여러분들은 "일기예보"라는 글감을 통해 上下라던가 左右라던가 强弱 등의 상대자에 대해 배웠습니다. 여러분들도 모둠별로 상대자가 5쌍 이상 들어가게 글을 만들어보고 이를 "과제함"에 발표해 보도록 합시다. ☞ 스타TV, NHK 등을 시청하고 자막으로 나오는 한자어를 적어서 우리말로 바꾸어 보기 등이다.

위와 같은 문제들은 아이들이 정해진 기간 안에 모둠별 토론을 거쳐 완성하고 완성된 결과는 기일을 지켜서 과제함에 제출하면 된다.

또한 과제를 수행함에 있어 모르는 것은 질문과 대답 방에 올리면 교사가 언제든지 답변해 줄 수 있다.

Ⅶ. 맺으며

이상으로 WBI의 개념과 PBL의 개념에 대해 살펴보고, 이 둘의 관련성에 대해서도 알아보았다. 현재 우리 교육에서 웹기반수업은 급속히 수용되고 있어, 대부분의 사람들이 예측할 수 없을 정도의 속도와 양으로 모든 교육에 적용되리라고 보고 있다. 그러나 현재 우리 교육의 각 분야에서 실제 실행되고 있는 많은 웹기반수업을 보면 학습을 성취시킬 수 있는 하나의 교수매체로서의 역할이라는 것이 있느냐는 의문점이 제기될 정도로 그 발전가능성이 무색해지고 있다. 이는 전통적인 교육방법과 교수매체로 이루어진 수업형태를 그대로 웹기반수업으로 전환시키는 과정에서 노정되는 문제점으로부터 야기되었다고 할 수 있다. 즉, 효과적인 웹기반수업을 설계하는데 필요한 주요 원리에 대해선 신중한 고려 없이, 기술적인 차원에서 전통적인 수업형태를 단순히 웹기반수업으로 변환시키는데 급급해서 웹기반수업을 설계·개발·실행해온 결과가 아닌가 반문해 본다.

이전에 우리 교육에서 명멸을 반복했던 수많은 교수매체처럼 웹기반수업도 어느 순간 별볼일 없는 교수방법으로 간주될 수도 있다. 따라서 우리에겐 이러한 교수방법이 학생들의 학습에 도움이 되도록 해야 하는 책임이 요구된다. 그러기 위해서는 위에서 소개된 수업 모형들을 실제 현장에서 한 학기 또는 그 이상 실시했을 경우, 우리가 기대하는 여러 가지 교육효과(협력학습, 비판적 사고력, 창의력, 문제해결능력의 신장, 정보화문맹의 극복, 대화와 토론의 장, 지식공동체 형성 등)가 과연 생겨날 지를 살펴보아야 할 것이다.

학습자 중심적 교육이라는 전제로 이루어지는 웹기반 PBL은 분명 우리의 교육현장에서 필요한 하나의 대안임에는 틀림이 없다고 본다.

이 글은 『漢文敎育硏究』 제15호(韓國漢文敎育學會, 2000)에 수록한 논문을 재수록한 것이다.

漢文敎科敎育에서 「漢字의 짜임」 指導 方法의 一考察

－象形字·指事字를 중심으로

宋秉烈

Ⅰ. 머리말

　대부분 漢字의 制字原理와 관련된 敎科單元은 中學校 漢文1의 앞부분
에 수록되어 있다.[1] 이 가운데서 한자의 모양으로 언급한다면, 象形字

---

1) 6차 교육과정에 따른 中學校 漢文 敎科書를 살펴보면, 한문 1에 '한자의 짜임'을
학습 목표로 삼고 있다. 그리고 첫째 대단원이나 둘째 대단원에서 六書 가운데 象形,
指事, 會意, 形聲을 진술하고 있다. (주)중앙교육진흥연구소 한문1의 Ⅰ단원(새로운
만남) 二과(心·身)에서 모양을 본뜬 글자(상형자), 三과(上下)에서 점이나 선으로
뜻을 나타낸 글자(지사자), 四과(友好)에서 뜻과 뜻이 합하여 이루어진 글자(회의자),
五과(江村)에서 음과 뜻 부분으로 이루진 글자(형성자)를 다루고 있다. 정법문화사
한문1의 Ⅰ단원(한자를 처음 배우며) 一과(日月)와 二과(心·身)에서 상형자를, 三과(上
下)에서 지사자를, 四과(相見)에서 회의자를, 五과(강촌)에서 형성자를 다루었다.
학습개발 한문1은 Ⅰ단원의 제목을 한자의 짜임이라고 설정하고 一과(日月)와 二과(子
女)에서 상형자를, 三과(數字)와 四과(本末)에서 지사자를, 五과(好男)에서 회의자
를, 六과(花草) 七과(訪問)에서 형성자를 다루었다. 지학사 한문1은 Ⅰ단원(하늘·
땅·사람) 二과(心·身)에서 상형자를, 三과(上下)에서 지사자를, 四과(友好)에서 회의
자를, 五과(江河)에서 형성자를 다루었다. (주)지학사의 한문1은 Ⅰ단원(재미있는
한자) 二과(日月)에서 상형자를, 三과(上下)에서 지사자를, 四과(東明)에서 회의자
를, 六과(江村)에서 형성자를 다루었다. 교학연구사 한문1은 Ⅱ단원(자연과 인간)
五과(天地)에서 상형자를, 六과(上下)에서 지사자를, 七과(時間)에서 회의자를, 八과
(空間)에서 형성자를 다루었다. 한샘교과서 한문1은 Ⅰ단원(한자의 세계) 一과(山水)

와 指事字의 글자는 몸체가 하나로 만들어진 獨體字[單體字]이다. 회의 자와 형성자는 이미 상형자와 지사자 원리로 만들어진 독체자를 가지고 합쳐서 만든 複體字[合體字][2]이다. 독체자는 매우 적은 수에 불과하지 만[3] 복체자의 기본 요소가 되는 글자이다. 상형자와 지사자인 독체자를 합쳐서 회의자나 형성자인 복체자를 만들어내므로 한자 학습에 있어서 독체자에 대한 이해 없이는 많은 한자의 학습을 유리하게 할 수 없다.

한자를 처음 배우는 중학교 학생들에게 한자 制字原理의 지도는 계 속되는 신출한자의 학습에서 절대적으로 필요한 요소이다. 또한 모든 한자는 六書의 어느 한 제자원리에 해당되므로 새로운 한자를 학습해 나가는 학생들에게 한자 제자원리인 육서의 지도는 필요하다. 다만, 학자들 사이에는 육서의 원리에 대한 이견이 있으나[4], 그것은 주로

와 二과(人間)에서 상형자를, 三과(上下)에서 지사자를, 五과(東明)에서 회의자를, 五과(宇宙)에서 형성자를 다루었다. 을유문화사 한문1은 Ⅰ단원(자연과 인간) 一과(山 川), 二과(牛馬), 三과(人間)에서 상형자를, Ⅱ단원(생활의 주변) 四과(方位)에서 지사자를, Ⅲ단원(중학생이 되어서) 十一과(會議)에서 형성자를, Ⅳ단원(생각하는 생활) 十四과(日記)에서 회의자를 다루었다.

2) 독체자는 몸체가 하나인 한자로 주로 사물의 모양을 본떠서 만들거나, 사물에 뜻을 의탁해서 만든 글자들이다. 주로 상형자와 지사자가 여기에 해당한다. 복체자 는 둘 이상의 한자가 결합하여 만들어진 한자이다. 일부 독체자의 몸체가 생략된 경우는 있으나 대부분 각각의 독체자로 나누어 볼 수 있다.

3) 說文解字에는 한자가 모두 9,353자가 올라 있다. 朱駿聲은 그 중 상형자가 364자 (3.8%), 지사자 125자(1.3%), 회의자1167자(12.7%), 형성자 7697(82.5%)라고 하였 다.(朱駿聲, 『說文通訓定聲』, 최영애, 『한자학강의』 88~89면, 통나무 재인용) 김윤 세는 상형자가 264자(2.8%), 지사자가 129자(1.4%), 회의자 1,260자(13.4%), 형성자 7,697자(82.5%)이라고 하였다.(김윤세, 『한문문법』 22면, 한국문화사)

4) 육서는 중국 소학사에서 중요한 연구과제였으며, 전통문자학은 육서의 연구에 집중이 되어 있었다. 최근에 발굴된 은대 갑골문과 주대 금문 또한 전국시대의 금문·석 각문·간백(죽간·백서) 자료들에 의해 육서에 많은 문제점이 드러났다. 우선 육서는 구성상에 결함이 있다. 상형·지사·회의·형성의 四書와 전주·가차의 二書는 그 차원이 달라서 같이 묶어 육서라고 할 성질의 것이 아니다. 전통적으로 四書는 造字之 法이요, 二書는 用字之法이다. 二書를 제외한 나머지 四書가 서로의 영역간의 경계가

轉注와 관련해서 언급되는 것이므로 중학교에서 지도하는 상형자, 지사자, 회의자, 형성자의 경우에는 큰 문제가 되지 않는다. 오히려 한문과 교육과정에서는 학습자의 한자 학습을 돕기 위하여 적극적으로 육서지도를 권장하고 있다. 한문과 교육과정의 '내용 체계'에 실린 "한자의 짜임을 통해 형·음·의 알기"[5]라는 진술은 바로 한자 제자원리에 관한 지도를 뜻한다. 따라서 육서의 제자원리를 이해시키는 것은 한문학습의 초보 과정으로 매우 중요한 과정임에 틀림없다.

지금까지 육서에 관한 지도는 주로 지식 중심의 진술로 되어 있다. 그리고 중학교 과정에서 상형자, 지사자, 회의자, 형성자는 서로 유기적인 관계의 문자 발달 과정[6]에서 형성된 것임에도 불구하고 중학교 교육과정 해설서[7]는 마치 개별화된 네 가지 원리로만 단순하게 제시하였다. 따라서 글자의 제자원리를 지도하는 본래의 목표를 성취하지 못하고 있다.

상형자와 지사자는 한자의 초기 생성 과정과 관련하여 가장 象形文

확실치않고 서로 얽혀 있다는 점이다.(최영애, 앞의 책 104~105면)

5) 교육부, 『한문, 교련, 교양 선택과목 교육 과정』 30면, 교육부 고시 제 1997-15호 [별책 17], 1997.

6) 지사자는 상형자에 의한 글자가 있어야 발생할 수 있다. 회의자는 상형자와 지사자가 이미 존재했기 때문에 가능했으며, 특히 한 글자에 다른 글자를 더하여 새로운 의미를 찾는 회의자의 원리는 새로운 의미를 추가한다는 면에서는 지사자의 원리에서 차용한 것이다. 지사자는 점이나 선과 같은 부호를 첨가하는 반면, 회의자는 뜻글자에 뜻글자를 더한다는 것이다. 따라서 회의자는 지사자의 원리가 없이는 생성이 거의 불가능했던 원리이다. 형성자는 회의자의 원리에서 발전한 것이다. 회의자가 뜻글자와 뜻글자가 합쳐지는 원리에서 형성자는 뜻글자에 소리글자가 더해진다는 것이다. 그러나 이와 같은 원리들이 오랜 시간을 두고 연차적으로 일어났을 가능성도 있지만, 거의 동시에 일어났을 가능성도 존재한다.

7) 여기서 중점적으로 다루는 것은 중학교 과정이므로 고등학교 교육과정에 대한 언급은 가급적 피하고자 한다. 그러나 육서에 대한 해설은 고등학교 교육과정과 큰 차이가 없음을 밝혀둔다.

字的인 요소가 잘 남아있는 원리이다. 따라서 이 부분에 대한 원리적인 이해는 한자 학습에 있어서 매우 중요하다. 그러나 이들 원리를 생활 속에 실제 접할 수 있는 경험적 지식으로 體化시키지 못하므로 한자 학습에서 많은 문제를 접하고 있는 것이 사실이다.

한자의 制字原理에 대한 지도는 학생들이 원리를 깨치는 주요한 수단이다. 학습자가 새로운 한자에 접하였을 때에 制字原理를 통해서 언제든지 새로운 한자를 기억하고, 또한 그 한자의 음과 뜻을 유추할 수 있도록 돕고자 한 것이다. 이에 한자의 제자원리에 맞는 학습 지도법의 개발은 한문 학습에 매우 필요한 것이다. 따라서 본고는 한자의 상형자와 지사자에 內在되어 있는 이미지화의 원리와 일상생활 주변에서 볼 수 있는 표지판이나 이미지컷에 內在되어 있는 이미지화의 원리가 같다는 점을 착안하였다. 이를 교과 수업에서 활용할 수 있도록 이미지컷을 활용한 수업의 예를 제시해보고자 한다.

Ⅱ. 象形字·指事字 원리에 대한 교과서 서술과 학습지도의 문제

六書의 학습 지도에 대한 기존의 학습 지도 원리는 주로 교육과정에 진술된 字源의 字義·分析에 기초하고 있다. 이들 字源의 설명과 자의에 대한 해석의 과정에서 예를 들어 보이는 書體의 變遷 過程은 字形의 變化 過程을 보여 주기는 하나, 한자의 制字原理의 지도 방법과는 거리가 있다. 이는 자형의 변화 과정이 복잡한 모양에서 간편한 모양으로 바뀌어 가는 것을 상형자가 만들어지는 과정으로 오해한 데서 비롯된 것으로 보인다.

상형자는 사물의 모양을 문자적으로 이미지화한 것이다. 따라서 사물의 모습을 구체적으로 다 그리는 것이 아니다. 필요가 없는 부분은 과감하게 생략하고, 사물의 특징적인 부분을 부각시켜서 이미지화한다. 알파벳을 만든 유럽인들은 소의 머리를 ɤ (A가 거꾸로 된 모양)로 이미지화했다. 그러나 한자를 만든 동양인은 소의 머리를 ♥(牛)로 이미지화했다. 이렇게 이미지화된 문자는 각기 변천 과정(아래 그림)을 거쳐 오늘날의 모습으로 된 것이다. 같은 사물에 대한 초기의 발상법은 같지만, 이들 문자의 변모 과정은 현격하게 다르다.

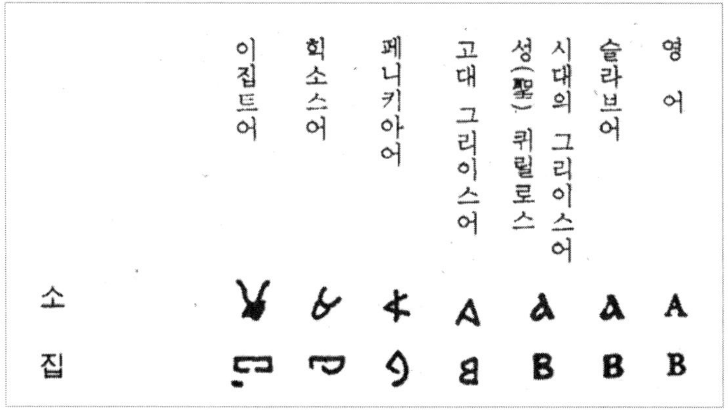

(소의 머리를 형상화한 것으로 알파벳 A의 형체 변화 과정이다.[8])

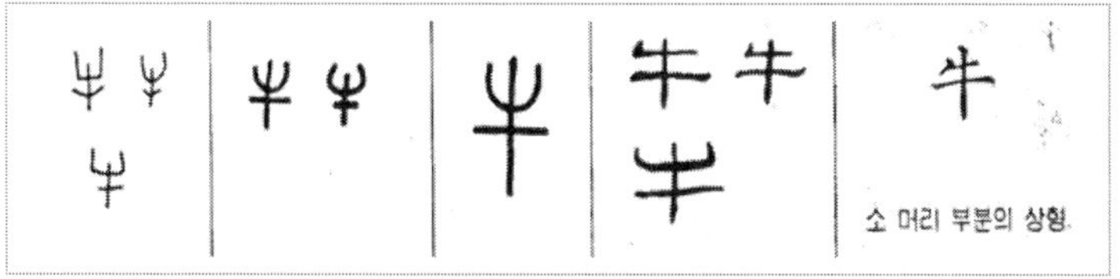

(소의 머리를 형상화한 것으로 한자 牛가 商代의 甲骨文 → 周代의 金文
→ 秦代의 小篆 → 漢代의 隸書 → 楷書로의 書體 변모 과정이다.)[9]

---

8) 미하일 일리인 저, 심성보 옮김, 『책 시계 등불의 역사』 57면, 연구사.

9) 許進雄 지음, 洪熹 옮김, 『중국고대사회-文字와 人類學의 透視-』 95면, 東文選.

 b(뒤집힌 A)를 ¥[牛]와 문자로서 비교해 보면, 소의 머리를 형상화한다는 원리로서는 같지만, 표현 방식과 글자체의 변모과정은 확연히 다르다. 따라서 전혀 다른 모양으로 되어 있다. 이 말의 의미는 사물을 부호와 문자로 이미지화하는 과정과 문자의 변천 과정은 엄연히 다른 영역이라는 뜻이다. 문자의 이미지화는 사물의 모양이 하나의 부호로서 즉, 문자로의 변화를 의미하지만, 문자의 변천과정에서 모양은 크게 변하였지만, 그것이 문자의 이미지화는 아니라는 것이다. 결국 상형자의 제자원리는 이미지화의 과정이 중요한 것이지, 문자의 변천과정을 보여주는 것은 아닌 것이다. 이 부분에 대해서 오류나 오해가 있어서는 안 된다.

교육과정 해설서와 교과서 진술 내용을 살펴봄으로써 어떤 문제가 있는지 알아보도록 한다. 다음은 상형자에 대한 교육과정 해설서의 진술 내용이다.

① 상형(象形) : 구체적인 사물의 모양을 본떠서 글자를 만드는 방법이며, 이렇게 만든 글자가 '상형자(象形字)'이다. 'ㅁ(일)'은 '해(☼)'의 모양을 본떠서 만든 글자였는데, 글자의 모양이 쓰기에 편리하도록 바뀌어 오늘날에는 '日'과 같은 글자로 된 것이다.

상형자의 형성 원리를 예시해 보면 다음과 같다

〈예〉10)

日(일) : [☼ → ⊖ → 日(해)

月(월) : [☽ → ☽ → 月(달)

---

10) 교육부, 『한문·컴퓨터·환경 중학교 교육과정 해설』 40면, 교육부 고시 제 1992-11호.

　교육과정 해설서의 상형자 설명은 상형자의 형성원리를 간단하게 진술하였다. 여기서 日의 첫 번째 그림은 태양이다. 두 번째는 小篆에서 쓴 '日'이다. 小篆에서 楷書로의 전환은 사물을 이미지화하는 과정이 아니라, 字形 즉 書體가 변모한 것이다. 따라서 교육과정의 日에 대한 예시는 크게 두 부분으로 설명할 수 있는 것이다. "(☼)이 → 소전그림(小篆), (해그림)이 → 日이 되는 것은 이미지화의 상형자 원리에 해당하는 것이고," "소전그림(小篆)이 → 日로 바뀌는 것은 자형 변모의 과정이 되는 것이다. 따라서 해설서의 진술은 이러한 두 개의 양상에 대한 해설을 구분하지 않고 全過程을 상형자의 이미지화의 과정으로 묘사하는 오류를 범한 것이다. 이러한 오류는 교과서에도 그대로 반영되었다.

(a) 모양을 본뜬 글자 – 〈상형자〉

구체적인 사물의 모양을 본떠서 만든 글자를 상형자(象形字)라 한다.

〈예〉[11]

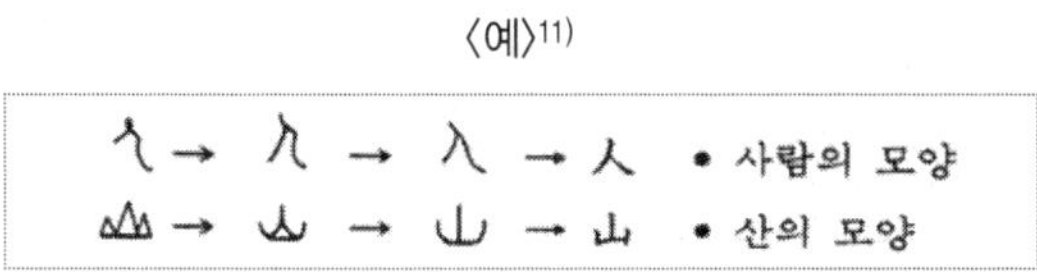

(b) 한자의 짜임– 상형자(象形字)

사물의 모양을 본떠 만든 글자

〈예〉[12]

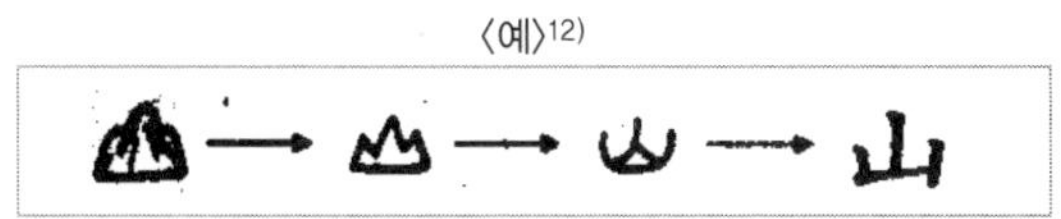

---

11) 김상홍 외, 「二. 心身」 연구, 『중학교 한문1』 10면, (주)중앙교육진흥연구소.
12) 박갑수 외, 「二. 心身」 한자의 짜임– 상형자, 『중학교 한문1』 11면, 지학사.

6차 교과서 ⓐ, ⓑ에 진술된 내용을 살펴보면, 처음에 제시된 사물의 모양에서 사물의 이미지를 형상화시킨 원리만 간단하게 진술한 것에 그치고 있으며, 실제 예시에서는 商代의 甲骨文에서 周代의 金文, 秦代의 篆書體(小篆), 그리고 漢代의 隷書와 그리고 오늘날 가장 많이 쓰고 있는 楷書로의 서체 변화만을 제시하고 있을 뿐이다. 山의 서체 변화 과정은 ᴗ(金文) → 山(隷書) → 山(楷書)이다.

이들 서체의 변화과정은 앞서 서술한 바와 같이 한자의 이미지화의 과정, 즉 문자로서의 생성과정은 아니다. 상형자의 형성원리와는 거리가 먼 진술인 것이다. 따라서 상형자가 사물의 모양을 어떻게 본뜨고 있으며, 그 안에는 이미지화의 원리가 어떻게 작용하고 있는 지에 대한 진술은 결여되어 있다. 7차 교과서의 상형자의 원리에 대한 진술 내용을 살펴보자.

(가) 사물의 모양을 있는 그대로 본떠서 만든 글자를 상형(象形)이라고 한다. 이는 산, 나무, 불 등의 사물을 간단한 그림으로 그려서 글자로 삼은 것이므로, 글자를 잘 살펴보면 그 뜻을 짐작할 수 있다.[13]

(나) 눈에 보이는 사물의 모양,[형(形)]을 본떠서 [상(象)]을 만든 글자를 상형자(象形字)라고 한다.[14]

(다) 한자가 이루어지는 가장 기본적인 원리는 사물의 모양을 본뜨는 것이다.[15]

(라) 사물의 모양[形]을 본떠서[象] 만든 글자를 상형자라 한다. 상형자는 한자의 기원을 보여 주는 가장 기본적인 글자로, 형성 과정을 보면 그 뜻을 이해할 수 있다.[16]

---

13) 박갑수 외, 「한자의 짜임-상형(象形)」, 『중학교 한문1』 9면, [주] 지학사.
14) 이상진 외, 「한자가 만들어진 원리(1)-상형」, 『중학교 한문1』 9면, 동화사.
15) 오종일 외, 「한자의 짜임」, 『중학교 한문1』 23면, 문원각.
16) 이응백 외, 「한자의 짜임(1)-상형(象形)」, 『중학교 한문 1』 18면, [주] 한국교육

(마) 한자는 처음에 사물의 모양을 비슷하게 그리다가 점차 선의 형태로 단순화되어, 오늘날 우리가 쓰는 글자의 형태로 발전해 왔다. 이와 같이 구체적인 사물의 모양[形:형]을 본떠[象:상] 글자를 만드는 원리를 상형(象形)이라 한다. 신체·자연·동물과 관련된 글자 중에 상형의 원리로 만들어진 글자가 많다.[17]

(바) ‘心’자는 어떻게 만들어진 것일까?

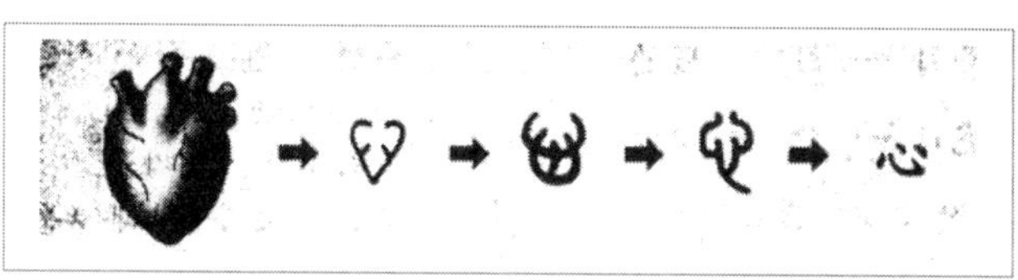

위와 같이 구체적인 사물의 모양[形 : 형]을 본떠서[象 : 상] 한자를 만드는 원리를 상형(象形)이라고 한다.[18]

(사) 상형(象形) : 눈에 보이는 사물의 객관적인 윤곽이나 모양을 본떠서 글자를 만드는 원리로서, 한자의 짜임 중 가장 기본적인 것이다.

[19]

- ·月：刀 → 夕 → 月 (달의 모양)
- ·石：厄 → 石 → 石 (언덕 아래 있는 돌의 모양)
- ·水：ﾘ → 川 → 水 (물이 흐르는 모양)
- ·川：巛 → 川 → 川 (냇물이 흐르는 모양)
- ·火：屮 → 火 → 火 (불의 모양)
- ·田：囲 → 田 → 田 (밭의 모양)
- ·雨：帀 → 雨 → 雨 (비가 내리는 모양)
- ·竹：𝅗 → 竹 → 竹 (대나무 잎의 모양)

미디어.

17) 유성준 외, 「한자의 짜임」, 『중학교 한문1』 14면, [주] 청색.

18) 박성규 외, 「한자(漢字)가 만들어진 원리(1)-상형(象形)」, 『중학교 한문1』 13면, 박영사.

7종의 교과서 모두 상형자 개념원리를 교육과정 해설서에 준해서 제시하였을 뿐이다. (바) 교과서에서 心자의 문자의 제자원리를 그림에서처럼 금문→소전→예서→해서의 서체의 변모 과정을 가지고 제시하였고, (사) 교과서 역시 마찬가지이다. 이들은 역시 앞서 6차 교육과정에 의하여 제작된 교과서에서 겪었던 오류를 그대로 답습하고 있다. 따라서 상형자의 지도 원리나 방법이 올바르게 세워질 수 없었던 것은 당연한 결과이다. 이는 6차 교과서와 비교해 보아도 크게 개선된 바가 없다. 또한 제자원리의 측면에서도 6차 교과서와 마찬가지로 서체의 변모 과정을 제자 원리의 이해에 적용시켰을 뿐이다. 결국 위 예문의 진술을 모두 한마디로 "상형은 사물의 모양을 본뜬 것이다. 따라서 글자의 모양을 살펴보면 뜻을 알 수 있다."고 요약할 수 있다. 교과서 해설치고는 빈약하기 짝이 없다. 서체의 변화를 한자의 제자원리로 오해했거나, 진술의 빈약함은 지사자 설명에 있어서도 크게 차이가 없다.

이러한 문제는 일부 연구자들에게서도 똑같이 되풀이되고 있다. 최근에 한자의 그림을 이용한 한자 지도법에 관한 한 연구자의 논문에서 보여준 내용도 위의 서술한 바와 같은 오류를 그대로 답습하고 있다.[20] 그의 그림을 활용한 한자지도의 실제에서 보여준 진술과 예시를 살펴보자.

상형은 물체의 윤곽을 따라 굴곡의 선을 이용하여 그 물체의 형상을 그려내는 것이다. 따라서 자연적 주제, 즉 선, 색, 형에 의한 어떤 윤곽을 말하는 순수 형식으로 사실적이라고 할 수 있다. 예를 들면, 日

---

19) 이화규 외, 「모양 보고 알아요-한자의 짜임(상형)」, 『중학교 한문1』 21면, 한서출판사.

20) 조규남, 「그림을 활용한 한자지도법 연구」, 『漢文敎育硏究』 第9號, 1995.

자는 둥그런 해의 모양을 月자는 구름 속에 있는 조각달의 모양을 線
으로 나타냈음을 알 수 있다. 달도 둥근 때가 있지만, 이는 주기적인
현상이므로 해와 동일시할 수는 없다. 따라서 조각달로 표현하여 의
사 전달의 수단으로 삼은 것이다. 그러면 위의 설명을 염두에 두고서
상형문자의 자형과 자의를 알아보기로 하자.

刀(칼도)

甲文	金文	小篆	隷書	現代楷書
ʃ	ϭ	⺉	刀	刀

〈설문〉 : "兵也, 象形"

　刀자는 칼자루와 칼등, 칼날을 본떴다. 書體의 변천 과정을 보면 소
전에 이르러 簡化하였음을 알 수 있으며, 칼 모양의 외곽을 線化하여
刀자가 탄생하는 모습이 별 무리가 없어 보인다. 刀자는 위의 그림에
서 보듯이 그려진 사물과 글자의 뜻이 일치하는 상형문자임을 알 수
있다. 즉, 사물과 문자의 뜻이 직접적으로 연결되어 있어서 字形과 字
義를 동시에 파악하기가 쉽다.[21]

　刀자가 갑골문, 금문, 소전, 예서, 해서의 변천과정을 제시하였다.
처음에 제시한 칼이 그림의 모양처럼 되었다고 한 발상법은 바람직하
다. 오늘날 서체가 지극히 간화되어 있으므로 그림적인 요소가 상실
된 것을 강조하는 설명으로도 받아들일 수 있다. 마치 칼 모양의 그
림에서 刀자가 새롭게 만들어진 과정으로 보았다. 이렇게 되면 칼 모

---

21) 앞의 책, 141~142면.

양의 그림도 문자의 한 부분으로 들어가게 된다.

각기 시대마다 한자의 모양이 다른 것은 문자의 생성 과정 속에서 달라진 것이 아니다. 각 시대마다 서사도구가 달랐거나 사회적 수요 과정이 달랐기 때문이다. 즉 갑골문은 서사도구 때문에 필체가 가늘고, 길다. 금문은 청동기와 함께 주조하여 만든 것이므로 사전에 글자모형을 가공하고 미화할 수 있었다. 때문에 자획이 넓고 굵으며 비교적 정연하여 균형이 잡혔다. 전서가 예서로 발전한 것은 교체적 수단으로서 문자가 사회적 수요에 따라 복잡한 것에서부터 간단한 것으로, 쓰기 힘든 것으로부터 쓰기 쉬운 것으로 변화한 과정이다. 따라서 한자의 형체 변화 과정은 단지 대체적인 윤곽에 불과할 뿐이다. 한자의 실질적인 변천과정과 글자체들의 구체적인 교체 과정은 극히 복잡한 형태를 이루고 있다. 그러나 몇천 년 이래로 한자의 형체는 비록 여러 차례의 변화를 거쳤지만 실질적인 면에서 고찰하여 볼 때 그 변화들은 단지 書寫방식의 변화에 불과할 뿐이지 한자의 근본적 성격이 개변된 것은 아니다.[22]

결국 한자의 字體 변화 과정을 통한 학습 과정은 한자의 제자원리에 대한 근본적인 제자원리를 보여주는 데는 크게 미치지 못하고 있다. 따라서 제자원리에 대한 학습지도 방법이 교육과정 해설서와 교과서의 영향 때문이라는 것을 인지하여야 하며, 제자원리의 학습을 간과하게 됨으로써 학습자들로 하여금 한자의 이해에 보다 직접적으로 다가서지 못하고 있음을 알 수 있다.

---

22) 주송식, 『고대한어통론』 6~13면, 影印本(學古房).

Ⅲ. 이미지컷 活用을 통한 象形字·指事字 制字原理 指導

1. 상형자와 지사자의 이미지화 원리

문자의 이미지화란 사물을 문자로 표현하기 위해서 그린 그림으로 개념을 나타내는 과정이다. 사물의 모습을 그림으로 그리면, 사물의 구체적인 모습을 그대로 묘사하는 것이 아니라, 사물의 특징적인 모습을 부각시켜서 그린다. 사물의 복잡한 그림을 생략하고, 간단한 몇 개의 선으로 사물이 지닌 중요한 이미지만 제시하는 방식이다. 기호나 부호 표지의 그림 등이 이미지화 원리에 따른 것들이다.

상형자의 자형 중에는 사물의 구체적인 모습을 엿볼 수 있는 글자도 있지만, 대부분의 글자들은 복잡한 모양이 과감하게 생략된 윤곽을 제시하거나 아주 간단한 몇 개의 선과 점으로 되어 있다. 允는 成人의 모습을 그려서 나타낸 큰 대(大)의 갑골문이다. 사람의 신체에는 여러 부위가 있다. 외견상 얼굴에는 눈, 코, 입, 귀 등과 가슴, 허리, 배, 다리와 발 등 복잡한 부위를 가지고 있다. 그러나 大는 성인의 모습을 그리면서도 복잡한 신체부위를 과감하게 생략하고 단 세 개의 선으로 나타냈다. 이 때 문자적인 이미지만을 본 딴 것이며, 이에 '아이보다 큰 성인'에서 '크다'는 의미를 나타낸 것이다. 이러한 과정이 바로 이미지화이다.

기호나 부호 가운데는 복잡한 모양이 아니라, 간단한 그림이나 표시로 의미를 나타낸다. 지도에 사용되는 각종 부호는 간단한 표시나 그림으로 사물이나 지형, 구조물 등의 모습을 이미지화하여 나타내고 있다. 컴퓨터가 보급되면서 각종 아이콘들이 무수하게 많이 생겼다. 이들 아이콘도 사물의 복잡한 모양을 생략해서 그려 놓았다. ✕는 두 줄의 선을 엇갈려 놓은 것이다. 고대 문자에서는 ✕표한 것은 '적개심'

을 의미했다.[23] 복잡한 그 무엇도 없이 단지 선 두 개로 반대나 적개심을 이미지로 표현해 놓은 것이다. 이처럼 이미지화는 사물의 모양의 일부만을 묘사해 놓고 의미를 부여하는 모든 방식을 말한다.

한자의 제자원리인 상형자와 지사자에도 이와 같은 이미지화의 원리가 내재되어 있다. 象形字라고 불리는 漢字 중에는 본래의 사물과 유사한 글자도 있지만, 대부분의 한자는 이미 본래의 사물 모양과는 거리가 멀다. 그 까닭을 알아보면 이러하다. 본디 인류는 "문자를 소유하지 못한 태고시기에 노동성과를 기록하고 또한 그 경험을 교류하기 위하여 늘 형상적인 그림으로서 구체적 사물을 기록하였다. 후에 사람들은 이런 그림을 간소화하거나 합병시키는 방법으로 고대의 그림문자를 창조해냈다. 이것이 바로 한자의 전신이었다. 그림문자는 문자 그대로 그 실물과 아주 비슷하여 일정한 범위에서 교제적 역할을 놀 수 있었다. 그러나 사회가 발전되고 교제활동이 부단히 빈번해지고 복잡해짐에 따라 사용의 편리를 위해서는 부득불 실물을 대표하는 사물의 특징적인 부분만 남기는 것으로써 기호성을 강화하지 않으면 안 되었으며 또 언어 가운데의 구체적 단어와 결부시켜 일정한 讀音을 가지게 하지 않으면 안 되었다."[24]

따라서 이미 갑골문 시대 이후의 한자는 본래 사물의 모양에서 상당히 간편한 모양으로 변화했거나, 기호화 과정을 거쳤던 것이다. 기호화의 과정은 사물의 모양을 기호화하고 단순화 시켜서 보이는 것이다. 즉 사물의 가장 핵심적인 이미지만을 전달하는 수법으로 오늘날에도 이러한 이미지화의 수법은 다양하게 존재한다. 사물의 모양을 본떠서 일정한 형상성을 부여하여 의미를 갖게 하는 것이다.

---

23) 조르주 장 지음, 이종인 옮김, 『문자의 역사』 17면, 시공사.
24) 주송식, 앞의 책 2면.

비 우[雨]자의 甲骨文과 金文[25)]

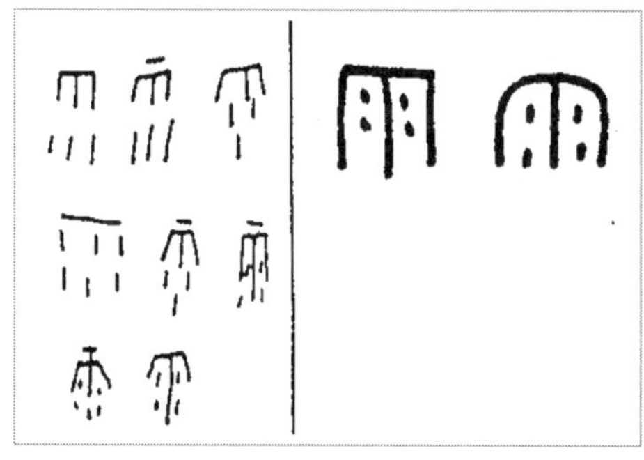

앞의 글자는 商代의 갑골문이고, 뒤의 글자는 周代의 금문이다. 두 개의 글자 모두 '비가 내리는' 모습을 잘 형상화했다. 이 시절에는 오늘날과 같은 우산이 없었으니, 당연히 이러한 모습으로 표현할 수 밖에 없었을 것이다. 그러나 오늘날은 '비가 내린다'는 의미를 이미지화 할 때는 반드시 우산을 동원한다. 즉, [☂] 이런 모습으로 이미지화 한다. 같은 의미를 지닌 것으로 발상법도 같다. 다만 雨는 '하늘에서 내리는 것 모두'를 나타낼 수 있다. 따라서 의미의 확장성을 잠재적으로 지니고 있다.

코 자[自]의 甲骨文과 金文[26)]

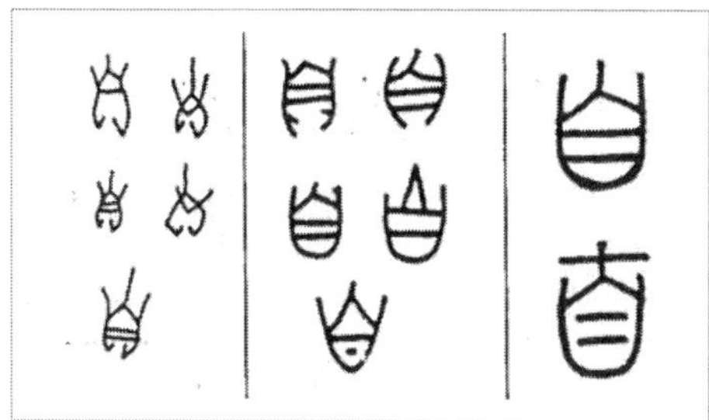

---

25) 許進雄, 위의 책, 581면.
26) 許進雄, 위의 책, 484면.

첫 번째 글자는 商代의 甲骨文이고, 두 번째 글자는 周代의 金文, 세 번째 글자는 秦代의 小篆이다. 세 개의 글자 모두 사람의 코를 이미지화한 것이다. 각기 시대마다 변모한 자형의 모습을 보여 주고 있다. 모양은 각각 조금씩 다를 수 있으나, 사람의 코 모양의 외형적인 모습을 간략하게 그린 것으로 같다. 각 글자마다 이미지화의 원리가 적용되었다. 갑골문에서 금문으로, 금문에서 소전으로 가면서 글자의 모양은 서사도구의 변화로 인해 그 모양이 조금 바뀌었을 뿐이다. 그래서 '自'가 결합된 한자는 '코'(鼻)라든가 '냄새를 맡는다'(臭)는 의미가 된다. 나중에 '스스로'라는 의미가 첨가되어 '코'라는 뜻은 自가 들어간 복체자에서나 그 흔적을 찾을 수 있을 뿐이다. 오늘날 주로 사용하는 楷書로 쓴 自에 가까운 것은 漢代의 예서이다. 각각의 것은 역시 서사도구에 의해 모양이 조금 차이가 날 뿐이다.

귀 이[耳]의 甲骨文과 金文, 小篆[27]

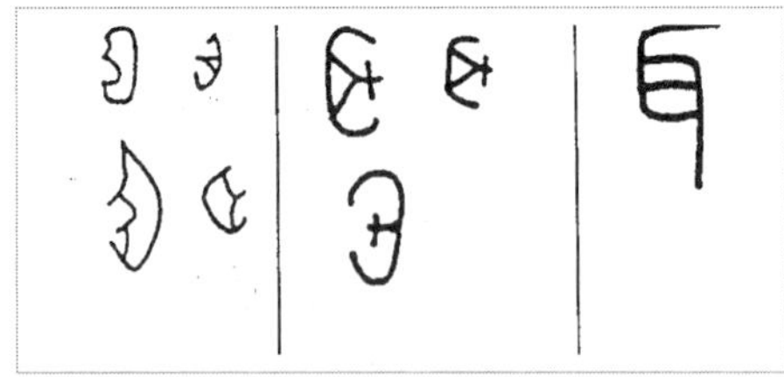

첫 번째 글자는 商代의 甲骨文, 두 번째 글자는 周代의 金文, 세 번째 글자는 秦代의 小篆, 세 개의 글자 모두 귀의 모습을 이미지화한 것이다. 소전의 耳가 비교적 단순하고, 갑골문이 실물의 모습에 가장 가깝다. 그러나 셋 모두가 문자로서 이미 이미지화의 과정을 거친 것이고, 시대에 따라서 서사도구가 바뀌면서 모양이 변한 것일 뿐이다.

---

27) 許進雄, 위의 책, 484면.

위에 예로 든 雨, 自, 耳 등의 상형자는 이미지화의 과정을 거쳐서 의미가 부여된 글자이다. 사물의 모습을 본 뜬 상형자라고는 하지만, 실제 문자의 모습은 사물의 실제 형체와는 상당히 바뀌어져 있다. 얼핏 보면 그 사물이라고 하기에는 닮지 않은 것처럼 보인다. 갑골문의 한자들이 대체로 본 사물의 모습에 비슷한 것처럼 보인다. 그러나 갑골문도 사물의 본래 모습의 특징만을 묘사했으므로 금문이나 소전, 예서, 해서에 비해서는 본래 사물과 크게 닮은 면도 있지만, 그렇지 않은 것도 있다. 이와 같이 상형자는 사물의 모습을 본 뜬 글자라고 하지만, 외형적인 부분적 특징만을 본 뜬 것이므로 경우에 따라서는 認知가 어렵다.

앞서 밝혔지만 서양의 'A'와 한자의 '牛'는 같은 소의 머리를 형상화한다는 발상법은 같지만, 실제 글자의 모양은 초기 모습부터 크게 차이가 있다. 이는 문자가 얼마나 닮았느냐가 중요한 것이 아니라, 문자에 어떤 이미지를 부여하고 어떤 의미를 약속하느냐에 달려 있다는 뜻이다. 'A'와 '牛'가 서로 같은 발상법으로 소의 머리를 묘사하였음에도 불구하고, 문자의 모양은 다를 수밖에 없었다. 그래도 둘은 각기 초기에 소의 머리를 상징하는 이미지화의 과정을 거쳤으므로 '소'의 의미로 쓰인 것이다.[28] 따라서, 상형자의 의미부여 과정에는 이미지화의 원리가 작용했음을 알 수 있다.

이러한 이미지화의 원리의 작용에는 지사자도 크게 차이가 나지 않는다. 지사자는 추상적인 개념을 나타내기 위한 글자이다. 그러나, 전혀 없는 것을 묘사할 수는 없고, 결국 기존의 사물에 의탁해서 표현하는 방식을 취하므로 반드시 사물의 형체와 관련을 맺는다.

---

28) A는 나중에 의미는 사라지고, 음을 나타내는 표음자로 전환하였다.

큰 대[大]의 甲骨文과 金文, 小篆[29]

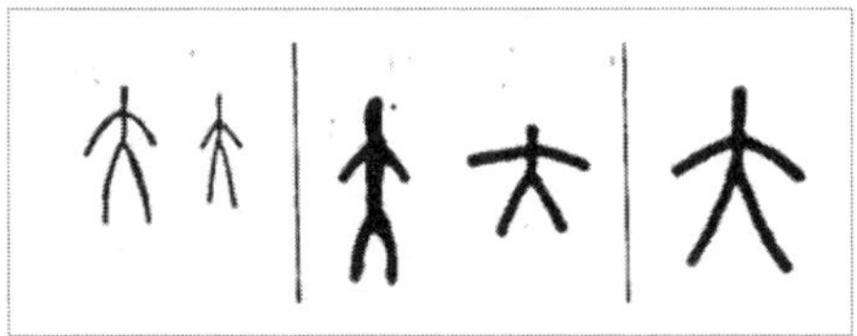

첫 번째 글자는 商代의 甲骨文, 두 번째 글자는 周代의 金文, 세 번째 글자는 秦代의 小篆이다. 세 개의 글자 모두 '성인의 몸'을 그린 것이다. 의미는 '성인의 몸은 크다'에서 '크다'라는 의미를 나타낸다. 이 글자는 두 번의 이미지화 과정이 내재되어 있다. 우선 사물의 모양 즉, '성인의 몸'을 나타낸 것과 성인의 몸은 '크다'는 과정이다. 구체적인 사물의 이미지를 통하여 추상적인 의미를 도출한 것이다. 만일에 大를 사람이란 의미를 부여했어도, 人자 대신에 '사람'이란 의미로 쓰일 수 있었을 것이다. 그러나 성숙한 어른 몸으로 아이의 몸과 비교했을 경우에는 '크다'는 뜻을 붙인다고 약속을 하고 이를 의미로서 받아들이는 과정을 거친 것이다.

아침 단[旦]의 甲骨文과 金文, 小篆[30]

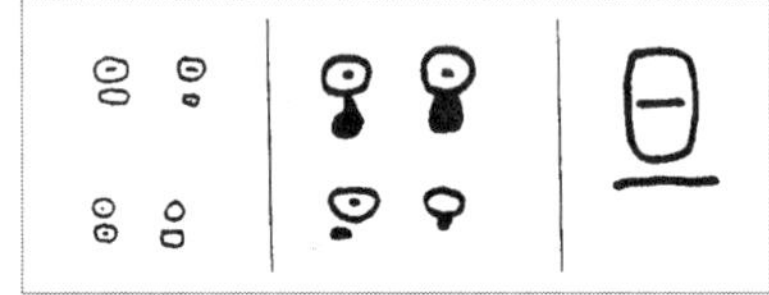

첫 번째 글자는 商代의 甲骨文, 두 번째 글자는 周代의 金文, 세 번째 글자는 秦代의 小篆이다. '해가 막 떠오를 때 해의 기운이 바다 수

---

29) 許進雄, 위의 책, 26면.
30) 許進雄, 위의 책, 579면.

면에 비치는 것'을 뜻한다. 해를 나타내는 日에 바다 수면을 나타내는 一(때로는 지평선을 나타낼 수도 있음)을 설정하여 표현한 것은 오늘날 우리 주변에서 볼 수 있는 이미지컷과 유사하다. 그러나 다른 발상으로 이 글자의 의미를 다른 것으로 부여해도 크게 문제가 되지 않는다. 이미지화의 과정을 통해서 문자를 만들었을 때 같은 의미를 두고도 여러 가지 모양이 나올 수가 있다. 발상법도 각기 다를 수가 있다. 그러나 일단 한 번 약속이 이루어지고 의미가 부여되면 특별한 경우[31]가 아니면, 그 의미가 바뀌지 않는다.

칼날 인[刃]의 甲骨文 小篆, 隸書[32]

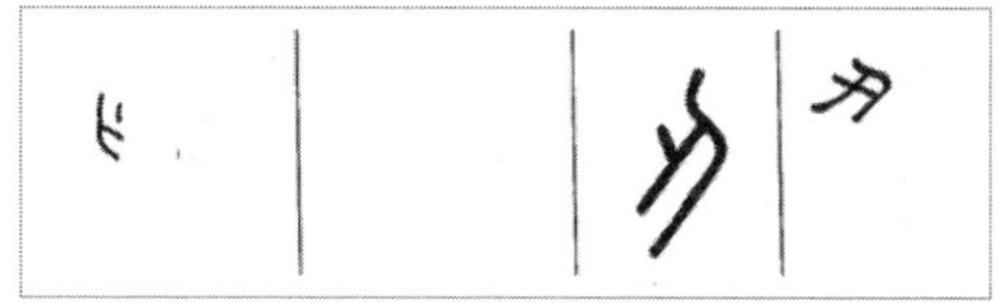

첫 번째 글자는 商代의 갑골문, 두 번째 金文은 없다. 세 번째 글자는 秦代의 小篆, 네 번째 글자는 漢代의 隸書이다. 이 글자는 칼(刀) 그림에 점이 더해져 있다. 이 때 점은 칼날의 부위를 가리키며, 곧 칼날이라는 의미를 갖는다. 사물의 모양을 그리고 그 특정의 부위에 의미를 첨가한 것이다. 칼날 인[刃]의 주요한 원리는 칼 그림에 점을 더해서 칼날을 뜻하는 것이다. 만일에 점의 의미를 다른 용도로 사용했다면 다른 의미가 부여된다. 예를 들면 점의 의미를 '날카로운 칼날로 베다'는 의미를 부여하고, 그 의미로 쓰기로 약속했다면 刃의 의미는

---

31) 假借의 경우에는 同音의 원리에 의해서 차용되어 들어오는데, 때로는 본래의 의미를 완전히 밀어내는 경우도 있다. 예를 들면, 自는 '코'를 묘사한 글자인데, 나중에 부여된 '몸', '스스로' 등의 의미가 주로 사용됨으로써 본래 의미는 쓰이지 않는다.

32) 許進雄, 위의 책, 27면.

달라졌을 것이다.

위에 예로 든 大, 旦, 刃 등의 지사자는 이미지화의 과정을 거쳐서 의미가 부여된 글자이다. '크다' '아침' '칼날'은 구체적인 사물이 있는 것이 아니다. 크다는 상대적인 것이어서 '무엇에 비해 더 크다'라는 것이므로 '크다'는 의미를 지닌 사물을 그려서는 그 사물의 의미만을 드러낼 뿐이지 크다는 본래 목적한 추상의 의미를 나타내기가 쉽지 않다. 결국 '성인의 모습' 나타냈지만, 사람이 팔을 벌리고 있는 모습일 뿐이다. 그러나 이 글자에 크다는 이미지를 부여함으로써 추상적 의미를 부여하는데 성공한 것이다. 本, 末, 上, 下 등의 글자들이 이에 해당하며, 모두 이미지화의 과정을 거친 것이다.

결국 이미지화는 몇몇의 약속한 부호나 그림을 일정한 원리에 의해서 의미 부여를 하는 과정인 것이다. 그러한 과정을 거친 글자는 본래 사물과 크게 닮은 면도 있지만, 그렇지 않은 것도 있다. 그렇다고 해서 완전히 엉뚱한 모양으로 이탈하는 것은 아니다. 전혀 그럴 수 없는 것이다. 사물과 문자 사이에 유사성을 지님으로써 형상적 이미지를 만들어내는 것이다. 이러한 이미지화의 원리는 오늘날 생활 주변에서도 찾을 수 있다.

2. 이미지컷을 活用한 象形字·指事字 지도

化粧室의 男女 區分 標識

　우리가 흔히 자주 이용하는 곳 가운데 하나가 화장실이다. 그곳에 이르면 흔히 남성과 여성을 구분하는 그림의 표지가 붙어있다. 위의 표지는 화장실에서 볼 수 있는 그림이다. 여성의 치마를 상징한 왼쪽 그림은 ‘여성만이 이용할 수 있는 곳’이라는 의미를 담고 있고, 사람을 그려놓은 것 같은 나머지 하나는 ‘남성만이 이용할 수 있는 곳’이라는 의미를 담고 있다. ↟↡은 大의 金文의 書體이다. ‘크다’는 뜻을 가진 글자들이다. 앞의 것은 선이 굵고 뒤의 것은 조금 가늘게 그려졌을 뿐이다. 형체로만 본다면, 앞의 굵은 선으로 그린 금문의 ‘大’는 위에 ‘남성용’을 나타내는 표지와 같은 모양이다. 둘 사이에 차이가 있다면, 하나는 漢字의 하나이고, 하나는 이미지컷(표지 그림)이라는 것이다.

　한자와 이미지컷(표지 그림)이라는 둘 사이의 차이점을 제외하고 나면, 몇 가지 공통점이 있다. 첫째는 의미를 지시하고 있다. 둘째는 사물의 형체를 그림으로 그려서 의미를 부여하는 방식이다. 셋째는 사물이 지니고 있는 복잡한 형체를 과감히 생략하고 이미지만을 부각시켜서 뜻을 부여한다는 것이다. 이러한 과정이 모두 이미지화의 원리에 해당한다.

　앞서 상형자와 지사자의 이미지화 과정에 대해서 설명하였다. 생활 주변에서 볼 수 있는 많은 이미지컷이 이러한 이미지화의 과정과 일치한다. 따라서 한자의 제자원리인 상형자의 학습 지도에 이러한 이미지화의 원리를 이용한 수업을 할 수 있다는 것이다. 우리의 주변에는 수많은 이미지를 형상화한 각종 부호와 이미지컷이 있다. 각종 교통 표지판이나 경고 표지 또는 안내 표지의 이미지컷이 그러하다. ✉, ♋, ⚡, ☂, ⛱, ♨ 등과 같은 사물이나 자연 현상의 특징을 형상화(이미지화) 시켜서 정보를 전달하고 있다.

✉은 편지의 겉봉투를 간결하게 그린 그림이다. 편지 봉투의 이미지컷은 단순히 '편지의 겉봉투'만을 의미하지 않는다. 전자 메일이 유행하고 있는 요즈음은 '전자 메일'의 상징으로 쓰인다. 따라서 인터넷 통신을 하다가 안내 메시지와 함께 ✉의 그림이 떠오르면 '편지가 왔습니다.'라는 의미가 된다. 또는 '개봉되지 않은 편지'라는 의미를 나타낸다. ☁은 구름의 모양을 간편하게 그린 그림이다. 오래 전부터 구름은 많은 紋樣에서 쓰여 온 바 있다. 또한 날씨를 알리는 기상 정보에서 많이 쓰인다. '구름이 낀 날씨'라는 의미로 주로 쓰인다. ☂은 우산 위에 비가 내리는 것을 그린 그림이다. 날씨를 알리는 기상 정보에서 많이 쓰인다. '비가 온다'는 의미로 쓰인다. ☃은 눈사람과 함께 눈발이 날리는 것을 그린 그림이다. 날씨를 알리는 기상 정보에서 많이 쓰인다. '눈이 온다'는 의미로 쓰인다. ♨은 탕에서 김이 모락모락 피어오르는 것을 그린 그림이다. 지도에서 쓰일 때에는 '온천' 지역을 나타내고, 일반 생활에서는 '목욕탕'을 뜻한다.

상형자는 사물의 모양을 그대로 본뜨는 원리를 이용하여 뜻을 표현한다. 따라서 사물의 명칭과 관련한 것이 대부분이다. 人, 刀, 口, 山, 心, 手, 日, 月, 木, 水, 火, 牛, 目, 羊 등이 그것이다. 사물의 이미지를 그림으로 표현하여 제시하는 많은 부호의 원리와 상형자의 생성원리에 공통점이 있음은 앞서 말한 바와 같이 분명한 사실이다. 이러한 원리를 실제적인 수업의 지도 원리에 적용하는 것이 매우 중요하리라 본다. 위의 것들은 주로 사물의 모양 하나를 그려서 나타낸 것들이다. 이는 상형자의 제자원리와 유사한 이미지컷의 활용을 보았다.

다음은 지사자 원리와 같이 사물의 그림에 의미를 지시하는 예를 살펴보자.

교통표시판 205 : 2륜 자동차 및 원동기 장치 자전거 통행금지

　위 사진은 교통표시판이다. 이곳에서는 오토바이를 비롯한 원동기 장치를 한 자전거를 통행을 할 수 없다는 뜻이다. 오토바이를 탄 사람의 그림에 금지를 나타낼 때 쓰는 대각선을 그어서 표현하였다. 지사자를 표현할 때에 쓰는 원리와 일치하고 있다. 사물의 그림에 특별한 지시를 나타내는 의미를 겸하여 표시한 것이다.

엘리베이터에 기댐 금지 표시

　위 사진은 엘리베이터의 문에 부착한 경고 표시이다. '손을 짚지 말고, 기대지 말라'는 주의를 나타낸다. 왼쪽 그림과 오른 쪽 그림은 모두 같은 의미를 나타낸다. 왼 쪽의 것은 ✋(손으로 기대다)는 의미의 그림에 붉은 사선(어떤 행위를 하지 말라)으로 금지의 의미를 더한 것이다. 이 두 의미가 결합하여 '기대지마시오'라는 경고문이 된 것이다. 오른 쪽도 마찬가지이다. '문에 사람이 기댄' 모습에 붉은 사선을

그어 '문에 기대지마시오'라는 의미를 전달하고 있다.

이와 같이 교통표시판이나 각종 안내 標識에서 많은 지사자의 원리를 발견하게 된다. 이는 앞서 언급한 대로 지사자의 제자원리와 이미지컷의 의미부여에는 공통적인 이미지화의 원리가 적용되었기 때문이다.

다음은 7차 교과서 중 한 교과서에 실린 평가문제이다.

〈토론활동〉

다음은 일종의 그림 언어로 볼 수 있다. 우리 일상생활에서 이들 그림 언어만 가지고 의사소통을 한다고 했을 때의 장점과 단점에 대하여 의견을 나누어 보고, 이것으로 미루어 본 상형 문자의 장단점에 대하여 토론해 보자.

33)

위의 토론활동은 7차 교과서 중학교 한문1의 평가활동의 한 문제이다. 새로운 발상이 적용된 것으로 일상생활에서 사용되는 이미지컷을 활용한 문제이다. 이미지컷을 그림언어의 하나로 보고, 이를 가지고 수업에 활용한 것이다. 각각의 표지판은 '금연'을 나타내는 과 화장실의 '남녀 구분'과 '건널목'을 나타내는 것으로 우리들이 접하는 장소에서 흔히 볼 수 있는 것들이다. 저자는 이러한 것을 활용한 것이다. 그 의도는 매우 바람직하다고 할 수 있다. 이 부분에 대한 저자의 생각은 매우 창의적이었다고 할 수 있다. 그러나 저자는 정확한

---

33) 이화규, 위의 책, 22면.

개념을 가지고 이를 적용시킨 것은 아닌 듯하다. 위에 제시된 표지판을 모두 상형문자와 관련된 것으로 제시하였으나, 실은 상형문자에만 적용되는 것이 아니다. '담배'나 '남자'와 '여자' 그리고 '건널목'과 '건너는 사람' 등은 상형적인 메시지를 가지고 있지만, 금지를 나타내는 붉은 대각선은 지사의 의미를 더 강하게 내포하고 있다. 또한 세 번째 표지판은 '건널목'과 '건너는 사람'이 합쳐져서 새로운 의미를 만들어낸 것으로 이는 오히려 두 개의 뜻글자를 합쳐서 만드는 회의자 원리에 가깝다.

　이 책의 다음 23쪽에도 같은 유형의 표지판을 활용한 수업을 계속하고 있다.

　　오늘날과 같은 문명사회에서 문자 없이 생활한다는 것은 생각조차 할 수 없는 일입니다. 문자가 있음으로 해서 우리는 의사소통을 하고, 문화의 발전을 이룰 수 있었으니까요. 그런데 오늘날에도 문자가 없던 시절에 사용하던 것과 비슷한 기호를 종종 접하게 됩니다. 다음 그림을 보세요.

　　위의 그림은 교통표지판의 기호로서, 어떤 행위를 하도록 이끄는 표시로 되어 있습니다. 한자 중에도 이와 비슷한 원리로 만들어진 글자가 있습니다. 따라서 여러분은 여기에서 추상적인 개념을 표시하는 글자들을 배우게 됩니다. 앞에서 배운 사물의 모양을 본뜬 글자들과 함께 한자가 만들어진 또 다른 원리를 익히도록 합시다.[34)]

　지사자의 원리를 설명하고자 해서 설정한 것이다. 앞서의 것과 같은 의도로 생활 속에 살아있는 본래 방향을 나타내는 각종 표지[→, ←, ↑, ↓, ↱, ↷]는 화살을 가지고 나타낸 것이다. 그래서 명칭도 화살표인 것이다. 이를 도로 표지판에서 응용한 것이다. 그림은 화살의 모양이지만, 이를 빌어다가 방향을 나타냈으므로 假借의 원리에 해당한다. 게다가, '우로 굽은 길', 또는 '좌우로 이중으로 굽은 길', '유턴'을 의미하는 위의 표지판은 가차의 원리에 의해서 만들어진 화살표를 응용한 것이므로 이를 지사자의 원리로 설명하는 것은 개념의 오류가 생길 확률이 많다. 따라서 이에 대해서 정확한 예를 제시했어야 했다.

　그러나, 우리가 일상 속에서 흔히 경험하거나 볼 수 있는 교통 표지판이 한자의 제자원리와 같은 원리로 만들어지고 있다는 사실은 학생들에게 친근하며 의외였다는 반응을 유발하게 된다. 학생들은 한자의 제자원리 학습에 흥미를 느끼고, 학습의 동기 부여를 받는 것이다. 이러한 이미지컷의 원리와 한자의 제자원리가 같은 것을 교사가 먼저 認知하고 있어야 원활한 수업이 가능하다.

　한문교과가 3차 교육과정부터 독립교과로 운영되면서 3차, 4차, 5차, 6차, 7차 교과서가 5차례에 걸쳐 검정을 거쳐서 제작되었지만, 한자의 제자원리에 대한 설명에 있어서는 크게 진전된 바가 없다. 다만, 7차 교과서의 한 교과서가 〈평가〉에서 일상생활의 교통표시판을 활용한 것은 이미지화의 원리를 교과서에 적용시키는 단초를 보인 것이다.

---

34) 이화규, 위의 책, 23면.

Ⅳ. 맺음말

지금까지 중학교에서 가르치는 육서 교육은 주로 四書[상형자, 지사자, 회의자, 형성자]를 중심으로 실시되었다. 현행 육서 교육의 개념과 방법은 교육과정 해설서와 교과서의 내용을 기준으로 삼은 것이다. 육서의 내용은 한자의 제자원리를 이해할 수 있는 개념과 개념 이해의 방법이 제시되어야 한다. 그러나, 현행 교과서는 개념 설명은 되어 있으나, 한자의 서체의 변모 과정을 마치 한자의 制字原理로 제시하는 오류를 범하고 있다. 또한 개념 이해를 위한 원리에 대한 방법적 제시가 미흡하고, 단순한 한자 지식의 나열에 그치고 있어 한자의 제자원리에 대한 이해는 어렵게 접근해가고 있는 것이 사실이다.

한자의 제자원리 가운데, 상형자와 지사자는 사물의 모양을 이미지화하는 원리가 내재되어 있다. 이와 마찬가지로 오늘날 생활 주변에서 흔히 볼 수 있는 많은 이미지컷과 각종 표지판에도 이미지화의 원리가 내재되어 있음을 알아냈다. 상형자·지사자의 제자원리와 이미지컷과 표지판에는 공통적으로 이미지화의 기법과 원리가 사용된 것이다. 따라서 한자와 이미지컷에는 문자와 그림이라는 차이점이 있음에도 불구하고 이미지컷을 학습의 방법에 이용할 수 있는 단서를 마련하였다.

참고문헌

6차 교육과정에 따른『중학교 한문1』8종.
7차 교육과정에 따른『중학교 한문1』7종.
최영애, 『한자학강의』, 통나무.
김윤세, 『한문문법』影印本, 한국문화사.
교육부, 『한문, 교련, 교양 선택과목 교육 과정』, 교육부 고시 제1997-15호 [별책

17], 1997.

許進雄 지음, 洪喜 옮김, 『중국고대사회-文字와 人類學의 透視-』, 東文選.

조규남, 「그림을 활용한 한자지도법 연구」, 『漢文敎育硏究』 第9號, 1995.

주송식, 『고대한어통론』, 影印本, 學古房.

조르주 장 지음, 이종인 옮김, 『문자의 역사』, 시공사.

이 글은 『漢文敎育硏究』 제16호(韓國漢文敎育學會, 2001)에 수록한 논문을 재수록한 것이다.

文化遺産을 活用한 漢字·漢字語 教授-學習 方法

金恩暻

Ⅰ. 序論

漢字·漢字語 교육은 漢文敎育에서 기본적인 위치를 차지하는 領域이다. 낱낱의 漢字를 익히는 수업이든 한문 문장을 풀이하기 위한 수업이든 그 土臺에는 漢字 학습이 있다. 그렇다면 교육 현장에서 한문 교육의 기초를 이루는 漢字·漢字語의 학습은 어떻게 이루어지고 있는가. 漢字 학습의 중요성에 걸맞은 다양하고 實際的인 방법이 활용되고 있는가.

교육 현장에서는 新聞을 활용한 시사 漢字·漢字語 교수-학습 방법, 영화 포스터를 활용한 漢字·漢字語 교수-학습 방법, 게임을 활용한 漢字·漢字語 교수-학습 방법, 사진이나 그림을 활용한 漢字·漢字語 교수-학습 방법, 플래시 애니메이션을 활용한 漢字·漢字語 교수-학습 방법 등 다양한 漢字·漢字語 교수-학습 방법들이 구안·시도되고 있다. 그러나 이러한 다양한 교수-학습 방법의 主 대상은 초등학생이나 중학생이다. 이것은 漢字- 漢字語- 한문 교육이 位階的

으로 이루어져야 한다는 기본 의식에서 비롯된 것으로, 漢字·漢字語의 기본 과정은 초·중학교에서 마치고 고등학교에서는 上位 體系인 한문의 학습이 이루어져야 한다는 發想의 一環으로 보인다. 그러나 漢字·한문 교육의 位階性을 논할 때 단순하게 낱글자인 漢字 교육은 下位 領域이며, 漢字가 문장 성분을 가지고 나열된 한문은 上位 領域이라는 二分法的 발상은 止揚되어야 한다. 漢字·漢文敎育의 位階性은 글자의 수나 문장의 길이에 의해 구분되는 것이 아니라, 개별 글자의 난이도나 그 내용의 깊이에 의해 구분되어야 한다.

7차 교육과정으로 전환하면서 중학교에서 한문이 선택과목이 되었다. 이 때문에 한문교과를 이수하지 못한 채 고등학교에 진급하는 경우가 생겨나고 있다. 뿐만 아니라 한문교과는 학교 교육과정 편성 때마다 입시 과목에 밀려 2, 3학년을 오가며 시간 확보를 위해 苦戰하고 있다. 이러한 교육 현실을 고려한다면 본격적인 한문 교육이 시작되는 고등학교 한문 교육과정에서 오히려 기본적인 漢字·漢字語에 대해 꼼꼼하게 지도하고 학습할 수 있어야 한다. 기본적인 漢字·漢字語에 대한 탄탄한 기초 없이 문장을 해석하고 허자의 쓰임을 공부하고 문장의 구조를 익히는 일은 사실상 불가능하기 때문이다. 그렇다면 漢字·漢字語의 학습에 초점을 두되 고등학생의 인식 수준이나 타 교과 학습 수준을 고려해서 漢字·漢字語를 학습할 수 있는 방법은 어떤 것이 있을까. 연구자는 그 실마리를 文化遺産을 활용한 漢字·漢字語 교수 학습 방법에서 찾고자 한다.

文化遺産이란 무엇인가. 文化遺産이란 다음 세대에 물려줄 有形·無形의 각종 文化財나 文化 樣式 따위를 일컫는 말이다. 文化遺産의 의미가 워낙 포괄적이므로 이 연구에서는 유형의 文化財로 연구 대상을 局限하여 그 용어를 사용하고자 한다.

구체적인 생활 속에서 학습자 스스로 확인하고 적용할 수 있을 때 살아있는 지식이 될 수 있다. 文化遺産에 대한 인식 또한 눈으로 文化財를 감상하는 것만으로는 충분하지 않다. 文化財가 가진 명칭의 의미를 알고 역사와 가치를 마음으로 느낄 수 있을 때 文化遺産에 대한 자긍심은 내 것이 될 수 있다. 文化遺産을 알아가는 과정의 중심에 '漢字'가 있다. 일 년에 한두 번쯤은 학교·학급 단위로 교외 활동의 일환으로 박물관이나 고궁 혹은 문화 유적지를 방문하게 된다. 그곳에서 아이들은 敎科書 밖에 존재하는 고궁의 현판이나 유적지의 안내문 속에 새겨진 漢字와 마주치게 된다. 그 漢字들은 단순히 文化財 이름으로서의 가치를 넘어 文化財의 의미와 역사까지도 담고 있는 경우가 많다. 文化財 속의 漢字·漢字語를 수업 장면에서 적절히 활용할 수 있다면 한문 교육이 지향하는 漢字·漢字語 교육과 傳統 문화의 계승 발전을 위한 교육까지도 아우를 수 있다. 文化遺産을 활용한 漢字·漢字語 교수 학습 방법은 뜻글자로서의 가치를 발휘하며 우리 文化遺産 속에 깊이 박혀 있는 漢字의 가치를 再發見하는 契機를 만들어 줄 수 있을 것이다.

Ⅱ. 文化遺産을 活用한 漢字·漢字語 敎授—學習 方法의 現況

文化遺産을 활용한 漢字·漢字語 교수—학습의 현황을 살펴보기 위한 일차적인 방법은 현행 고등학교 한문 敎科書의 내용을 살펴보는 일이라 할 수 있다. 현행 한문 교육과정에서 漢字·漢字語 領域은 漢字의 음과 뜻을 알고 쓰기, 漢字의 짜임을 통해 形·音·義 알기, 언어생활에 활용하기, 문장 독해에 활용하기, 성어의 속뜻 알기, 언어

생활에 활용하기, 문장 독해에 활용하기, 선인들의 삶과 지혜를 알고 이해하고 가치관 형성하기 등의 내용으로 이루어져 있다. 敎科書의 내용 역시 이러한 교육과정의 기본 틀에 土臺를 두고 선정되었으며, 학습자는 敎科書라는 媒介를 통해 한문교과의 목표에 도달하게 된다. 교육내용과 방법은 불가분의 관계에 있다. 방법의 고찰을 위해서는 내용의 검토가 수반되어야 한다.

이 연구는 현행 고등학교 한문 敎科書를 두 가지 측면에서 분석해 보고자 한다.

첫째, 敎科書 내에서 漢字·漢字語를 어느 부분에, 어떤 교수 학습 방법을 활용할 수 있도록 제시되어 있는가 살펴보고자 한다. 먼저, 漢字·漢字語를 敎科書의 어떤 부분에 배치하였는가에 초점을 맞추어 분류해보면, 漢字·漢字語만으로 구성된 본문을 제시한 경우와 그렇지 않은 경우로 나눌 수 있다.

〈정진출판사〉 敎科書는 漢字·漢字語만을 다루는 소단원은 없고 漢字의 기원이나 짜임에 대한 개괄적인 설명 후에 바로 속담 소단원으로 들어가는 경우이다. 물론 본문에 한문 문장을 싣고 있는 경우라고 하더라도 본문 하단에 신습 漢字를 소개하고 있고, 보충학습 부분에서도 漢字·漢字語에 관한 구체적인 설명을 싣고 있다. 특히 보충학습 날개 부분에 '漢字語 시리즈'라는 란을 두고 주제별 漢字語를 소개함으로써 생활 속에 쓰이는 漢字·漢字語를 풍부하게 제공하고 있다. 이렇게 漢字·漢字語만으로 구성된 본문을 독립적인 소단원으로 제시하지 않고, 보충 심화 학습 부분에 漢字·漢字語의 활용에 대한 자료를 싣는 경우는 〈중앙교육진흥연구소〉〈천재교육〉〈대학서림〉〈교학사〉 敎科書 등이다. 이 敎科書 들은 모두 본문 이외의 부분에서 다양한 형태로 漢字·漢字語의 학습 내용을 제시하고 있다.

〈지학사〉〈새한교과서〉〈금성출판사〉〈두산동아〉〈대한교과서〉는 漢字·漢字語만으로 구성된 본문을 따로 제시한 경우에 해당된다. 대부분 I 단원에 漢字·漢字語 관련 단원을 두어, 시사 漢字語, 자기소개에 쓰이는 漢字語〈새한교과서〉, 민족의 이상, 통일관련 漢字語〈금성출판사〉 등을 본문에 수록하고 있다. 그러나 익혀야 할 漢字·漢字語를 몇 개의 소단원에서 모두 소화할 수 없는 형편이라 이들 敎科書에서도 역시 보충 심화란[1]을 활용하여 漢字·漢字語 학습 내용을 제시하고 있다. 주로 생활 漢字語를 주제 중심으로 제시하였으며 다른 교과에서 자주 쓰이는 漢字語를 소개한 경우도 있었다.

이상과 같이 10종 한문敎科書에서 모두 漢字·漢字語를 풍부하게 다루고 있다. 그러나 대부분의 敎科書에서-漢字·漢字語 소단원을 독립적으로 설정하고 있는 경우조차도- 본문 밖의 領域에서 漢字 및 漢字語에 대한 자료를 제공하고 있다. 각 소단원에 존재하는 심화 보충학습 란은 그야말로 본문 내용을 심화하고 보충하는 장이 되어야 한다. 그러나 현행 敎科書의 내용은 본문과 다른 새로운 내용의 漢字 및 漢字語를 제시하고 있다. 한 개의 소단원 내에 두 가지 이상의 학습 내용이 들어 있는 셈 이다. 수업의 내용이 늘어나는 것은 당연하고 실정이 이렇다 보니 본문 이외의 학습 내용들은 실제 수업에서 다뤄지기 어렵다. 결국 敎科書에 실린 풍부한 漢字 및 漢字語에 관한 수업 내용들은 실제 학습 과정에 반영되지 못하는 결과를 초래하게 된다. 본문에 있는 내용조차도 부분적으로 발췌해서 수업하는 현실적 사정을 고려한다면 보충 심화 부분에 수록된 漢字·漢字語의 풍부한

---

1) 〈지학사〉 맹선생의 한문세상, 〈새한교과서〉 정리와 탐구, 〈두산동아〉 생활 속의 활용, 〈대한교과서〉 돋움학습 등이 漢字·漢字語에 초점을 맞추어 만들어진 코너들이다.

내용들은 자칫 '그림의 떡'이 될 수도 있다.

그렇다면 漢字·漢字語 교수-학습 방법 측면에서는 어떠한가. 신문을 활용한 漢字·漢字語 교수-학습 방법, 영화 포스터를 활용한 漢字·漢字語 교수-학습 방법, 다른 교과목의 教科書를 활용한 漢字·漢字語 교수-학습 방법, 地圖를 활용한 漢字·漢字語 교수-학습 방법, 사진이나 그림을 활용한 漢字·漢字語 교수-학습 방법, 제사나 혼례 등의 傳統 문화를 활용한 漢字·漢字語 교수-학습 방법, 게임을 활용한 漢字·漢字語 교수-학습 방법 등이 教科書에 제시된 漢字·漢字語 교수 학습 방법들이다. 전체적으로는 다양한 방법들이 제시되고 있는 듯이 보인다. 그러나 개별 教科書를 들어다 보면 사정은 다르다. 한 教科書 내에서 漢字·漢字語 교수-학습 방법을 구체적으로 제시하고 있는 경우는 한두 건에 불과하다. 대부분은 생활 漢字·漢字語를 내용 중심으로 소개하는 데 그치고 있다. 구체적인 방법의 제시 없이 익혀야 할 漢字·漢字語를 나열하는데 그치고 있다. 제시된 漢字·漢字語를 어떤 방법으로 가르칠 것인가에 대한 고민은 온전히 교사 스스로의 몫으로 남겨진다. 풍부하게 제시된 漢字·漢字語만큼 다양한 교수 학습 방법도 제시되어야 한다고 생각한다.

둘째, 教科書 내에서 유형의 文化遺産 구체적으로 文化財를 활용한 漢字·漢字語 교수 학습이 이루어지고 있는가를 살펴보고자 한다. 教科書 소단원으로 '文化遺産'을 다루고 있는 教科書로는 〈대한교과서〉가 있다. 이 教科書에서는 '자랑스러운 文化遺産'이라는 대단원을 설정하여 '大東輿地圖', '京城과 宮城'이라는 소단원을 통해 文化遺産의 교육을 시도하고 있다. 특히 '펼침 학습' 부분에서 그림과 사진을 제시하며 文化遺産의 명칭을 학습하고 연습 문제로 확인까지 하는 과정을 수록했다는 점은 주목할 만하다. 〈새한교과서〉는 '생활마당'부분에서 '文字圖'를 활용하여 '孝'라는 漢字를 지도했으며, '韓國의 亭子'를 사진을 통해 소개하고 있다. 〈천재교육〉敎科書에서는 '사이버 답사여행'이라는 코너를 통해 '茶山草堂'을 소개하였고, 〈중앙교육진흥회〉敎科書에서는 김홍도의 風俗畵의 가치에 대한 설명을 싣고 있다. 이렇게 文化遺産을 활용한 교수 학습이 부분적으로 이루어지고 있지만 그것은 본문에 등장하는 文化遺産에 대해 사전식 설명을 제시하는 정도에 그치고 있을 뿐만 아니라 文化遺産의 정신을 계승한다는 데에 역점을 둔 나머지 작품명이나 이름의 의미와 같은 기본적인 설명과 학습은 놓치고 있다. 이러한 경향은 정작 숲의 의미와 가치에 대해 알고 있지만 숲 속에 자라는 작고 큰 나무의 이름과 가치에 대해 看過하고 있는 것과 같다. 숲 속 모든 나무와 풀의 의미와 이름을 다 알 수는 없지만 숲을 구성하고 있는 나무와 풀의 구체적 이름과 의미를 알게 될 때 숲은 훨씬 친근하고 구체적으로 다가온다. 傳統 문화라는 큰 테두리 속에서 그 가치를 강조하는 것도 중요하지만 작은 文化財 하나의 이름과 가치를 알게 함으로써 막연하고 추상적인 傳統문화의 가치를 가깝게 인식할 수 있도록 도와줄 것이다.

　아는 만큼 보인다. 한 때 유행했던 말이다. 傳統 문화의 계승과 발전을 교육 목표로 하고 있는 한문교과는 어느 교과보다 文化遺産을 통하여 구체적이고 실제적인 교수-학습 방법을 이끌어 낼 수 있으며 그 활용 소재는 무궁무진하다.

　그렇다면 文化遺産을 활용하여 漢字·漢字語를 가르치는 구체적인 방법으로는 어떤 것이 있을까. 이 연구는 그 활용의 領域을 회화문화, 건축문화, 복식문화로 나누어 각각 민화와 文字圖, 寺刹, 돌맞이 옷 四揆衫을 활용한 漢字·漢字語 교수 학습 방법을 구안해보고자 한다.

　文化遺産을 활용한 漢字·漢字語 교수-학습의 가장 큰 의미는 교실과 敎科書를 벗어나 박물관이나 고궁 등의 역사적 현장에서 漢字의 가치를 직접 확인할 수 있다는 것이다. 文化遺産의 명칭 속에 존재하는 漢字 그리고 文化遺産 속에 담긴 선인들의 지혜와 마음을 보여주는 뜻글자로서의 漢字의 가치를 학습자 스스로가 직접 느낄 수 있을 것이다.

Ⅲ. 文化遺産을 活用한 敎授-學習 方法의 實際

이 硏究는 民畵와 文字圖, 寺刹 構造物 그리고 돌맞이 옷 四揆衫을 活用하여 각 文化遺産의 명칭을 통해 漢字 및 漢字語를 학습하고 그 의미를 익히는 교수-학습 과정을 보여주고자 한다. 그러나 漢字·漢字語를 학습하기 위한 방법으로 채택된 민화, 文字圖 그리고 사규삼 같은 文化遺産들이 단순히 漢字를 익히기 위한 방법적 자료에 그치는 것은 아니다. 이러한 文化遺産을 활용한 학습은 한문 교과가 달성해야할 또 하나의 목표인 傳統문화의 繼承과 發展이라는 아우를 수 있는 意味 있는 과정이 될 것이다.

1. 繪畵 文化를 活用한 漢字 漢字語 敎授-學習 方法

1) 民畵를 活用한 敎授-學習 方法

민화만큼 민중 속의 생활감정과 호흡을 같이 한 그림도 없다. 솔직하고 거짓 없는 진솔한 마음을 표현하며, 가식이 없고 잘난 척하지 않으며, 한국인의 혼과 마음을 잘 표현하고 있는 그림이 민화이다[2].

---

2) 임두채(1993); 김희정(2001); 이영혜(2004) 참조.

민화는 山水畫, 壽石圖, 花卉圖, 蔬果圖, 花鳥圖, 靈獸畫, 魚蟹圖, 草蟲圖, 屋宇畫, 器用畫, 人物畫, 風俗畫, 道釋畫, 紀錄畫, 說話畫, 圖案畫, 地圖畫, 混成圖, 春畫圖 등 종류가 매우 다양하다. 서민들의 순박한 감상과 소박한 생활양식이 담겨있는 민화는 우리 선조들의 삶 그 자체를 보여준다.

이 단원은 다양한 민화 중 畜獸圖와 草蟲圖를 통해 漢字·漢字語 학습과 文化遺産으로서의 민화의 가치에 대해 학습할 수 있도록 구성되었다.

대단원명	소단원명	교수·학습 내용	차시
Ⅰ. 우리 민화 읽기	1. 귀신 잡는 호랑이	·희보호랑이와 벽사호랑이 ·'虎', '竹' 글자의 자원	1
	2. 신사임당의 편지 －草蟲圖	·신사임당의 초충도를 통한 漢字 익히기 ·민화 소재의 의미를 알고 실생활에 활용하기	2

(1) 귀신 잡는 까치와 호랑이

▷ 단원의 길잡이

"옛날 옛적 호랑이 담배 피던 시절에……"

우리네 할머니, 할아버지께서 옛날이야기를 하실 적마다 제일 앞에 붙이는 말이다. 오른쪽에 있는 그림처럼 호랑이

호랑이 담배 피던 시절에…

가 진짜 담배를 피워서였을까? 아마도 그만큼 호랑이가 우리에게 익숙한 동물이었기 때문이었을 것이다. 호랑이는 단군 신화에도 나올 정도로 우리 민족과는 밀접한 관련을 갖는 짐승이다. 〈삼국유사〉를 비롯한 많은 문헌들에서 사납고 무섭게 묘사되기도 하고 혹은 은혜를

갖는 보은의 동물로도 묘사되기도 했다. 우리 민화에서도 쉽게 호랑이를 찾아볼 수 있다. 이제 민족의 영물이자 영원한 친구인 우리네 호랑이를 만나보자.

▷ 학습목표

1. '虎'와'竹'의 자원을 이해하고 漢字를 쓸 수 있다.
2. 맹호도(猛虎圖)와 희보작호도(喜報鵲虎圖)를 이해하고 그 의미를 설명할 수 있다.

너는 누구냐?

① 호랑이 그림 두 점이 있습니다. 그림 속 호랑이의 표정은 어떠한가요?

---

② 호랑이 외에 어떤 것이 그려져 있나요?

---

③ 그림에 등장하는 소재들을 활용해서 漢字로 그림의 제목을 지어봅시다.

꼭 익혀야 할 漢字

喜	기쁠 (희)	辟	임금 (벽)
	예) 喜悅(희열)		예) 辟邪文(벽사문), 辟除(벽제)
報	갚을/알릴/대답할 (보)	邪	간사할 (사)
	예) 報告書(보고서), 報國(보국)		예) 邪交(사교), 邪心(사심)
畜	가축/기를/쌓을 (축)	鵲	까치 (작)
	예) 畜牧(축목), 畜産(축산)		예) 烏鵲橋(오작교), 鵲喜(작희)
獸	짐승/들짐승 (수)	圖	그림 (도)
	예) 禽獸(금수)		예) 圖鑑(도감), 圖表(도표)

[선생님이 들려주는 민화 이야기]

두 그림 모두 호랑이를 소재로 그린 民畫이다. 첫 번째 그림은 '猛虎

圖'로 귀신을 쫓는다는 '辟邪호랑이' 그림이고, 두 번째 그림은 '喜報鵲虎圖'로 기쁜 소식을 전해준다는 '喜報 호랑이' 그림이다. 민화 중에서도 이렇게 동물을 소재로 하여 그린 그림을 畜獸圖라고 한다. 傳統미술의 소재로 등장하는 동물들은 그 종류가 다양하지만 그 중에서 가장 많이 등장하는 동물은 호랑이다. 벽사의 뜻으로 그려지는 호랑이 민화는 대나무 숲을 배경[竹林出虎]으로 그려진다. 호랑이는 예로부터 나쁜 귀신을 씹어 먹는 존재로 인식되었으며, 대나무는 불속에 넣으면 펑펑 하고 소리를 내며 터져 그 소리에 귀신이 놀라 도망간다고 했다. 그래서 대나무 숲에서 나오는 호랑이는 벽사 호랑이, 즉 귀신 쫓는 호랑이가 된다. 辟邪의 그림 속의 호랑이는 귀신을 씹어 먹을 만큼 강한 존재이기 때문에 대개 咆哮하는 모습이거나 정면을 응시하는 무서운 모습으로 그려졌다.

　반면 희보 호랑이는 하늘의 기쁜 소식을 듣고 즐거워해야하기 때문에 애교를 떠는 모습으로 그려졌다. 喜報鵲虎圖에서 희보는 기쁜 소식이고 작호도의 鵲은 까치, 虎는 호랑이다. 그림에서 까치는 소나무 위에 앉아 있고, 호랑이는 까치를 우러러본다. 까치는 이른 아침에 기쁜 소식을 전해준다고 하여 喜鳥로 알려졌으니, 호랑이는 까치를 통해 하늘을 보며 하늘의 기쁜 소식을 기다리는 모양이 된다. 이 그림의 호랑이는 사납고 험상궂은 모습이 아니라 바보 같은 우스꽝스러운 모습을 하고 있어 다정스럽고 친숙함을 느끼게 한다.3)

字源으로 배우는 漢字

[호] 호랑이, 범, 무관(武官) - '虍(호)'부수, 2획[총8획]

▶변천　갑골 · 금문 · 소전

▶필순　丨 丄 ヤ 广 店 虍 虐 虎

---

3) 송석강, 이강승(1996); 김영재(1997) 참조.

◎ 자원

범 (호)는 호랑이의 모습을 본뜬 상형 글자이다.

호랑이 (호)를 부수자로 설명할 때는 아래 두 획을 제외한 글자만을 말해 호랑이 가죽무늬의 뜻으로 설명하는데, 호랑이의 얼굴과 가죽무늬[虎皮]를 본뜬 글자로 설명하는 설이 있고, 한편 咆哮하는 호랑이의 모양을 본뜬 글자로, 위쪽은 크게 벌린 입 모양과 이빨을 아래쪽은 다리 모양을 상형했다고 한다. 또 호랑이의 머리 부분과 앞다리를 본뜬 글자로 설명하기도 한다.[4] 부수로 활용될 때도 역시 호랑이와 관련된 의미로 주로 활용된다.

◎ 漢字語

虎骨(호골) / 虎口(호구) / 虎皮(호피) / 虎叱(호질)(연암 박지원의 한문소설)

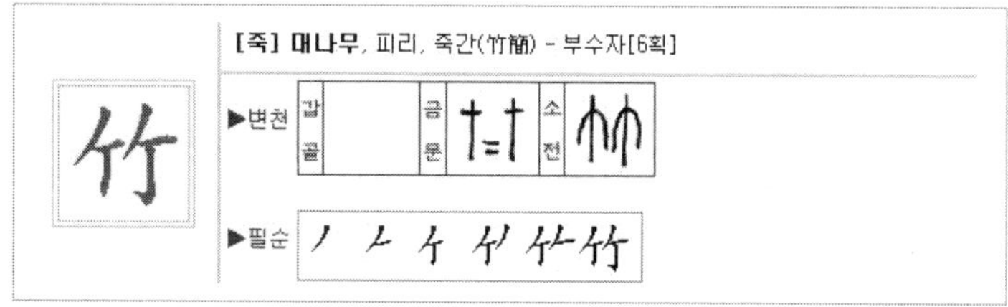

◎ 자원

대나무 (죽)은 두 개의 나무 가지에 잎사귀가 아래로 늘어져 있는 모양을 본뜬 상형 글자로 '대나무'의 의미로 표현한다. 대나무 (죽)을 부수자로 설명할 때는 대나무의 종류나 대나무로 만든 기구 등과 관련된 의미로 활용된다. 또한 종이가 없던 시절에는 글을 쓰던 대나무 조각인 竹簡으로 인해 '대나무 죽'자가 글자의 머리에 들어간 많은 수의 글자가 문서와 관련된 의미를 지닌다.[5]

---

4) 김용걸(1998) 참조.

5) 위의 책 참조.

◎ **漢字語**

竹林(죽림) / 烏竹(오죽) / 竹夫人(죽부인)

◎ **확인 평가**

① 다음 漢字가 만들어진 기원을 설명해보자.

　㉮ 虎 : ________________

　㉯ 竹 : ________________

② 보기의 빈 칸에 알맞은 漢字를 쓰시오.

〈보기〉

'猛虎圖'는 귀신을 쫓는다는 의미의 '□□호랑이'의 그림이고,

'喜報鵲虎圖'는 기쁜 소식을 전해준다는 '□□호랑이'의 그림이다.

(2) 신사임당의 편지 : 草蟲圖

▷ **단원의 길잡이**

　〈닭이 쪼던 그림〉신사임당과 관련된 일화 중 유명한 이야기가 있다. 어느 날 신사임당이 풀벌레 그림을 마당에 내놓아 여름 볕에 말리려 하자, 갑자기 닭이 와서 그림 속의 벌레가 살아있는 풀벌레인 줄 알고 쪼았다고 한다. 이처럼 당대의 민화들은 살아 움직이는 듯 사실적인 그림들이 많이 있다. 뿐만 아니다. 그림에는 섬세함 뿐 아니라 좋은 의미를 함께 담고 있다. 우리 민화 속에 담긴 상징과 의미를 배워보자.

▷ **학습목표**

1. 초충도의 소재로 사용된 사물의 명칭을 漢字로 익힐 수 있다
2. 民畵의 상징을 이해하고 활용할 수 있다.

꼭 익혀야 할 漢字

草	풀 (초)	瓜	오이 (과)
	예) 草木(초목)		예) 瓜年(과년)
蟲	벌레 (충)	蛙	개구리 (와)
	예) 害蟲(해충)		예) 井中之蛙 (정중지와–우물안 개구리)
蝶	나비 (접)	蜂	벌 (봉)
	예) 蝶泳(접영)		예) 養蜂(양봉)
茄	연줄기 (가)	蟻	개미 (의)
	예) 茄子(가자 – 가지)		예) 蟻群(의군)

① 〈수박과 나비〉

② 〈가지와 방아깨비〉

③ 〈오이와 개구리〉

위의 세 그림은 모두 신사임당이 그린 草蟲圖이다. 草蟲圖는 풀과 벌레를 억지나 꾸밈없이 화폭에 옮겨놓고 가까이에서 자연의 아름다움을 느끼고 배우도록 한 그림이다. 草蟲圖에서는 일년초나 다년생의 작은 풀과 꽃들과 그 주위에 친화관계를 유지하며 살고 있는 작은 곤충류를 그렸다. 이들 소재는 남성적이기 보다는 아늑하고 소담하여 여성적이라고 할 수 있으며 표현 기법도 섬세하고 정묘한 세필로 그려져 있어 조용하고 그윽한 정감을 준다.[6] 신사임당은 율곡 이이의 어머니로 학식과 덕망이 높았으며 그림에도 뛰어난 재질을 지녔는데 그 섬세한 필치가 고와 후대의 여성들이 수병풍의 본으로 많이 사용했다.

---

6) 이동주(1996); 김종수(2000) 참조.

[선생님이 들려주는 민화 이야기]

① 〈수박과 나비〉

이 그림에는 수박, 나비, 쥐, 패랭이꽃이 살아 움직이는 듯이 그려져 있다. 수박은 참외나 오이처럼 덩굴 식물인데다 씨가 많다. 덩굴처럼 번창하여 자손을 많이 낳으라는 의미도 있지만 수박의 발음은 壽福과 같아 '오래 살며 길이 복을 누리다'의 의미도 지닌다. 그리고 나비는 장수를, 패랭이꽃은 검은 머리 청춘을 상징한다. 둘을 합하면 장수하되 젊은 모습으로 오래오래 건강하게 살라는 의미이다. 집안에 쥐가 있는 곳은 주로 곳간인데 먹을 게 없으면 쥐도 없다. 수박을 열심히 먹고 있는 쥐를 그린 것은 풍요로움을 나타냄과 동시에 쥐의 왕성한 번식력은 자손번창을 거듭 강조한다. 이 그림을 읽어보자면 '청춘처럼 오래오래 살고 부유하며, 자손만대 번창하라'는 축복을 담고 있다.[7]

② 〈가지와 방아깨비〉

한가운데에 보기 좋게 익은 선명한 빛깔의 가지를 중심으로 초록색 잎사귀와 붉은 나비, 그리고 아직 익지 않은 하얀 가지가 활기차게 그려져 있다. 가지 아래 무당벌레, 방아깨비까지 사이좋게 어우러져 있다. 그러나 이 그림에 보이는 것들의 뜻을 살펴보면 더욱 좋은 글이 됩니다. 가지는 漢字로 茄子로 쓰인다. 소리 나는 대로 加子라 하면 자식을 더 많이 가지라는 말이 된다. 알을 많이 낳는 방아깨비도 자손이 크게 번성하라는 뜻을 지닌다. 무당벌레는 딱딱한 껍데기에 싸인 甲蟲이니 甲은 甲第, 즉 과거에 1등으로 합격하라는 의미이다. 벌과 개미는 여왕의 말만 잘 들으니 忠誠을 의미한다. 나비와 나방은 애벌레에서 번데기로 변하고 다시 허물을 벗는 과정을 거치니, 사람도 미숙한 상태에서 실력을 닦아 자신의 능력을 발휘할 수 있는 계기를 만들라는 뜻이다. 이 그림을 읽어 보자면 "귀한 자식들 많이 낳아 그들이 과거에 장원 급제해서, 군신의 예를 지켜 나라에 충성하고, 거듭

---

7) 정민(2004) 참조.

발전하여 높은 지위에 오르기를 바란다.”는 축복의 의미가 된다.

③ 〈오이와 개구리〉

투명한 빛깔의 오이와 땅강아지 쪽으로 천천히 살금살금 다가가는 개구리, 붉게 익은 조, 열심히 날고 있는 벌이 보기 좋게 어우러져 있다. 주렁주렁 달린 덩굴져서 번성하는 오이는 자식을 많이 낳으라는 뜻을, 올챙이 시절을 거치는 개구리는 어른이 되라는 뜻을 가진다. 조는 익을수록 고개를 숙이고, 땅강아지는 재주는 많지만 아직 미숙하고, 꿀벌은 부지런하다. 그림을 읽어보면, “지금은 미숙하고 부족하지만, 끊임없이 열심히 노력하여, 알찬 결실을 주렁주렁 맺고, 마침내 어린 시절을 돌아볼 수 있는 어른이 되어, 겸손하게 남 앞에 자신을 낮출 줄 아는 덕을 갖춘 사람이 되기를 바란다”는 내용이 된다.[8] 그렇다면 이 그림에 등장하는 소재들의 漢字 이름은 무엇일까?

草蟲 漢字이름 알기

瓢蟲	(音:표충) 무당벌레	西瓜	(音:서과) 수박
蝶	(音:접) 나비	鼠	(音:서) 쥐
石竹化	(音:석죽화) 패랭이꽃	茄子	(音:가자) 가지
螽斯	(音:종사) 여치, 방아깨비	瓜	(音:과) 오이
螽斯	(音:종사) 여치, 방아깨비	瓜	(音:과) 오이
螻	(音:루) 땅강아지	蛙	(音:와) 개구리
粟	(音:속) 조	蜂	(音:봉) 벌

[“나비야, 나비야”-우리 민화 읽기]

나비는 蝶으로 쓰는데, 여기에서 소리를 빌려서 耋의 뜻을 나타내어 80세 노인을 뜻하기도 하고, 자유연애와 행복의 상징물로 여겨지기도 하였다. 이런 생각들은 자유로이 어울려 꽃밭을 날아다니는 모습이나 나비에 관해 전해져 오는 이야기에서 비롯된 것이다.

---

8) 이영혜(2004) 참조.

우리 둘이 사랑타가 생사가 한이 있어
한 번 어차 죽어지면 너의 혼은 꽃이 되고
나의 넋은 나비되어 춘삼월 춘풍시에
네 꽃송이에 내가 앉아 두 날개 활짝 벌리고
너울너울 춤추거든 네가 나 인줄 알려무나.

춘향전 사랑가 중에서 이도령이 춘향이에게 하는 말이다. 이와 같이 나비는 총각을 상징하고 꽃은 처녀를 상징하며 나비는 남녀 한 쌍으로 비유되기도 한다. 민화의 百蝶圖는 群蝶圖, 胡蝶圖라고도 불리는데 기쁨, 사랑 영화, 부부 간의 화합 등의 뜻을 지니며 또 부귀를 상징한다.

△ 백접도(百蝶圖)   △ 김홍도의 黃猫弄蝶圖

활짝 핀 패랭이꽃 아래 고양이가 나비를 희롱하는 모습이 평화롭고 따뜻하게 묘사된 黃苗弄蝶圖는 풍속화가로 널리 알려진 김홍도의 그림이다. 蝶은 耋과 발음이 같고, 猫는 늙은이를 뜻하는 耄와 중국 발음이 같다. 또 패랭이꽃은 石竹花라고 하여 청춘을 의미한다. 평범하고도 평화롭기만 한 이 그림은 장수를 기원하는 그림이다. 그것도 늙어 아프지 말고 청춘처럼 장수하라는 축원이 담긴 그림인 것이다.[9]

---

9) 정민(2004); 조용진·배재영(2004) 참조.

◎ 확인평가

① 다음 단어에 알맞은 漢字를 쓰시오.

㉮ 가지 : ＿＿＿＿＿＿＿＿＿＿＿＿＿

㉯ 나비 : ＿＿＿＿＿＿＿＿＿＿＿＿＿

㉰ 개구리 : ＿＿＿＿＿＿＿＿＿＿＿＿

㉱ 패랭이꽃 : ＿＿＿＿＿＿＿＿＿＿＿

② 민화는 그림의 소재들의 특징을 통해 그림을 읽는 사람에게 이야기를 건네고 있습니다. 우리도 친구에게 곤충이나 식물의 특징을 이용하여 민화 편지를 써봅시다.

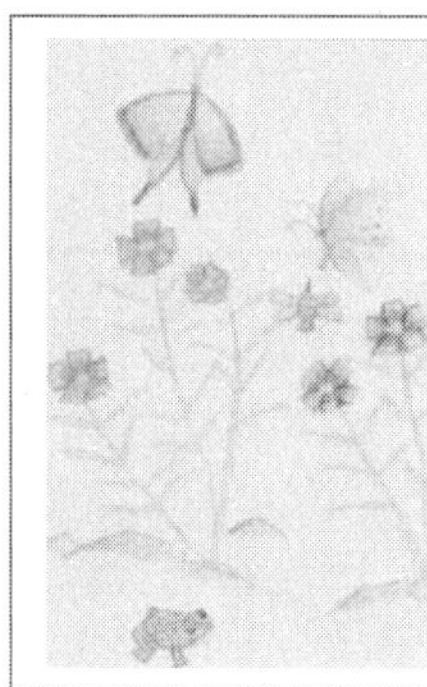

2) 文字圖를 活用한 教授-學習 方法

文字圖란, 글자의 의미와 관계가 있는 故事 등의 내용을 글자의 획속에 그려 넣어서 書體를 構成하는 그림이다. 기본적으로 문자를 다루고 있지만, 각 글자에 그것과 관련된 이야기나 동식물들을 곁들여 그리고 있기 때문에 회화성이 두드러지게 나타나는데, 이것이 순수한 서예와 구별되는 점이다.

文字圖는 그 의미와 내용에 따라 세 가지의 유형으로 그려졌다.

첫째, 풍요로움과 장수 등 현세에서의 평화로운 삶을 희망하는 守護

文字圖가 있다. 이는 수호를 상징하는 龍, 虎, 龜의 글자를 여러 번 반복해 써서 잡귀의 침범이나 액을 막는 주술적인 의미를 지니고 있다.

둘째, 富貴, 壽福, 多男 등의 글자를 이용해 염원이나 꿈을 표현하는 吉祥文字圖가 있다. '壽'나 '福'자를 수많은 형태로 도식화해서 마치 그림을 그려놓은 것과 같은 아름다움을 보여주는 작품으로 百福圖, 百壽圖, 百壽百福圖 등이 있다.

셋째, 文字圖에서 가장 많은 비중을 차지하는 孝悌文字圖가 있다. 이는 유교의 도덕 강령이자, 사대부들의 덕목이기도 했던 '孝·悌·忠·信·禮·義·廉·恥'처럼 儒敎的 倫理觀을 압축시켜 놓은 여덟 글자를 각 글자에 관련된 故事나 說話의 내용을 바탕으로 圖案한 그림이다. 이 여덟 글자를 문자 그대로 해석하자면, 孝는 어버이 섬김을 의미하고, 悌는 형제간의 우애를 말하며, 忠은 나라에 충성을 뜻하며, 信은 사람간의 믿음을 말하며, 禮는 예의바름을 나타내며, 義는 의로운 도리를, 廉은 검소와 절제를, 恥는 부끄러움을 아는 생각과 행동의 의미로 그려졌다.[10]

文字圖의 수업은 위의 효제 文字圖를 활용하여 진행하였다. 효제 文字圖는 '孝·悌·忠·信·禮·義·廉·恥'를 한 글자씩 나누어 그렸는데, 각각의 문자 그림에는 이들 덕목이 지니고 있는 의미와 관련된 逸話나 故事, 혹은 일화와 관련하여 象徵性이 부여된 기물이나 동·식물이 글자 劃의 일부를 구성하거나 여백에 곁들여 그려진다. 이러한 孝悌 文字圖는 해당되는 漢字를 단순하게 쓰고 읽어 외우기보다는 각각의 덕목이 가지는 의미와 그림 속에 등장하는 고사들을 통해 재미있게 익힐 수 있다는 장점을 가진다. 특히 자칫 관념적인 가치로

---

10) 김희정(2001); 이봄빛(2003); 이자영(2003) 참조.

받아들여질 수 있는 윤리적 덕목들을 실천의 사례를 통해 좀 더 구체적으로 인식할 수 있다는 점은 漢字 학습 외에 부수적으로 얻어지는 소득이다.

▷ 학습목표

1. 文字圖의 개념을 이해할 수 있다.
2. 孝悌 文字圖에 활용된 漢字의 음과 뜻을 알고 쓸 수 있다.
3. 孝悌 文字圖에 담긴 고사를 이해하고 생활 속에서 활용할 수 있는 덕목을 고를 수 있다.

[흥미유발 : 그림 문자에 다가가기]

학생들에게 무턱대고 '文字圖'에 대해 설명하는 것은 금물! '문자에다 그림을 더한 것이다.'라는 추상적인 설명은, 인지가 발달한 학생이라도 난해할 수 있다. 용어 자체가 낯설기 때문에 구체적인 설명이 필요하다.

"꽃"이란 단어를 활용한 우리말 文字圖와 春夏秋冬을 활용해 만든 文字圖 광고를 통해 文字圖의 개념을 이해할 수 있도록 돕는다.

〈그림 42〉 간장광고2. Yasuhiko Kida 작, 1985, Japan

〈참고〉 그 외의 다양한 그림문자

'슈렉'이라는 캐릭터 이름의 첫 글자인 대문자 S에다 슈렉의 두 귀를 붙여 그림문자로 형상화시켰다.

크리스마스(christmas)라는 영문 철자 하나하나를 재배열해 하나의 나무를 형상화했다. 비록 글자에 그림을 더한 형식은 아니지만, 이 또한 그림문자이다.

한글 문자그림이다. '복'이라는 글자의 'ㅂ'에 복주머니를 그려 넣었다. 전형적인 그림문자라고 할 수 있다.

한 음식점의 광고캐릭터이다. 漢字 '가(家)'를 표현하면서 갓머리 변에 기와집의 기와를 상징적으로 그려 넣었다. 앞으로 배울 漢字의 文字圖의 한 예가 될 수 있다.

[전개 : 문화유산 중 하나인 **孝悌 文字圖** 소개]

꼭 익혀야 할 漢字

孝	효도할 (효)	禮	예절 (례)
	예) 孝心(효심)		예) 禮節(예절)
悌	공경할 (제)	義	의로울 (의)
	예) 悌友(제우)		예) 義理(의리)

忠	충성할 (충)	廉	청렴할/ 검소할 (렴)
	예) 忠臣(충신)		예) 淸廉(청렴)
信	믿을 (신)	恥	부끄러울 (치)
	예) 信念(신념)		예) 羞恥(수치)

　도입 부분에서 제시한 흥미로운 그림 글자인 文字圖가 우리 傳統 文化遺産 속에도 있음을 소개한다.

　글자 위에 무엇인가 다른 그림들이 겹쳐져 있음을 발견할 수 있게 誘導한 후 글자와 함께 그려진 그림들이 의미하는 것들을 고사를 통해 재미있게 들려준다.

〈孝悌文字圖〉
조선대박물관 所藏, 遺物番號 42

〈孝悌文字圖〉
숙명여대박물관 所藏, 遺物番號 21

(1) 孝

孝는 부모에 대한 자식의 도리를 말하는 것으로 '자식은 부모를 공경해야 한다'는 덕목이다. 이 文字圖에 등장하는 소재는 당시 서민들이 보편적으로 효행의 상징적 사례들로 생각했으리라 짐작되는 잉어, 죽순, 부채, 거문고, 귤 등이다.

① 잉어

王祥의 효행과 관련된 소재이다. 효성이 지극하여 계모가 엄동설한에 일부러 산물고기를 원할 때, 왕상은 이를 마다하지 않고 강에 가서 얼음을 두르려 깨니 두 마리의 잉어가 뛰어나왔다. 왕상은 이를 잡아다 계모에게 정성껏 공양했다고 한다.

② 죽순

孟宗의 효행과 관련된 소재이다. 맹종의 어머니가 겨울에 죽순을 먹고 싶다고 하였다. 추운 겨울날씨에 죽순을 구할 수 없었던 맹종이 대나무밭으로 달려가 울며 애원하니, 눈물이 떨어진 자리에 별안간 죽순이 솟아났다. 맹종은 그것을 잘라 가지고 어머니께 달려가 공양하였다고 한다.

③ 부채

黃香의 孝行과 관련된 소재다. 황향은 효성이 매우 지극하여 더울 때는 부모가 누워 계시는 베개에 항상 부채질을 하고, 추울 때는 자신의 체온으로 부모를 따뜻하게 감싸면서 부모공양에 정성을 다했다고 한다.

④ 귤

陸績의 효행과 관련된 소재이다. 육적이 여섯 살 때에 袁術이라는 사람이 귤을 주자, 육적은 그것을 그 자리에서 먹지 않고 품속에 품으면서 고맙다고 하였다. 원술이 이상하게 여겨 물으니 육적이 "어머니에게 갖다 드리려고 합니다."라고 했다고 한다.

⑤ 거문고

거문고는 舜임금의 고사이다. 순이 임금이 되기 전, 계모와 이복동생으로부터 갖은 구박을 받으면서도 끝내 효심을 지켰다고 한다. 어느 정도 장성하여 집을 떠나 황무지를 경작하였으며, 못에서 고기를 잡고, 도자기를 굽기도 했다. 가는 곳마다 하는 일이 잘 이루어져 요임금으로부터 천하를 양위 받았는데, 요임금이 두 딸을 순에게 시집보낼 때 오현금을 선물하여 평소 연주했다고 한다.[11]

이 외에도 공자의 제자 중 한 사람인 자로가 백 리의 먼 길에서 어머니를 위해 쌀을 지고 가는 모습이 묘사되기도 한다.

(2) 悌

悌는 형제간의 도리를 말하는 것으로, '형제간에 서로 도우며 우애롭게 살아야 한다'는 덕목이다. 이 文字圖에는 할미새와 산 앵두나무가 소재로 등장하는데, 이는 詩經의 내용에서 비롯된 것이다. 시경의 내용을 보면, "할미새가 걸어갈 때는 꼬리를 흔들고, 날아갈 때는 울기를 끊이지 않는데, 이 모양을 매우 급한 일에 서로 경계하여 돕는듯하다 하여 형제간의 急難에 비유한 것이다. 그 이후로 할미새는 곧 형제의 우애를 상징하는 것으로 간주되었다. 한편, 산 앵두나무는 줄기가 길어 꽃이 아래로 늘어지면서 꽃받침이 서로 함께 모이면서 환하고 밝게 피므로 형제간에 우애 있는 것에 비유된 것이다. 또 三國志의 유비, 관우, 장비가 桃園結義하는 모습으로 '제'의 의미를 표현하는 경우도 있다.

(3) 忠

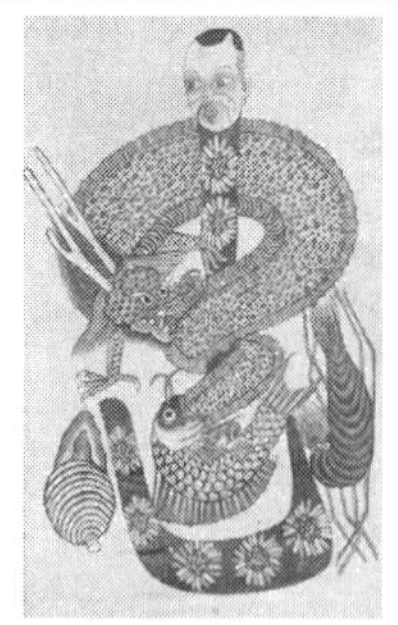

충(忠)은 임금에 대한 신하의 도리를 말하는 것으로 '나라에 충성해야 한다'는 덕목이다. 이 文字圖의 소재는 용, 잉어, 대나무, 새우나 대합, 혹은 거북이 등이다. 이 소재들은 '충(忠)'자의 각 획을 대신하여 교묘하게 배치되어 있는 것이 특징이다. '中' 부분에는 용과 잉어가 등장하는데, 잉어가 용의 꼬리를 물고 있는 형상으로 표현되어 있다. '心' 부분은 새우나 대합이 획을 대신하여 좌우로 배치된다. 때로는 '中'자의 자운데 획을 대나무로 대신하고 새우를 그려 대신하기도 한다.

---

11) 조자경(1993) 참조.

① 용과 잉어

　잉어가 용의 꼬리를 물고 있는 것은『後漢書』「李膺傳」에 나오는 魚變成龍, 즉 '물고기가 변해서 용이 된다'는 설화와 관련이 있다. 해마다 봄철이 되면, 황하강 상류 龍門峽谷에 잉어들이 모여들어 급류를 다투어 뛰어 오르는데, 이때 성공적으로 뛰어넘은 놈은 용이 된다고 한다. 이 설화와 관련하여 사람들은 선비가 과거시험에 합격하여 높은 벼슬자리에 오르는 것을 잉어의 登龍門에 비유했던 것이다. 이 文字圖에 잉어와 용이 등장하고 있는 것은 '높은 관직에 올라 나라에 충성 한다'는 뜻을 표현하고 있는 것이다.

② 새우와 대합

　대합과 새우는 和合의 의미를 나타낸다. 이는 새우를 뜻하는 '蝦'의 발음이 '和'의 발음과 유사하고, 대합을 뜻하는 '蛤'의 발음이 '合'의 발음과 서로 같은 데서 연유한 것이다. 이 文字圖에 화합이란 개념이 들어간 까닭은, 나라에 충성함으로써 군신의 화합이 이루어질 수 있다는 뜻으로 이해할 수 있다. 대합과 새우는 또 충절과 관련된 굳은 지조와 最上의 직위를 상징하고 있는데, 지조는 대합과 새우가 모두 단단한 껍데기로 싸여 있기 때문이며, 최상은 이들이 가진 껍데기를 첫째라는 의미의 '甲'과 같이 볼 수 있기 때문이다.

③ 거북이

　거북이는 夏나라의 賢人 關龍逢의 일화와 관련된 소재다. 관룡봉이 殷나라 桀王에게 忠諫하다가 죽음을 당하자, 뜰에서 서책을 등에 진 거북이가 나왔다고 한다. 그림에 간혹 등장하는 거북이가 바로 이런 사연이 있는 거북이다.

(4) 信

신(信)은 사람 사이에 언약과 말을 믿고 지키는 덕목이다. 그래서 서신(書信)이란 말은 믿음을 전하는 글이라고 말할 수 있다. 이러한 이유에서 신을 형상화한 文字圖에는 새가 편지를 물고 있는 모습이 묘사되는데, 이 새는 청조(靑鳥)와 하얀 기러기이다.

① 청조

청조는 西王母[12) 설화에 나오는 상상의 새인데, 얼굴은 사람, 몸은 새의 형상을 하고 있다고 한다. 칠월 이렛날 홀연히 청조가 한나라 武帝의 궁전에 날아들었는데, 東方朔[13) 이 말하기를 "이것은 서왕모가 이곳에 온다는 소식을 알리고자 함입니다."라고 하였다. 이 그림에 청조가 물고 있는 편지는 서왕모가 온다는 언약이요, 그것은 또한 믿음을 상징하는 것이다.

② 하얀 기러기

하얀 기러기도 편지를 입에 물고 있는데, 이 새도 청조와 같이 소식을 전한다는 새로 漢나라 때 蘇武라는 사람이 흉노에 사신으로 갔다가 북해상에서 억류되었을 때 이 사실을 조정에 전해 준 새를 말한다.

---

12) 서방 곤륜산에 사는 사람 얼굴에 호랑이의 이빨, 표범의 털을 가진 신인(神人)이라고 한다. 그러나 일반적으로는 불사의 약을 가진 선녀라고 전해진다.

13) 중국 전한(前漢)의 문인. 막힘이 없는 유창한 변설과 재치로 한무제의 사랑을 받아 측근이 되었다. 속설에 서왕모의 복숭아를 훔쳐 먹어 장수하였다 하여 '삼천갑자 동방삭'으로 일컬어졌으며 '오래 사는 사람'이라는 표현으로 그 뜻이 바뀌어 쓰였다.

(5) 禮

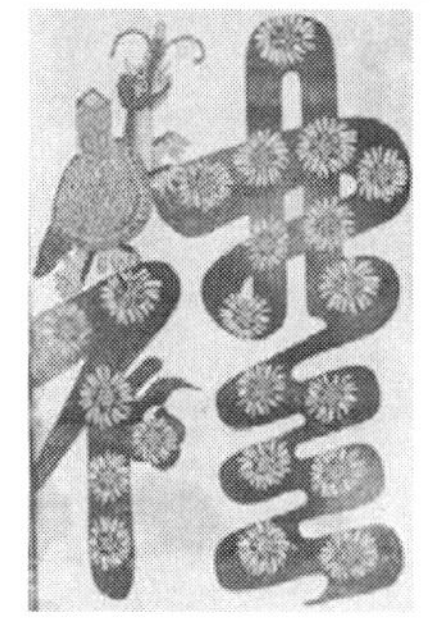

禮는 하늘의 이치와 부모자식, 부부간 등 인간관계에서 지켜야 할 도리를 말하는 것이다. 이 文字圖에는 일반적으로 거북이가 서책을 등에 지고 있는 모습 표현되곤 했다. 거북이가 책을 등에 메고 있는 모습이 '示' 변의 첫 번째 획에 그려지는 경우가 보통인데, 이는 河圖洛書의 고사와 관련이 있는 것이다. 夏나라 禹임금 때에 落水로부터 나온 거북이의 등에 글이 쓰여져 있었는데, 이것이 洪範九疇의 기원이 되었다고 한다. 홍범은 周書의 扁名이며, 구주는 箕子가 武王의 물음에 대답한 천하를 다스리는 아홉 가지 大法을 말한다. 구주의 여섯 번째에 乂用三德이라는 것이 있는데, 삼덕은 正直, 剛克, 柔克을 말한다. 이 삼덕이 예의 기본이 되는 것으로, 이와 관련하여 서책을 등에 진 거북이가 예의 상징물로 선택된 것이다. 어떤 경우에는 孔子가 예를 강론하는 모습을 그리기도 한다.

(6) 義

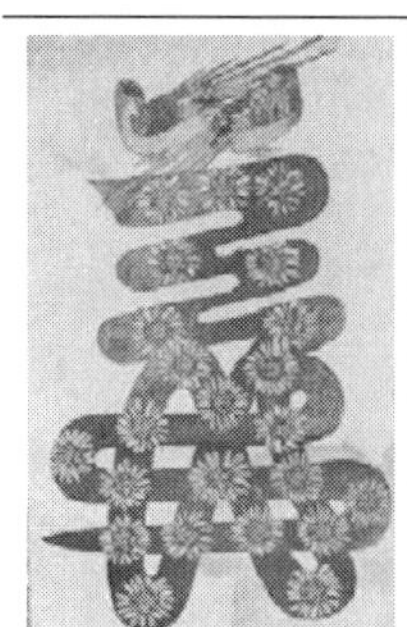

義는 義理를 말한다. 이 文字圖에 등장하는 소재로는 삼국지에 등장하는 유비, 관우, 장비가 桃園에서 結義하는 장면이 그려지기도 하고, 때로는 복숭아꽃만 그려 도원결의를 상징적으로 표현하기도 한다. 그 외에 두 마리의 새를 그리고 '關雎和鳴'이라는 화제畵題를 붙인 그림도 있다. 이 화제는 시경의 關雎扁의 내용과 관련이 있는데, 춘향가에서 이도령이 책방에서 춘향이를 생각하면서 바로 이 구절을 읊조렸던 것을 보면, 이 시의 내용의 義와 관련이 있다기보다는, 남녀간의애정을 노래한 것으로 생각된다. 하여튼 도원결의에서 보듯이 의로움은 상호화합이 이뤄졌을 때 더 큰 힘을 발휘하는 것이라고 본다면, 어우러져 지저귀는 한 쌍의 물수리도 義의 의미와 전혀 관계가 없다고는 볼 수 없다. 또한 文字圖에 연꽃이 표현되기도 하는데, 이는 진흙탕 속에서도 연꽃이 환하게 피어오르는 것처럼 어떤 어려움 속에서도 의리를 잃지 않는 다는 것을 의미한다.

(7) 廉

염(廉)은 청렴, 검소, 정직과 통한다. 이 文字圖에는 봉황새나 게가 단독으로 그려지기도 하고, 때로는 인물이 그려지기도 한다. 봉황이 등장하는 이유는 봉황의 성품이 염(廉)과 관련되기 때문이며, 게의 등장은 게의 행동 습성을 인간의 윤리에 조응시킨 결과이다.

① 봉황

봉황이란 수컷인 봉(鳳)과 암컷인 황(凰)을 함께 이르는 말인데, 성인(聖人)이 세상에 나오면 이에 응하여 나타난다고 하는 상상의 새이다. 봉황은 닭의 머리에 뱀의 목, 제비의 턱에 거북이의 등, 물고기의 꼬리 형상을 하고 있고, 오색 빛에 오음(五音)을 낸다고 한다. 문헌에 의하면, 봉황은 살아있는 벌레는 먹지 않으며, 살아있는 풀은 뜯지 않으며, 모여 살지 않고 어지럽게 날지 않는다. 또 그물에 잡힐 것을 걱정하지 않으며, 오동나무가 아니면 앉지 않고, 대나무 열매가 아니면 먹지 않는다고 한다. 그리고 아무리 배가 고파도 조(粟) 따위는 먹지 않는다고 한다. 이러한 봉황의 성품이 염(廉)이라는 글자가 가지는 의미와 상통하기 때문에 청렴과 절제의 상징적 존재로서 이 그림에 등장하는 것이다.

② 게

게는 앞으로 나아갔다가 뒤로 물러서는 것(前進後退)을 반복하면서 먹이를 찾는 습성이 있다. 이 습성을 인간이 지녀야할 도리, 즉 '남이 자기에게 호의를 베풀 때 무조건 사양하는 것만이 능사가 아니며, 분수에 맞으면 즐겁게 나아가 호의로 받아들이고, 분수에 넘치면 과감히 물러나 스스로를 다스려야 한다'는 염(廉)의 도리에 조응시킨 것으로 볼 수 있다. 또한 출처지리(出處之理)란 말은 세상에 기꺼이 나갈 때와 반대로 미련 없이 물러날 때를 알아 처신하는 것이 인간의 현명한 도리임을 깨우쳐 주는 말로 염(廉)의 도리와 상통하는 것인데, 이는 게가 자기 집에서 나와 먹이를 구하다가 주변사정이 여의치 않으면 곧 집 속으로 되돌아가 몸을 숨기는 것과 같은 이치로 볼 수 있다.

(8) 恥

치(恥)는 자신의 잘못된 행동에 대해 스스로 부끄러움을 알고, 그것을 바로잡아야 함을 뜻한다. 이 文字圖에는 은(殷)나라가 망하자, 주나라의 곡식 먹기를 부끄러워 하여 수양산에 숨어 살면서 고사리만 캐어 먹고 살다가 끝내는 굶어 죽었다는 백이와 숙제의 산중생활이 묘사된다. 이에 따라 백이, 숙제가 수양산에서 절개를 지키지 위해 달과 매화, 즉 자연과 더불어 일생을 보냈다는 고사를 상징적으로 표현하는 (토끼가 방아를 찧고 있는 모습이 보이는) 달과 매화나무를 그려 넣기도 한다. 실제로 달과 매화는 옛날부터 은거하는 처사(處士)들이 애호하던 고아함의 화신이요, 정절의 상징이었다.

[동영상을 통한 文字圖 정리]

이쯤에서 지금까지 배운 것을 정리해보는 것이 좋겠다. 물론, 교사가 직접 말로 요약·정리하는 것도 좋은 방법이겠으나, 인터넷을 즐기는 요즘 학생들에게는 동영상이라는 매체가 훨씬 더 친숙하다. 따라서 동영상이라는 매체를 통해 "文字圖"를 정리해보는 시간을 가지도록 한다.

국가文化遺産종합서비스 http://www.heritage.go.kr
: 홈페이지 접속 → 文化遺産교실 → 교육학습 동영상 → 16번 게시물 [文字圖]

"동영상보기"를 클릭하면, 위 그림과 같은 학습보조동영상이 뜬다. 왼쪽에 있는 목록들을 차례대로 클릭해서 학생들에게 보여주면, 지금까지 배운 내용을 복습하는 시간을 가질 수 있다. 특히 위에서 세 번째, '孝弟文字

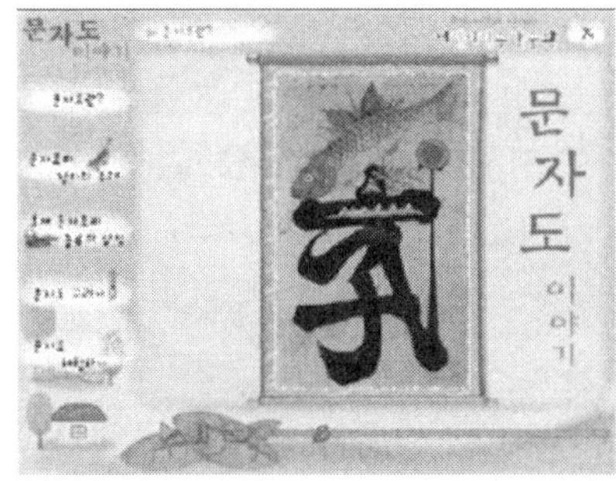

圖의 종류와 상징'은 위에서 나열했던 文字圖의 소재들을 一目瞭然하게 정리해두었기 때문에, 학생들이 쉽게 이해할 수 있다는 장점이 있다. 또한 홈페이지에서 "文字圖"를 검색하면, 국·사립박물관과 대학박물관에 소장 중인 총 29점의 文字圖 사진을 볼 수 있다.

[展示會 참가하기]

사진으로 접하는 文字圖는 한계가 있다. 다 비슷비슷해 보일 수 있기 때문이다. 게다가 屛風 같은 경우에는 쫙 펼쳐진 채로 사진을 찍은 것이 아니기 때문에 좀 더 자세히 봤으면 하는 경우도 있다. 그렇다면, 展示會를 이용하자!!

이게 文字圖야! [NEWSIS 2006-08-01]
1일 오후 경향 갤러리에서 삶-얼-멋의 복합성을 지닌 '문자 속에 나타난 우리민화 기념전'이 열렸다. 조선시대 서민의 정서를 담아냈던 그림인 민화의 한 분류에 속하는 文字圖는 다양한 자태 속에 동물, 식물, 자연현상, 설화, 길상문양 등을 첨가하여 그려 넣거나 조립, 상감, 복합하는 형식으로 글의 상징성을 전달하는 글자를 말한다. 이 민화는 강원도 영월에 있는 조선 민화전문 가회박물관 소장품으로 2003년에 가회박물관에서 전시된 후 이번에 경향 갤러리에서 전시되고 있다.

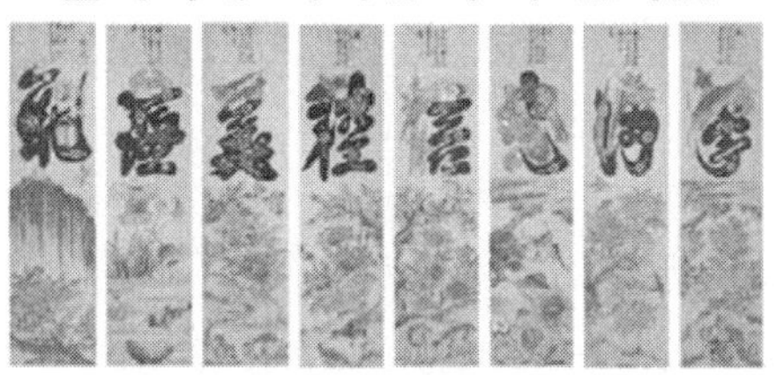

◎ 확인평가

① 孝悌 文字圖를 통해 배운 漢字들을 차례로 써보자.

② 孝悌 文字圖에 등장하는 덕목 중에서 한 가지를 골라 생활 속에서 실천했던 경험을 바탕으로 나만의 효제 文字圖를 그려보자.

☼ 本 수업의 마지막 목표에 해당하는 文字圖 그리기 단계이다. 종래의 효제 文字圖가 상징성을 가진 소재들을 그림으로 표현시켜 文字圖를 그렸듯이, 아이들도 개인적으로 겪었던 에피소드를 가지고 文字圖를 그릴 수 있도록 안내 하는 것이다. 기존의 文字圖에서는 '효도 효(孝)'는 왕상이나 맹종의 고사나 일화를 상징하는 잉어, 죽순, 부채 등을 그렸었다. 이것을 '우리식'으로 바꾸어 보는 것은 어떨까. 나만의 '효'자 文字圖는 어떤 모습일까. 내가 전교 1등을 했더니 부모님께서 온 동네에 소문을 내면서, 무척 좋아하셨다. 이 경우 전교 1등을 알려주는 성적표가 효를 상징할 수 있지 않을까. 이렇게 자신만의 효제 文字圖를 만들어 보게 함으로써 효(孝)라는 漢字의 음과 뜻을 학습하는 것은 물론 '효도'에 대해 구체적으로 생각할 수 있는 계기를 마련할 수 있다. 거기에 한 가지 덧붙여 글자 안에 이야기를 담아 표현하는

文字圖라는 예술 형태가 우리 傳統 문화 속에서 일찍이 꽃피웠다는 문화적 자긍심도 얻을 수 있으니 일석삼조의 효과라고 할 수 있겠다.

2. 建築 文化를 活用한 漢字 漢字語 敎授-學習 方法
-寺刹 構造物을 活用한 敎授-學習 方法

逍風이나 修學旅行을 가면 꼭 거치게 되는 곳이 寺刹이다. 아이들에게 寺刹은 지루하고 특색 없는 곳으로 認識되어 있다. 사찰 內部의 중요한 建築物과 構造物의 명칭과 기능 그리고 그 의미를 漢字의 음과 뜻을 통해 배운다면, 아이들의 사찰 나들이는 책을 벗어나 우리 문화 곳곳에 숨어있는 살아있는 漢字의 役割과 價値를 발견하는 좋은 계기가 될 수 있을 것이다.

寺刹의 대표적인 구성 요소로는 門, 樓, 鐘閣, 法堂, 回廊, 塔, 石燈 등 다양한 건축물들이 있다. 오늘날 사찰의 배치는 조선후기에 성립된 것으로 추정되고 있다. 주요 건축물은 사찰에 들어가는 進入空間부터 順次的으로 정형화되어 배치된다. 특별한 경우를 제외하고 사찰의 진입공간에는 일주문-천왕문-금강문-불이문 등이 배치되고, 사찰의 중심이라 할 수 있는 주요공간에는 사찰의 신앙 성격에 따라 석탑, 석등 등을 중심으로 불상을 봉안한 대웅전, 비로전, 극락전, 미륵전, 관음전, 명부전과 같은 금당들이 배치되고 부속공간들에는 조사당을 비롯하여 민간신앙을 흡수하여 불교화한 건물들인 산신각, 칠성각, 독성각 등이 전체 사찰 공간의 위계와 성격에 따라 배치된다. 이러한 사찰의 다양한 건축물 중 본 수업은 사찰의 제일문인 一柱門, 인상적인 사천왕이 서있는 天王門, 세속과의 결연인 동시에 합일을 의미하는 不二門, 법당의 중심 大雄殿, 四物 그리고 사찰건축의 단조로움을 극복하는 丹靑을 대상으로 진행된다.

▷ 학습목표
1. 사찰 건축물 명칭의 의미를 알고 漢字로 쓸 수 있다.
2 四物에 포함되는 공양구의 이름을 알고 그 의미를 설명할 수 있다.

꼭 익혀야 할 漢字

柱	기둥 (주)		廣	넓을/넓힐 (광)	
	예) 柱梁(주량–기둥과 대들보:인재)			예) 廣場(광장) 廣大(광대)	
堂	집 (당)		增	더할 (증)	
	예) 書堂(서당)			예) 增加(증가) 增減(증감)	
殿	큰집/ 궁궐/ 절(전)		鐘	종 (종)	
	예) 殿堂(전당)			예) 自鳴鐘(자명종)	
雄	수컷/이길/뛰어날 (웅)		鼓	북/ 두드리다 (고)	
	예) 雌雄(자웅) 雄飛(웅비)			예) 申聞鼓(신문고)	
指	가리킬 (지)		版	널빤지/ 조각 (판)	
	예) 指示(지시) 指目(지목)			예) 版畫(판화)	

(1) 一柱門 : 사찰에 들어서면 제일 먼저 볼 수 있는 건물로, 두 개의
기둥을 나란히 세워 지붕부를 올려 문을 만들었다고 하여 붙여진 이
름이다. 이 문은 속세와 불계를 구분 짓는 경계역할을 하며 문을 통과
하는 순간 불가의 세계로 들어가 일심(一心)의 마음을 가져야 한다는
의미가 있다.

한 번 더 짚어 줄 漢字의 음과 뜻

一	柱	門
한(일)	기둥(주)	문(문)

(2) 天王門: 이 문은 불법을 수호하는 사천왕상을 모셔놓은 전각으로
수행의 중간을 의미하며 속세의 잡귀가 佛세계로 들어오지 못하도록
한다.

〈한 번 더 짚어 줄 漢字의 음과 뜻〉

天	王	門
하늘(천)	왕(왕)	문(문)

지국천왕

광목천왕

증장천왕

다문천왕

〈한 번 더 짚어 줄 漢字의 음과 뜻〉

指	國	廣	目	增	長	多	聞
가리킬(지)	나라(국)	넓을(광)	눈(목)	다할(증)	길(장)	많을(다)	들을(문)

① 指國天王: 손에 비파를 들고 있으며 인간의 감정 중 기쁨의 세계를 통괄하고 있으며 계절적으로 봄을 관장하고 있다고 한다.

② 廣目天王: 용과 여의주를 거느리고 있으며 인간의 감정 중 노여움의 세계를 통괄하고 있으며 계절적으로 여름을 관장하고 있다고 한다.

③ 增長天王: 손에 칼을 들고 있으며 인간의 감정 중 사랑의 감정을 관할하고 있으며 계절적으로 가을을 주관하고 있다고 한다.

④ 多聞天王: 손에 보탑이나 깃대를 들고 있으며 인간의 감정 중 즐거움의 감정을 관할하고 있으며 계절적으로 겨울을 관장하고 다스리고 있다고 한다.

(3) 不二門: 불교에서 깨달음의 경지를 의미하는 문으로 가장 위쪽에 배치되는 문이다. 불이란 중생과 불이 둘이 아니며 세속과 불가의 세계 역시 하나일 뿐이라는 의미이다. 불가에서는 번뇌의 세계에서 깨달음의 세계로 진입하는 중요한 문이다.

한 번 더 짚어 줄 漢字의 음과 뜻

不	二	門
아닐(불)	두(이)	문(문)

(4) 大雄殿: 사찰의 가장 중심부에 배치되며, 위계상 가장 높은 건물이다. 대웅전은 사찰에서 가장 규모가 크고 화려하게 만들어 사원의 격을 돋보이게 한다. 이 법당에는 불교의 교주인 석가모니불을 모셔 놓았고, 격을 높여 대웅보전(大雄寶殿)이라고도 한다.

상좌) 일주문
상우) 천왕문
하좌) 불이문

한 번 더 짚어 줄 漢字의 음과 뜻

大	雄	殿
큰(대)	뛰어날(웅)	큰집(전)

(5) 四物

어느 사찰이나 경내로 들어가는 입구에 누각이 있고 여기에 범종을 비롯하여 북, 목어, 운판이 함께 걸려있다. 이것들은 소리를 내는 공양구로 사물(四物)이라고 하는데, 그 소리를 통해 세상의 모든 생명 있는 것들을 구제해 보고자 하는 의미가 담겨있다.

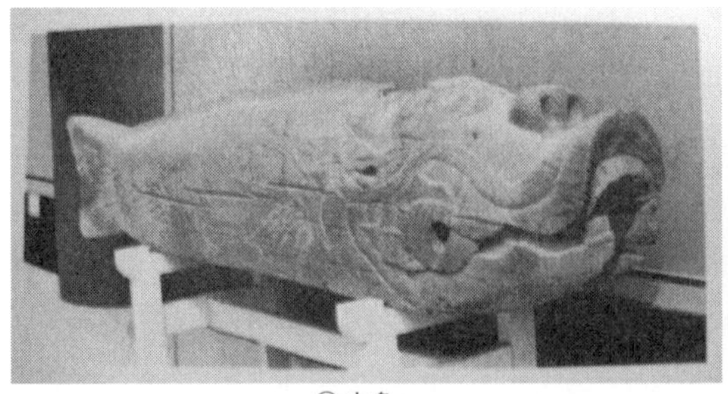

① 木魚

② 梵鐘

③ 鼓

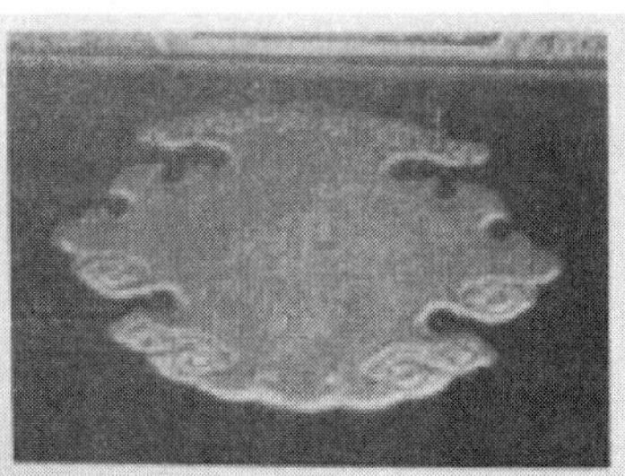

④ 雲版

① 木魚: 나무를 물고기 모양으로 만들어 배 부분을 파내고 안쪽의 양 벽을 나무체로 두드려서 소리를 내는 도구이다. 물속에 사는 중생을 구제한다는 의미이다.

② 梵鐘: 범종의 소리는 부처의 음성이며 언어이다. 모든 중생들을 범종의 소리로 구제한다는 의미이다. 범종은 주로 사찰의 행사나 시간을 알리거나 사람을 모을 때 사용하였다.

③ 鼓: 북소리가 널리 울려 퍼지듯 불법을 중생에게 널리 전하여 세간의 모든 중생들이 번뇌를 끊고 해탈을 이루게 한다는 의미이다.

④ 雲版: 청동이나 철로 만든 구름 모양의 법구로서 소리를 내어 허공에 날아다니는 중생을 구제한다는 의미이다. 모양에 따라 화판 또는 장판이라고도 불린다.

한 번 더 짚어 줄 漢字의 음과 뜻

木	魚	鐘	鼓	雲	版
나무(목)	물고기(어)	종(종)	북(고)	구름(운)	조각(판)

(6) 丹靑

단청은 건축물을 화려하게 장식하여 아름답게 보일 뿐만 아니라 상징성을 부여하는 창조적 예술 행위이다. 단청은 청색, 적색, 녹색, 백색, 흑색 등 여러 가지 색을 활용하여 문양이나 그림을 벽면이나 나무에 채색하는 것으로 목재를 보호하고 장식하는 목적으로 사용되었다. 나아가 위풍과 장엄을 위한 것으로 궁전이나 법당 등 특수한 건축물을 장엄하여 엄숙한 권위를 나타내는 효과가 있다. 이러한 단청은 삼국시대에 확립되어 고려, 조선시대를 거치면서 단청의 내용이나 구도가 조금씩 달라지기는 하였지만 그림과 색채로 우리의 사살을 표현하려는 기법은 면면히 지속되면서 다양하게 발전되어 왔다.[14]

한 번 더 짚어 줄 漢字의 음과 뜻

丹	靑
붉을(단)	푸를(청)

금산사 대장전

연화단청

---

14) 엄기표 외 3인 공저(1999) 참조.

머리초

◎ 확인평가

① 다음 표의 빈 칸을 알맞게 채우시오.

명칭	漢字로 쓰기	의미
일주문		사찰의 가장 첫 문
	天王門	
불이문		세속과 불가의 세계는 하나!
대웅전	大雄殿	

② 사찰에는 소리를 내어 만물에게 깨달음을 전하는 四物이 있다. 사물에는 어떤 것들이 있고, 그 의미는 무엇인지 설명해 보자.

3. 服飾 文化를 活用한 漢字 漢字語 敎授-學習 方法
-돌맞이 옷, 四揆衫을 활용한 敎授-學習 方法

근간에 들어 우리 傳統 복식에 대한 관심이 높아지고 있다. TV나 영화에서 사극이 집중을 받으면서 사극에 등장하는 화려하고 아름다운 傳統 복식에 대한 관심도 커지고 있다. 이러한 분위기를 활용하여 傳統 복식에 새겨진 漢字를 골라내어 학습하는 수업을 고안하였다. 이 수업을 통해 아이들은 漢字가 생활 깊숙하게 스며있다는 것을 몸소 느끼게 될 것이며, 옷을 만들 때 외형적인 아름다움과 함께 그 옷을 입는 이들을 위한 기원까지 담아낸 선인들의 지혜를 배울 수 있을 것이다. 이 수업에서는 돌맞이 옷인 四揆衫에 대해 살펴보고자 한다.

▷ 학습목표
1. 남아용 사규삼에 새겨진 漢字를 읽고 그 의미를 풀이할 수 있다.
2. 남아용 사규삼에 새겨진 문양의 명칭을 알고 그 의미를 설명할 수 있다.

[흥미유발 : 옛 선인들의 돌맞이 문화와 사규삼]

　사회 문제로 대두되고 있는 底出産 문제에 대해 언급하며 옛 사람들이 多産한 이유에 대해 발표하는 시간을 갖는다. 다산의 여러 가지 이유 중 하나는 '아이 낳아 반타작'이라는 말이 있을 정도로 영아 사망률이 높았기 때문이다. 이렇게 태어나서 한 해를 넘기지 못하고 죽는 경우가 많았기 때문에 태어나서 첫 돌을 무사히 맞이하는 것은 가족 모두에게 기쁨이 되었던 것이다.

김홍도의 그림을 보여주며 돌잔치의 의미 설명하기

　이 그림은 돌잔치 하는 풍경을 그린 그림이다. 돌잔치는 아이의 첫 생일이라는 의미도 있지만, 태어나서 1년의 고비를 잘 넘겼다는 기쁨과 계속 건강하게 자라기를 기원하는 축복의 의미가 있었다. 그래서 큰 잔치를 열어 일가친척들을 초대해 아이를 축복해주고 응원해주었던 것이다. 돌잔치는 외부 사람들에게 처음으로 아이를 선보이는 날이었다. 잔치의 주인공이 되는 아이의 옷차림에 신경을 많이 쓰게 되는 것은 당연한 일. 아이는 그 동안 주로 흰 옷만 입다가 돌잔치 날 처음으로 진한 색깔 옷을 입게 된다. 이 때 입었던 아이용 사규삼 역시 화려한 옷이다.

[사규삼에 새겨진 글자와 문양의 의미]

돌잔치 때 아이는 어떤 옷차림을 했을까. 먼저 아이에게 바지와 저고리를 입힌 다음에, 버선을 신게 한다. 아이들이 신는 버선을 '타래버선'이라고 하는데 이 버선에는 '八十'을 수놓았다. 이것은 80세까지 살라는 기원을 담은 것이었다. 그리고 그 위에 빨간 두루마기를 입히고, 금박으로 장식이 된 사규삼을 입혔다. 사규삼은 원래 왕세자의 예복이었지만, 공주의 예복인 활옷이 백성들의 혼례복으로 쓰인 것과 같이, 이 사규삼도 관례복으로 쓰이게 되었으며, 뒤에 남자 아이의 돌 옷으로 사용하기도 했다. 소매가 넓고, 맞깃이며, 양옆은 겨드랑이까지 트였고, 소매, 깃, 도련, 겨드랑이 부분에 검정 緞을 대고 그 위에 문양이나 글자를 금박으로 새겼다. 파란색은 남아용 사규삼이고 분홍색 사규삼은 여아용 사규삼이다. 이렇게 옷차림이 갖추어지면, 남자아이는 머리에 호건을 쓰고 여자아이는 굴레를 썼다. 虎巾은 호랑이(호), 수건(건)으로 호랑이 모자라는 뜻이다. 아이가 총명하길 바라는 마음으로 호랑이의 눈과 귀를 본떠서 만들었다고 한다. 굴레는 다양한 색실로 수를 놓아서 아주 화려하고 예쁘다.[15] 이들 여러 가지 돌맞이 복식 중 본 수업에서는 남아용 사규삼에 새겨진 漢字와 문양에 대해 살펴보고자 한다.

---

15) 조효순(1996); 백영자(2004) 참조.

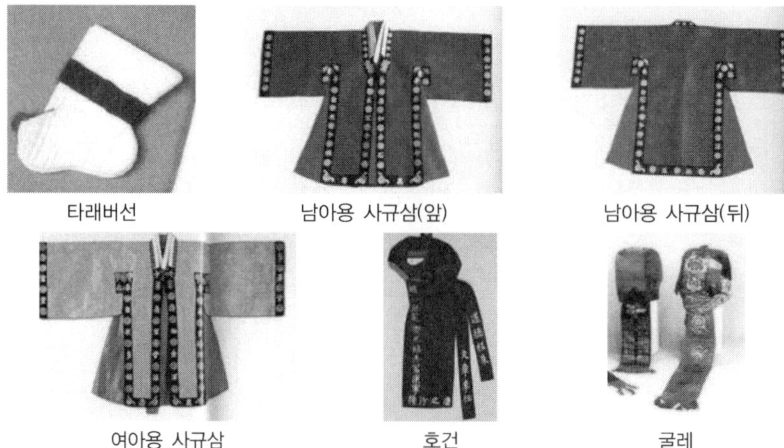

타래버선   남아용 사규삼(앞)   남아용 사규삼(뒤)

여아용 사규삼   호건   굴레

(1) 사규삼에 새겨진 漢字

꼭 익혀야 할 漢字

壽	목숨/ 장수할 (수)	命	목숨/명하다 (명)
	예) 長壽(장수)		예) 運命(운명) 命令(명령)
福	복 (복)	求	구할 (구)
	예) 祝福(축복)		예) 求愛(구애)
永	길다/ 오랠 (영)	宜	마땅할/화목할 (의)
	예) 永遠(영원) 永生(영생)		예) 宜當(의당)
配	짝/ 합할 (배)	彊	경계/끝 (강)
	예) 按配(안배)		예) 萬壽無彊(만수무강)

① 양쪽 소매의 글자

壽如山	富如海

壽如山 : 漢字 : 목숨(수), 같을(여), 산(산)

　　　　　직역 : 수명이 산과 같다

　　　　　의역 : 수천 년 세월이 흘러도 변함없이 우뚝 솟은 산을 보고

아이도 산처럼 오래도록 건강하게 살았으면 하는 마음을
담고 있다

富如海 : 漢字 : 부유할(부), 같을(여), 바다(해)

　　　　직역 : 부유함이 바다와 같다.

　　　　의역 : 아이가 풍족하게 살기를 바라는 뜻이 담겨 있다.

② 안쪽 길 부분의 글자

<table>
<tr><td>壽如金石</td><td>長宜子孫</td></tr>
</table>

壽如金石 : 漢字 : 목숨(수), 같을(여), 쇠(금), 돌(석)

　　　　직역 : 목숨이 쇠와 돌과 같다.

　　　　의역 : 단단하고 오래도록 변함없는 쇠와 금처럼 오래 살
　　　　　　　라는 의미이다.

長宜子孫 : 漢字 : 길(장), 화목할(의), 아들(자), 손자(손)

　　　　직역 : 길이 자손들이 화목하도다.

　　　　의역 : 아이의 자손들이 번창하고 화목하길 기원하는 마
　　　　　　　음이 담겨 있다.

③ 도련 부분의 글자

앞쪽에는 '萬壽', 뒤쪽에는 '無疆'이라는 말과 함께 쓰여 있어서 만수
무강(萬壽無疆).

萬壽無疆 : 漢字 : 일만(만), 목숨(수), 없을(무), 경계(강)

　　　　의미 : 끝없이 오래 오래 살기를.

(2) 사규삼에 새겨진 문양

꼭 익혀야 할 漢字

桃	복숭아 (도)	吉	길하다/좋다/복 (길)
	예) 桃園(도원)		예) 吉兆(길조)

桃	복숭아 (도)	吉	길하다/좋다/복 (길)
	예) 桃園(도원)		예) 吉兆(길조)
紋	무늬 (문)	祥	상서롭다/좋다 (상)
	예) 紋樣(문양)		예) 祥夢(상몽)
蝠	박쥐 (복)	語	말씀 (어)
	예) 蝙蝠(편복－박쥐)		예) 言語(언어)

① 천도문(天桃紋)－천도복숭아 문양

옷깃에 세 개의 열매와 잎이 그려져 있는 것이 바로 천도복숭아 이다. 이 천도 복숭아는 중국 신화에 등장하는 서왕모라는 죽음의 여신의 정원에 열리는 복숭아인데, 이것을 따먹으면 늙지도 않고 죽지도 않는다고 한다. 바로 이런 이유로 복숭아는 장수를 상징하는 과일이 되었다. 가운데 부분이 약간 갈라진 듯이 그려서 복숭아의 특징을 나타냈으며, 열매마다 일곱 개의 점을 찍어서 복숭아 열매라는 것을 표시하기도 했다.

	天	桃	紋
	하늘(천)	복숭아(도)	무늬(문)

② 편복문(蝙蝠紋)－박쥐문양

회장과 도련 부분에 그려진 것은 바로 박쥐이다. 박쥐는 오래 사는 동물이라고 해서 장수를 상징하고 번식력이 강해서 자손이 많아지길 바라는 축복의 의미도 있다. 또 박쥐를 의미하는 '蝠(복)'자의 음이 福(복)과 일치 한다고 해서 복(福)을 뜻하기도 한다. 이렇게 박쥐 문양은 여러 가지 의미에서 축복의 의미로 사용된다. 그래서 가운데에 수(壽)를 두고 다섯 마리의 박쥐를 빙 둘러서 그리면 오복(五福)을 상징한다고도 한다.

	蝙	蝠	紋
	박쥐(편)	박쥐(복)	무늬(문)

③ 길상어문(吉祥語紋)-좋은 글자 문양

이 문양은 박물관에 종종 가보았던 학생이라면 누구든지 본 적이 있을 것이다. 베개나, 옷, 가구 등 많은 소품에 사용되는 문양이다. 이 문양의 의미는 무엇일까. 이것은 문자에서 비롯된 문양으로 수(壽) 목숨 (수)자가 변형되어서 만들어진 것이다. 오래 살기를 기원하는 축복의 의미가 있는 문양이라고 할 수 있다.

	吉	祥	語	紋
	길하다(길)	상서롭다(상)	말씀(어)	무늬(문)

◎ 확인평가

① 다음 문양의 명칭과 의미를 설명하시오.

		천도복숭아의 모양을 그린 것으로 장수를 기원하는 문양
	蝙蝠紋	

② 다음은 남아용 사규삼에 새겨진 글자이다. 독음(讀音)과 의미를 쓰시오.

萬壽無疆

Ⅳ. 結論

이상에서 文化遺産을 활용하여 고등학교 수업에서 適用할 수 있는 漢字·漢字語 교수-학습 방법을 具案해 보았다. 고등학교에서는 한문 중심의 수업을 진행해나가야 한다고 생각할 수 있다. 그러나 현재 중학교에서 한문과목을 이수하지 못하고 진급한 학생이 있다는 점과 漢字의 특성상 반복적 활용이 이루어지지 않으면 잊기 쉽다는 것을 고려하면 고등학교에서의 漢字·漢字語 교육에 대한 다양한 논의가 이루어져야 한다. 실제로 敎科書에도 이런 漢字·漢字語 학습의 중요성을 고려해 풍부한 漢字·漢字語 자료를 제시하고 있지만, 대부분이 본문 이외의 보충 심화 부분에 제시되어 있어서 학습량을 加重시킬 뿐 아니라 실제적으로 수업에 활용되기도 어렵다. 漢字·漢字語의 실제적인 학습을 위해 보충 심화 학습 부분의 다양한 자료를 본문으로 도입하거나, 현재 한문 敎科書에 실린 학습의 양을 대폭 줄이는 방안을 모색해야 한다. 또 수록된 漢字語가 지나치게 生活 漢字語 중심이라는 점도 생각해볼 문제이다. 時事 漢字語, 敎科目에 자주 쓰이는 漢字語 등 생활 漢字語들은 日常生活에 다양하게 활용되면서 言語生活을 풍부하게 할 수 있다. 道具敎科로서의 한문 교과의 역할을 충실하게 수행하고 있는 것이기도 하다. 그러나 이러한 생활 漢字語들은 무엇을 위한 도구는 될 수 있지만 그 漢字語 자체를 통해 뜻글자인 漢字

가 가지는 매력을 충분히 보여주기에는 무엇인가 아쉬움이 남는다. 漢字·漢字語를 가르치는 목표가 실생활에 활용하여 언어생활을 풍부하게 한다는 데에만 있지는 않을 것이다. 漢字·漢字語 학습이되 그 과정에서 한문교과의 다른 목표를 실현해 낼 수 있는 교수 학습 방법에 대한 고민으로, 고등학교에서 본 수업으로 시도할 수 있는 文化遺産을 활용한 漢字·漢字語 교수 학습 방법을 구안해 본 것이다.

文化遺産의 특징은 그 중심에 '先人들의 구체적인 삶'이 있다는 것이다. 사람이 태어나면서부터 죽을 때까지 누리는 생활의 문화가 그 속에 녹아 있다. 추상적이고 막연한 관념으로서의 傳統이 아니라 생활의 장면 속에서 살아 움직이고 適用할 수 있는 傳統의 소재들이 文化遺産 속에 있다. 그 文化遺産이라는 소재를 활용하여 漢字·漢字語 학습을 한다면, 漢字·漢字語 학습의 중심적인 목표를 성취하는 것에 덧붙여 傳統문화의 계승과 발전이라는 부수적인 목표도 성취할 수 있다. 왜냐하면 文化遺産의 명칭과 의미를 아는 일은 그 속에 담긴 선인들의 정신을 이해하고 느끼는 일로 연결될 수 있기 때문이다. 그 과정을 통해 학습자들은 무심하게 지나쳤던 傳統 建築文化, 服食文化, 繪畫文化 속에서 의미 있는 깨달음을 건져 올릴 수 있을 것이다. 또한 활용할 수 있는 자료도 무궁무진하다. 漢字로 기록된 수많은 文化遺産이 모두 土臺가 될 수 있다. 다만 이 연구에서는 특정한 文化遺産의 명칭과 의미를 학습하는 교수 학습 방법을 고안하다보니 교육용 漢字 외의 어려운 漢字를 가르치게 되는 문제에 부딪치게 되었다. 또 미술, 건축 등 순수 한문 교과적 성격을 다소 벗어나게 되는 경우도 생기게 되었다. 이러한 문제점들은 한문 교과에서 가르칠 수 있는 文化遺産을 선별·가공하여 한문 교과 교수 학습 체제에 맞게 재생산해는 연구가 계속되면서 극복될 수 있으리라 믿으며, 이후 이 분야에 대한 지속적인 연구와 시도가 이어지길 기대한다.

참고문헌

국립중앙박물관, 『추사 김정희 學藝 일치의 경지』, 서울: 통천문화사, 2006.

김영재, 『귀신 먹는 까치호랑이』, 서울: 들녘, 1997.

김용걸, 『자원자해로 익히는 漢字』, 서울: 삼지원, 1998.

김종수, 『우리 그림 여행』, 서울: 동녘, 2000.

김현주, 『판소리와 풍속화 그 닮은 예술세계』, 서울: 효형출판사, 2000.

백영자, 『한국 복식의 역사』, 서울: 경춘사, 2004.

송석강, 이강승, 『그림으로 배우는 우리의 文化遺産』, 서울: 학연문화사, 1996.

엄기표 외 3인공저, 『그림과 명칭으로 보는 한국의 文化遺産』, 서울: 시공테크, 1999.

유홍준, 『文字圖』, 서울: 대원사, 1993.

윤열수, 『korean art book 회화1』, 서울: 예경, 2001.

이덕수, 『新 궁궐기행』, 서울: 대원사, 2004.

이동주, 『우리 옛 그림의 아름다움』, 서울: 시공사, 1996.

이성도 외 3인 공저, 『傳統미술문화교육』, 서울: 미진사, 2005.

이영혜, 『민화 이야기』, 서울: 디자인하우스, 2004.

이태호, 『文字圖』, 서울: 대원사, 1998.

임두채, 『한국의 민화 3』, 서울: 서문당, 1993.

장경희 외 5인 공저, 『한국미술 문화의 이해』, 서울: 예경, 1994.

정민 외 4인 공저, 『살아있는 漢字 敎科書』, 서울: 휴머니스트, 2004.

정병모, 『korean art book 회화2』, 서울: 예경, 2001.

조용진·배재영, 『동양화란 어떤 그림인가』, 서울: 열화당, 2004.

조효순, 『색깔 있는 책들 - 복식』, 서울: 대원사, 1999.

한국文化遺産답사회, 『경기북부와 북한강』, 서울: 돌베개, 1997.

한영우 외 2인 공저, 『우리 옛 지도와 그 아름다움』, 서울: 효형출판사, 1999.

한예원, 『漢文敎育論』, 서울: 문자향, 2006.

홍순민, 『우리 궁궐 이야기』, 서울: 청년사, 1999.

김희정, 「민화文字圖의 연구」, 단국대 교육대학원 석사학위논문, 2001.

이봄빛, 「조선시대 효제文字圖 연구」, 동국대 대학원 석사학위논문, 2003.

이자영, 「'효제文字圖'의 현대적 표현에 관한 연구」, 단국대 대학원 석사학위논문, 2003.
조자경, 「민화 文字圖 연구」, 성신여대 교육대학원 석사학위논문, 1993.

이희목 외 3인 저, 『고등학교 한문』, 서울 : (주)천재교육, 2002.
박갑수 외 2인 저, 『고등학교 한문』, 서울 : (주)지학사, 2002.
김상홍 외 3인 저, 『고등학교 한문』, 서울 : (주)중앙교육진흥연구소, 2003.
유성준 외 2인 저, 『고등학교 한문』, 서울 : (주)청색, 2002.
신표섭 외 7인 저, 『고등학교 한문』, 서울 : 도서출판 대학서림, 2002.
안재철 외 2인 저, 『고등학교 한문』, 서울 : 대한교과서(주), 2003.
이수철 외 1인 저, 『고등학교 한문』, 서울 : 정진출판사, 2002.
최상익 외 1인 저, 『고등학교 한문』, 서울 : (주)금성출판사, 2002.
김경수 외 3인 저, 『고등학교 한문』, 서울 : (주)교학사, 2002.
이명학 외 3인 저, 『고등학교 한문』, 서울 : (주)두산, 2002.

참고 사이트
국가文化遺産종합서비스 http://www.heritage.go.kr
가회박물관 http://gahoemuseum.org/
文化財청 http://www.cha.go.kr/
사이버文化財탐방 http://visit.ocp.go.kr/
조선민화박물관 http://www.minhwa.co.kr/

이 글은 『漢字漢文敎育』 제18집(韓國漢字漢文敎育學會, 2007)에 수록한 논문을 재수록한 것이다.

讀者 反應 中心 漢詩 敎授-學習 模型

金 載暎

Ⅰ. 序論

漢詩란, 漢文으로 된 詩를 말한다. 흔히 漢詩를 漢文學의 꽃이라고 말한다. 이는 간결한 언어와 함축된 표현을 통해 완결된 사상과 감정을 어느 문학 양식보다도 잘 표현하기 때문일 것이다. 2007년 개정 한문과 교육 과정의 내용 체계에서는 한문 텍스트를 短文, 散文, 漢詩로 나누고 있다. 이에 따라 교육 과정에는 교수-학습을 위한 漢詩의 내용 요소를 다음과 같이 제시하고 있다.

〈읽기〉 7) 한시를 소리 내어 읽을 수 있다.

8) 한시를 끊어 읽을 수 있다.

9) 한시를 바르게 풀이할 수 있다.

〈이해〉 6) 한시의 형식과 특징을 이해한다.

7) 한시의 내용과 주제를 이해한다.

8) 한시의 특수한 표현 방식을 이해하고 감상할 수 있다.[1]

---

1) 교육인적자원부(2007), 『한문 및 교양 선택과정 교육과정』(교육인적자원부 고시 제2007-79호[별책17]), 3~4면.

위에서 제시한 6가지 내용 요소는 다시 세 항목씩 묶어, 각각 '한시의 읽기와 풀이', '한시의 이해와 감상'이라는 중영역으로 정리할 수 있다. 이와 같은 내용 요소를 볼 때, 한시 교육은 1차적으로 한시를 讀解할 수 있는 能力을 기르는 것이 目標가 될 수 있다. 그러나 한시를 文學으로 본다면 文學 敎育的 接近 方法도 중요한 목표가 될 수 있다. 즉, 한시 교육에서 '鑑賞과 活用' 측면에 중점을 두고 교수-학습 방법을 설계할 수도 있다. 따라서 본고는 이러한 문학 교육적 측면에서 학습자의 이해와 감상에 중점을 두어 漢詩 敎授-學習 模型을 구안하고자 한다.

Ⅱ. 模型의 紹介

앞서 漢詩의 文學 敎育的 特性을 고려하여 한시 교수-학습 방법도 감상과 활용에 중점을 두어야 한다고 했다. 따라서 여기서 구안할 한시 교수-학습 모형의 목표는 물론 한시의 讀解가 1차 목표가 되겠지만, 주된 목표는 독해한 한시를 감상하고 활용하여 학습자가 스스로 內面化하는 것이라고 할 수 있다. 이러한 한시 교수-학습 목표의 성격에 따라 **'讀者 反應 中心 漢詩 敎授-學習 模型'**을 구안해 보았다. 이 모형의 이론적 배경은 '反應 中心 授業'을 기초로 하였다. 그러나 구체적인 모형의 절차에서는, 단계별로 다양한 교수-학습 전략이나 기법들을 적용하였다. 즉, '朗讀法', '懸吐 活用法', '比較 學習法', '媒體 活用 鑑賞法' 등 한문과 교수-학습 방법에 대한 연구 성과를 적절하게 적용함으로써, 한문과에 적합한 교수-학습 모형을 구안코자 하였다.

1. 이론적 배경

'**反應 中心 授業**'은 문학 수업에서 텍스트와 독자의 조화를 추구하는 수업이다. 이 수업은 텍스트를 중심에 둔 교사의 일방적인 지식 전달이 문학 수업의 본질과는 거리가 멀다는 반성에서 출발한 수업 형태이다.[2] 문학 교육의 목적이 학생들의 문학 감상 능력 증진이라면 문학 수업은 학생들이 수업을 통하여 작품과 좀더 친밀해지고 작품에 대한 학생들의 생각을 마음껏 펼칠 수 있는 기회의 場이 되어야 한다는 입장이다. 따라서 反應 中心 授業은 이러한 문학 수업의 본질에 가장 가까이 다가가는 수업으로 학생들의 텍스트에 대한 反應을 중요하게 생각한다.[3] 다음은 반응 중심 수업의 일반적인 節次다.

---

[2] 텍스트를 중심에 둔 교사의 일방적인 수업 이론을 신비평이론이라고 한다. 신비평 이론은 문학 작품의 외적인 측면을 철저히 배격하고 텍스트 자체만을 대상으로 작품을 비평하는 방법이다. 이러한 신비평은 문학작품을 독자적인 유기체로 보고, 내재적 관점으로 작품의 구조, 표현, 형식 등을 분석함으로써 작품이 지닌 가치를 평가하고 미적 특질을 규명하였다. 우리나라에서도 제3차 교육 과정 이후 문학 교육 영역에서 광범위하게 적용되어, 그간 학습자의 작품 이해에 많은 공헌을 했던 것도 사실이다. 그러나 문학 교육을 작품의 해부학으로 간주하게 되고, 독자를 수동적 위치로 전락시켰으며 단편적 지식 위주의 수업으로 문학 수업의 흥미를 반감시켰다는 지적도 받아왔다. 이러한 문제점이 지적되면서 독자의 능동적 역할을 부각시키고, 작품과 학습자의 상호 작용을 강조하는 반응 중심 문학 교육의 논의가 미국의 Rosenblatt을 중심으로 1970년대 이후 활발히 전개되고 있다. 이는 문학이 지식이 아니라 체험을 제공하는 것이라는 전제하에 문학 교육은 학생들의 정서를 자극하고 감동과 즐거움을 줄 수 있는 방법으로 진행되어야 한다고 본 것이다. 박정도(1999), 『한문과 교수학습 방법론』(서울 : 박이정), 405면.

[3] 김창원 외(2005), 『국어과 수업 모형』(서울 : 삼지원), 99면.

〈그림 1〉 반응 중심 수업의 절차4)

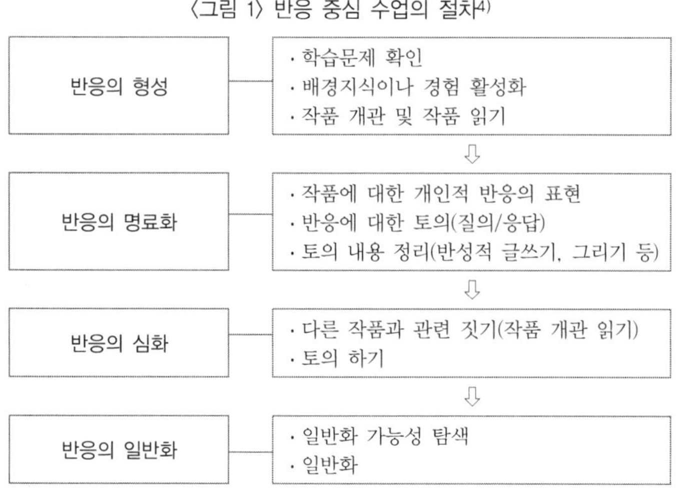

　　반응 중심 수업의 교수-학습 절차는 위에서처럼 반응의 형성 → 반응의 명료화 → 반응의 심화 → 반응의 일반화의 단계로 제시된다. 교사는 각각의 단계에서 학습자의 불분명하고 목적 없는 반응을 무조건 받아들이는 것이 아니라, 지도하고자 하는 목표와 관련지어 반응을 선별적으로 받아들이는 지혜가 필요하리라 본다. 즉, 반응 중심 수업은 학생의 자유로운 반응을 중요하게 생각하기는 하나 반응의 誤謬까지 허용해서는 안 된다는 뜻이다.

　　朗讀法은 전통적인 한문 학습 방법인 '聲讀' 또는 '誦讀'5)의 현대적 접근 방법이다. 이러한 낭독법은 언어 교수 이론의 교수법 중에서 '읽기 중심 교수법'을 漢文科에 適用한 것이라고 할 수 있다. '읽기 중심 교수법'에 따르면 읽기는 외국어 학습에서 습득할 수 있는 가장 쉽고도 유용

---

4) 김창원 외(2005), 위의 책, 106면.

5) 일반적으로 '성독(聲讀)'은 '소리 내어 읽기'로, '송독(誦讀)'은 '암기를 위한 소리 내어 읽기'로 오래전부터 한문 교육의 주요한 방법으로 활용된 것으로 보인다. 여기서의 낭독법은 송독(誦讀)보다는 성독(聲讀)에 가깝다고 볼 수 있다.

한 기능으로, 언어 학습의 초기 단계에서는 무엇보다 읽기를 강조하는 것이 중요하다고 주장한다.[6] 그렇다면 한문을 外國語라고 할 수 있는가? 실제로 대학수학능력시험에서는 한문 교과를 제2외국어와 함께 '한문/제2외국어 영역'으로 분류하고 있다. 그러나 한문은 기존 외국어와는 다른 言語的 特性과 歷史的 特殊性을 가지고 있다. 불과 100여 년 전만 하여도 모든 공문서를 한문으로 표기했을 정도로 한문의 지위는 막강했었다. 그러나 그 후로 언어 표기의 주도권을 한글에게 내어주기는 했으나, 아직까지 言語 生活에 미치는 한문의 영향력은 여전하다. 따라서 한문을 외국어로 볼 수는 없다. 그렇다고 한글을 공용어로 쓰고 있는 현실을 볼 때, 母國語로도 볼 수는 없는 것이다. 이에 대해 원용석은 한문의 언어적 특성을 '제이언어'에서 찾기도 했다.[7] 어쨌든 漢文의 言語的 特性을 현재 한국 사회에서 명확히 밝히고 규정짓는 것은 쉽지 않은 문제다. 그러나 언어 교과적 특성을 가진 한문과에서 '낭독법'을 적절하게 활용하는 것은 고무적인 일이며, 전통 한문 교육과도 관련이 있어 교과의 특성에 적합한 방법으로 볼 수 있다. 더구나 漢詩는 과거 낭송을 전제로 하여 지어진 문학 작품이므로, 그 자체로 뛰어난 音樂的 特性을 지니고 있다. 다만, 오늘날에는 과거처럼 음악적 느낌을 살릴 수 없기 때문에, 평범하게 큰 소리로 읽는 것이 일반화

---

6) H. H. stern(2005), 심영택 · 위호정 · 김봉순 옮김, 『언어교수의 기본개념』(서울 : 하우), 489면.

7) 원용석(2007), 「한문과 교육과정 변천과 내용체계 연구」, 한국교원대학교 대학원 박사학위논문, 97~101면. 그는 '제이언어'와 '외국어'와의 차이점을 설명하고 있는 H. H. stern(1983)의 말을 인용하면서, 한문은 역사적 배경에 따라 우리 속에 깊이 파고들어 있는 수많은 환경적 지원을 받으면서 자신도 모르는 사이에 (stern의 표현대로 '주워들으면서') 익혀가고 있다고 했다. 그리고 이러한 상황은 유럽의 라틴어 교육도 유사한 것으로 보인다면서, 유럽에서 제이언어로 취급되고 있는 라틴어처럼 오늘날 한국 사회에서의 한문도 같은 양상으로 설명할 수 있다고 주장했다.

되었다. 따라서 목소리를 크게 내도록 이끄는 것이 중요하다.

다음은 '낭독법'과 관련있는 **懸吐 活用法**이다. 전통 한문 학습의 낭독법은 한문 문장에 우리말 吐를 달아서[懸吐] 읽었기 때문에, 내용 이해가 빨랐던 것이다. 이러한 현토는 언어 구조가 서로 다른 한문과 우리말을 기능적으로 접근시킨 독창적인 漢文 讀法의 일종이다.[8] 현토의 문법적 기능에 관한 연구 성과를 살펴보면, 토는 문장 성분·접속 관계·문형·존칭 등 종합적인 文法的 구실을 하고 있음을 알 수 있다.[9] 즉, 이러한 半 번역의 성격을 갖는 현토 문장은 읽는 이로 하여금 쉽게 접근하게 하여, 한시의 初期 飜譯에 매우 유용하다.

'**比較 學習法**'은 제7차 한문과 교육 과정에는 '한자·한자어' 영역의 교수-학습 방법으로 제시하였고, 개정 한문과 교육 과정에는 '文化' 영역의 教授-學習 方法으로 제시하고 있다.[10] '한자·한자어' 영역에서는 한자·한자어의 조어력을 위한 응용 학습 방법의 일종이었고, '문화' 영역에서는 전통 문화와 한자 문화권의 이해를 위한 방법으로 보인다. 그러나 '**독자 반응 중심 한시 교수-학습 모형**'에서의 '비교 학습법'은 앞의 두 영역의 방법과는 성격이 다르다고 할 수 있다. 물

---

8) 박정도·안재철·문지성(1997), 「한문과 산문교육의 교수·학습 모형 연구」(청원 : 한국교원대학교 부설 교과교육 공동연구소), 91면.

9) 이병혁(2000), 「전통 한문 교육-한문 현토를 중심으로-」, 『한자한문교육』6(서울 : 한국한자한문교육학회).
  송병렬(1999), 「현토 교육의 유용성과 토의 문법적 성격」, 『한문교육연구』13(서울 : 한국한문교육학회).

10) "(가) 한자·한자어는 부수 중심 지도법, 구조 분석법, 조어 분석법, 언어 활용법, 반복 학습법, 색출법, **비교 학습법** 등 다양한 수업 방법을 적용하여 지도한다."(제7차 한문과 교육과정 4. 방법 나. 교수·학습 방법 (1))
  "(다) 한문 영역의 '문화'는 토론 학습, 비교 학습법 등 다양한 수업 방법을 창의적으로 적용하여, 전통 문화의 수용·창조와 한자문화권의 상호 이해·교류에 기여할 수 있도록 지도한다."(2007년 개정 한문과 교육과정 4. 방법 나. 교수·학습 방법 (1))

론 '문화' 영역과의 연관성도 어느 정도 있을 수 있지만, 여기서는 '반응 중심 학습법'에서 주로 문학을 교수-학습할 때 작품과 관련된 토의나 다른 작품과 비교해 보는 방법 등을 통해 반응의 깊이를 더하는 데 도움을 주는 수업 전략으로서의 비교 학습법으로 보는 것이 타당하겠다. 그렇다면 한시 교육에 적용 가능한 비교 학습 전략에는 어떤 것들이 있을까? 먼저 한시가 과거를 배경으로 노래한 작품이므로 현대의 다양한 장르와의 비교를 통한 감상이 가능할 것이다. 즉, 현대시와 관련짓기, 대중가요와 관련짓기, TV드라마나 영화와 관련짓기, 애니메이션 등 기타 영상 매체와 관련짓기가 있을 수 있다. 그 외에 한시의 주제, 작가, 상황 등에서 전혀 반대되는 성향을 지닌 他작품과 관련지을 수도 있을 것이다. 어쨌든 이러한 다양한 관련짓기를 통해 讀者는 한시 작품을 보다 擴張的으로 이해할 수 있을 것이다.

'媒體 活用 鑑賞法'은 다양한 매체 자료를 활용하여 문학 작품을 감상하는 방법으로, 이 모형에서는 주로 모둠별 토의를 통해 확정한 2차 반응 자료를 발표할 때 활용하게 될 것이다. 이러한 매체 활용에 대해 개정된 한문과 교육 과정에는 다음과 같이 언급하고 있다.

　나. 교수·학습 방법
　　(3) 다양한 매체 자료를 활용하여 한문의 학습 효과를 높이되, 가급적 학습자 일방의 활동에서 멈추지 않고 다수의 학습자와 공유하고 교사와 학습자 간 쌍방향에서 서로 소통할 수 있도록 한다.

　다. 교수·학습 자료
　　(3) '한문', '한문 지식'의 교수·학습 효과를 높이기 위해 다양한 매체 등 각종 자료를 효율적으로 활용한다.[11]

---

11) 교육인적자원부, 『한문 및 교양 선택과정 교육과정』(교육인적자원부 고시 제

즉, 한문의 학습 효과를 위해 가능한 다양한 매체 자료를 많이 활용해야 하며, 가급적 일방향 소통이 아닌 교사와 학습자간 쌍방향 소통을 요구하고 있다. 실제로 국어 교육에서는 이러한 쌍방향적인 기능에 착안하여, 媒體 言語라는 개념을 써서 매체를 언어교육 대상으로 보고 言語 敎育的 觀點에서 접근하고 있다.[12] 그러나 한문 교과의 경우는 매체에 대한 관점이 국어과에서 지향하는 상호 소통적 관점과는 다르다는 점을 분명히 인식해야 할 것이다. 아직까지 매체에 대한 한문 교육의 관점은 道具的 차원에서 적용하는 수준이 될 것이다.

2. 교수-학습 유의점

'독자 반응 중심 한시 교수-학습 모형'의 교수-학습 유의점은 敎師, 學習者, 反應 資料, 敎室 環境의 측면에서 살펴볼 수 있다.[13]

첫째, 學生의 反應이 수업의 중심이 되어야 한다. 교사는 학생들이 한시를 감상한 후 그들의 반응을 표현하도록 유도하여 작품에 대하여

2007-79호[별책17]), 6면.

12) 아래의 표는 매체에 대한 국어 교육적 관점을 표로 정리한 것이다. 이채연, "인터넷을 활용한 국어과 쓰기지도의 수업모형 구안과 그 효과,"『국어교육』107(서울 : 국어교육학회, 2002), 205면.

구분	매체교육	매체언어교육	매체언어 활용교육
교육대상	매체소양교육 -도구적 관점	매체의 언어성 교육 -전언적 관점	매체활용교육 -상호소통적 관점
교육내용	매체의 일반적 특성과 유형	매체 언어의 특징과 소통기제 (전언성, 형상성)	매체언어의 수용과 비판, 언어정보의 생성과 공유
교육수준	기본적 수준 Media Literacy	발전적 수준 Text Literacy	심화적 수준 Information Literacy

13) '독자반응학습을 통한 한시 감상 모형'의 교수-학습 유의점 중 첫째부터 셋째까지는 반응중심 수업의 원리로 김창원 외, 위의 책, 103~104면을 참조했음.

어떤 생각이나 느낌이 드는지, 왜 그런지 등을 자유롭게 펼치도록 하고 이를 바탕으로 수업을 진행한다. 반응 중심의 수업에서는 학생들의 감상 결과를 통하여 학생들 스스로 생각하고 토의하도록 하여 주제를 도출해 내게 된다. 교사는 단지 학생들이 반응할 수 있도록 분위기를 조성하고 안내할 뿐이지 정답을 제시하거나 반응의 형식을 강조해서는 안 된다.

둘째, 자유로운 분위기의 수업 상황이 이루어져야 한다. 학생들이 작품에 대한 자신의 반응을 자유롭게 표현하기 위해서는 수업 환경이 편안하고 자유로워야 한다. 여기서의 수업 환경은 物理的 環境보다는 心理的 環境을 의미한다. 학생들이 교사와의 관계, 그리고 다른 학생들과의 관계에서 편안함을 느끼고 자신의 생각과 느낌이 존중되어야 한다. 교사의 일방적인 통제와 권위가 지배하는 수업 상황에서는 학생들이 위축감을 느끼게 되고 따라서 자신의 생각을 자유롭게 펼치기 어렵다.

셋째, 反應의 誤謬는 학생들 스스로 수정하도록 해야 한다. 학생들은 자유로운 반응을 형성할 수 있으나 텍스트 읽기의 오류나 잘못된 선입견 등에서 오는 오류와는 구분되어야 한다. 학생들이 반응의 오류를 보였을 때 교사는 학생 스스로 반응을 바르게 형성할 수 있도록 도와야 한다.

넷째, 漢詩의 形式이나 漢詩와 연관된 專門的 用語들은 학생들의 한시 감상을 도와주는 보조 자료로서 제공되어야 할 것이다. 중요한 것은 한시의 외적인 문제보다는 한시 자체에 내재된 깊은 의미를 통해 감동을 받고, 그것을 나의 경험과 교류하게 하는 것이다.

다섯째, 모둠별 토의를 통해 확정지은 2차 반응 자료를 발표할 때, 다양한 媒體 資料를 活用할 수 있도록 격려해야 할 것이다. 즉, 한시 작품과 관련 짓기한 현대시와 대중가요를 제시할 때 시각적·청각적 자료 등을 활용함으로써 훨씬 생동감 있는 수업이 될 수 있을 것이다.

Ⅲ. 模型의 節次

'독자 반응 중심 한시 교수-학습 모형'의 敎授-學習 目標는 한시 텍스트를 통해 한시를 감상하고 활용하여 학습자 스스로 內面化하는 데 있다. 이를 위해, '反應 中心 授業'을 이론적 토대로 하여 전통적 한문 교육 방법인 '朗讀法'과 한시 활용 때 적용한 '比較 學習法'과 '媒體 活用 鑑賞法' 등을 적용하여 모형을 설계하였다. 이 모형의 단계별 절차를 圖式化하면 다음과 같다.

〈그림 2〉 독자반응학습을 통한 한시 감상 모형의 단계별 절차

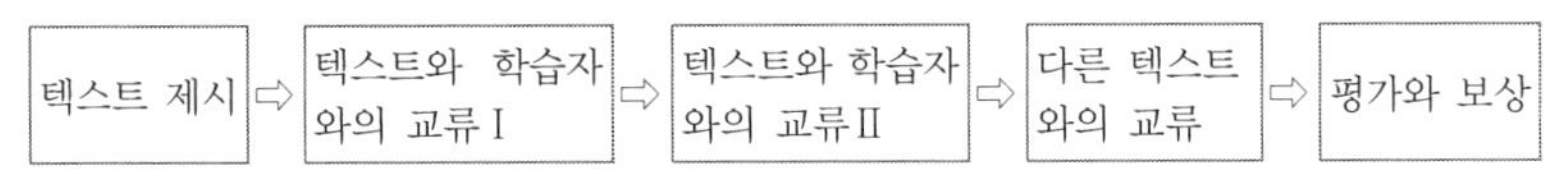

그러면 '독자 반응 중심 한시 교수-학습 모형'을 실제 한시 텍스트에 적용했을 때에는 어떤 절차와 방법으로 진행해야 하는지, 유의할 점은 무엇인지 구체적으로 단계별 세부 節次를 제시해보고자 한다.

1) 1단계 : 텍스트 제시

먼저 제시할 한시 텍스트를 選定해야 할 것이다. 한시 텍스트를 선정하는 방법은 크게 두 가지로 나뉜다. 하나는 교과서 본문의 漢詩를 抽出하는 方法과 다른 하나는 교사가 敎育 課程에 근거하여 교과서 외의 자료에서 한시를 추출하여 새롭게 본문을 再構成하는 경우다. 교사는 학습자의 수준·태도, 교실의 내·외적 환경 등 여러 가지 變因을 고려하여 텍스트를 선정해야 할 것이다.

텍스트가 선정되면 학습자에게 한시 텍스트를 提示하게 된다. 이 때 교사는 학습자의 反應을 형성하기 위해 학습자 스스로 背景 知識

이나 經驗을 活性化하도록 도와준다. 즉, '한시의 제목을 보고 내용을 상상해서 써보기', '관련 그림이나 사진 등을 미리 준비해서 말없이 보여주고서 떠오르는 느낌이나 경험을 적기' 등의 활동을 할 수 있다. 그러나 한시의 내용을 미리 말하거나 사전 지식을 제공하여 학생이 한시에 대해 스스로 반응을 형성하는 것을 방해해서는 안 된다.

2) 2단계 : 텍스트와 학습자와의 교류 Ⅰ

학생들이 한시를 읽고 해석하는 과정으로, 배부된 개인 활동지의 빈 칸을 채워가는 형태로 진행된다. 먼저 기본적인 한자의 음과 뜻을 확인하고, 1차 해석까지 해본다. 이 때 교사는 시적 감흥이 떨어지더라도 直譯에 충실하게 해석하도록 요구할 필요가 있다. 왜냐하면 뛰어난 해석이나 정답을 요구하는 것이 아니라, 투박한 '나의 해석'이 곧 한시 감상에서 중요한 의미를 지니기 때문임을 강조해 준다.

텍스트 낭독 : 한시는 과거 朗誦을 전제로 지어진 것이므로, 그 자체로 뛰어난 音樂的 特性을 갖고 있다. 그러나 오늘날에는 소리 내어 읽더라도 과거처럼 高低長短을 맞추어 읽기도 어렵거니와, 우리말의 언어 구조와도 맞지 않아 고저장단 없이 평범하게 읽는 것이 보편화되었다. 다만, 단문과 산문에서의 송독과 마찬가지로 懸吐하여 낭독하는 것이 한시 텍스트에도 도움을 줄 수 있을 것이다. 따라서 교사는 각 구의 뒤에 '~하고, ~하니, ~인데, ~더라, ~이라' 등 적절한 토를 달아 읽도록 한다. 교사가 먼저 소리내어 읽으면[先唱], 학습자가 다 같이 소리내어 읽는[後唱] 방법, 모둠별로 先唱者를 정해 낭독하는 방법 등 다양한 방법을 적용할 수 있다.

3) 3단계 : 텍스트와 학습자와의 교류Ⅱ

이 단계는 모둠별 對話와 討議를 통해 한시 텍스트와 학습자와의 교류를 明瞭化하는 단계이다. 이를 위해 앞서 개별적으로 해석한 1차 자료를 바탕으로 모둠 원 전원이 하나하나의 구절들을 協力的으로 檢討하는 과정을 거치게 된다. 이에 따라 활동지에는 '나의 해석'이 아닌 모둠별 토의를 거쳐 나온 '모둠 해석'을 적도록 한다.

2차 해석이 다 되었으면 학습자 개별로 1차 反應을 표현해 본다. 개별 활동지 '모둠 해석'란 밑에, 두 구씩 묶어서 그 구절의 속뜻을 '나의 생각'이라는 란에 자유롭게 적게 한다. 이 때 교사는 학습자가 자신의 경험과 관련지어 자유롭게 표현할 수 있도록 분위기를 조성해 주어야 한다. 그리고 반응 표현을 쓸 때는 가능한 具體的으로 쓸 수 있도록 안내한다. 이러한 활동을 통해서 한시의 구절에 대해 막연하고 불분명하게 생각했던 것들이 명확해지고 그만큼 漢詩에 대한 鑑賞 能力도 신장될 수 있을 것이다. 결국 반응의 명료화는 앞의 모둠별 대화와 토의를 통해서도 이루어지기도 하지만, 여기서처럼 자신의 생각이나 느낌을 쓰면서도 이루어지기도 한다.

4) 4단계 : 다른 텍스트와의 교류

이 단계는 텍스트와 텍스트의 相互 關聯 단계로, 본문의 한시 작품과 관련 있는 다른 텍스트를 選定하여 比較하는 단계이다. 이는 앞서 명료화한 반응을 深化시키는 단계로서 문학 수업의 마지막 단계에서 작품에 대한 폭넓은 理解를 위해 행해진다. 이를 위해 학습자는 모둠별 대화와 토의 과정을 통해 본문의 한시 텍스트와 관련 있는 다른 텍스트를 선정하게 된다. 이 때 교사는 다양한 텍스트에 대해 안내해 줄 수 있다. 즉, 現代詩와 관련을 지을 수도 있으며, 大衆 歌謠의 가사를 찾을 수도 있다. 또한 한시의 상황과 맞아 떨어지는 TV드라마나 영화 등 학생들에게 익숙한 다양한 영상 매체에서도 찾을 수 있을 것이다. 그러나 한시의 音樂的 特性을 고려하여 '현대시'나 '대중가요'같은 음악적 텍스트에 한정할 수도 있다. 교사는 모둠별로 선정된 2차 텍스트에 대해 매체 자료를 활용해 다음 시간 발표 준비 해올 것을 과제로 제시한다. 교사는 모둠별로 발표에 따른 役割을 자율적으로 분담하도록 안내해 주어야 한다.

5) 5단계 : 평가와 반성

평가는 모둠별 평가 및 개인별 평가를 병행한다. 報償도 마찬가지로 모둠별로도 보상이 이루어지고, 개인별로도 보상하는 것을 원칙으로 한다. 교사는 먼저 모둠별로 합의된 번역인 '모둠 해석'과 그에 대한 '나의 생각'을 모둠원 중 한 명이 발표토록 한다. 모둠별 발표가 끝나면 번역에 있어 爭點이 될 만한 것들은 대체적으로 정리될 것이다. 이 때 교사는 개인 활동지를 나눠주어 학습한 내용을 정리토록 한다.

이어서 모둠별로 2차 반응으로 선정한 한시 관련 텍스트에 대해 발표하도록 한다. 이 때 교사는 매체를 적절히 활용하여 활기찬 수업이 될 수 있도록 학생들에게 사전에 격려해야 할 것이다. 끝으로 다시 한 번 더 낭독의 방법으로 반복하여 정리할 수도 있을 것이다. 이 때 하는 한시 낭독은 한시 감상 모형을 聲讀을 통해 정리하고 반복하는 마무리 과정이라고 할 수 있다. 왜냐하면 앞서 텍스트와의 교류Ⅰ,Ⅱ를 통해 해석한 한시의 뜻을 이해하며 읽을 수 있을 것이며, 학습자의 1,2차 반응의 경험을 통해 한시의 의미나 상황까지도 吟味하면서 한시 텍스트를 읽을 수 있기 때문이다. 즉, 文學 鑑賞을 통해 학습자가 스스로 內面化하는 가능성을 보여준다고 할 수 있겠다.

지금까지 **'독자 반응 중심 한시 교수-학습 모형'**의 단계별 세부 절차와 유의점 등을 살펴보았다. 이 모형을 圖式化하면 〈그림 3〉과 같다.

〈그림 3〉 독자 반응 중심 한시 교수-학습 모형

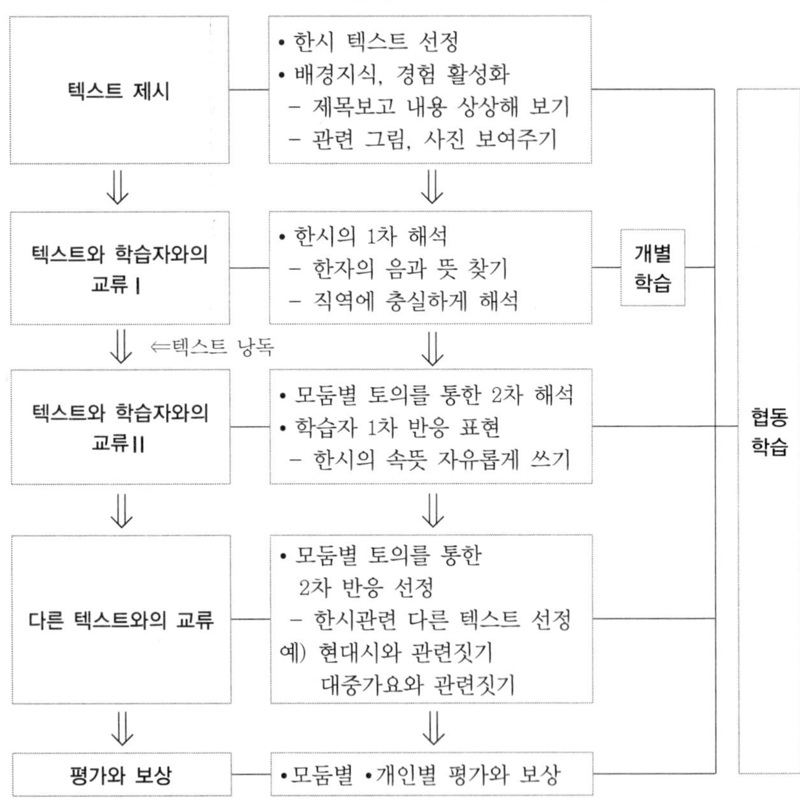

Ⅳ. 結論

지금까지 漢詩 텍스트를 文學 敎育的 측면에서 학습자의 理解와 鑑賞에 중점을 두어 교수-학습 모형을 具案해 보았다. 구안한 모형의 이론적 배경은 '反應 中心 授業'을 기초로 하였다. 그러나 구체적인 모형의 절차에서는, 단계별로 다양한 교수-학습 전략이나 기법들을 적용하였다. 즉, '朗讀法', '懸吐 活用法', '比較 學習法', '媒體 活用 鑑賞法' 등 한문과 교수-학습 방법에 대한 연구 성과를 적절하게 적용함으로써, 한문과에 적합한 교수-학습 모형을 구안코자 하였다. 이러한 **'독자 반응 중심 한시 교수-학습 모형'**을 통해 다음과 같은 效果를 기대할 수 있겠다.

첫째, 학생이 수업의 主體로 참여하게 된다는 점이다. 기존의 지시적 수업은 교사와 몇몇 학생을 중심으로 수업이 진행되었으며, 대부분의 학생은 방관자로 있어 온 경우가 많았다. 그러나 개개인의 反應이 모두 중시되며 모둠별 토의를 통한 協同 學習이 수업의 핵심 요소로 자리하게 됨에 따라, 모든 학생이 수업의 主體로 참여하게 된다.

둘째, 학생은 토의나 발표, 낭독을 통해 자신의 反應을 明瞭하게 할 수 있고, 反應의 誤謬를 수정할 수 있을 것이다. 한시를 해석하고 난 후의 1차 반응은 완벽하고 세련된 반응일 수 없다. 이러한 1차 반응이 수업이 전개되는 동안 수정되고, 정제됨으로써 점차 內面化라는 수업의 목표에 근접하게 될 것이다.

셋째, 토의와 발표의 과정을 통해 타인의 견해를 비판적으로 수용함으로써 批判的 思考力을 기르고, 자신의 편협된 세계에서 벗어날 수 있을 것이다. 자신의 반응이나 의견에 대해, 다른 사람의 반응이나 의견을 들으면서 나의 반응을 수정하거나 확대할 수 있어 비판적 사고력이 길러지게 되는 것이다.

넷째, 한시와 관련된 다른 텍스트를 바탕으로 한 多樣한 活動을 통해 좀더 폭넓은 작품 세계에 관심을 갖게 될 것이다. 한시를 포함한 다양한 문학 작품이 인간의 보편적 삶을 다루고 있다는 것을 스스로 알게 됨에 따라, 文學을 보는 시야가 넓어질 것이다.

본 논문에서 연구자가 구안한 漢詩 敎授-學習 模型은 최대한 한문 교과의 特殊性과 固有性을 담아내도록 애썼다. 그러나 교과에 적합한 이상적인 수업 모형이 설령 구안되었다 하더라도 실제로 적용의 과정에서 다양한 敎授-學習 變因들로 인해 학습 목표 달성은 물론, 학습 효과마저 半減되는 경우도 많을 것이다. 그럼에도 불구하고 개발한 교수-학습 모형을 실제 敎育 現場에 適用하여 그 敎育的 效率性 및 實行 樣相을 살펴보는 작업은 模型의 完成度를 높이기 위해서라도 꼭 필요하다. 따라서 여기서 개발한 한시 감상 모형에 대한 適用 硏究는 後續 課題로 이루어져야 할 것이다.

참고문헌

교육부, 『고등학교 교육과정 해설 -한문- 』, 2001.

서울대학교 교육연구소, 『교육학 대백과 사전』, 하우동설, 1999.

서울대학교 국어교육연구소, 『국어교육학 사전』, 대교출판, 2005.

교육인적자원부, 『한문 및 교양 선택과정 교육과정』, (교육인적자원부 고시 제2007-79호 [별책17])

박정도, 『한문과 교수학습 방법론』, 박이정, 1999.

김창원 외, 『국어과 수업 모형』, 삼지원, 2005.

H. H. stern 지음, 심영택·위호정·김봉순 옮김, 『언어교수의 기본개념』, 하우, 2005.

박정도·안재철·문지성, 「한문과 산문교육의 교수·학습 모형 연구」, 한국교원대학교 부설 교과교육 공동연구소, 1997.

원용석, 「한문과 교육과정 변천과 내용체계 연구」, 한국교원대학교 대학원 박사학위
    논문, 2007.

김연수, 「한시 교육에서의 구성주의 교수·학습 방법 연구」, 고려대학교 대학원 박사
    학위논문, 2006.

이병혁, 「전통 한문 교육-한문 현토를 중심으로-」, 『한자한문교육』6, 한국한자한문
    교육학회, 2000.

송병렬, 「현토 교육의 유용성과 토의 문법적 성격」, 『한문교육연구』13, 한국한문교
    육학회, 1999.

이채연, 「인터넷을 활용한 국어과 쓰기지도의 수업모형 구안과 그 효과」, 『국어교육』
    107, 국어교육학회, 2002.

이 글은 『漢字漢文敎育』 제19집(韓國漢字漢文敎育學會, 2007)에 수록한 논문을 재수록한 것이다.

漢文科 敎授-學習 方法의 體系化 方案

金載暎

Ⅰ. 序論

한문과가 1972년 독립교과로 신설된 이래, 교수-학습 방법에 대한 연구는 양적인 면에서 주목할 만한 성장을 하였다. 학술지에 보고된 한문과 교수-학습 방법 관련 논문만도 80여 편에 이른다.[1] 그러나 이러한 양적인 연구 성과에도 불구하고 체계적인 면에서 다소 미흡한 부분이 있다.

먼저, 현재 학회에 보고되고 있는 한문과 교수-학습 방법에 대한 연구들이 '模型'이나 '方法' 차원에서 논의되기보다는 단순히 '技法' 차원에 그치고 있다는 점이다.[2] 물론 학습자의 흥미 유발이나 주의

---

1) 한문교육학 관련 학회로는 '한국한문교육학회'와 '한국한자한문교육학회'가 있다. 연구자는 두 학회의 학회지인 『한문교육연구』(1~27)와 『한자한문교육』(1~17)에 보고된 교수-학습 방법 관련 논문을 검토하였다. 그 결과 『한문교육연구』에서는 40편이, 『한자한문교육』에서는 38편이 각각 보고되었다. 이에 대한 구체적인 검토는 Ⅱ장에 제시하였다.

2) '방법'과 '기법'의 차이는 학자마다 관점이나 이론에 따라 다양하게 규정될 수 있다. 여기서는 정구향·유영희·김미혜(2002)의 관점에 따라, '방법'은 교수·학습 과정이나 절차의 형태를 띠고 있는 것으로 교과 교육에서 말하는 전략(Strategy)을

집중을 위한 교실 수업의 기법들도 필요하겠지만, 문제는 연구의 틀이 지나치게 '기법'에 편중되었다는 점이다. 이는 한문 교과의 교수-학습 '모형' 또는 '방법'의 不在에 다름 아니다. 따라서 이제까지의 연구 성과를 교수-학습 방법 및 모형 차원으로 체계화하는 작업이 필요하겠다.

다음으로, 내용적인 부분에서 살펴보면 교수-학습 방법 연구의 대부분이 '한문 텍스트'의 활용이나 감상 부분에 지나치게 치중되었다는 점이다. 이는 그만큼 '한문 텍스트' 독해를 위한 교수-학습 방법에는 상대적으로 소홀했다는 것을 뜻한다. 이 문제는 한문 교과의 정체성과도 무관하지 않다. 즉, '한문 텍스트' 독해를 위해서는 漢文讀解 能力의 伸張이 필수적이다. 이러한 한문 독해 능력은 한문과 교육 과정에 제시되어 있는 한문과 교육의 목표 요소 중에서, 한문 교과의 固有的 특성과 가장 부합되는 요소라 할 수 있다. 그러나 지금까지 한문과 교수-학습 방법에 대한 연구의 대부분은 이러한 한문 독해 능력 향상을 위한 연구보다는 한문 텍스트를 어떻게 활용하고 감상할 것인가에 관심이 집중되었다. 따라서 한문 교육의 당위성과 필요성 확보를 위해서라도 한문과의 교수-학습 방법은 '한문 텍스트' 독해에 먼저 집중해야 할 것이다.

이상에서 살펴본 한문과 교수-학습 방법에 대한 연구의 문제점은 크게 '기법' 차원의 연구에 편향된 점과 '한문 독해'를 위한 연구에 소홀한 점으로 정리할 수 있다. 본 논문의 목적은 이러한 문제 해결을 위해 한문과 교수-학습 방법의 다양한 사례와 양상을 비판적으로 검토한 후, '방법' 차원의 체계화를 위한 基準을 설정하여 한문과 교수-

---

아우르는 개념이고, '기법'은 학습 동기 유발, 주의 집중, 발문, 피드백, 설명, 판서, 상벌 등의 구체적이고 세부적인 과정에서 투입되는 기술을 의미한다.

학습 방법들을 類型化하는 데 있다. 아울러 유형화한 교수-학습 방법
들 중에는 앞서 문제점으로 지적되었던 '한문 텍스트'의 독해 전략이
반영되어야 할 것이다.

Ⅱ. 漢文科 敎授-學習 方法의 硏究 樣相

한문과 교수-학습 방법에 대한 연구 樣相을 살피기 위해, 국가 수
준의 교육 과정과 학회에 제출된 연구 논문, 그리고 교육 현장의 연
구 성과물들을 중심으로 살펴보고자 한다.

1. 교육 과정

국가 수준의 교육 과정에 제시된 한문과 교수-학습 방법을 검토함
으로써, 현재 한문과 교수-학습 방법의 類型을 대략이나마 짐작할
수 있을 것이다. 먼저 현재 시행되고 있는 제7차 교육과정의 한문과
교수-학습 '방법' 관련 진술이다.

<표 1> 제7차 교육과정 한문과의 '방법'(고등학교 한문)

4. 방법
가. 교수·학습 계획
　(1) 고등학교 '한문'의 교육 목표를 충실히 반영하여 교수·학습 계획을 수립하고, 특히
　　고등학교 한문 교육용 기초 한자 900자의 학습이 체계적으로 이루어질 수 있도록 계
　　획한다.
　(2) 학습자, 가정, 사회 등의 요구를 수렴하여 계획한다.
　(3) 학습자의 일상생활에 도움이 되고, 중학교 '한문' 및 다른 교과와의 연계 학습이 가
　　능하도록 계획한다.
　(4) 학습 장면이나 학습자의 특수 상황 등을 고려하여 적절하게 계획한다.
　(5) 한자, 한자어, 한문의 학습이 통합적으로 이루어질 수 있고, 반복 학습이 가능하도
　　록 계획한다.

(6) 중학교에서 한문과 교육을 체계적으로 이수하지 않은 학생이 고등학교 '한문'을 이수하고자 할 때에는 중학교 교육 과정에 근거하여 별도의 보충 학습 계획을 수립하여 지도한다.
(7) 목표 달성에 효과적인 교수·학습 방법을 다양하게 강구하되, 특히 학습자가 탐구의 과정을 경험할 수 있도록 계획한다.
(8) 컴퓨터 및 멀티미디어 자료 등을 효과적으로 활용할 수 있도록 계획한다.

나. 교수·학습 방법
(1) 학생들이 한자, 한자어, 한문을 쉽고 재미있게 학습할 수 있으며, 학습 부담을 지나치게 느끼지 않도록 다음 사항에 유의하여 교수·학습 방법을 계획한다.
　㈎ 한자·한자어는 부수 중심 지도법, 구조 분석법, 조어 분석법, 언어 활용법, 반복 학습법, 색출법, 비교 학습법 등 다양한 수업 방법을 적용하여 지도한다.
　㈏ 고사 성어, 격언·속담, 명언·명구는 토의 학습법, 역할놀이 학습법 등 다양한 수업 방법을 적용하여 속뜻을 알게 하고, 선인들의 삶과 지혜를 이해하여 건전한 가치관을 형성할 수 있도록 지도한다.
　㈐ 문장의 구조, 허자의 쓰임, 문장의 형식 등은 다양한 수업 방법을 적용하고, 문장 독해력이 향상될 수 있도록 지도한다.
(2) 컴퓨터 통신 또는 멀티미디어 자료 등을 활용하여 한자, 한자어 한문의 학습 효과를 높인다.

다. 교수·학습 자료
(1) 교수·학습 자료는 가능한 한 학습자의 흥미와 학습 동기를 유발하여 학습자 중심의 학습이 이루어지도록 구성한다.
(2) 교수·학습 자료는 선진 한국인을 양성하는 데 도움이 되고, 일상생활에 활용도가 높으며, 바람직한 인간상을 구현하고, 전통 문화의 이해와 건전한 가치관 형성에 도움이 되는 것으로 선정한다.
(3) 한자, 한자어, 한문의 교수·학습 효과를 높이기 위하여 카드, 융판, 괘도, O.H.P, 녹음기, 컴퓨터 보조 학습 프로그램 등 다양한 자료를 활용한다.
(4) 컴퓨터 통신 또는 멀티미디어 등 각종 정보 자료를 효율적으로 활용한다.

위에서 알 수 있듯이 제7차 고등학교 한문과 교육과정의 '방법'은 매우 포괄적인 영역을 다루고 있다. 즉, '교수·학습 계획', '교수·학습 방법', '교수·학습 자료'를 모두 '방법'에 포함시키고 있다. 물론 구체적인 교수-학습 방법에 관한 논의는 '나. 교수·학습 방법' 항목만 해당하겠지만, '계획'이나 '자료'까지 아울러 전체적으로 조망하는 것도 필요하리라 본다. 왜냐하면 '계획'이나 '자료'에 대한 진술이 교수-학습 방법과 밀접하게 관련을 맺을 수밖에 없기 때문이다.

먼저, '가. 교수·학습 계획'과 '다. 교수·학습 자료' 항목에서 한문과 교수-학습의 방법적 요소를 추출해 보면 다음과 같다.

    ① 통합 학습 – 가. 교수·학습 계획(5)
    ② 반복 학습 – 가. 교수·학습 계획(5), 나. 교수·학습 방법(1) 가)
    ③ 탐구 학습(과정학습) – 가. 교수·학습 계획(7)
    ④ ICT활용 학습 – 가. 교수·학습 계획(8), 나. 교수·학습 방법(2), 다. 교수·학습 자료(3)·(4)[3]

위의 4가지 교수-학습 방법은 '한문'이라는 개별 교과보다는 주로 범교과적인 큰 틀을 적용한 것으로, 일반적인 교육학 이론을 무비판적으로 수용한 느낌이 강하다. 이와 같은 문제점은 차후 한문과 교수-학습 방법을 체계화할 때, 교과의 고유성을 반영한 교수-학습 방법으로 해결되어야 할 것이다.

다음은 구체적인 교수-학습의 방법적 요소를 '나. 교수·학습 방법' 항목에서 추출한 것이다.

    ① 부수중심 지도법 – 나. 교수·학습 방법(1) 가)
    ② 구조 분석법 – 나. 교수·학습 방법(1) 가)
    ③ 조어 분석법 – 나. 교수·학습 방법(1) 가)
    ④ 언어 활용법 – 나. 교수·학습 방법(1) 가)
    ⑤ 색출법 – 나. 교수·학습 방법(1) 가)
    ⑥ 비교 학습법 – 나. 교수·학습 방법(1) 가)
    ⑦ 토의 학습법 – 나. 교수·학습 방법(1) 나)
    ⑧ 역할놀이 학습법 – 나. 교수·학습 방법(1) 나)
    ⑨ 다양한 수업 방법 – 나. 교수·학습 방법(1) 다)

---

3) 추출한 4가지 교수-학습 방법은 유영희(2004), 10면을 참조함.

교수-학습 방법을 유형화하는 데는 기준에 따라 다양할 수 있다. 위의 9가지 교수-학습 방법은 교육 과정의 '領域'이라는 기준에 의해 분류할 수 있다. 즉, '①부수중심 지도법'부터 '⑥비교 학습법'까지는 '한자·한자어' 영역에, '⑦토의 학습법'과 '⑧역할놀이 학습법'은 '고사 성어, 격언·속담, 명언·명구'의 영역에 적용할 교수-학습 방법인 것이다. 그리고 '⑨다양한 수업 방법'은 '문장의 구조, 허자의 쓰임, 문장의 형식'과 관련된 '한문 문장' 영역의 교수-학습 방법이다. 이 중에서 '⑨다양한 수업 방법'이 바로 '한문 텍스트' 독해와 관련된 교수-학습 방법으로, 앞으로 이 부분에 대한 교수-학습 방법의 연구와 체계화가 필요해 보인다.

이어서 2007년 개정 교육 과정의 한문과 교수-학습 '방법' 관련 진술이다.

<표 2> 2007년 개정 교육과정 한문과의 '방법' 가·다항 (한문Ⅰ)

4. 방법
가. 교수·학습 계획
　(1) 고등학교 '한문Ⅰ'의 교육 목표를 충실히 반영하여 교수·학습 계획을 수립한다.
　(2) '한문'과 '한문지식' 영역의 학습이 유기적으로 이루어질 수 있고, 반복 학습이 가능하도록 계획한다.
　(3) 학습자, 가정, 사회 등의 요구를 수렴하여 계획한다.
　(4) 학습자의 일상생활에 도움이 되고, 학년 간 및 다른 교과와의 연계 학습이 가능하도록 계획한다.
　(5) 학습 장면이나 학습자의 특수 상황 등을 고려하여 적절하게 계획한다.
　(6) 학습자의 창의적인 학습 활동을 권장하고 학습자의 다양한 반응과 호응을 적극적으로 수용할 수 있도록 계획한다.
　(7) 다양한 매체 자료를 활용할 수 있도록 계획한다.
　(8) 중학교에서 한문과 교육을 체계적으로 이수하지 않은 학생이 고등학교 '한문Ⅰ'을 이수하고자 할 때에는 중학교 한문 교육 과정에 근거하여 별도의 보충 학습 계획을 수립하여 지도한다.
다. 교수·학습 자료
　(1) 교수·학습 자료는 학습자의 흥미와 동기를 유발하여 학습자 중심의 학습이 이루어지도록 구성한다.

(2) 교수·학습 자료는 한문 독해 능력을 기르고 선인들의 삶과 지혜를 이해하며, 전통문화 계승 발전 및 한자문화권의 상호 이해와 교류 증진에 도움이 되는 것으로 선정한다.
(3) '한문', '한문지식'의 교수·학습 효과를 높이기 위해 다양한 매체 등 각종 자료를 효율적으로 활용한다.

〈표 2〉는 '4. 방법' 중에서 '가. 교수·학습 계획'과 '다. 교수·학습 자료' 부분을 진술한 것이다. 7차 때와의 차이점을 중심으로 살펴보면, 먼저 '한자·한자어·한문'의 통합 학습을 강조하던 데에서 '한문'과 '한문 지식' 영역의 有機的 學習을 강조하는 것으로 바뀌었음을 알 수 있다. 그러나 반복 학습에 대한 것은 7차 때와 여전히 같았다. 그 외에, 학습자의 탐구 학습을 강조한 7차 때와는 다르게 개정 교육 과정에서는 학습자의 다양한 반응이나 호응을 적극적으로 수용하려는 것을 알 수 있다. 이는 문학 영역에서 주로 활용되는 '반응 중심 학습법'을 한문과에서 수용한 것으로 보인다. 이러한 변화는 2007년 개정 교육과정의 한문과 목표 중 신설된 '한문 자료를 비판적으로 이해하고 심미적으로 향유할 수 있는 능력'과 밀접한 관련을 가지며, 그 연장선상에서 한문과 교수-학습 방법을 계획했다고 할 수 있다.

〈표 3〉 2007년 개정 교육과정 한문과의 '방법' 나항(한문 I)

나. 교수·학습 방법
(1) 학생들이 쉽고 재미있게 학습할 수 있도록 하되, 다음 사항에 유의하여 교수·학습 방법을 계획한다.
(개) 한문 영역의 '읽기'는 낭독법 등 다양한 수업 방법을 창의적으로 적용하여 읽고 풀이할 수 있도록 지도한다.
(내) 한문 영역의 '이해'는 강의법, 토의 학습법, 역할놀이 학습법 등 다양한 수업 방법을 창의적으로 적용하여 이해하고 감상할 수 있도록 지도한다.
(대) 한문 영역의 '문화'는 토론 학습, 비교 학습법 등 다양한 수업 방법을 창의적으로 적용하여, 전통문화의 수용·창조와 한자문화권의 상호 이해·교류에 기여할 수 있도록 지도한다.
(래) 한자의 특징, 한자의 짜임, 한자의 역사는 이미지컷 활용 지도법, 부수 중심 지도법, 구조 분석법 등 다양한 수업 방법을 창의적으로 적용하여 지도한다.

> (마) 단어의 형성, 단어의 갈래, 어휘와 의미는 조어 분석법, 언어 활용법, 색출법, 비교 학습법 등 다양한 수업 방법을 창의적으로 적용하여 지도한다.
> (바) 문장의 구조, 문장의 유형, 문장의 수사는 다양한 수업 방법을 창의적으로 적용하여 지도한다.
> (2) 학습자의 학습 효과를 높일 수 있도록 '강의, 토론, 현장학습, 협동학습' 등 다양한 교수·학습 방법을 적용하여 지도한다.
> (3) 다양한 매체 자료를 활용하여 한문의 학습 효과를 높이되, 가급적 학습자 일방의 활동에서 멈추지 않고 다수의 학습자와 공유하고 교사와 학습자 간 쌍방향에서 서로 소통할 수 있도록 한다.

〈표 3〉은 구체적으로 한문과 교수-학습 방법에 대해 진술하고 있다. 가장 큰 변화는 기존 '한자·한자어·한문'의 체계에서 '한문'과 '한문 지식'으로 영역을 개정하면서 영역의 내용에 해당하는 '읽기', '이해', '문화', '한자', '어휘', '문장'에 따라 하나하나 교수-학습 방법을 진술하고 있다는 점이다. 즉, 교육 과정 내용 체계의 '領域'을 기준으로 하여, 한문과 교수-학습 방법을 영역별로 類型化 했다는 점이 성과로 평가될 수 있겠다. 또한, 교육 과정의 '영역'이라는 기준 외에 '교수-학습의 형태'라는 또 다른 기준을 내세워 교수-학습 방법을 제시하고 있으며, 단순한 매체의 활용이 아닌 쌍방향 의사소통을 강조하는 점이 이전 교육 과정과는 구별된다.

지금까지 2007년 개정 한문과 교육과정의 방법에 대해 논의한 것을 정리해보면 다음과 같다.

〈표 4〉 2007년 개정 교육과정에서 추출한 한문과 교수-학습 방법

기준		교수-학습방법
교육 과정의 영역	읽기	낭독법
	이해	강의법, 토의 학습법, 역할놀이 학습법
	문화	토론 학습, 비교 학습법
	한자	이미지컷 활용 지도법, 부수중심 지도법, 구조 분석법
	어휘	조어 분석법, 언어 활용법, 색출법, 비교 학습법
	문장	다양한 수업 방법

교수-학습의 형태	강의법
	토론법
	현장학습
	협동학습

위에서 추출한 한문과 교수-학습 방법에 대해 세밀하게 검토하는 과정을 통해, 한문 교과에 적합한 교수-학습 방법을 체계화하고 구체화하는 작업이 이루어져야 할 것이다.

2. 학회 논문

한문교육학 관련 학회에 보고된 연구 논문을 검토 자료로 삼아, 한문과 교수-학습 방법의 양상을 살펴보고자 한다.[4] 이를 위해 연구자는 '技法 중심'과 '內容 중심'이라는 2가지 범주로 나누어 검토하였다. 이 같은 범주는 앞서 한문과 교수-학습 방법 연구의 문제점으로 지적되었던 '기법' 연구에 편향된 점과, '한문 독해' 연구에 소홀했던 점과 연결되어 있다고 볼 수 있다. 즉, 이 같은 범주를 통해 기존 한문과 교수-학습 방법에 대한 연구 성과를 좀 더 선명하게 정리할 수 있을 것으로 보인다.

'技法 중심'의 범주는 다시 '교수-학습 요소 및 자료 개발', '텍스트의 활용 및 감상', 그리고 '멀티미디어 활용'으로 세분화할 수 있다. 먼저, '교수-학습 요소 및 자료 개발' 연구를 살펴보면 그림을 통한 한자 지도와 한문 지도의 학습 자료 개발[5], 한시 지도의 자료개발[6], 한자·한자어의 필수 학습 요소의 개발 및 멀티 자료 개발[7] 등의 연구

---

4) 이 연구에서는 한국한문교육학회의 『한문교육연구』 1~27호, 한국한자한문교육학회의 『한자한문교육』 1~17호에 수록된 논문을 검토 대상으로 하였다.

5) 배원룡(1988); 조규남(1995); 배원룡(1996); 배원룡(1998) 참조.

6) 김갑기·김홍철(2003) 참조.

가 있었으며, 옛날 이야기나 수수께끼를 통한 흥미 유발 차원에서의 접근[8] 등도 있었다. 다음으로, '텍스트의 활용 및 감상' 연구는 일반적 수준의 평이한 수업 방법을 소개[9]하는 데서 출발하여, 그림·지명 등을 활용하거나 창의적 프로그램을 적용하며 나아가 통합 수업까지 모색하는 등 다양한 활용 방안[10]을 모색해 왔다. 또한 한시·한문 산문 영역의 원리를 통해 교수-학습의 모형화 방안[11]을 제시하였으며, 실제로 모형을 적용한 양상[12]을 학계에 소개하기도 했다. 마지막으로, '멀티미디어 활용' 연구는 초기 시청각을 이용하는 수준[13]에서 멀티 기자재를 활용하거나 ICT 활용 방안 등[14]을 거치면서, 인터넷을 활용하는 웹 기반 수업[15]의 가능성까지 모색하는 단계에 이르고 있다.

'內容 중심' 분야의 연구를 검토해보면, 먼저, 虛詞나 語順의 구조를 통한 한문 독해력 신장 방안[16]이 있었으며, 한자의 자형 분석·조어표·한자어의 짜임 등을 통한 한자·한자어의 지도 연구[17]도 있어 왔다. 또한 중국의 構形學 이론을 적용한 한자 학습[18]에도 관심을 기

---

7) 한예원(2005); 김동규(2005); 송영일(2006) 참조.

8) 이복규(1998); 최윤용(2006); 김연옥(2006) 참조.

9) 김상홍(1994); 이종복(1995); 김경환(2004) 참조.

10) 이태희(1997); 송영실(2004); 김종운(2005); 남수극(2005); 여미옥(2002); 박미혜(2002) 참조.

11) 송영일(1996); 노인숙(2003); 김연수(2005); 선주원(2005); 심재경(2005) 참조.

12) 김연수(2006) 참조.

13) 여미옥(1996); 유수현(1996) 참조.

14) 성택영(2000); 백광호(2002). 참조.

15) 이태희(2000); 백광호(2000); 남은경(2003); 홍성욱(2003). 참조.

16) 장기성(1988); 최승호(1990); 변영안(1994); 박유리(1995); 장동희(1998); 김경수(2003). 참조.

17) 김익수(1990); 강덕희(1991); 원용석(1995); 송병렬(2001); 양희용(2006); 송영일(2001); 김미경(2001); 한은수(2006). 참조.

울이기도 했다. 한편, 전통적인 한문의 교육 방법인 誦讀과 懸吐 등
을 교육적으로 활용하는 방안19)도 제시되었다.

지금까지 살펴본 연구 성과를 바탕으로 한문과 교수-학습 방법을
추출해 보면 다음과 같다.

〈표 5〉학회 연구 논문에서 추출한 한문과 교수-학습 방법

기준		교수 - 학습방법
기법 중심	교수-학습 요소 및 자료 개발	· 그림(옛이야기, 수수께끼) 활용법 · 자원 활용법 · ARCS 적용법
	텍스트의 활용 및 감상	· 그림과 지명 활용법 · 창의적 프로그램 활용법 · 몽학교재 활용법
	멀티미디어 활용	· 시청각 자료 활용법 · 하이퍼 미디어 활용법 · 인터넷 웹기반 활용법
내용 중심	독해 과정	· 虛字 지도를 통한 독해 지도방법 · 語順 구조를 통한 독해 지도방법 · 자형분석법 · 조어표를 활용한 지도 방법
	중국 이론	· 구형학 이론적용 방법 (집중식자, 분산식자, 자리식자)
	전통 교육 방법	· 낭독법 · 현토 활용법

〈표 5〉는 현재까지 학회에 보고된 연구 논문에서 추출한 한문과 교
수-학습 방법이다. 크게 '기법 중심'과 '내용 중심'으로 나누어 교수-
학습 방법을 추출하였다. 먼저 '기법 중심'에서는 '교수-학습요소 및
자료개발' 관련해서 3가지, '텍스트의 활용 및 감상'에서 3가지, '멀티
미디어 활용'에서 3가지로 모두 9가지 교수-학습 방법을 추출하였

---

18) 김영옥(2003a); 김영옥(2003b); 한연석(2005); 한연석(2006); 양원석(2006). 참조.
19) 백원철(1997); 송병렬(1999); 이병혁(2000); 김국회(2003); 임명호(2003). 참조.

다. 특이한 점은 '활용 및 감상' 관련 방법을 '기법 중심'의 범주에 포함시킨 점이다. 이는 텍스트에 대한 '읽기와 이해'가 바탕이 된 뒤에라야, 텍스트의 '활용 및 감상'도 가능하다고 보는 연구자의 관점 때문이다. 즉 한문 텍스트 자체에 대한 이해 외에는 모두 '기법'으로 범주화 시켰다. '내용 중심' 범주로는 '독해 과정' 관련 4가지, '중국 이론' 적용 1가지, '전통 교육방법' 2가지로 모두 7가지를 추출하였다.

이러한 교수-학습 방법들은 그동안 한문과에서 꾸준히 교수-학습 방법에 대해 연구해온 성과이다. 〈표 5〉에서 추출한 교수-학습 방법들 중에는 단순히 기법이나 이론을 적용한 교수-학습 방법도 있으며, 실제 수업 과정을 통해 형성된 교수-학습 방법도 있다. 이제는 이러한 연구 성과들을 한문 교과에 적합하게 유형화하여 현장과의 꾸준한 연계를 통해 교수-학습 방법에 대한 완성도를 높여가야 할 것이다. 그러기 위해서는 먼저 체계적으로 한문과 교수-학습 방법을 유형화하는 작업이 시급하다.

3. 현장 연구

교육 현장의 한문과 교수-학습 방법의 樣相을 살펴보기 위해, 현장 한문 교사들의 자생적 모임 회지인 『漢文教育』과 수업 사례 및 지도안 모음집인 『한문교육의 실제』를 검토 자료로 삼고자 한다.[20] 이와

---

20) 『한문교육』은 '한문교육을 위한 교사 모임'에서 1991년 3월 창간한 회지 명으로, 회지 발간 초기에는 연간 3~6회씩 비정기적으로 발간되다가, 지금은 해마다 4회씩 발간하고 있다. 1997년 현재의 '전국한문교사모임'으로 개칭한 뒤, 2007년 현재 73호(2007.07)까지 발간되었다. 여기서는 『한문교육』 창간호(1991.03)부터 73호(2007.07)까지를 검토 대상으로 하였다. 『한문교육의 실제』는 『한문교육』회지에 실렸던 수업 사례와 지도안을 체계적으로 분류하고 수정하여 2001년 374면으로 정리한 자료집이다.

같은 현장 연구는 실현된 敎育課程의 양상이며, 현장 指向性이라는 목적에 의해 연구된 기법들로써, 생생한 교육 현장의 모습을 찾을 수 있다는 데 의의가 있다. 여기서는『漢文敎育』에 대한 기존 연구 성과를 참조하여 한문과 교수-학습 방법을 추출하고자 한다.[21) 이를 위해 연구자는 '한자 영역, 단문 영역, 산문 영역, 한시 영역'의 4가지 기준을 새롭게 정해 범주화하였다.[22) 다음은 현장 연구에서 추출한 한문과 교수-학습 방법이다.

〈표 6〉 현장 연구에서 추출한 한문과 교수-학습 방법

기준	교수 - 학습방법
한자 영역	· 구조 분석법 – 형성자, 회의자를 이용 · 일상 언어 활용법 – 身體, 干支, 숫자 등을 활용 · 비교 학습법 – 상대자를 이용한 이야기 만들기 · 옥편 지도법 · 한자카드 활용법

---

21)『한문교육』회지에 대한 연구는 백광호(2006)에 의해 진행된 바 있다. 그는 '실행연구'의 활성화를 위한 연구 아이디어를 제공하기 위한 목적으로 '내용 분석법'에 의해『한문교육』회지를 분석한 바 있다.

22) 백광호(2006)는『한문교육』회지를 분석할 때, 다음 4가지 범주 방법을 사용하여 분석했다.

첫째,『한문교육』회지의 꼭지명을 좇아 '수업지도안, 수업사례, 수업자료, 평가자료'로 범주화 했다.

둘째, 교육과정 상의 영역에 따라 '한자, 한자어, 성어, 단문(속담·격언), 한문, 한시'로 범주화했다.

셋째, 학교급별에 따라 '중학교 적용, 고등학교 적용, 공통 적용'으로 범주화했다.

넷째, 연구물을 발표한 연구자별로 범주화했다.

이 중에서 연구자는 교육과정 상의 영역을 범주화의 기준으로 삼았다. 그러나 위의 영역 구분은 7차 교육과정을 기준으로 했기 때문에, '한자어'나 '성어, 단문' 등 용어의 혼란을 가져올 가능성이 크다. 따라서 개정 교육 과정의 한문과 영역을 참고하여 연구자가 새롭게 범주화를 하고자 했다. 그래서 '한자 영역, 단문 영역, 산문 영역, 한시 영역'으로 새롭게 범주화했다.

단문 영역	· 매체를 통한 고사성어 학습법 – 라디오, 영화, 대중가요 · 이야기를 통한 고사성어 학습법 · 속담을 통한 토론 학습법 · 고사성어를 통한 협동 학습법 · 사자성어 의미 표현을 통한 창의성 계발 학습법 · 五倫을 통한 가치 탐구 학습법
산문 영역	· 연극, 방송극을 활용한 역할놀이 학습법 · 역사 신문을 활용한 통합 학습법 · 협동학습통한 한문 독해력 학습법
한시 영역	· 대중가요, 음악을 통한 매체 활용 감상법 · 그림, 만화를 활용한 한시 감상법 · 현대시와 비교를 통한 한시 감상법

〈표 6〉에서 추출한 교수-학습 방법은 '한자 영역' 5가지, '단문 영역' 6가지, '산문 영역' 3가지, '한시 영역' 3가지로 모두 14가지 한문과 교수-학습 방법을 추출하였다. 이는 현장 교사의 생생한 목소리와 고뇌가 담겨있다는 의의가 있으나, 동시에 이를 통해 몇 가지 문제점도 확인할 수 있다.

첫째, 현장 연구 성과물들이 교수-학습 방법 내지 모형 단계로까지 나아가지 못했다는 점이다. 소개된 대부분의 수업 지도안이나 수업 사례들이 단순히 아이디어를 활용했거나 학습 자료의 성격만 강했지, 실질적인 교수-학습 단계나 절차가 그 속에 없었다는 점이다. 따라서 이러한 부분에 대한 교수-학습의 절차나 자료에 대한 체계적 활용 방안 등이 모색되어야 할 것이다.

둘째, 교수-학습 방법의 초점이 지나치게 '활용 및 감상'에 맞춰져 있다는 점이다. 한문 텍스트의 독해 과정에 대한 구체적인 교수-학습 방법은 없고, 단지 텍스트의 활용 및 감상 방법에만 치중하고 있다. 이는 문학 작품을 가르칠 때 활용하는 일종의 '반응 중심 학습법'으로, 학습자의 반응을 존중하여 토론이나 관련 작품을 비교해 보는 방법 등을 통해 반응의 깊이를 더하는 데 도움이 되는 학습법을 말한다. 이러한 '반응 중심 학습법'은 2007년 개정된 한문과 교육 과정의 목표에도 새롭게 강조하고 있다.[23] 그러나 앞에서도 언급했듯이, 한문 교과 시간에 해야 할 기본적인 목표는 '한문 독해력 신장'에 있다. 즉, 한문 텍스트 자체에 대한 이해가 우선되어야 할 것이다. 따라서 단문, 산문, 한시 영역에 걸쳐 각각 '한문 독해력 신장'에 대한 구체적 교수-학습 방법이 먼저 필요하다.

이제까지 한문과 교수-학습 방법의 양상을 국가 수준의 교육과정과 학회에 보고된 연구 논문, 그리고 현장의 연구 성과물들을 중심으로 살펴보았다. 교육과정에 진술된 교수-학습 방법에 대해서는, 현장과의 연계를 통한 좀 더 세밀한 검토 과정이 필요하리라 판단되었다. 학회에 보고된 연구 논문에서 논의된 교수-학습 방법들은 양적으로도 풍부해졌고, 내용면에서도 많이 정교화 되었으나, 이 역시 현장과의 연계를 통해 연구 성과들을 체계화해야 할 것이다. 또한 현장 연구의 성과물도 꾸준히 이론화하려는 노력을 통해 한문과 교수-학습 방법 및 모형에 대한 완성도를 높여가야 할 것이다.

Ⅲ. 漢文科 敎授-學習 方法의 體系化

앞서 한문과 교수-학습 방법의 다양한 사례와 양상을 비판적으로 검토하였다. 여기서는 이러한 연구 성과를 바탕으로, 체계화를 위한

---

23) 개정된 한문과 교육과정 목표의 다항을 보면, '다. 다양한 유형의 한문 자료를 비판적으로 이해하고 심미적으로 향유할 수 있는 능력을 기른다.'라고 되어 있다. 밑줄 친 심미적 향유가 문학 작품에서 독자의 반응 중심을 강조하는 학습법으로, 이를 한문과에서 수용한 것으로 볼 수 있다.

基準을 설정하여 한문과에 적합한 교수-학습 방법을 類型化하고자 한다.

1. 기준

한문과 교수-학습 방법을 체계화하기 위해서는 일정한 기준을 마련하는 일이 중요하다. 이러한 기준은 단일화를 목적으로 획일화되어서는 안된다. 교수-학습 방법의 여러 국면을 포용할 수 있는 탄력적인 틀을 마련할 수 있는 기준이 설정되어야 한다. 이를 위해서는 상위 차원에서 교수-학습 방법을 眺望할 수 있는 기준이 필요하다.[24] 그런데 한문과에서는 이러한 교수-학습 방법의 분류 기준이 아직까지 마련되지 않은 상태다. 국가 수준의 교육 과정조차 일정한 분류 기준이 없이 나열식으로 진술되어 있다. 2007년 개정 교육 과정에서는 영역별로 나누어 교수-학습 방법을 진술하고 있으나, 여전히 구체화되지 못한 상태다.

학계의 동향을 보더라도 사정은 마찬가지다. 한문과 교수-학습 방법의 분류에 대한 논의조차 빈약한 실정이다. 송병렬은 한문과 교사 연수 교육의 대안을 말하면서 교사들의 수업 방식에 따라, '자기 주도적으로 구성하는 수업, 일상에서 찾은 창의적인 수업, 학습자 주도의 발표 수업, 전공 지식을 활용한 수업'의 4가지로 교수-학습 방법을 분류한 바 있다.[25] 그러나 분류의 기준이 교사 중심적이고 단편적이어서 구체적인 교수-학습 방법을 담아내지 못하고 있다. 김국회는 교육 내용(I : information), 교수 활동(T : teaching), 학습 활동(L : learning), 교실 환경(C : classroom) 의 네 가지 변인을 고려하여 I-T-L-C형 모형을

---

24) 유영희(2004), 5면.

25) 송병렬(2002), 107~109면.

제안하였다.[26] 그는 네 가지 변인이 갖고 있는 경우의 수를 가지고 산술적으로 조합하여 교수-학습 방법을 432가지를 만들 수 있다고 설명하고 있다. 그러나 한문과 수업에서 적용할 수 있는 교수-학습 방법의 가짓수를 논하는 것은 의미가 없는 일이다. 중요한 것은 한문과의 교과적 특성에 적합한 기준을 설정하여 한문과 고유의 틀 속에 교수-학습 방법이 자연스럽게 녹아들어가야 할 것이다. 따라서 이러한 분류법은 교과의 특성을 반영하지 못했다는 점에서 근본적인 한계를 드러낸다고 볼 수 있다.

앞서 살펴본 한문과 교수-학습 방법의 다양한 사례와 양상을 검토한 성과와 이제까지 논의한 점을 바탕으로, 한문과에 적용 가능한 교수-학습 방법의 분류 기준을 몇 가지 설정하고자 한다.

첫 번째로 생각해 볼 수 있는 것은 개정 교육 과정 검토 시 추출한 기준으로, '敎育課程 領域'에 따라 나누는 방식이 있을 수 있다. 이에 따라 '읽기, 이해, 문화, 한자, 어휘, 문장'의 6가지 내용 영역에 따라 교수-학습 방법을 분류할 수 있을 것이다.

두 번째로 생각해 볼 수 있는 방법으로는 '교수-학습의 형태'별 분류 방식이다. 이 기준은 다소 복잡하다. 왜냐하면 수업 형태, 학습의 성격, 수업 규모에 따라 모두 다르게 분류될 수 있기 때문이다.[27] 여기서는 교수-학습을 포괄할 수 있는 Siegel의 분류법을 따르고자 한다.[28] 이에 따라 '교사 행동을 강조하는 방법, 학습자 행동을 강조하

---

26) 김국회(2005). 참조.

27) 수업 형태에 따라 '전달 모형, 탐구 학습 모형, 훈련·연습 모형, 경험 모형'이 있고, 학습의 성격에 따라 '개별 학습, 협동 학습, 경쟁 학습'이 있다. 또한 수업 규모에 따라 '무교사 학습, 개인별 학습, 소집단 학습, 대집단 학습'이 있다. 김창원·정유진·우주연·함욱·이지영·양경희·김수진(2005), 45면 참조.

28) 박성익(2005), 36~37면 참조.

는 방법, 교사 행동–학습자 행동의 통합적 방법'의 3가지로 나누어 한문과 교수–학습 방법을 유형화 할 수 있을 것이다.

세 번째로 생각해 볼 수 있는 방법이 현장 연구 검토 때 추출했던 '漢文 텍스트'를 중심으로 나누는 방식이다. 이에 따라 '단문, 산문, 한시'로 분류하여 교수–학습 방법을 유형화할 수 있을 것이다.

네 번째로 생각해 볼 수 있는 방법은 '교육 과정의 目標 특성별'로 나누는 방식이다. 이에 따라 '한자, 어휘와 문장(읽기와 이해), 문화, 가치관 및 인성, 한자 문화권' 등으로 나눌 수 있다. 그러나 이 방법은 목표별 특성이 구체적인 내용 요소와 일대일로 대응되지 않아, 오히려 혼란을 가중시킬 가능성이 크다. 또한 앞에서도 강조했듯이, 한문과의 제 1 목표는 '한문 독해력 신장'에 있는 데 이에 대한 반영이 선명하지 않다. 따라서 여기서는 '목표 특성별' 기준은 따로 제시하지 않았다.

지금까지 논의한 한문과 교수–학습 방법의 분류 기준을 정리하면 다음과 같다.

〈표 7〉 한문과 교수–학습 방법의 분류 기준표

기준	
교육 과정의 영역	읽기
	이해
	문화
	한자
	어휘
	문장
교수–학습의 형태	교사 행동 강조
	학습자 행동 강조
	교사–학습자 행동의 통합
한문 텍스트	단문
	산문
	한시

2. 유형화

앞서 한문과 교수-학습 방법을 3가지로 범주화하여 분류해 보았다. 이에 따라 '교육 과정 영역'과 '교수-학습의 형태' 그리고 '한문 텍스트'라는 기준에 따라, 각각 교수-학습 방법을 類型化할 수 있을 것이다. 다음은 지금까지의 한문과 교수-학습 방법의 연구 성과를 기준을 세워 유형화한 것이다.

〈표 8〉 한문과 교수-학습 방법의 유형

기준		교수 - 학습방법
교육 과정의 영역	읽기	· 낭독법 · 현토 활용법
	이해	· 강의법 · 토의 학습법 · 역할 놀이 학습법
	문화	· 토론 학습 · 비교 학습법
	한자	· 이미지컷 활용 지도법 · 한자 카드 활용법 · 부수중심 지도법 · 구조 분석법 · 자원 활용법 · 옥편 지도법
	어휘	· 조어 분석법 · 언어 활용법 · 색출법 · 비교 학습법
	문장	· 虛字 지도를 통한 독해지도법 · 語順 구조를 통한 독해지도법
교수-학습의 형태	교사 행동 강조	· 직접 교수법(강의법, 지시적 수업)
	학습자 행동 강조	· 완전 학습법 · 토의식 학습법 · 협동 학습법
	교사-학습자 행동의 통합	· 인지적 도제 교수법 · 대화 교수법 · 역할놀이 학습법

한문 텍스트	단문	· 매체 활용법 – 라디오, 영화, 대중가요 · 토론 학습법 – 속담, 고사 성어 · 협동 학습법 – 고사성어 · 창의성 계발 학습법 – 사자성어 의미 적용 · 가치 탐구 학습법 – 五倫
	산문	· 역할 놀이 학습법 – 연극, 방송극 · 통합 학습법 – 역사 신문 · 협동 학습 – 한문 독해력 신장
	한시	· 매체 활용 감상법 – 대중가요, 음악 · 독자 반응 학습법 – 그림, 만화, 현대시와 비교 · 인지적 도제 교수법

〈표 8〉은 기존의 한문과 교수-학습 방법의 연구 성과를 3가지 기준으로 범주화하여 종합적으로 유형화하였다. 먼저, '교육 과정 영역'은 2007 개정 교육과정 영역을 좇아 '읽기·이해·문화'와 '한자·어휘·문장'으로 세분화하여 각각 교수-학습 방법을 유형화하였다. 특히 '낭독법, 현토 활용법, 부수 중심 지도법, 옥편 지도법, 색출법, 허자지도, 어순지도' 등의 방법은 한문 교과의 특성이 잘 반영된 교수-학습 방법들이라 하겠다. 다음 기준은 '교수-학습의 형태'로서, 다시 '교사 행동 강조', '학습자 행동 강조' 그리고 '교사-학습자 행동의 통합'으로 세분화하여 각각 교수-학습 방법을 유형화하였다. 마지막으로 '한문 텍스트'라는 기준에 따라 '단문'과 '산문', '한시'로 나누어 기존 한문과 교수-학습 방법을 유형화하였다.

위의 기준에 의해 나눈 교수-학습 방법들은 지금까지의 한문과 교수-학습 방법의 연구 성과를 바탕으로 유형화한 것이다. 따라서 앞에서도 밝혔듯이, '방법'이나 '모형' 차원보다는 '기법'이나 '전략'에 가까운 교수-학습 방법이 많다. 앞으로 이 부분에 대한 활발한 연구와 현장 적용을 통해 '방법' 및 '모형'으로서의 체계화 작업이 지속적으로 이루어져야 할 것이다.

Ⅳ. 結論

지금까지 한문과 교수-학습 방법의 연구 양상을 검토하여, 체계화를 위한 기준을 설정하여 한문과 교수-학습 방법의 유형화를 시도하였다. 이를 위해 국가 수준의 교육 과정에 제시된 한문과 교수-학습 방법을 검토했으며, 한문교육 관련 학회에 보고된 연구 논문도 검토하여 그 동안의 한문과 교수-학습 방법의 양상을 살펴보았다. 또한, 교육 현장의 한문과 교수-학습의 모습도 살펴봄으로써 기존 한문 관련 교수-학습 방법의 연구 성과를 통합하여 체계화하고자 하였다.

체계화의 기준은 '교육 과정 영역', '교수-학습 형태' 그리고 '한문 텍스트'의 3가지 기준을 설정하여 기존 한문과 교수-학습 방법들을 유형화 하였다. 그러나 체계화한 한문과 교수-학습 방법이 때론 다른 방법과 엄격히 구분되지 않을 수도 있다. 또한, 한 영역에만 적용되는 고유한 틀로 보기 어려운 것들도 있을 수 있다. 이러한 문제들은 교수-학습 방법을 교실 현장에 실제 적용하고, 그 적용 과정을 세밀하게 관찰하고 분석함으로써 어느 정도 해결되리라 본다. 중요한 것은 그러한 연구 성과들이 축적되고, 그것이 교수-학습 이론으로 재투입되는 還流의 과정이 지속적으로 이루어져야 한다는 것이다. 이러한 과정들을 통해서만이 한문과 교수-학습 방법의 體系化가 더욱 탄탄해질 수 있지 다른 대안은 없는 것이다. 그렇다면 길은 하나뿐이다.

참고문헌

교육부(2001), 『고등학교 교육과정 해설 － ⑬한문 － 』, 대한교과서주식회사.
김창원·정유진·우주연·함욱·이지영·양경희·김수진(2005), 『국어과 수업모형』, 삼지원.
문영진·장호성·김왕규·박영호·송병렬·안재철·윤재민·이군선(2006), 『중·고

등학교 한문 선택과목 교육과정 개정시안 연구개발』, 한국교육과정평가원

박성익(2005), 『교수-학습 방법의 이론과 실제(Ⅰ)』, 교육과학사.

송병렬(2002), 『새로운 한문교육의 지평』, 문자향.

유영희(2004), 「국어과 교수 학습 방법과 한문과 교육」, 『한국한문교육학회 2004학년도 제3회 심포지엄 발표자료』, 한국한문교육학회.

전국한문교사모임(2001), 『한문교육의 실제 -수업사례 및 지도안 모음집- 』, 전국한문교사모임.

정구향·유영희·김미혜(2002), 『초등학교 국어과 교수·학습 방법과 자료개발 연구』, 한국교육과정평가원.

김국회(2005), 「한문과 교수-학습 방법의 분류법 탐색」, 『한자한문교육』 14, 한국한자한문교육학회. 159~186면.

백광호(2006), 「실행연구 활성화를 위한 『한문교육』내용 분석」, 『한문교육연구』 27, 한국한문교육학회, 203~233면.

* 한문과 교수-학습 방법 연구 논문 Ⅰ(한국한문교육학회)

김경수(1986), 「漢文敎科와 그 指導案」, 『한문교육연구』 제1집, 한국한문교육학회.

이종호(1988), 「高校漢詩 지도방법에 관한 試論」, 『한문교육연구』 제2집, 한국한문교육학회.

장기성(1988), 「한문의 독해력 伸張을 위한 虛詞와 文型學習指導에 관한 연구」, 『한문교육연구』 제2집, 한국한문교육학회.

배원룡(1988), 「효과적인 한문 교육의 방안 -학습 자료 개발을 중심으로-」, 『한문교육연구』 제2집, 한국한문교육학회.

김경수(1989), 「한문과 수업설계에 관하여」, 『한문교육연구』 제3집, 한국한문교육학회.

최승호(1990), 「구조유형의 탐색활동을 통한 한자·한자어·한문에로의 단계별 지도방안」, 『한문교육연구』 제4집, 한국한문교육학회.

김익수(1990), 「한자의 字形分析을 통한 字義의 이해 -한자 지도방법에 대한 一試考-」, 『한문교육연구』 제4집, 한국한문교육학회.

강덕희(1991), 「기초 조어표의 활용을 통한 조어표의 효과적인 지도방안」, 『한문교육연구』 제5집, 한국한문교육학회.

허천행(1994), 「제6차 고등학교 한문과 교육과정의 개정과 교수-학습의 방향」, 『한문교육연구』 제8집, 한국한문교육학회.

박유리(1995), 「한문의 월형식 연구 -독해를 위한 시도-」, 『한문교육연구』 제9집,

한국한문교육학회.

조규남(1995), 「그림을 활용한 한자지도법 연구」, 『한문교육연구』 제9집, 한국한문교육학회.

이태희(1997), 「近體詩의 4단 구성과 그림으로 하는 漢詩 수업」, 『한문교육연구』 제11집, 한국한문교육학회.

백원철(1997), 「한문과 학습의 전통적 朗讀法에 대하여 -한문과 학습의 효과적 일방안의 모색-」, 『한문교육연구』 제11집, 한국한문교육학회.

신용호(1999), 「한문교육 무엇이 문제인가」, 『한문교육연구』 제13집, 한국한문교육학회.

심호택(1999), 「21세기 한문교육에서의 중세적 사유의 문제」, 『한문교육연구』 제13집, 한국한문교육학회.

송영일(1999), 「조선조 경연의 진행방법과 교육공학의 조화」, 『한문교육연구』 제13집, 한국한문교육학회.

송병렬(1999), 「현토 교육의 유용성과 토의 문법적 성격」, 『한문교육연구』 제13집, 한국한문교육학회.

이태희(2000), 「한문교육에 있어서 하이퍼미디어의 활용」, 『한문교육연구』 제15집, 한국한문교육학회.

백광호(2000), 「한문과에 적용가능한 웹기반수업과 문제중심학습」, 『한문교육연구』 제15집, 한국한문교육학회.

주동일(2000), 「북한의 한문 교육 방법」, 『한문교육연구』 제15집, 한국한문교육학회.

전용한(2000), 「'광수생각'으로 한자 한문 익히기」, 『한문교육연구』 제15집, 한국한문교육학회.

송병렬(2001), 「한문교과교육에서 한자의 짜임 지도 방법의 일고찰 -상형자지사자를 중심으로-」, 『한문교육연구』 제16집, 한국한문교육학회.

백광호(2002), 「한문교육의 현황과 개선방안제 : 한문교과에서 ICT 활용교육의 현황과 전망」, 『한문교육연구』 제18집, 한국한문교육학회.

변경애(2002), 「현장 교육에서의 한자 병용 학습 적용 방법」, 『한문교육연구』 제19집, 한국한문교육학회.

박성규(2003), 「한문과 문학교육의 실제와 전망」, 『한문교육연구』 제20집, 한국한문교육학회.

남은경(2003), 「인터넷을 통한 한문과 문학과 문자 교육」, 『한문교육연구』 제20집, 한국한문교육학회.

김갑기·김홍철(2003), 「한시지도와 용사의 문제 -7차검인정 고교한문교재 수록 한시를 중심으로-」, 『한문교육연구』 제20집, 한국한문교육학회.

김경수(2003), 「한문 해석을 위한 어순의 구조 분석」, 『한문교육연구』 제20집, 한국
    한문교육학회.

김영옥(2003a), 「한자 교육에서의 구형학 응용에 대한 연구」, 『한문교육연구』 제20
    집, 한국한문교육학회.

김영옥(2003b), 「중국에서의 한자교육 현황 -교과서에 나타난 한자 교수-학습 방법
    을 중심으로-」, 『한문교육연구』 제21집, 한국한문교육학회.

홍성욱(2003), 「인터넷을 활용한 한문과 교수-학습 방안 연구」, 『한문교육연구』 제
    21집, 한국한문교육학회.

김경익(2004), 「한문과 교수-학습 방법의 모색」, 『한문교육연구』 제22집, 한국한문
    교육학회.

한예원(2005), 「한자·한자어의 필수 학습요소 개발」, 『한문교육연구』 제24집, 한국
    한문교육학회.

유영봉(2005), 「한시 학습 단계 설정을 위한 문제의 제기」, 『한문교육연구』 제24집,
    한국한문교육학회.

김상홍(2006), 「중국 중학교의 한시교육 연구 -『어문』 교과서를 중심으로-」, 『한
    문교육연구』 제26집, 한국한문교육학회.

윤채근(2006), 「중학교 한문 교과서 학습 모형에 대한 연구 -웹(Web)기반 정보 환경
    을 중심으로-」, 『한문교육연구』 제26집, 한국한문교육학회.

양희용(2006), 「한자의 학습효과 증진 방안에 관한 연구」, 『한문교육연구』 제26집,
    한국한문교육학회.

허철(2006), 「중국의 한자교육(2) - 실천방법과 학습교재를 중심으로 -」, 『한문교
    육연구』 제26집, 한국한문교육학회.

김연수(2006), 「인지적 도제 방식의 한시 교수-학습 모형의 실제 적용 양상에 관한
    연구」, 『한문교육연구』 제27집, 한국한문교육학회.

최윤용(2006), 「ARCS모델을 적용한 한시의 교수-학습 방법」, 『한문교육연구』 제27
    집, 한국한문교육학회.

* 한문과 교수-학습 방법 연구 논문Ⅱ(한국한자한문교육학회)

김우용(1994), 「생활을 통한 한문과 학습지도가 학습자의 학력신장에 미치는 영향
    -한자 및 한자어와 한문 문형의 기본 구조 지도-」, 『한자한문교육』 제1집, 한
    국한자한문교육학회.

변영안(1994), 「한문 독해력 신장을 위한 단계적 문형 지도 방안」, 『한자한문교육』
    제1집, 한국한자한문교육학회.

김상홍(1994), 「漢詩 감상지도의 一斑」, 『한자한문교육』 제1집, 한국한자한문교육학회.

원용석(1995), 「한자어 교수·학습 방법에 대한 연구」, 『한자한문교육』 제2집, 한국한자한문교육학회.

이종복(1995), 「한시의 지도방법에 관한 연구」, 『한자한문교육』 제2집, 한국한자한문교육학회.

여미옥(1996), 「시청각을 이용한 한시교육」, 『한자한문교육』 제3집, 한국한자한문교육학회.

배원룡(1996), 「한문과 교수·학습 지도 방법」, 『한자한문교육』 제3집, 한국한자한문교육학회.

유수현(1996), 「시청각 자료의 활용을 통한 '한문' 독해 지도 효율화 방안」, 『한자한문교육』 제3집, 한국한자한문교육학회.

송영일(1996), 「한문교육의 효과적 수업모형 연구」, 『한자한문교육』 제3집, 한국한자한문교육학회.

배원룡(1998), 「효과적인 한자한문교육의 방안」, 『한자한문교육』 제4집, 한국한자한문교육학회.

장동희(1998), 「虛字指導를 통한 한문 독해력 신장에 관한 연구」, 『한자한문교육』 제4집, 한국한자한문교육학회.

이복규(1998), 「옛날이야기와 수수께끼를 통한 한자·한문 학습」, 『한자한문교육』 제5집, 한국한자한문교육학회.

이병혁(2000), 「전통 한문 교육 -한문 懸吐를 중심으로-」, 『한자한문교육』 제6집, 한국한자한문교육학회.

성택영(2000), 「멀티미디어를 활용한 효과적인 한자 학습지도 연구 -중학교 1학년 학생을 중심으로-」, 『한자한문교육』 제6집, 한국한자한문교육학회.

송영일(2001), 「한자 병용시대 고등학교 한자교육의 방향 -단계별 한자 교육 방법을 중심으로-」, 『한자한문교육』 제7집, 한국한자한문교육학회.

김미경(2001), 「한자어 의미 학습을 통한 한자 지도 방안」, 『한자한문교육』 제7집, 한국한자한문교육학회.

여미옥(2002), 「한자어를 활용한 통합수업의 실제와 학습효과」, 『한자한문교육』 제8집, 한국한자한문교육학회.

박미혜(2002), 「한시 교육의 필요성 및 지도방안」, 『한자한문교육』 제9집, 한국한자한문교육학회.

김국회(2003), 「전통문화의 이해를 위한 효과적인 교수-학습방법 탐구 -제7차 고등학교 한문교과서를 중심으로-」, 『한자한문교육』 제10집, 한국한자한문교육학회.

노인숙(2003), 「고등학교 한문과 한문 소설 교수 학습 모형 연구 -허생전과 양반전을 중심으로-」, 『한자한문교육』 제10집, 한국한자한문교육학회.

임명호(2003), 「한문 끊어 읽기 교육에 관한 연구 -허사를 중심으로-」, 『한자한문교육』 제11집, 한국한자한문교육학회.

황병호(2003), 「VIR과 MIND MAP을 활용한 부수지도 연구」, 『한자한문교육』 제11집, 한국한자한문교육학회.

김경환(2004), 「초등학교 한자어의 위상과 효율적 지도방안」, 『한자한문교육』 제12집, 한국한자한문교육학회.

송영실(2004), 「지명을 활용한 한문 수업안 연구 -부산 지역을 중심으로-」, 『한자한문교육』 제12집, 한국한자한문교육학회.

한연석(2005), 「構形學 이론을 적용한 한자학습 신장 방안」, 『한자한문교육』 제14집, 한국한자한문교육학회.

김종운(2005), 「창의적 프로그램을 활용한 한자 지도 방안 연구」, 『한자한문교육』 제14집, 한국한자한문교육학회.

남수극(2005), 「활동중심 초등학교 한자지도방안」, 『한자한문교육』 제14집, 한국한자한문교육학회.

김동규(2005), 「한자어 교수-학습 자료 개발의 실제 -Flash와 Swish를 중심으로-」, 『한자한문교육』 제14집, 한국한자한문교육학회.

김경수(2005), 「한문교육과 교수학습 방법에 대하여」, 『한자한문교육』 제15집, 한국한자한문교육학회.

김연수(2005), 「漢詩 교수-학습의 원리와 모형-구성주의 이론을 바탕으로-」, 『한자한문교육』 제15집, 한국한자한문교육학회.

선주원(2005), 「한문소설 교수-학습 방법의 원리와 모형」, 『한자한문교육』 제15집, 한국한자한문교육학회.

심재경(2005), 「한문 산문영역 교수-학습 방법의 원리와 모형」, 『한자한문교육』 제15집, 한국한자한문교육학회.

최윤용(2006), 「ARCS모델을 적용한 한문과 교수-학습방법 연구 -산문분야를 중심으로-」, 『한자한문교육』 제16집, 한국한자한문교육학회.

송영일(2006), 「字源 한자 교수-학습 연구-'손' 관련 한자를 중심으로-」, 『한자한문교육』 제16집, 한국한자한문교육학회.

양원석(2006), 「중국에서의 자원을 활용한 한자 교육 방법」, 『한자한문교육』 제17집, 한국한자한문교육학회.

한연석(2006), 「字源을 활용한 한자교수학습방법 연구」, 『한자한문교육』 제17집, 한국한자한문교육학회.

한은수(2006), 「字源을 活用한 漢字 敎授·學習 方法 硏究」, 『한자한문교육』 제17
　　집, 한국한자한문교육학회.

김연옥(2006), 「놀이學習資料를 활용한 초등학교 한자 교육의 다양한 방법」, 『한자
　　한문교육』 제17집, 한국한자한문교육학회.

이 글은 『漢文敎育硏究』 제29호(韓國漢文敎育學會, 2007)에 수록한 논문을 재수록한 것이다.

U.C.C를 기반으로 하는 한시학습 방법 연구

-7차 고등학교 교육과정 한시를 중심으로

李京雨

I. 서론

오늘날 현대인들은 다양한 매체의 홍수 속에서 살아가고 있다. 媒體란 정보를 전달하는 과정 속에서 정보를 위해 사용되는 모든 형태의 채널을 의미한다.[1] 교수-학습현장에서의 매체는 주로 敎授媒體를 뜻한다. 이러한 敎授媒體는 인쇄매체, 시각매체, 시청각매체, 컴퓨터와 멀티미디어, 인터넷 매체 등으로 발전해 왔다.

오늘날 영상매체는 무선통신기술의 발전으로 휴대폰을 통하여 TV 시청도 가능하게 되었다. 영상매체를 통하여 원격강의 시청도 이루어지며, 강의 영상을 휴대용 영상기기에 저장하여, 때와 장소에 구애받지 않고 시청을 통한 학습이 이루어진다. 영상매체는 이미 학습자에게 있어서 생활의 일부분으로 자리 잡고 있다. 이러한 영상매체 기술의 발전은 교수-학습 현장의 교수매체 활용에도 변화를 요구하고 있다.

---

1) 정우상(2007), 1면 참조.

2006년 12월 미국의 시사주간지 〈타임〉이 '2006 올해의 인물'로 '유(You)'를 선정하고 '블로그2)나 미디어 영역에서 영향력을 키워가는 평범한 당신이 바로 올해의 주인공'이라고 발표하였다. 이는 UCC가 영향력 있는 매체로 떠오르고 있음을 말해 주고 있다. 현재의 발전된 인터넷 환경은 콘텐츠를 일방적으로 수용하는 사용자들을 콘텐츠의 적극적 생산자의 위치에 설 수 있게 되었다.

지금까지 학교현장에서의 영상매체를 활용한 수업은 '이미 생산된 콘텐츠'를 소비하는 형태였다. 기존 영상물에서 교수-학습에 필요한 학습요소들을 추출해내고 이를 수업에 효율적으로 활용하기에는 많은 어려움이 있었다. 교수-학습에 필요한 영상물을 교사 스스로 제작하거나 재구성한다는 것은 상상도 할 수 없는 일이었다. 그러나 디지털 캠코더, 컴퓨터, 편집용 소프트웨어의 발전은 손쉽게 영상물을 제작할 수 있게 되었다.

학교 현장의 교육정보화는 국가가 그 중심이 되어 물적인 인프라구축 힘써 왔다. 교실에는 좋은 시청각 기자재, 빠른 인터넷 線路, 컴퓨터 기기를 갖추게 되었지만, 이를 적극적으로 활용할 수 있는 소프트웨어 및 콘텐츠가 부족하며, 이를 개선하기 위한 양질의 소프트웨어 및 콘텐츠의 개발이 요구된다.

한문과 교육에 있어서는 사회적으로는 한자에 대한 관심은 날로 높아지고 있지만, 학교 교실 수업현장에서는 한문은 상대적으로 소외받고 있다. 그 원인은 한문은 "내용이 어렵고 또 재미가 없다."라는

---

2) 블로그(Blog 혹은 Web log)란 Web(웹)과 Log(로그)를 합친 낱말로, 스스로가 가진 느낌이나 품어오던 생각, 알리고 싶은 견해나 주장 같은 것을 웹에다 일기(로그)처럼 차곡차곡 적어 올려서, 다른 사람도 보고 읽을 수 있게끔 열어 놓은 글모음이다. http://ko.wikipedia.org.

이유이다.

최근 공중파 방송에서는 어려운 내용을 재미있게 재구성한 유익한 교양프로그램들을 많이 볼 수 있다. 이들의 공통된 특징은 어려운 내용을 쉽게 재구성하고 어려운 부분은 시각적인 효과를 통하여 시청자의 이해를 돕고 있다. 이러한 장점들을 그대로 살려 '한문과 교수-학습용 동영상 UCC'를 제작하여 한문과 교수-학습에 적극 활용한다면 유의미한 결과를 얻을 수 있을 것으로 생각한다.

본고는 한문과 漢詩 학습 단원의 '동영상 UCC' 설계 및 제작을 통하여 '한문과 동영상 UCC' 개발 방향을 제시하고자 한다.

Ⅱ. 이론적 배경

1. UCC의 정의

UCC는 'User Created Contents'의 약자로 '사용자 제작 콘텐츠'를 뜻한다. 인터넷 서비스 업체들은 웹 2.0[3] 기반을 제공했고 이 기반 위에 발달된 디지털 기기를 이용하여 오늘날의 일명 '창조세대들'라

---

3) 웹 2.0은 2003년 오라일리(O'relly)미디어와 미디어 라이브 인터내셔널 간의 회의 중 처음으로 제기된 개념이다. 오라일리의 부사장 데일 도허티가 "닷컴 거품이 붕괴된 이후에도 여전히 위력을 발휘하고 있는 야후, 아마존, 구글 등은 뭔가 특별한 장점을 공유하고 있다."며 이들을 '웹 2.0'의 새로운 개념으로 묶자고 제안했고, 오라일리의 사장 팀 오라일리와 와이어드의 창업자 존 바텔이 '웹2.0 컨퍼런스'를 개최한 것이 세계적인 관심으로 확대되어 지금에 이르고 있다. 과거 인터넷이 공급자에 의한 일방적인 정보 제공 형태를 띠었다면, 지금의 인터넷은 참여와 개방, 공유를 본질로 하여 사용자들이스스로 정보와 콘텐츠를 창조하고 공유하는 형태를 띤다. 이 혁명적인 차이가 웹1.0과 웹2.0이라고 구분 짓고 있다. 김영한(2007), 26~27면 참조.

고 불리는 이들은 다양한 콘텐츠를 스스로 만들어 내기 시작했다. 인 터넷 사용자들의 표현양식의 변화는 게시판에 자신의 글을 올려 자신 을 표현하는 형식에서 텍스트 형식에서 디지털 이미지(사진 등)로 변 했으며, 또 다시 동영상으로 그 표현방식이 변하고 있다.

2006년 12월 미국의 시사 주간지『타임』은 '올해의 발명품'으로 동 영상 사이트 '유튜브'4)를 선정하였다. 선정 이유로는 "전통적인 보수 성향 미디어들이 보여주지 못한 전 세계 구석구석을 있는 그대로 보여 줌으로써 새로운 지평을 열었다"고 말하였다. 이는 동영상을 촬영하고 편집할 수 있는 도구들의 가격이 저렴해지고, 동영상 제작을 위한 프 로그램이 손쉬워졌기 때문이며 누구나 저렴한 비디오카메라 동영상 편집 프로그램을 통하여 다양한 동영상 작품을 만들어 낼 수 있는 시 대가 되었다고 말하였다. 과거에는 동영상 미디어의 일방적 소비자였 던 대중들이 미디어의 생산자가 되는 새로운 현상을 만들어 냈다. 이 러한 새로운 현상에는 교육적 효과를 찾아 볼 수 있다. 이런 동영상 UCC와 같은 발명은 예전에는 보지 못했던 것이라고 평가하였다.

'동영상 UCC'가 관심을 받게 된 이유는 다음과 같다. 첫째, 비언어 적 커뮤니케이션 콘텐츠의 장점이 있다. 둘째, 손쉽게 동영상을 제작 공유할 수 있는 디지털 환경이 마련되었다. 셋째, 미디어 환경과 미 디어 소비의 형태가 변했다.5)

UCC의 유형을 매체별로 분류하면 다음과 같다. 첫째, 텍스트(Text) UCC이다. 포털사이트인 NAVER의 '지식IN', 인터넷 뉴스 사이트인

---

4) UCC 동영상 서비스 회사, 유튜브를 창업한 것은 채드 헐리(Chad hurley)(당시 29세), 스티브 첸(Steve Chen)(당시 27세), 조드 카림(Jawed Ka-rim)(당시 27세) 등 세 명이다. 2005년 2월 15일에 유튜브를 창립했다. http://www.youtube.com

5) 김영한(2007), 32면 참조.

'오마이뉴스' 등이 있다. 이는 사이트의 콘텐츠 내용을 사용자가 직접 제작하고 만들어 간다는 점에서 기존의 백과사전과 뉴스 포탈과는 차별화 하고 있다. 둘째, 이미지(Image) UCC이다. 사용자가 사진을 촬영하거나 그림을 직접 그리는 경우가 이에 해당한다. 인터넷상에서 연예인 사진을 변형하거나 합성하여 사진을 일종의 놀잇감으로 활용하는 경우가 많다. 예를 들면 네 컷으로 이루어진 만화의 내용을 재구성한 '조삼모사', 2차 대전 포스터를 활용하여 독신의 외로움을 표현한 '솔로부대', 월드컵 대표선수 평가전 경기 중에 이을용 선수의 동작을 캡처한 후 이를 합성한 '을룽타' 등이 이에 해당한다. 셋째, 오디오(Audio) UCC이다. 사용자가 휴대폰 컬러링을 직접 제작하는 것이 이에 해당한다. 넷째, 동영상(Video) UCC이다. 이는 사용자가 직접 동영상을 촬영하여 콘텐츠를 제작하거나, 혹은 이미지를 플래시 애니메이션이나, 동영상 애니메이션을 제작하는 경우이다. 월드컵 당시 등장했던 '꼭짓점 댄스', 월드컵 대표선수들의 얼굴 사진과 '반지의 제왕' 영화예고 편을 합성한 '아드봉일레븐', '안의귀환' 등이 이에 해당한다. 다섯째, 복합 미디어로 구성된 UPC(User Packaged Contents) 이다. 이는 비디오+텍스트, 메타데이터[6]+이미지, 메타데이터 등의 복합 콘텐츠이다.

　UCC의 유형을 형태별로 분류하면 다음과 같다. 첫째, 사용자가 직접 창작한 콘텐츠이다. 일반적으로 우리나라에서는 UCC(User Created

---

6) 메타데이터 (Metadata)란 데이터(Data)를 위한 데이터이다. 어떤 데이터 즉 구조화된 정보를 분석, 분류하고 부가적 정보를 추가하기 위해 그 데이터 뒤에 함께 따라가는 정보를 말한다. 이를테면, 디지털 카메라에서는 사진을 찍어 기록할 때마다 카메라 자체의 정보와 촬영 당시의 시간, 노출, 플래시 사용 여부, 해상도, 사진 크기 등의 사진 정보를 화상 데이터와 같이 저장하게 되어 있다. 이러한 데이터를 분석하여 이용하면 그 뒤에 사진을 적절하게 정리하거나 다시 가공할 때에 아주 유용하게 쓸 수 있는 정보가 된다.(출처: http://ko.wikipedia.org/wiki/%EB%A9%94%ED%83%80%EB%8D%B0%EC%9D%B4%ED%84%B0).

Contents)로 통용된다. 우리나라와 달리 미국에서는 창작의 개념이 강조된 UGC(User Generated Contents)를 쓰고 있다. 둘째, 사용자 가공 콘텐츠(User Modified Contents)이다. 소스콘텐츠에 사용자의 아이디어 덧붙인 콘텐츠이다. 다소 변형이 이루어지지만 UMC는 최초 제작자의 콘텐츠와 제작 의도가 동일하다는 점이 특징이다. 셋째, 사용자 재창조 콘텐츠(User Recreated Contents) 이다. 서로 다른 콘텐츠를 조합하여 새로운 콘텐츠를 생산한다. 최초의 제작 콘텐츠의 의도와는 다른 새로운 형태의 아이디어를 지니고 있다.

UCC의 유형을 내용별로 분류하면 다음과 같다. 첫째, I-UCC (Information User Created Contents) 는 정보 제공을 그 내용으로 하는 콘텐츠이다. 예를 들면 인터넷 기사의 댓글, 홈쇼핑몰의 소비자 이용후기, 또는 상품 사용자의 노하우, 1인 시스템의 교육방송 등이 있다. 둘째, (Entertainment User Created Contents)는 즐거움을 목적으로 하는 콘텐츠이다. 사용자가 직접 제작한 휴대폰 컬러링, 뮤직비디오나 영화 장면의 패러디, 조삼모사, 을룡타, 아드봉일레븐 등이 이에 해당한다. 셋째, B-UCC(Business User Created Contents)은 기업이 상업적인 목적을 위하여 제작한 콘텐츠이다.

2. 저작권의 문제

2006년 개정된 저작권법은 '저작 재산권' 그 밖에 이 법에 따라 보호되는 재산적 권리를 복제·공연·공중송신·전시·배포·대여·2차적 저작물 작성의 방법으로 침해한 자는 5년 이하의 징역 또는 5000만 원 이하 벌금에 처하거나 이를 병과 할 수 있다'고 명시하고 있다.

저작권법 위반은 고소 없이 처벌 한다. '한미 FTA'에는 저작권법을

非親告罪로 분류한다. 남의 저작물을 상업적으로 이용하면 저작권자의 고소, 고발 없이도 법의 책임을 물을 수 있다. 합법적인 동영상 UCC 제작을 위한 방법을 다음과 같이 모색해 볼 수 있다.

첫째, 개정 저작권법(2006년 10월 9일)은 제25조에 학교교육 목적 등에 이용 시 저작재산권 행사를 제한하고 있다고 밝히고 있다. 이는 교육기관(고등학교 및 이에 준하는 학교 이하)에서 교육을 받는 자는 수업목적상 필요하다고 인정되는 경우에는 수업목적에 사용된 공표 저작물을 복제·전송할 수 있도록 하고 있음을 뜻한다. 교수-학습이 이루어지는 고등학교와 이에 준하는 학교이하에서는 수업목적을 위하여 사용된 저작물에 대하여는 저작권 행사를 제한하고 있다. 따라서 '교육을 목적으로 하는 학습용 동영상 UCC'의 경우 인터넷상에 공표하지 않고, 수업현장에서 상영 및 전송이 이루어질 경우 저작권의 제한을 받지 않는다.

둘째, CCL(Creative Commons License)[7] 제도를 활성화 할 필요가 있다. Creative Commons License는 원칙적으로 저작물에 대한 이용자의 자유로운 이용을 허용하면서 저작권자의 의사에 따라 일정 범위의 제한을 가하는 방식이다. 이는 저작물의 자유로운 이용과 함께 저작권자의 권리를 보호하는 것을 목표로 하고 있다.

셋째, '동영상 UCC 제작자들을 위한 실천적 가이드라인'에 따라 동영상 UCC를 제작한다. 2007년 6월 '한국인터넷진흥원'에서는 '동영상 UCC 제작자들을 위한 실천적 가이드라인'을 발표하였다. UCC 이

---

7) CCL은 자신의 창작물에 대하여 일정한 조건하에 모든 이의 자유이용을 허락하는 내용의 라이선스(License)이다. 저작권법 제 46조에 의하면 저작재산권자는 다른 사람에게 그 저작물의 이용을 허락할 수 있고, 이용허락을 받은 자는 "허락 받은 이용방법 및 조건의 범위 안에서" 저작물을 이용할 수 있다.

용자의 행동원칙을 준수하여 동영상 제작에 있어서 저작권법을 위반하지 않도록 한다.

넷째, 저작권으로부터 자유로운 음원, 이미지, 폰트 등을 사용한다. 상업적인 목적이 아닌 경우 자유롭게 쓸 수 있는 소스파일을 공유하는 국내외 사이트가 있다. 이 사이트를 이용하여 UCC제작을 한다면 저작권으로부터 자유로울 수 있다.

3. UCC의 교육적 활용

필자의 동료 교사는 다음과 같은 사항을 의뢰하였다. 'KBS 미디어의 환경스페셜' Video Tape의 내용을 수업에 활용하고 싶은데, 비디오테이프에 담긴 내용을 노트북으로 옮길 수 있는 방법은 없는가이다. 영상매체의 필요성을 느끼면서도 활용방법상의 불편함으로 무척 난감해하였다. 이렇듯 많은 교사들이 교수-학습 현장에 기존 영상매체의 불편함에도 불구하고 수업에 적극 활용하려는 이유를 생각해 보았다. 수업 내용 전개에 있어 수업 보조 자료로서 필요한 영상물들이 많다. 이를 주어진 수업시간 중에 효율적으로 학습자에게 전달할 수 있는 방법을 모색해야 한다. 예컨대 '간단하게 필요한 부분만을 잘라낼 수는 없을까?', '필요한 부분들을 교수자 의도대로 재구성을 할 수 없을까?', '영상 매체 프로그램에 누락된 부분을 수정 보완할 수는 없는가?' 등이다. 이런 고민에 대한 해결 방안이 '동영상 UCC'가 될 수 있을 것이다.

교수자가 교수-학습에 필요한 영상물을 직접 생산하거나 재구성한다는 것은 과거에는 불가능했으며, 이는 방송국이나 미디어 업체에서만 가능했다. 오늘날에는 상대적으로 저렴함 가격의 디지털 기기,

손쉬운 편집 소프트웨어에 힘입어 교수자 스스로 영상물을 생산 내지는 재가공할 수 있는 미디어 환경이 도래하였다. 이런 환경변화를 바탕으로 '동영상 UCC'를 적극적으로 교수-학습 활동에 활용한다면 보다 효과적인 교수-학습 성과를 거둘 수 있을 것으로 생각된다.

동영상 UCC 제작과 달리 일반적인 동영상 제작의 단계는 사전계획 단계, 제작단계, 사후 제작 단계 3단계로 나누어 볼 수 있다.

사전 계획 단계를 통하여 완성도 높고 효율적 제작을 이룰 수 있다. 이 단계에서는 영상물의 주제와 목적을 정한다. 제작할 영상물을 통해 학습자는 무엇을 얻을 수 있는가를 분명히 한다.

구성은 주제를 세분화하는 작업이다. 소주제를 중심으로 프로그램을 구성하는 것인데 기·승·전·결 구조로 이루어진다.

자료 수집은 만들고자하는 작품의 주제를 심층 조사하는 단계이며 자료수집 정도에 따라 결과물의 수준을 결정할 수 있는 중요한 단계이다. 이 과정에서 대본을 완성한다. 劇化를 목적으로 한다면 배역을 선정하는 단계에 해당한다. 제작단계는 사전단계에서 준비된 스토리보드 등을 바탕으로 촬영에 임하는 단계이다 동영상 UCC의 경우에는 기존 소스를 이용한 제작은 촬영이 생략될 수 있다.

사후 제작 단계에서는 편집이 이루어진다. 편집은 완성된 신(scene)을 연결하는 것이다. 편집과정은 어셈블리 편집, 가편집, 최종 편집의 세 단계로 이루어진다.

어셈블리 편집(Assembly Editing)은 최초의 편집과정이다. N.G 숏(no good shot)이라고 좋지 않은 장면은 삭제하고 잘 된 숏(Shot)을 골라 계획한 대본의 의도에 따라 연결해 보는 단계이다.

가편집(Rough Cut)은 이른바 거친 편집의 단계이다. 정밀편집 단계가 아니므로 전체적인 구성과 리듬감을 고려한다. 작품의 내용의 分

明性, 흥미, 등장인물의 적절한 묘사 등을 살핀다. 가편집(Rough Cut)을 할 경우에 점검할 사항은 다음과 같다. 첫째, 전체 구성에 있어 이 장면이 반드시 필요한 장면인가를 살핀다. 둘째, 숏(Shot)의 길이가 적당한가를 확인한다. 숏이 길어지면 내용이 전체적으로 지루해지기 쉽다. 셋째, 장면 전개의 자연스러움을 살핀다. 넷째, 간결한 내용 구성이 이루어지고 있는지를 살핀다. 편집을 '버리는 기술'이라고 말한다. 촬영한 영상에 하나하나에 집착하지 말고 전체 흐름에 있어 불필요하다고 생각되면 과감하게 편집 삭제할 수 있어야 한다.

최종 편집(Final Editing)은 가편집(假編輯)에서 여유 있게 편집 되었던 숏(Shot)을 '기 승 전 결' 구성의 전체의 흐름에 맞도록 정밀 편집하는 단계이다.

학습용 동영상 콘텐츠의 경우 학습자의 반응을 살펴 수시로 수정과 변경할 수 있다. 이것이 동영상 UCC의 가장 큰 장점중의 하나라고 생각한다. 이러한 과정의 반복을 통하여 동영상 콘텐츠는 학습자의 요구와 눈높이에 맞는 가치 있는 학습 자료에 보다 더 접근할 수 있다.

4. 漢詩와 영상의 관계

오늘날 화두는 소통이다. 정치에 있어서 소통의 부재를 말하는 사람들이 많다. 소통이란 '막히지 아니하고 잘 통함'이다. 소통을 위해 필요한 것이 매체이다. 말이나 글은 인간의 의사소통을 돕는 중요한 매체이다. 그러나 매체는 이에 한정되지 않고 말이 글 이외에도 사진, 그림, 음악, 춤 등 인간 사이에 매개하는 모든 것이 될 수 있다. 여기서 매체는 즉 미디어(Media)이다. 오늘날을 멀티미디어 즉 다매체시대라고 한다. 다매체의 개념은 두 가지로 정리해 볼 수 있는데, 하나는 성격이 다른 매체의 다양화가 있다. 각각의 다른 종류의 매체가 여러 개 존재하는 것을 의미한다. 또 다른 하나는 전자 통신 기술의 발전으로 각각의 매체를 하나의 매체에 통합적으로 사용하는 것을 의미한다. 산업화 시대의 경우는 다매체 시대라고 한다면 정보화 시대의 복합매체의 시대 즉 멀티미디어의시대가 도래 하였다.

멀티미디어의 시대를 영상의 시대라고 한다. 영상은 늘 공기처럼 늘 우리 곁에 있다. 예컨대 아침에 눈을 뜨면 텔레비전을 켜고 뉴스를 보고, 출근하는 전철이나 버스, 혹은 자가용 자동차 속에서 DMB 방송을 시청한다. 그만큼 영상 매체는 현대를 살아가는 이들에게 참으로 익숙한 삶의 한 부분이다.

수업은 학습자와 교사의 소통의 장이라고 생각한다. 학생과 교사의 소통의 장을 열어 줄 수 있는 열쇠는 멀티미디어의 시대인 만큼 다양할 수 있다고 생각한다. 7차 교육과정 해설서의 내용에 의하면 "한시의 감상을 한시의 형식, 시구의 구성, 운율, 수사법, 작품의 경향, 시상의 전개 과정 등 작품을 분석, 이해하고 작가의 신분이나 환경 사상 등을 살펴 작품의 이해를 더욱 깊게 하는 것을 말 한다"라고 하였다. 이와 같이 현행 교과서는 시의 형식 전개과정 수사법 등에 대하여는 상대적으로 상세히 기술하고 있으나 교과서만으로는 작가의 신분이나 창작당시의 시대 상황, 작가의 사상적 특징 등을 알 수가 없다. 이러한 배경지식에 대한 설명은 수업을 이끌어가는 교사의 역할이 될 수 도 있겠지만 교과서에 있는 단편적 지식으로는 시창작의 배경이나 작가의 창작 의도를 읽을 수 없다. 이에 한시 관련 영상 콘텐츠의 '수업 보조자료'로서의 역할이 기대할 수 있다. 특히 한시는 음악적 운율, 함축적 표현으로 선인들의 삶과 지혜 그리고 사상과 감정이 드러난 문학의 장르이다. 인간의 내면세계의 외적 표현이기도 하다. 어떠한

문학 장르보다 감성적인 측면과 관련이 깊다고 볼 수 있다. 뮤직비디오를 생각해 본다면 상당 음악의 운율성, 가사의 함축성, 스토리의 기승전결 구조 등 상호간에 밀접한 점을 발견할 수 있다.

Ⅲ. 漢詩學習 U.C.C 제작의 실제

1. 教科書 수록 漢詩의 分析

한문과 교수–학습 내용 중 흥미를 느끼지 못하고 있는 단원이 한시 단원이다. 한시는 한문뿐만 아니라 고등학교 국어 교육과정인 고전 시간에도 배운다. 오히려 7차 고등학교 한문 교과서에서 다루어지는 漢詩단원을 단순히 양적인 면에서 비교해 본다면 교과서 안에서의 비중은 아주 적은 편이다.

漢詩는 한문으로 된 시를 말한다. 2007년 개정 한문과 교육과정의 내용 체계에서는 한문 텍스트를 단문, 산문, 한시로 나누고 있다. 또한 교육 과정에는 교수–학습을 위한 한시 내용 요소를 다음과 같이 제시하고 있다.

	7) 한시를 소리 내어 읽을 수 있다.
읽기	8) 한시를 끊어 읽을 수 있다.
	9) 한시를 바르게 풀이 할 수 있다.
	6) 한시의 형식과 특징을 이해한다.
이해	7) 한시의 내용과 주제를 이해한다.
	8) 한시의 특수한 표현 방식을 이해하고 감상할 수 있다.[8]

---

8) 교육인적자원부(2007), 3~4면.

표와 같이 한시단원의 목표는 읽기 영역에 있어서는 '한자를 알고 읽을 수 있으며, 한시의 형식을 알고 끊어 읽고 바르게 풀이할 수 있는가'이다. 이해 영역에 있어서는 한시의 특징을 알고 내용과 주제를, 표현 방식을 이해하고 감상할 수 있는가이다.

7차 고등학교 교육과정 『한문Ⅰ』에 수록된 한시를 국가별 인물로 구분해 보았다. 교과서 내 중국 작가의 한시의 경우 대부분이 시대적 배경이 唐나라 시기이다. 인물로는 李白의 시가 5수로 가장 많고 작품으로는 王維의 〈送元二使安西〉가 가장 많은 교과서에 실려 있다. 동영상 제작을 전제로 작품들을 살펴보면, 대부분의 詩가 時代的으로는 당나라시기를 배경으로 한다. 이에 따라 당나라의 역사를 개관해 볼 수 있는 동영상을 생각해 볼 수 있다. 또한 洞庭湖·廬山 등 詩에 등장하는 중국 지리 정보에 익숙하지 않은 학습자들에게 지리 정보를 줄 수 있는 내용도 생각 해 볼 수 있다.

UCC의 전체 구성은 작가 1인의 한 작품 소개로 끝나는 것보다는 교과서에 나오는 범주 안에서 함께 다른 작품을 소개하는 것도 바람직 할 것으로 생각 된다. 시속에 이야기가 있고 이 이야기를 통해 시적 감흥을 고취시킨다면, 한시 단원이 단순하게 해석하고 시의 형식 정도를 알고 지나치는 교과서 안의 하나의 과정이 아닌, 漢詩 수업 시간을 유의미한 시간을 만들어 갈 수 있을 것이다.

교과서 내 중국 한국 한시의 작가는 총 38명이며 42수의 시가 수록되어 있다. 鄭知常의 〈送人〉이 가장 많이 수록되어 있다. 新羅時代 詩로는 崔致遠의 秋夜雨中 1수가 수록되어 있으며 高麗時代 詩 7수가 수록되었다. 나머지는 朝鮮時代의 詩이다.

동영상 제작을 전제로 작품들을 살펴보면 우선 작가의 인물, 시대 상황, 인물에 관한 재미있는 이야기, 창작 배경 등을 담아낼 수 있도록 구안하는 것이 바람직할 것으로 생각된다.

Ⅳ. 漢詩學習 U.C.C 제작의 실제

동영상을 제작에 있어 교사 주도적 동영상 UCC 제작의 경우와 교사 학생 공동작업의 경우 둘로 나누어 생각해 보았다.

1. 교사가 주도적으로 만드는 한시 동영상 UCC

실제 한시 소재로 하여 동영상 UCC를 만드는 과정을 살펴보도록 했다. 일반적으로 동영상 제작은 사전계획 단계, 제작단계, 사후 제작 단계 3단계를 거쳐 완성된다. 그러나 UCC의 경우 1인 시스템이다. 가장 중요한 것은 저비용 고효율의 경제성을 고려하지 않을 수 없다. 한 사람이 구상-기획-스토리보드 완성- 자료수집-편집-편집 후 재수정 등 일련의 과정을 통해 완성한다. 제작을 위한 漢詩로 유리왕의 〈黃鳥歌〉, 두보의 〈登岳陽樓〉, 〈秋夜雨中〉 3편의 시를 동영상 UCC 제작을 위한 예제로 선택하였다.

동영상 제작을 위한 내용 분석은 예를 들면 〈黃鳥歌〉를 제작하기 위해 우선 종이 위에 儒理王을 써 본다. 연상되는 모든 단어들을 나열해 본다. 유리왕, 주몽아들, MBC, 인순이 등등을 나열해 볼 수 있다. 수업에 있어 50분 수업에 설치에 10분 동영상 시청에 40분을 허비 할 수는 없다. 동영상은 군더더기 없는 간결한 구성으로 시간은 3~5분으로 한다.

에듀테인트먼트(Edutaintment)는 教育(Education)과 오락(Entertainment)의 英語式 합성어(合成語)이며 교육을 오락게임처럼 흥미롭게 혹은 오락을 교육처럼 유익하게 만들어낸 유무형의 상품을 가리키는 新造語이다. 일반적으로 에듀테인트먼트(Edutaintment)는 멀티미디어 영상을 바탕으로 한 대화형 오락을 통해 학습 효과를 노리는 소프트웨어를 가리키며, 넓은 의미로는 게임하듯 즐기면서 교육적 효과를 노리는 학습 방법이나 프로그램, 영상물, 출판물, 완구 등도 포함된다고 할 수 있다.[9] 이렇듯 학습자가 학습내용에 대해 재미를 느끼면서도 교육적 효과를 거둘 수 있도록 '재미'와 '학습효과' 두 가지 측면에서 영상물의 내용을 구성할 수 있는 요소들을 추출한다.

이 과정에서 가장 중요한 것은 한문 교수-학습의 실수요자는 교육연구가도 아니고 현장의 교사도 아니며, 바로 10대 학생들이기 때문에 학생 눈높이에 맞는 내용 구성이 꼭 필요하다.[10] 이점에 유념하여 교육적으로 가치 있는 재미있는 콘텐츠 개발에 역점을 둔다.

시나리오 작성에 있어 '동영상 UCC'는 일인(一人) 시스템이다. 제작자 스스로 글을 구성하고, 이미지를 제작 수정하며, 편집하여 영상물을 제작한다. 영상물 하나에 모든 것을 다 담아낸다는 욕심을 버리고 영상물의 장점을 살리고 교수-학습 내용의 핵심을 보여 줄 수 있도록 내용을 구성한다. 동영상 내용은 3분~5분 이내로 한다. 단 본 편집에서는 내레이션을 통한 장면 설명을 고려하지 않았다. 내레이션을 통한 설명 보다는 간결한 자막 처리로 내레이션을 대신한다.

순수 창작 동영상 UCC가 되기 위해서는 시나리오를 바탕으로 본인 스스로 콘티에 맞추어 필요한 영상을 촬영하여 편집을 위한 샷(Shot) 즉 장면들을 만들어 간다. 그러나 학교 현장의 많은 어려움이 있는데, 교사 입장에서는 과중한 수업이 부담이 되며, 학생 입장에서는 많은

---

9) 최영조(2003).

10) 이동재(2007), 166면.

학습내용이 부담이 될 수 있다. 5분 정도의 동영상을 만들기 위해서 너무 많은 물질적, 정신적 자원의 낭비는 '저비용 고효율'이라는 손수 제작 동영상 본래의 취지에 맞지 않으므로 'UCC'가 가지고 있는 장점을 최대한 살린다. 자료는 웹을 중심으로 사진 이미지와 텍스트 자료를 수집하고 부족한 부분들은 관련 도서와 논문을 검색한다.

편집에서는 우선 출력물을 미리 계획한다. 최종 결과물을 어떤 화면으로 볼 것인가를 생각 해 본다. 텔레비전, 컴퓨터 화면 등 매체의 수단과 화면 규격이 다양하여 이에 준하여 동영상 편집 시작을 할 때 출력할 화면 규격을 미리 정한다.

동영상 매체에도 다양한 규격이 있다. 책의 크기의 다양함만큼이나 동영상이 규격도 다양하다. 우선 4:3 비율로 만들 것인가 16:9 비율로 만들 것인가를 생각한다.

본고에서는 4:3 일반 비율의 가로 720픽셀 세로 480픽셀 규격으로 출력할 것으로 기획한다. 최종 시청은 온라인상에서 PC 모니터를 통한 시청이 아닌 교실에 설치되어 있는 일반 텔레비전 모니터를 시청할 것을 예상하여 작업한다. 편집 소프트웨어는 컷 편집과 오디오 믹싱 편집은 'Sony Vegas' 프로그램으로 하고, 인트로 화면과 특수 효과 장면은 'Adobe-After Effect'프로그램을 사용한다. 시나리오를 바탕으로 한 스토리보드(Story Board)를 중심으로 대략적인 편집을 하고 세밀한 편집을 해나간다.

출력은 완성된 영상물을 용도에 맞는 형식으로 영상물을 압축하여 추출해내는 것을 의미한다. 우선 웹에 올리기 위해서는 WMV 파일로 만들 수 있으며, UCC 동영상을 업로드 서비스하는 업체에 따라서는 업로드와 동시에 플래시 비디오로 포맷을 변환시켜주는 서비스를 실시하고 있다. 오프라인(off-line) 교실 현장 수업에 활용할 목적이므로 코덱은 MPEG2 압축 형식에 화면 크기는 720픽셀* 480픽셀 동영 상물로 출력했다.

과거에는 완성된 영상물을 CD, DVD 등 정형화된 영상물로 한번 고 착화되면 재편집이 손쉽게 이루어 지지 않았다. 그러나 오늘날 저장매 체의 발전은 CD, DVD에 리코딩 하지 않더라도 각종의 플래시메모리, 'USB 저장 메모리'에 저장 보관할 수 있다. 이와 같은 저장 매체의 변화는 재편집의 편리성을 가져왔다. 언제든지 저장된 영상물을 삭제 하고 수정 재편집할 수 있다. 또한 본인이 구안한 콘텐츠이므로 교수- 학습 현장에 투여한 영상매체에 대한 학습자의 반응을 주시하며, 콘텐 츠의 내용을 수정해 나갈 수 있다. 이런 과정을 통하여 영상물을 개선해 나간다면 영상물의 내용의 완성도를 더욱 높여 갈 수 있다.

1) 〈黃鳥歌〉 동영상 UCC 장면별 설명

번호	장면(Scene)	장면 별 내용 설명
1		동영상 인트로 화면, 주제어를 제시한다. 정보 제공. 삼국사기 원문을 보여줌
2		《삼국사기》 원서를 이미지로 제시한다.
3		원문과 함께 번역문을 자막으로 제시 이해를 돕는다.

4		드라마 '주몽' MBC 홈페이지 메인화면 모습을 동영상 캡처하여, '유리왕'이 다름 아닌 '주몽'의 아들임을 보여 주었다.
5		유리왕의 삶속에서 그의 그리움이 배어나오고 있음을 시간순서대로 이미지를 공간 배치하였고, 간결한 자막으로 학습자의 이해를 도왔다.
6		高句麗의 느낌을 줄 수 있는 무용총 사냥 벽화를 배경으로 활용하여 유리왕의 시대가 고구려 시대임을 다시 상기할 수 있도록 배치하였다.
7		화희와 치희를 같은 공간에 배치시킴. 갈등의 요인을 제시함. 아름다운 일러스트로 학습자의 관심을 유도함.
8		치희가 돌아가는 모습을 그래픽으로 표현하였다.
9		지도(地圖)와 치희(稚戲)를 찾아 나선 유리왕을 합성시킴. 재미를 줄 수 있는 요소를 가미하였다.
10		황조가에 '黃鳥'가 꾀꼬리임으로 꾀꼬리 소리를 영상에 첨가하여 共感覺的 이해를 圖謀함
11		드라마 속의 유리가 직접 황조가를 읊을 수 있도록 입 모양과 눈 모양을 애니메이션(Animation)화 하였고, 하단에 원문과 한자의 독음, 시의 해석을 동시에 제시하여 학습자의 이해에 도움을 주고자 하였다.

12		朗讀과 함께 배경음악을 사용하여 학습자의 시각과 함께 청각 등의 감각 기관을 통하여 더욱 感性적인 면을 강조하고자 하였으며, 이는 학습자의 시적 감흥을 고취시켜, 시를 이해하는 데 도움을 주고자함이다. 마지막 부분을 다시 이미 제시되었던 장면을 회상하는 것으로 처리하여, 학습자 스스로 시의 여운을 느끼고, 다시 한 번 시를 이해 할 수 있는 시간을 제공하였다.

2) 〈秋夜雨中〉 동영상 UCC 장면별 설명

번호	장면(Scene)	장면 별 내용 설명
1		최치원을 알리는 광원효과의 자막을 통하여 학습자의 주의를 환기 시킨다.
2		최치원의 사진과 함께 경주최씨의 시조임을 알리는 자막을 하단에 표시한다.
3		최치원이 12세의 나이로 당나라 유학을 떠난 사실을 자막으로 표현하고, 경로를 화면상에 표현하여 학습자의 이해를 돕도록 한다.
4		山東半島에 등주가 있음을 나타내고, 등주의 사진을 화면상에 표시하여 학습자의 이해를 돕는다.
5		산동 반도에 도착한 최치원이 당나라 수도인 장안으로 가기까지 경로를 표시하여 얼마나 험난한 길이었는가를 느낄 수 있도록 표현하였다.

6	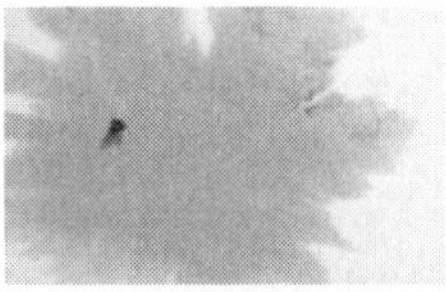	위성사진에서 '人百己千'이라는 화면을 먹 번짐 효과를 주어 장면 전환을 시도하였다. 이를 통하여 좀 더 전통적인 느낌을 줄 수 있다.
7		'人百己千' 네 글자를 붓으로 쓰는 형태로 화면상에 표현한다.
8		18세 崔致遠이 당나라 賓貢科에 장원 급제한 사실을 화면상에 표현한다.
9		《檄黃巢書》라는 편지형식의 격문을 신라의 최치원(崔致遠)이 당나라에서 지은 사실을 알린다. 이미지는 시간순서에 입각하여 3차원 공간에 수평적으로 배열하였다.
10		최치원 귀국 당시가 신라 진성여왕시기 이었음을 나타내는 화면이다. 화면의 사진은 영화 속에 등장하는 진성여왕의 모습이다.
11	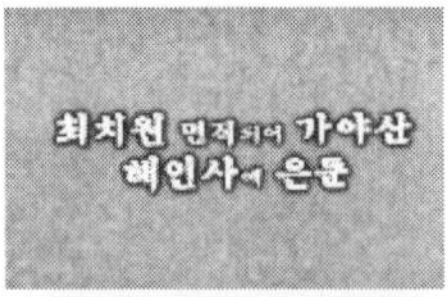	한지를 배경으로 하여 최치원이 가야산에 은둔했다는 상황을 자막으로 보여 준다.
12	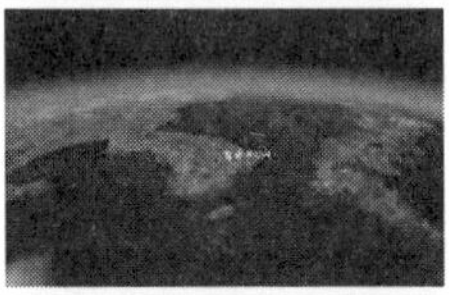	위성사진을 입체적으로 보여주고, 한반도 지도상에 가야산의 위치를 표시한다.
13		가야산의 전경이 담긴 사진을 화면상에 보여준다.

| 14 | | 〈秋夜雨中〉漢詩 원문과 더불어 최치원의 모습이 등장하고 시를 낭독한다. 시의 내용에 맞추어 화면 상에 계절을 나타내는 그래픽 효과를 첨가한다. |
| 15 | | 마지막은 신라 말기의 정치적 상황을 나타내는 그래픽 장면이다. 화면상에 등장하는 인물은 드라마에 등장했던 궁예와 견훤이다. 이를 통하여 최치원의 가야산 은둔시기가 신라 말기의 혼돈스런 상황이었음을 학습자에게 알린다. |

최치원의 〈秋夜雨中〉이라는 시를 동영상 UCC로 만든 작품이다. 〈표-14〉의 〈黃鳥歌〉에서처럼 학습자들의 적극적인 반응을 얻을 수 없었다. 그 이유는 첫째, 최치원과 관련된 드라마 등장 캐릭터를 찾을 수 없다는 점이다. 둘째, 내용의 구성이 극적인 부분이 부족했다. 셋째, 신(Scene)과 시퀀스(Sequence) 길이가 길어 다소 지루한 편집이 이루어졌다. 이를 통하여 편집의 간결함의 중요성을 확인할 수 있었다. 다만 최치원의 중국 유학경로는 그래픽으로 시각화하여 학습자의 좋은 반응을 유도할 수 있었고, 〈秋夜雨中〉의 창작시기에 관하여는 이견이 있으나, 최치원이 살아가던 신라말기의 시대상황을 한반도 지도상에 전개하고, 드라마 '왕건'의 '궁예'와 '견훤'을 캐릭터를 등장시켜 학습자의 좋은 호응을 얻었다.

3) 〈죵뜜陽樓〉 동영상 UCC 장면별 설명

번호	장면(Scene)	장면 별 내용 설명
1	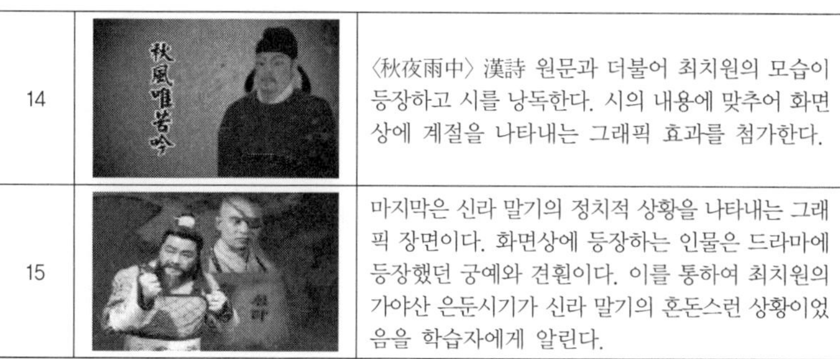	위성사진을 통하여 양자강의 위치 그리고 洞庭湖의 전체적인 모습을 알린다.

2		岳陽市가 洞庭湖 변에 위치한 도시이며, 岳陽市 서쪽 동정호 변에 岳陽樓가 위치해 있음을 학습자에게 보여 주어 地理的 이해를 돕는다.
3		위성사진으로부터 岳陽市에 위치한 악양루로 줌인(Zoom In)하는 그래픽 효과처리를 통하여 岳陽樓의 위치를 보다 명확히 한다.
4		동정호를 직접 촬영한 영상 소스를 바탕으로 동정호의 현재모습을 학습자에게 보여주고 특히 동정호의 크기를 강조한다.
5		악양루의 입구에 서있는 牌樓의 모습을 보여 준다.
6		동정호 입구의 패루의 현판에 새겨진 '南極瀟湘'의 해석을 통하여, 이 동정호가 굴원이 빠져 죽었다는 湘江과 남쪽으로 연결 되어 있으며 湘江의 上流를 瀟江이라고 부른다는 사실을 알리고, '瀟湘八景'의 유래를 설명할 수 있는 계기를 마련한다.
7		악양루의 전체 모습을 바로 보여주지 않고 현판만을 줌인 하여 악양루를 알리고 줌아웃 하여 천천히 악양루의 모습을 보여 준다.
8		악양루의 전경을 보이면서, 악양루의 건축 역사를 설명한다. 오나라 魯肅이라는 인물이 이곳에 망루를 설치한 것이 유래임을 알린다. 三國志에 있어서는 이곳이 오나라 지역임을 알린다. 사진은 삼국지 게임에 등장하는 노숙 캐릭터이다.
9		악양루 1층과 2층 벽면에는 중국 송나라 範仲淹의 〈岳陽樓記〉가 새겨져 있음을 알린다.

10		애니메이션화 한 악양루기의 도입부이다. 먹의 번짐 효과를 적용하여 중국적인 느낌을 더욱 살렸다.
11		배경에 악양루기의 원문과 전면에는 範仲淹의 모습이 나타나도록 하였다. 낭독은 중국어로 낭독되며, 하단에는 한글 해석 자막을 삽입하였다.
12		원문 내용에 맞추어 배경 이미지 사진의 변화를 주었다.
13		악양루 삼층에는 모택동 친필의 당나라 杜甫의 〈登岳陽樓〉 시가 새겨져 있음을 보여 준다.
14		杜甫의 〈登岳陽樓〉 詩를 애니메이션으로 표현하였다. 동정호와 악양루를 배경화면으로 고정하여 화면의 변화를 최소화 하였다.
15		시의 낭독은 중국어로 이루어지며 하단에 한글 해석을 삽입하였다. 글의 내용에 맞추어 하늘을 중심으로 그림의 변화를 추구하였다.
16		하늘에 태양과 노을을 삽입하였다. 애잔한 음악과 더불어 시적 느낌을 더욱 느낄 수 있도록 편집하였다.
17		하늘을 배경으로 붓글씨체의 한문 폰트를 사용하여 더욱 전통적인 느낌이 들 수 있도록 하였다.

18		'늙고 병든 몸엔 외로운 배만 남았다'는 내용에 어울리는 사진을 찾아 배경화면의 전환을 하였다.
19		시의 마지막 부분에는 두보의 모습이 등장시켰다.
20		두보의 얼굴을 서서히 클로즈업하여 시인의 감회를 느낄 수 있는 餘韻을 줄 수 있도록 하였다.

이 작품은 현지답사를 통하여 촬영한 동영상 소스를 바탕으로 洞庭湖관련된 문학작품을 애니메이션 화하였다. 원문은 중국어로 낭독하고 화면 하단 부분에 한글 자막 처리하여 학습자의 이해를 도왔다. 학생 대부분이 중국 사람들은 과연 한시를 어떻게 읽는가에 대한 궁금증을 풀어 줄 수 있도록 기획했다. 학습자 반응을 살펴보면, 範仲淹의 〈岳陽樓記〉를 애니메이션화한 부분은 작가와 작품 모두가 고등학생인 학습자들에게 생소하여 재미라는 면에서 좋은 반응을 얻을 수 없었으나, 중국의 名文을 감상할 수 있는 기회를 가질 수 있었다는 점에서 의미를 둘 수 있었다. 杜甫의 〈登岳陽樓〉를 애니메이션화한 부분은 학습자에게 익숙한 시이기 때문에 좋은 반응을 얻을 수 있었다. 작품 전체적인 면을 살펴보면 학습자에게 漢詩에는 당시의 문화·역사·철학 등의 다양한 내용을 함께 담아내고 있음을 확인할 수 있었다. 무엇보다 이 영상물의 가장 큰 의의는 작품의 배경이 된 장소를 화면상이지만 직접 눈으로 확인할 수 있었다는 점이다.

이상의 내용을 살펴보면 교사가 계획하고 직접 제작한 동영상의 경우에는 교사의 의도와는 다르게 학습자의 낮은 반응을 얻을 수 있다. 이는 주로 학습자의 눈높이에 맞지 않는 경우이다. 의도한 바와 같은 성공적인 동영상 콘텐츠 제작을 위해서는 동영상 콘텐츠의 수요자가 10대의 고등학생이라는 점을 제작 단계부터 간과할 수 없다. 이에 따라 교사와 학생이 각각의 역할을 분업화 한 동영상 콘텐츠 작업을 생각해 볼 수 있는데, 실제사례는 다음과 같다.

2. 교사·학생 역할 분업화를 통한 한시 동영상 UCC 제작

고등학교 교육현실에 있어서 한문 수업을 담당하는 교수자인 교사 자신도 교육과정의 내용을 다 소화해 내기에는 시간이 부족하다. 또한 학습자인 학생들은 대학 입학이라는 무거운 중압감 속에서 국·영·수 위주의 입시과목 공부에 치중하고 있다. 이런 상황에서 학습자 개개인에게 한시학습을 위한 동영상 UCC 제작을 기대하거나 요구하는 것은 교사의 욕심 이상도 이하도 아니라고 필자는 생각한다. 한문 시간이 즐거운 시간이 되기 위해서도 학습자의 학습 부담을 최소화해야 한다. 학습자에게 필요한 것은 상상력 이며 기술은 아니다. 이에 학습자는 스스로 기술적인 제한을 받지 않고 자유로운 창의력과 상상력으로 시나리오를 작성하고 교사는 이러한 아이디어를 바탕으로 한시 학습을 위한 '동영상 UCC'를 제작하도록 하였다. 본 연구를 위하여 수원 D여고 420명 학생에게 '동영상 UCC 제작을 위한 시나리오제작'을 학기 중 수행평가 과제를 제시하였다. 형식과 표현에 있어서는 제한을 두지 않았다. 한시의 선택은 학습자 본인 선호에 따라 선택하도록 하였다.

자료조사를 위하여 과제를 부여받은 학생들은 '고등학교 국어 고전

시가', '인터넷' 등에서 다양한 漢詩를 조사한다. 이 가운데에서 본인이 선호하는 漢詩를 결정한다. 또한, 한시의 작가, 작가 생존 시 시대 상황, 창작 배경, 시상 전개 과정 등을 상세히 알아본다.

자료조사를 통하여 얻은 자료를 중심으로 우선 시나리오를 작성한다. 이야기의 전개가 기·승·전·결 구조의 짜임새가 있어야 하며, 흥미를 가질 수 있는 부분도 놓치지 않는다. 이야기의 구조가 매끄러운지 여부를 확인하고 필요한 그림이나 사진들을 수집한다.

교사는 잘된 학생 스토리보드 작품을 선정하고, 동영상을 제작한다. 수정 보완할 부분이 있으면 학생의 제작 의도를 크게 벗어나지 않는 부분에 한정하여 수정 보완을 한다.

수업시간에 시사회를 갖고 이를 통하여 제작자 모두에게 제작의 감동과 성취감을 나누고, 한시를 내면화할 수 있는 기회를 갖는다.

이와 같은 교사·학생 공동제작 과정을 통하여 얻을 수 있는 내용들은 다음과 같다.

첫째, 단순 지식이 아닌 영상화를 통하여 제작자 본인은 물론 학습자 개개인이 배운 한시를 보다 더 내면화할 수 있다.

둘째, 시나리오 제작자 자신이 학습자이기 때문에 학습자 눈높이에 맞는 콘텐츠 개발이 가능하다.

셋째, 시나리오를 구안 과정을 통하여 학습자의 창의력에 도움을 줄 수 있었다.

넷째, 교사·학생은 수업외의 소통의 장을 마련할 수 있었다.

다섯째, 한시는 내용이 기승전결 구조이고 내용이 함축적이고 길지 않다. 동영상 UCC 제작에 좋은 소재가 될 수 있었다.

학생 제작 '한시 동영상 UCC' 제작을 위한 '스토리보드'를 살펴보면 다음과 같다.

1) 학생제작 李奎報의 〈兒三百飮酒〉 동영상 UCC 스토리보드

학생 작성 '漢詩 동영상 UCC' 스토리보드	
제목	兒三百飮酒
작가	이규보
만든사람	2학년 14반 김혜린
번호	장면(Scene)	장면 별 내용 설명

번호	장면(Scene)	장면 별 내용 설명
1		故今乳齒已輕華 "나이도 어린 네가 벌써 술을 마시다니" • → 어린아이가 술에 취한 모습을 다양한 모습을 찍어 대주며 CF에서 "카" 하는 소리를 컨셉으로한다. 心恐年來必病醟 그러지 않아 비통해 다시 흥겨워 하다." → 침체기에서 익살스러운 고통스러운 신음을 컨셉으로한다.
2		故今乳齒已輕華 "나이도 어린 네가 벌써 술을 마시다니" • → 어린아이가 술에 취한 모습을 다양한 모습을 찍어 대주며 CF에서 "카" 하는 소리를 컨셉으로한다. 心恐年來必病醟 그러지 않아 비통해 다시 흥겨워 하다." → 침체기에서 익살스러운 고통스러운 신음을 컨셉으로한다.
3		一生人亦太猖狂 "평생동안 남들이 미치광이라 하는걸" → 남들이 이상한걸. 아마 상상력도 히끗 사정이 되어서, 소리는 '이효리 도레미' 앞 댄서 부분을 사용해서, 경악을 자아내게한다.
4		一世誤身全是酒 "제몸을 망치는 건 모두가 술탓인데" • → 술로인해 망가진몸 (늘어난 뱃살, 두꺼워 해진시) 등의 사진을 보여주며 우울한 분위기의 노래를 삽입해 인터뷰으을 지속한다.
5		故今好飮又何哉 "네 별명도 좋아하니, 아끼 미치게 무슨 일이나" • → 무엇을 보고 매우 좋아하는 동물, 사람을 표정을 보여주며 진정한 좋아함을 보여준다. 命名三百豈方有 "어제다가 네 이름을 삼백이라 지었더니"
6		恐似日傾三百杯 "삼백잔을 다실까봐 두려하나 마심이다." • → 아빠가 잠을자는데 꿈에서 아들이 폭탄주 300잔을 마시고 있는 모습을 꾸고 놀라서 깨는 장면을 남앗고, 꿈에서 깬 아빠가 꿈인것을알고 안심을 돌린다는 장면을 마지막으로 삽입. - 마지막 엔딩곡으로 낚지영의 꿈에를 넣는다

　위 작품은 우선 선택한 시의 내용이 재미있다. 원문의 재미를 적절한 이미지를 선택하여 짜임새 있게 구성하고 있다. 이미지는 학습자 개개인에게 익숙한 연예인 사진을 이용하고 있다. 이는 어렵게만 여겨지던 漢詩가 제작자인 학생은 물론 시청자인 학습자 모두가 즐거움을 얻을 수 있는 영역이라는 것을 보여준 작품이다.

2) 학생제작 黃眞伊의 〈奉別蘇陽谷〉 동영상 UCC 스토리보드

학생 작성 '漢詩 동영상 UCC' 스토리보드		
제목	奉別蘇陽谷	
작가	黃眞伊	
만든사람	2학년 9반 장윤미	
번호	장면(Scene)	장면 별 내용 설명
1		텍스트 없는 바탕 그림을 먼저 보여 준 뒤 〈奉別蘇陽谷〉 각각의 글자를 나타내기 형식으로 삽입한다. 마지막으로 한글로 적힌 〈봉별소양곡〉을 오른쪽 하단에 배치한다.
2		이 한시의 저자인 황진이의 모습이다. 회전 기법을 이용해서 사진을 등장시킨다. 오른쪽 가장자리에 세로로 '황진이' 이름을 나타내기 방식으로 드러낸다.
3		이 한시의 배경이 되는 부분이다. 장구소리와 가야금 소리가 조화를 이루는 음악을 배경음악으로 한다. 그 사이에 시원한 계곡물 흐르는 소리도 추가한다.

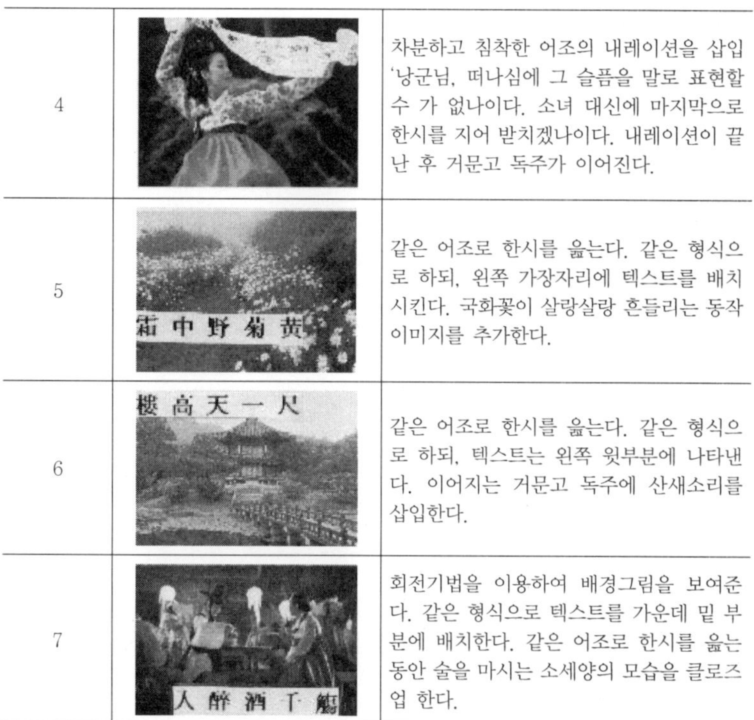

4		차분하고 침착한 어조의 내레이션을 삽입 '낭군님, 떠나심에 그 슬픔을 말로 표현할 수 가 없나이다. 소녀 대신에 마지막으로 한시를 지어 받치겠나이다. 내레이션이 끝난 후 거문고 독주가 이어진다.
5		같은 어조로 한시를 읊는다. 같은 형식으로 하되, 왼쪽 가장자리에 텍스트를 배치시킨다. 국화꽃이 살랑살랑 흔들리는 동작 이미지를 추가한다.
6		같은 어조로 한시를 읊는다. 같은 형식으로 하되, 텍스트는 왼쪽 윗부분에 나타낸다. 이어지는 거문고 독주에 산새소리를 삽입한다.
7		회전기법을 이용하여 배경그림을 보여준다. 같은 형식으로 텍스트를 가운데 밑 부분에 배치한다. 같은 어조로 한시를 읊는 동안 술을 마시는 소세양의 모습을 클로즈업 한다.

   이 작품은 시의 내용이 잘 드러날 수 있도록 드라마 '황진이'의 사진을 이용했다. 또한 이미지 자체만으로도 전통미를 느낄 수 있는 사진과 그림을 사용하고 있다. 전체적인으로 그림이 아름답다. 이러한 이미지에 서정적인 음악과 내레이션을 혼합하여 아름다운 작품을 만들 수 있었다.

3) 학생제작 김삿갓의 〈艱貧〉 동영상 UCC 스토리보드

<table>
<tr><td colspan="3" align="center">학생 작성 '漢詩 동영상 UCC' 스토리보드</td></tr>
<tr><td>제목</td><td colspan="2" align="center">艱貧</td></tr>
<tr><td>작가</td><td colspan="2" align="center">김삿갓</td></tr>
<tr><td>만든사람</td><td colspan="2" align="center">2학년 12반 신지수</td></tr>
<tr><td>번호</td><td align="center">장면(Scene)</td><td align="center">장면 별 내용 설명</td></tr>
<tr><td>1</td><td> </td><td>김삿갓의 사진을 보여준다. 음악은 중모리 장단으로 한다.</td></tr>
<tr><td>2</td><td> </td><td>地上有仙仙見富
지상에 신선이 있으니 부자가 신선일세.
(화면은 빌게이츠와 그의 집을 번갈아가며 보여준다. 자막에 그의 재산 71,220,710,000,000원)</td></tr>
<tr><td>3</td><td> </td><td>人間無罪罪有貧
인간에겐 죄가 없으니 가난이 죄일세.
(처량한 박신양의 거지모습, 얼굴의 검은 때를 클로즈업)</td></tr>
<tr><td>4</td><td> </td><td>莫道貧富別有種
부자와 가난은 따로 있는 것은 아니라.
(두 사진은 느리게 서로 가까워지다 합침, 자막에 '부자와 가난은 누가 정해놓은 것인가')</td></tr>
<tr><td>5</td><td> </td><td>貧者還富富還貧
부자와 가난은 돌고 도는 것이라오.
(박신양: 두고 봐 나도 부자가 될 수 있다구?)
장면전환을 한다.
(박신양: 내 비록 부자가 되었지만 언젠간 또다시 거지가 되겠지)</td></tr>
<tr><td>6</td><td> </td><td>음악: 자진모리장단
박신양: 날 괴롭히는 이 돈을 차라리 없애버리겠어</td></tr>
</table>

4) 학생제작 李植의 〈松竹問答〉 동영상 UCC 스토리보드

학생 작성 '漢詩 동영상 UCC' 스토리보드		
제목	松竹問答	
작가	李植	
만든사람	2학년 14반 김다솜	
번호	장면(Scene)	장면 별 내용 설명
1		#1 병캔問答 병이 캔에게 말을 걸었다. (시가 중간에 쓰여진다.)
2		나는 깨어질지언정 찌그러지지 않는다. (자막은 발 풍선 형식으로 나타난다.) (효과음: 병 깨지는 소리를 첨가한다.)
3		캔이 대답했다. (시가 중간에 나타오고, 찌그러지지 않는 캔 모습만 나타낸다.)
4		나는 찌그러질지언정 깨지지 않는다. (효과음은 캔 찌그러지는 소리로 하고, 자막은 말풍선 형식으로 나타낸다. 말풍선을 나타낸 후 캔을 찌그러진 캔을 변형한다.)

5		#1 松竹問答 松問竹: 솔이 대에게 말을 걸었다. (플래시 등의 소프트웨어를 이용하여 댓잎이 바람에 날리는 효과를 표현한다. 효과음은 바람에 가지가 흔들리는 소리를 추가한다. 한시는 하단에 자막으로 쓰여진다.)
6		風雪滿山谷 눈보라 몰아쳐 산골 가득해도 吾能守强項 나는 강직하게 머리 들고서 可折不可曲 부러지면 부러졌지 굽히지는 않는다오. (효과음은 가지가 우지끈하고 부러지는 소리를 삽입하며, 한시는 말풍선 형식으로 밑에 나타나게 한다.)
7		竹答松 대가 솔에게 대답했다. (소나무 그림과 겹쳐지듯이 나타낸다. 중앙에 한시를 나타낸다.)
8		高高易摧折 고고할수록 부러지기 쉬운지라 但守青春色 나는 청춘의 푸르름 고이 지킬 따름 低頭任風雪 머리 숙여 눈보라에 몸을 맡긴다오. (자막효과는 말풍선 형식을 나타낸다.)

이 작품은 〈松竹問答〉이라는 시를 바탕으로 〈병캔문답〉이라는 패러디시를 만들었다. 시의 내용을 잘 이해하고 내면화하여 표현한 기발한 작품이라고 할 수 있다. 학습자의 많은 호응을 얻을 수 있었다.

5) 학생제작 杜甫의 〈春夜喜雨〉 동영상 UCC 스토리보드

학생 작성 '漢詩 동영상 UCC' 스토리보드		
제목	春夜喜雨	
작가	杜甫	
만든사람	2학년 11반 김민아	
번호	장면(Scene)	장면 별 내용 설명
1		'좋은 비는 그 내릴 시절을 알고 있나니' 화창한 날과 함께 촉촉이 내리는 봄비를 보여준다. 이때 소리도 함께 첨가해 준다.
2		'봄이 되면 내려서 만물을 소생하게 한느 구나' 시인 두보는 봄비를 맞고 자라난 새싹들 보면서 밝고 온화한 분위기를 느끼고 있는 듯하다. 새가 짹짹거리는 효과음을 함께 넣어준다.
3		'비는 바람에 따라 살며시 밤에 내려 사물을 적시거늘 가늘어서 소리가 없도다'
4		'들길은 낮게 드리운 구름과 함께 캄캄하고' 어린 시절 시를 잘 지었지만 과거에 급제하지 못하였고, 후에 장안으로 왔으나 여전히 불우한 생활을 한 자신의 인생을 캄캄한 들길에 비유하는 듯하다. 이 때 근심하는 듯 표정을 짓고 있는 화자의 얼굴을 화면에 오버랩 해준다.
5		'강위에 떠 있는 배의 고기잡이 불만 밝게 보인다.'

| 6 | | '날이 밝으면 붉게 비에 젖어 있는 곳을 보게 되리니'
비가 오는 새벽부터 날 밝을 때까지의 변화를 일정한 시간 간격으로 보여준다. |
| 7 | | '금관성에 만발한 꽃들도 함초롬히 비에 젖어 있으리라'
시인 두보는 꽃이 만발했을 금관성의 정경을 상상하면서 밝은 내일에의 희망을 간절히 바라고 있음을 표현하고 있다. |

이 작품은 杜甫의 〈春夜喜雨〉를 바탕으로 만든 스토리 보드이다. 시의내용전개에 알맞은 적절하고 아름다운 이미지를 선택하였다. 서정적인 배경음악과 어우러져 좋은 작품을 만들 수 있었다.

이상에서 살펴본 바와 같이 학습자 눈높이에 맞는 아이디어를 얻을 수 있었다. 이와 같은 학생은 학생 눈높이에 맞는 콘텐츠 내용을 구성하고 제작에 있어서의 기술적인 면은 교사가 그 역할을 분담하여 제작 한다면 효율적이고 보다 더 가치 있는 콘텐츠의 개발이 손쉽게 이루어질 수 있었다.

V. 結論

UCC는 그 생산 주체의 관여 정도에 따라 '이용자 순수제작 콘텐츠(UGC)', '이용자 가공제작 콘텐츠(UMC)', '이용자 재창조 콘텐츠(URC)' 나누어 볼 수 있다. 일반적으로 '동영상 UCC'라고 하면 디지털 캠코더나 디지털 카메라를 이용하여 이용자 스스로 창작한 사진 이미지나 동영상 소스를 활용한 것을 생각할 수 있다.

본고에서 기획 구안한 동영상 UCC는 '이용자 재창조 콘텐츠'로 볼 수 있다. 그 이유는 이미 상용화된 드라마의 배경음악과 이미지들을 사용하여 재가공하였기 때문이다. 기존 콘텐츠의 사용은 많은 제한 사항이 있다. 웹에 공표가 법적으로 제한되어 있는 점, UCC 개발을 위해서는 학생 개개인의 소프트웨어를 다루는 기술적인 능력, 촬영이나 편집을 위한 하드웨어 지원 등 많은 한계가 있었다. 이런 어려움에도 불구하고 동영상 UCC를 활용한 수업은 학습자들에 있어서는 한시학습에 관한 동기유발이 가능했으며, 짧은 시간을 통해 인물, 역사, 사상 즉 학습자는 조금이나마 文·史·哲 을 아우를 수 있는 배경지식을 얻을 수 있었다.

'한시 동영상 UCC 시나리오' 만들어 보기는 한시의 피상적인 단순지식 획득이 아닌 학습자 스스로 작가의 시적인 감정을 내면화하고 영상화를 통해 재창조할 수 있었다. 이는 학습자의 정서함양과 아울러 창의성 신장 도움을 줄 수 있었다.

본 연구를 통하여 제언하고자 하는 바는 다음과 같다.

첫째, 무엇보다 교사 스스로의 매체변화를 두려워하지 말고 적극적인 자세로 대응해 나가야 한다. 오늘의 땀이 우리를 바라보는 학생들의 미소가 될 것이다.

둘째, 저작권문제로부터 자유로울 수 있는 법적 제도적 장치를 마련해야 한다. 동영상 UCC를 웹(Web)과 연계하여 학습 내용의 추수지도나 다른 교사와의 콘텐츠 공유가 이루어질 경우에는 법적 책임이 따른다. 이런 법적 제한은 '동영상 UCC' 제작 활성화에 있어서 걸림돌이 되고 있다. '동영상 UCC'의 진정한 의미는 '창조와 공유' 정신이다.

셋째, '음원'이나 '사진 이미지', '동영상 클립'등을 저작권에 자유로운 오픈소스를 마련하고 이를 데이터베이스화 하는 것에 대하여 국가의 적극적 관심과 지원이 필요하다.

넷째, 수업에 필요한 클립 오픈 소스를 손쉽게 편집할 수 있는 '모듈(Module)화 된 동영상 편집 툴'의 개발이 이루어져야 한다.

다섯째, 차후 전자교과서 개발에 있어서도 이러한 매체의 변화를 염두에 두고 연구가 진행되어야 할 것이다.

여섯째, 교수-학습 현장에 효율적으로 이용하기 위한 교수-학습 전략의 개발의 개발연구가 지속적으로 이루어져야 한다.

참고문헌

교육부(1997), 『초·중학교 교육과정-국민공통 기본 교육과정』.

교육부(2001), 『고등학교 교육 과정 해설』. 대한교과서주식회사.

김경수·김성룡·김봉숙·김평호. 『고등학교 한문 교과서』. (주) 교학사.

김상홍·최창구·이강렬·원창희. 『고등학교 한문 교과서』 (주) 중앙교육진흥연구소.

박갑수·이상진·최상근. 고등학교 『고등학교 한문 교과서』. (주) 지학사.

신표섭·이병주·이윤찬·백광호·허시봉·류기영·이태희. 『고등학교 한문 교과서』. 대학서림.

안재철·원용석·김동규. 고등학교 『고등학교 한문 교과서』. (주) 대한교과서.

유성준·김동환·유형규. 고등학교 『고등학교 한문 교과서』. (주) 새한교과서.

이명학·장호성·현상곤·임완혁. 고등학교 『고등학교 한문 교과서』. (주) 두산.

이수철·곽치영. 고등학교 『고등학교 한문 교과서』. 정진출판사.

이희목·진재교·최돈욱·신영주. 『고등학교 한문 교과서』. (주) 천재교육.

최상익·이병혁·허남욱·이영우. 『고등학교 한문 교과서』. (주) 금성출판사.

경기도교육방송연구회 2007학년도 연수자료집(2007), 「교육방송의 활용과 교육용 콘텐츠 개발 전략」, 경기도 교육방송연구회.

교육인적자원부(2007), 『한문 및 교양 선택과정 교육과정』, 교육인적자원부 고시 제 2007~79호[별책17].

한국인터넷진흥원(2007), 『UCC 이용자들을 위한 실천적 가이드 라인』.

간도 도사이키(2006), 『유튜브 혁명, UCC의 미래』, 위즈나인.

권중운(1997), 『뉴미디어의 영상 미학』, 나남출판사.

김영한(2007), 『You! UCC(세상을 바꾸는 창조세대와 UCC 기업 성공전략)』, 한국
랜덤하우스.

신승호(2007), 『한국형 UCC 마케팅』, 해냄 출판사.

오명환(1994), 『텔레비젼 영상론』, 나남출판사.

오진곤외 4인(2008), 고등학교 디지털 영상제작, 한국방송영상산업진흥원.

이일범(1999), 『영상예술의 이해』, 신아사.

이준일(2000), 『영상 매체학 개론』, 커뮤니케이션북스.

정우상(2007), 『媒體環境의 變化와 漢文敎育』, 『2007년 韓國漢字漢文敎育學會 제
22회 학술대회 발표요지문』.

강영순(2004), 「고교 한문 교과서 내 한시에 대한 연구」, 공주대학교 교육대학원.
석사학위 논문.

김연주(2004), 「제 7차 교육과정 고등학교 〈한문〉교과서의 한시단원과 한시교육의
개선방안」, 고려대학교 교육대학원. 석사학위 논문.

박은실(2004), 「한시를 통한 창의성 신장 교수-학습 방법 연구」, 이화여자대학교
교육대학원. 석사학위 논문.

박지훈(2007), 「중등학교의 컴퓨터 저작권 교육에 관한 연구」, 단국대학교 교육대학
원. 석사학위 논문.

윤여천(2004), 「한시 학습을 위한 CAI프로그램의 설계 및 활용방안 연구」, 공주대학
교 교육대학원 석사학위논문.

이동재(2007), 「새로운 敎育課程에 따른 中等學校 漢文敎科書 개발의 方向」, 『漢字
漢文敎育』제19집, 韓國漢字漢文敎育學會.

이태희(1997), 「중·고등학교 한문 교과 한시 지도의 한 방안」, 『한문교육연구』 제11
호. 韓國漢文敎育學會.

최영조(2003), 「국내 에듀게임 시장에서의 마케팅 방안에 대한 연구」, 세종대학교
영상대학원. 석사학위 논문.

최진재(2007), 「인터넷 광고의 모션 그래픽 효과가 수용자에게 미치는 영향에 관한
연구」, 성균관대학교 언론정보대학원. 석사학위 논문.

한명민(2007), 「UCC 영상 제작을 위한 촬영학습 시스템 구현」, 울산대학교 교육대
학원. 석사학위 논문.

이 글은 『漢文敎育硏究』 제32호(韓國漢文敎育學會, 2009)에 수록한 논문을 재수록한 것이다.

漢文科 敎授・學習의 理論과 方法

宋秉烈

I. 序 論

본 논문은 '한문과 교육학 개론서' 구성을 위한 그 전 단계의 작업이다. 최근 여러 연구자들의 관심과 노력으로 한문과의 교수・학습에 관한 이론과 모형에 관한 연구 업적이 많이 축적되었다. 그들의 대부분은 교육학의 이론에서 적용한 것으로 이미 다른 교과에서도 많이 적용되고 있는 것이다. 최근에 가장 많이 적용되는 것이 구성주의에 따른 협동학습이다. 다른 한 축으로 전통적인 교수・학습 방법으로 보편화된 낭독법, 현토활용 학습법(현토낭독법) 등이 있다.

다양한 교수・학습 방법이 존재하지만 수업 현장이라는 것이 매우 복잡한데다가 수업을 진행하는 주체인 교사와 학생 그리고 학교(관리자를 포함한 학교교육시스템)라는 여러 변수가 있어서 이들 다양한 교수・학습 방법이 잘 적용되는지는 알기가 어렵다. 또한 바람직한 교수・학습 방법이 있다고 하더라도 위에서 말한 여러 변수가 이를 실현하기 어렵게 만든다. 그러나 대부분의 교사들은 이러한 현실 여건이 부적합하더라도 이론을 능동적으로 변형해서 응용하여 활용하고 있다. 이렇게 이론을 변형하여 활용하는 것은 교사의 경험과 능력에서 발휘된다. 교사의 경험과 능력을 통해서 교육학의 이론 또는 한문 교과교육학의 이론을 변형시킨 것은 그 수를 헤아릴 수 없을 정도로 많다. 그 변형된 다양하고 수많은 교수·학습 방법을 낱낱이 제시하는 것은 불가능하다. 따라서 이들을 종합 정리하는 것도 쉬운 일이 아니다. 이들을 영역별로 모형을 정리하여 제시하는 것이 무엇보다 시급한 일이다. 아직도 구체적으로 체계화한 것은 없다.

교수·학습 방법을 영역별로 정리하는 일은 간단치 않다. 방법이 존재하지만, 방법이 교실 수업 전체에 관련된 것인가, 학습 내용 요소에 관련된 것인가에 따라 다르다. 최근 김재영은 이에 대한 고민으로 한문과 교수·학습 방법에 대해 체계화[1]를 시도한 바 있다. 그는 한문과 교수·학습 방법을 '교육과정의 영역', '교수·학습의 형태', '한문의 텍스트'를 대 기준(大基準)으로 삼았다. 교육과정의 영역에는 '읽기, 이해, 문화, 한자, 어휘, 문장' 등 교육과정 중영역을 가져다가 중 기준(中基準)으로, 교수·학습의 형태 영역에는 '교사 행동 강조, 학습자 행동 강조, 교사·학습자 행동 통합' 등을 중 기준으로, 한문의 텍스트 영역에서는 '단문, 한시, 산문' 등을 중 기준으로 삼았다. 교수·학습의 형태에서 제시한 교수·학습 방법은 대체로 일반 교육학 이론의 것을 내용으로 삼았다. 한문텍스트 영역에는 단문, 한시,

---

1) 김재영(2007), 147~148면. 김재영은 "한문과 교수·학습 방법의 연구 성과를 3가지를 기준으로 범주화하여 유형화" 하여 표로 제시하였다. 표에 제시된 교수·학습 방법들 가운데 '낭독법, 강의법, 토의 학습(토론학습), 협동 학습법, 역할놀이 학습법' 등 교육학 일반 이론으로 제시된 것도 있고, '현토낭독법, 이미지컷 활용 지도법, 한자 카드 활용법, 부수 중심 지도법, 구조분석법, 자원 활용법, 옥편 지도법, 조어 분석법, 언어 활용법, 색출법, 비교 학습법, 허자 지도를 통한 독해 지도법, 어순 구조를 통한 독해 지도법, 인지적 도제 학습법' 등은 학교 현장에서 개발된 학습 방법이다.

산문 등 2007년 개정 교육과정에서 정한 텍스트 기준을 가져다가 중 기준을 삼았다. 이를 통해서 한문과 수업에 알려져 있는 모든 교수· 학습 방법을 제시하고자 했다.

이러한 기준 분류는 정리의 차원에서는 성과가 있어, 본고에서 이를 일부 수용하기로 한다. 다만 체계화라 하기에는 아직 미흡한 점이 있다. 교수·학습의 형태에 따른 교수·학습 방법(교육학 일반 이론에 따른 교수·학습 방법)과 교과 내용 또는 영역을 중심으로 한 교수·학습 방법의 분류가 명확하지 않다. 일부의 방법은 서로 중복되기도 하여, 명확한 정의와 분류가 요망된다. 또한 전통적인 학습법 등이 거의 반영되지 않았다.

따라서 본고는 한문과에 적용되는 다양한 교수·학습 방법을 새로운 기준을 가지고 분류하고 이론을 소개하고자 한다. 또한 전통적인 학습법으로 어떤 것이 있는지 소개해 보고자 한다.

기준		교수·학습 방법
교육 과정의 영역	읽기	· 낭독법 · 현토 활용법(현토낭독법)
	이해	· 강의법 · 토의 학습법 · 역할놀이 학습법
	문화	· 토론 학습 · 비교 학습법
	한자	· 이미지컷 활용 지도법 · 한자 카드 활용법 · 부수 중심 지도법 · 구조분석법 · 자원 활용법 · 옥편 지도법
	어휘	· 조어 분석법 · 언어 활용법 · 색출법 · 비교 학습법
	문장	· 虛字 지도를 통한 독해지도법 · 어순 구조를 통한 독해지도법
교수· 학습의 형태	교사 행동 강조	· 직접 교수법(강의법, 지시적 수업)
	학습자 행동 강조	· 완전 학습법 · 토의식 학습법 · 협동 학습법
	교사 학습자 행동의 통합	· 인지적 도제 교수법 · 대화 교수법 · 역할놀이 학습법
한문 텍스트	단문	· 매체 활용법 · 토론 학습법 · 협동 학습법 · 창의성 계발 학습법 · 가치 탐구 학습법 · 역할놀이 학습법
	한시	· 매체활용 감상법 · 독자 반응 학습법 · 인지적 도제 교수법
	산문	· 역할놀이 학습법 · 통합 학습법 · 협동학습

Ⅱ. 漢文科의 敎授·學習 方法의 分類

지금까지 교육 이론에 따른 교수·학습 방법은 주로 교수·학습의 행동에 따른 것을 지칭하였다. 이들 방법은 주로 교수자가 수업을 진행할 때에 어떤 방법으로 수업 행동을 하며, 학습자가 수업에 어떻게 참여하여 행동하는 가를 정의하는 것들이다. 때문에 교사 수업 행동의 강조점이나 기술 등을 위주로 개발이 되었으며, 교사의 일방적인 수업 행동에서 벗어나 학습자의 수업 행동을 확대시키는 교수·학습 방법이 개발되었다.

교수자와 학습자 행동의 내용을 중심으로 개발된 행동 중심 교수·학습 방법은 여러 교과나 내용에 보편적으로 적용이 가능하며 대부분 수용하여 적용하고 있다. 그러나 이러한 행동 중심 교수·학습 방법은 내용과 매체를 고려하지 않고 있어, 다양한 교과의 내용과 매체의 특성을 반영한 방법은 따로 개발되었다.

교과의 내용이나 영역에 따라 개별 교과에만 적용이 될 수 있는 방법은 각 개별 교과 및 내용의 영역에 따라 다양하고 특수하다. 각 교과의 영역 및 내용은 교수자와 학습자의 행동에 영향을 덜 받는다. 교과의 영역과 내용의 특성에 따라 적용되는 것이므로 행동 중심의 교수·학습 방법이 적용되는 수업 중에도 복합 적용이 될 수 있다.

행동 중심 교수·학습 방법과 내용 중심 교수·학습 방법 외에도 매체를 중심으로 교수·학습 방법이 있다. 교육의 매체는 역사적으로 다양한 과정을 거쳐 발전해 왔다. 상고 시대에 자연 속의 교육 환경과 학교라는 체계가 성립되어, 학교와 교실이 등장하고 교육 내용이 체계화, 세분화됨에 따라 교육 매체에 대한 공학이 발달했다. 판서의 경우에도 중세의 모래판에서 오늘날 칠판과 백묵, 그리고 컴퓨터 등

하이퍼미디어 정보 매체가 발달함에 따라 다양한 방법이 존재한다. 따라서 이를 매체 중심 교수·학습 방법이라고 칭한다.

이들은 하나의 교실과 단위 수업에서 동시에 적용이 될 수 있다. 예를 들면 행동 중심의 교수·학습 방법의 하나인 강의법의 수업이 적용이 되고 있는 중에도 한자 내용에 관련된 내용 중심 교수·학습 방법인 부수 중심 지도법, 구조분석법, 자원 활용법 등을 적용할 수 있다. 또한 매체가 무엇이냐에 따른 방법도 복합적으로 적용할 수 있다. 즉, 강의법으로 수업을 진행하면서 한자 영역에서 부수 중심 지도법을 적용하고, 한자 카드 활용법을 사용할 수 있다. 이와 같이 교수·학습은 교수·학습 형태, 내용 및 영역, 매체에 따른 학습법이 그 층위에 내용이 다르므로 보다 정확하게 정의되어야 할 것이다.

따라서 본고는 이를 3가지의 교수·학습 방법으로 분류하고자 한다. 그 세 가지의 방법은 교수·학습 행동 중심 교수·학습 방법(이하 행동 중심 교수·학습 방법이라 칭한다.), 교수 내용 중심 교수·학습 방법(이하 내용 중심 교수·학습 방법이라 칭한다.), 매체 중심 교수·학습 방법 등이다. 이에 덧붙여서 행동 중심 교수·학습 방법에 속하기는 하겠지만, 전통적인 교수·학습 방법을 따로 설정하여 소개하고자 한다.

1. 漢文科의 行動 中心 敎授·學習 方法

교수·학습의 방법은 수업을 통해 최상의 효과를 얻기 위한 것으로 수업에 관한 여러 접근 방법들의 강조점과 특성을 파악하여 학습자와 학습과제의 특성, 수업조건에 맞도록 활용해야 한다. 일반적으로 행동 중심 교수·학습 방법이 교수·학습 방법 이론으로 개발되었다. 이들 행동 중심 교수·학습 방법은 한문과를 포함한 다른 교과에서도 적용이 가능하다. 그 중 일부 방법은 이론 그대로 적용이 된다. 이들은 교수자와 학습자의 행위를 중심으로 무엇에 강조를 두느냐에 따라 방법이 달라진다.

행동 중심 교수·학습 방법은 주로 교사와 학습자의 교수·학습의 행동에 중점을 두기 때문에 교과의 내용이나 영역에 관계없이 보편적으로 적용되는 것이 대부분이다. 따라서 특정 교과 특히 한문과의 독자적인 방법 개발이 되어 있지 않는 경우가 대부분이다. 예를 들면 '강의법'이라고 하면 교사의 강의가 중심이 되는 형태이기 때문에 특별히 한문과의 강의법이라고 할 수 없다.[2] 그러나 한문과의 교수·학습 방법에서 행동 중심 교수·학습 방법을 제외하고는 다양한 학습 방법의 논의를 전개할 수 없다. 따라서 이들 이론을 우선으로 제시하며 명칭 또한 '한문과의 ~법'이라고 하여, '한문과의'라는 수식어를 사용한다. 이는 행동 중심 교수·학습 방법이 교육학에서 개발된 것이기는 하지만, 보편적인 교수·학습 방법에 속하며, 한문과에도 적용될 수 있는 것임을 드러내고자 하기 때문이다.

1) 강의법

한문과의 강의법은 교수·학습 방법에서 보편화된 방법이다. 다만, 한문과에서는 한문과 교사의 중심으로 진행되는 것이 다른 점이다. 한문과 교사의 설명과 해설을 통해 교과의 내용을 학생들에게 이해시키려는 일방적인 수업 방법이다. 이는 전통적인 교수·학습 방법의 하나로 교사 행동 중심의 수업 활동이다. 한문과의 강의법이 교사 행동 중심의 수업 활동이므로 한자·한문에 관한 내용에 대한 한문과

---

2) 다만 이들 이론 가운데 인지주의 학습이론이나 구성주의 학습이론을 적용하여 '한문과 교수·학습 방법'이 개발된 것이 나타나고 있다.

교사의 해설 기술이 중요하다. 따라서 교사는 단순히 한자, 한문에 관한 배경 지식이나 사실을 제시하는 데에 그치는 것이 아니라, 한문과의 전문적인 지식과 내용을 잘 파악해서 설명해 주어야 한다. 한문과의 강의법에서 교사는 항상 학습자의 입장에서 한문과의 전문 지식 내용을 알기 쉽게 설명해야 한다. 또한 한문과의 교사는 학습자에게 문제를 제시하는 형태를 취하거나 강의 중간에 질문 또는 토의를 행하여 하여 학습자들이 흥미를 잃지 않도록 유도한다. 멀티미디어 등과 같은 매체 활용을 하는 것도 중요하다.

한문과의 강의법은 한문학에 관한 많은 양의 지식을 다수의 학습자에게 짧은 시간에 체계적으로 전달할 수 있다. 언어를 매개로 한 교사 중심 수업이므로 특별한 시설이나 보조 재료 없이도 수업을 진행할 수 있다. 학습자의 학습능력이 미숙할 때, 유능한 한문과 교사에 의해 학습자의 상태에 맞추어 학습을 진행할 수 있는 장점이 있다. 단 한문과의 강의법은 한문과 교사가 중심이 되어 수업이 이루어지므로, 수업 중 한문과 수업을 듣는 학습자의 개성과 특성이 무시될 수 있다. 한문과 교사의 강의에 대해 한문과의 수업을 듣고자 하는 학습자가 흥미를 끌지 못할 때 학습자는 수동적인 존재로 남는 단점이 있다.[3]

2) 질문법

한문과의 질문법(대화법)은 학습자 스스로 제시된 문제에 대해 결론에 도달할 수 있도록 유도해 나가는 교수·학습 방법이다. 한문과 교사는 한문과 수업을 위하여 發問하고자 하는 내용을 사전에 준비한

---

3) 박숙희·염명숙(2004), 88~92면, 교수·학습과 교육공학, 학지사; 이종숙·류영숙·조안나(2006), 93~95면, 교육방법론, 학이당. 이들 이론을 참고하여 '한문과의 강의법'에 관한 교수·학습 방법을 정의하였다.

다. 발문할 때에는 학습자들이 비판적이고 논리적인 사고를 유발할 수 있도록 체계적이고 논리적인 질문을 수행한다. 또한 한문과 교사의 질문에 한문과 학습자들의 반응은 그들의 이해 정도를 알려 주는 피드백의 기능을 수행한다. 한문과 교사들은 학습자들의 반응을 잘 파악하여 융통성 있는 질문을 한다.

한문과 교사는 한자·한문에 관한 지식 중 중요사항을 파악하고, 질문 진행 순서를 계획해서 체계적으로 한문과 수업을 이끌어 가야 한다. 교사는 한자·한문에 관한 단순한 질문의 형태를 피하고, 한문과 수업에 참여한 학생들이 깊이 생각하여 답할 수 있도록 한다. 한자·한문 및 한문학의 배경 지식에 관한 질문도 학습자들이 한자·한문에 대해 지적 자극을 받을 수 있어야 한다. 한자·한문에 대한 질문은 학생들이 잘 이해할 수 있도록 간결하고 명백하게 해야 한다. 한문과 수업 진행과정에서 질문을 행할 적절한 시기를 잘 포착하여야 한다.

한문과 질문법은 학습자의 지적 수준이나 흥미, 관심 등을 파악할 수 있으며, 학습자들에 답변을 통해서 학습자에 대한 정보를 얻을 수 있어, 차기 교육활동의 계획 수립에 활용할 수 있다.[4]

한문과의 질문법은 동아시아에서도 오래된 전통적인 학습법과 유사하다. 공자는 그 제자들과 대화와 질문을 통해서 교수·학습 했던 것으로 알려져 있다. 따라서 한문과에서 보편적으로 이루어지고 있는 교수·학습의 방법으로 대부분의 영역과 내용에 잘 적용된다.

3) 토론법

한문과의 토론법은 학습자의 역할과 활동을 중요시하며, 한문과 교

---

4) 이종숙·류영숙·조안나(2006), 95~98면. 이들 이론을 참고하여 '한문과의 질문법'에 관한 교수·학습 방법을 정의하였다.

사와 학습자 상호간의 의사소통 과정을 통하여 한문과 수업이 이루어
지도록 이끄는 교수·학습 활동이다. 한문과 교사는 한문과 수업을
듣고자 하는 학습자가 공동으로 토론할 한자·한문에 관한 주제를 집
단 구성원에게 분명히 알려주어야 한다. 한문과 교사는 한자·한문에
관한 주제와 문제를 확인하며, 한문과 수업을 듣고자 하는 학습자들
이 한자·한문의 지식과 내용을 탐구하는 데 도움을 주는 안내자 역
할을 한다. 한문과 수업의 토론은 한문과 수업에 참여한 집단 구성원
들 간에 상호작용을 전제로 진행되는 목적이 있으므로 한문과 수업의
토론에 참여하는 모든 학습자는 한자·한문의 주제에 내포된 논쟁점
을 충분히 파악하고 있어야 한다. 또한 한문과 교사는 한문과 수업을
듣고자 하는 학습자들의 자발적인 의사 표현은 물론 다른 사람의 의
견을 존중하는 태도를 지녀야 한다.

　한문과의 토론법은 학습자의 동아시아의 전통 사회의 기능과 사회
적 기능을 이해하는 데에 효과적이다. 또한 동아시아에 역사적으로
형성되었던 전통 동아시아인의 생활 태도 이해와 동아시아의 역사적
전통의 복잡한 개념을 이해할 수 있다. 동아시아의 다양한 문화와 관
련된 문제해결 과정과 사고과정을 이해하는 수업 등에 효과적이다.
한문과의 토론법은 한문과 수업에 참여하는 학습자 집단에서 학습자
개개인이 한자·한문의 지식과 한문 문화에 자신의 의견을 정확하게
발표하고 전달할 수 있을 뿐만 아니라, 다른 사람의 의견을 청취하고
수용하는 기회를 가짐으로써 민주적 태도를 기를 수 있다. 한문과 수
업의 토론 과정에 능동적인 학습자는 동아시아의 역사, 한문 문화,
가치관 등에 대해 스스로 사고하는 태도를 지니게 되며, 한문과 수업
의 토론에서 결정된 사항을 이해하며, 전통적인 가치관과 역사관을
형성하게 되며, 역사적으로 동아시아에 속해 왔던 민족의 한 집단 구

성원으로서 소속감을 느낄 수 있다.[5]

한문과의 토론법은 한문과에서 비교적 드물게 적용이 되는 학습법이다. 주로 한문의 내용 지식을 중심으로 행해지고 있다. 그러나 한문 문화의 역사적 배경이나 동아시아에서 역사적으로 형성된 사상 및 가치관과 그에 관련된 내용을 이해하고, 오늘날의 세계화에 따른 서구의 역사적 배경과 역사적으로 형성된 서구의 사상 및 가치관과 비교하여 이해하는 데에 효과적이다.

4) 개별 학습법

한문과의 개별학습은 한문과 수업에 참여하는 학습자의 특성을 고려하여 각각의 학습자들에게 최적의 한문과 수업의 학습 환경을 조성해 주며, 한문과 수업의 모든 요소를 학습자의 특성에 알맞게 조정하는 교수·학습 방법이다. 한문과의 개별학습은 한문과 수업에 참여하는 학습자의 개인 차이에 따라 적절한 교수·학습 활동을 전개시켜 나가는 것이다. 그러므로 한문과 수업에 참여하는 학습자가 한자·한문에 관한 지식이나 한문 문화에 대해 어떻게 또는 얼마나 차이가 있는 지 고려해야 한다. 한문과 수업에 참여하는 학습자의 개인차는 다양한 측면에서 나타난다. 첫째, 한자·한문에 관한 지식과 한국사, 중국사 등에 관한 지식의 차이에 따라 학습자 개인이 서로 다른 학습 진도를 보인다. 둘째, 한자·한문에 대한 학습 경험의 차이에 따라 학습자 개인은 한자·한문에 관한 지식을 공부하는 기술이 서로 다르다. 셋째, 학습자 개인이 한자·한문에 대한 지식과 경험이 차이로 인하여 서로 다른 방법으로 한자·한문 지식 및 내용에 관한 문제를 해

---

5) 박숙희·염명숙(2004), 93~98면; 이종숙·류영숙·조안나(2006), 98~102면. 이들 이론을 참고하여 '한문과의 토론법'에 관한 교수·학습 방법을 정의하였다.

결하려고 한다. 넷째, 한문과 수업에 참여하는 학습자 개인은 한자·
한문에 대한 인식이나 경험에 따라 한문과 지식에 대한 흥미가 서로
다르다. 다섯째, 한문과 수업에 참여하는 학습자 개인은 일상생활의
생활 태도나 성장 과정에 따라 일반적인 학습에 대한 경향이 서로 다
르다. 여섯째, 한문과 수업에 참여하는 학습자 개인은 특정 시점에
따라 한문과 수업에 대한 학습 준비도가 다르다. 일곱째, 한문과 수
업에 참여하는 학습자 개인은 특정 시점에서 한문과 수업에 대한 학
습 능력이 다르다. 따라서 학습자들의 다양한 개인차에 따라 한문과
에 적용되는 수준별 교육 과정이나 한문과에 적용되는 능력별 학습
집단 편성을 할 수 있다. 이 방법은 情意的인 측면에서 부정적으로
인식되기도 하나 학습자의 개인차에 따라 개인의 학습 능력에 맞는
학습 환경을 구성해 주는 방법으로 인정되고 있다. 단, 편제 단위가
적고 학급당 학습자의 수가 적지 않은 한문과 교육 환경에서 교사의
많은 준비가 필요하다.[6]

한문과의 개별 학습법은 전통적인 서당식 교육과 매우 유사하다.
서당식 교육은 학습자 개인의 학업의 내용과 역량에 따라 진행되었
다. 전통의 서당은 학습자 사이에 학업 연령이 다양하였다. 하나의
교재와 학습 내용으로 일관하기가 어려웠다. 따라서 학습자 개인의
한자·한문에 대한 학습 정도에 따라, 동일한 시점에서 서당에 참석
한 학습자들의 학습 내용이 각기 달랐다. 또한 학습자 한자·한문 수
준과 이해 능력에 따라서 학습 진척의 정도를 달리 했다. 오늘날 한
문과 개별 학습법과 거의 같다고 할 수 있다.

---

6) 박숙희·염명숙(2004), 98~105면. 이들 이론을 참고하여 '한문과의 개별 학습
  법'에 관한 교수·학습 방법을 정의하였다.

5) 브레인 스토밍과 버즈 학습법

한문과의 브레인 스토밍과 버즈학습은 학습 집단이 대규모일 때 한자·한문의 학습 과정에서 학습자 개개인의 강한 동기 유발을 통해 전체 학습자를 능동적으로 수업에 참여시키기 위한 일종의 토론 형태의 수업 방법이다. 이들 방법은 학습자들에게 한자 및 한문에 관한 주제를 주고 자유로운 연상을 통하여 의견을 제시하도록 한다. 수업 시작 전에 토론 과정을 이끌어갈 사회자와 기록을 담당할 사람을 선정해 두어야 한다. 학습이나 문제해결 과정을 학습자의 탐색과 발견 활동을 어떻게 촉지하고 조정할 것인가에 초점을 맞춘다.

(1) 브레인 스토밍

한문과의 브레인 스토밍은 지금까지 없었던 새로운 생각을 제시하거나 새로운 시각에서 생각해낸 아이디어 등을 창출하는 것과 같은 것으로 짧은 시간 동안에 한자 및 한문에 대한 특정 주제나 문제에 대해 구성원 모두가 충분히 자신의 의견을 제시하는 학습법이다. 이 때 한문과 교사는 한자 및 한문에 관련된 주제와 지식 및 주변 상황 등을 학습자에게 제공해야 한다. 토론 진행과정에서 한문과 수업에 참가한 학습자들이 한자 및 한문의 주제에서 벗어난 의견을 제출하는 등 방해되는 발언에 대해 제재를 해야 한다.

(2) 버즈 학습

한문과의 버즈 학습은 학생들을 소집단으로 나누어 짧은 시간 동안 토론하게 한 후 거기서 얻어진 결과들을 각 분단 대표가 전체 학급에서 발표하게 하고, 그 발표된 내용을 종합적으로 정리하여 결론에 도

달시키는 방법이다. 학습자 모두를 적극적으로 수업에 참여시켜야 하며, 학습자 개개인의 의견을 자유롭게 제시하고 창의력을 증진시키도록 한다. 짧은 시간에 여러 학생들이 토론에 참여할 수 있는 주제를 선정해야 한다.[7]

최근에 한문과에서 한자 및 한자 어휘 관련 학습에서 브레인 스토밍과 버즈 학습을 적용한 학습법의 사례가 자주 나오고 있다. 한자 어휘 관련 학습에서 브레인 스토밍은 한문과 교재 이외에도 언어생활의 한자 어휘를 적용할 수 있는 장점이 있어 활발한 교수·학습이 가능하다.

6) 문제중심 학습법

한문과의 문제 중심 학습은 한자 및 한문에서 제기된 문제를 중심으로 해결해 나가는 과정을 통해 학습이 이루어지는 방법이다. 학습자들이 한자 및 한문과 관련하여 당면하거나 현실에서 당면하게 될 수 있는 맥락적인 문제나 사례들을 개인적인 학습 활동보다는 다른 학습자들과 소집단 협동학습을 통해 문제를 해결해 나가는 과정이다. 따라서 실천적인 문제를 상황적 맥락을 고려하여 학습자가 스스로 문제를 해결해 나가야 한다. 문제를 해결하는 과정에는 학습자들이 지닌 사전지식을 활성화시켜야 가능하므로 협동해서 문제를 해결해가는 협동학습의 방법이 바람직하다.[8]

---

7) 이종숙·류영숙·조안나(2006), 102~104면. 이들 이론을 참고하여 '한문과의 브레인 스토밍과 버즈 학습법'에 관한 교수·학습 방법을 정의하였다.

8) 박숙희·염명숙(2004), 122~126면; 105~107면. 이들 이론을 참고하여 '한문과의 문제 중심 학습법'에 관한 교수·학습 방법을 정의하였다.

7) 협동 학습법

한문과의 협동학습은 성취수준의 차이가 나는 학습자들을 모아 소집단을 구성하고 집단 구성원들이 서로 협력하여 공동의 목표를 달성하는 방법이다. 집단 구성원들은 성공적인 한자 및 한문 학습을 위하여 서로 격려하고 도움을 줌으로써 학습 부진을 개선한다. 팀을 구성해서 한자 및 한문의 과제를 수행하는 것으로 동료에게서 배우는 학습 효과가 매우 크다. 한문과의 협동학습을 성공적으로 달성하기 위해서는 상호의존성, 對面을 통한 상호작용, 개별적인 책무감, 사회적 (소통)기술의 필요, 집단의 (참여)과정화 등이 기본적인 조건이다.[9] 최근에 한문과의 협동 학습 사례가 자주 나오고 있다.

8) 자기주도 학습법

한문과의 자기주도 학습은 한문과 수업에 참여한 학습자가 스스로 한자 및 한문에 대한 학습 요구를 진단하고 한자 및 한문에 대한 학습 목표를 설정한다. 또한 한자 및 한문 학습에 필요한 인적·물적 자원을 파악하고 적절한 학습 전략을 선택·실행한다. 학습자는 한자 및 한문에 대한 학습 결과까지도 스스로 평가한다. 즉 학습자가 한자 및 한문에 대한 학습 경험을 계획하고 실행하고 학습결과를 평가하는 일차적인 책임을 진다. 이는 학습자를 무한한 가능성을 지닌 존재로 인식하는 인간주의적인 교육철학에 기본을 두고 있다.[10]

---

9) 박숙희·염명숙(2004), 105면~114면. 이들 이론을 참고하여 '한문과의 협동 학습법'에 관한 교수·학습 방법을 정의하였다.

10) 박숙희·염명숙(2004), 114~121면. 이들 이론을 참고하여 '한문과의 자기주도 학습법'에 관한 교수·학습 방법을 정의하였다.

9) 역할놀이 학습법

한문과의 역할놀이 학습법은 학습자의 한자 및 한문에 대한 지식과 내용에 대한 간접 경험을 하게 하기 위하여 실제 장면과 유사한 상황을 인위적으로 만들어서 학습하도록 하는 모의학습법이다. 학습자에게 어떤 상황 안에서 역할을 맡아 수행하게 하거나 이를 관찰하게 함으로써 그 상황에 대한 이해와 문제해결력을 길러주는 학습법이다.

10) 낭독법

한문과의 낭독법은 한자의 음을 텍스트(단문, 한시, 산문)의 의미와 문맥에 맞게 읽게 하여, 한문 문장의 구성과 구절, 한자의 음 등을 이해하도록 하는 학습법이다. 전통적인 학습 방법의 하나이며, 낭독법은 반복학습의 방법으로 많이 활용된다. 한문과의 낭독법은 현토낭독법(현토학습법)이다. 현토낭독법은 한문의 문장을 낭독할 때에 우리말로 토나 조사를 붙여서 읽는 것이다.

낭독법의 수업을 위하여, 교사는 다음과 같은 절차를 준비한다. ① 한자의 음을 정확하게 파악한다. ② 교사가 학습자를 대상으로 낭독을 한다. 이 때 낭독은 先讀(先唱)과 復讀(復唱)을 먼저하고, 이후 학습자들의 반복 낭독을 위주로 한다. ③ 현토는 문맥의 의미와 밀접하게 관련이 있으므로 가급적 현대어에 맞게 하는 것이 좋다. 단, 낭독이 편리하게 옛날 토를 사용하도 무방하다.

2. 漢文科의 內容 中心 敎授·學習 方法

한문과의 내용 중심 교수·학습 방법은 한문과 교과 내용과 직접적으로 연관되어 있는 학습법으로 최근에 기법으로 많이 알려져 왔다.

그러나 이러한 교수·방법이나 유형은 아직 정리되지 않았다. 교수·학습에 관한 연구가 일천한 탓이기도 하다. 김재영은 이러한 방법들을 대체로 교육 과정의 영역에 넣어 분류하였다. 그러나 일부 영역의 방법은 행동 중심 교수·학습 방법과 매체 중심 교수·학습 방법과 중복되어 있어, 본고에서는 내용 중심 교수·학습 방법을 따로 설정하였다.

1) 부수 중심 지도법

부수 중심 지도법은 부수의 의미를 중심으로 흥미를 유발하고 쉽게 많은 한자를 익히게 하는 학습법이다.[11] 교육과정해설서에는 모형이나 절차를 제시하지 않고, 다음과 같이 〈보기〉를 제시하였다.

2) 구조 분석법

구조 분석법은 한자의 짜임 등의 분석을 통해 한자를 흥미롭게 교육한다. 구조분석법은 한자의 특성을 살려 그림을 그려서 수업을 진행한다든가, 질문 또는 토의 학습 방법을 통해 학생들이 스스로 알 수 있게 하는 등 다양한 방법의 적용이 가능하다.[12]

구조 분석법 역시 교육과정해설서에는 모형이나 절차가 제시되어

---

11) 교육과학기술부(2008), 70면, 고등학교 한문과 교육과정 해설, 교육과학기술부.
12) 교육과학기술부(2008), 70면.

있지 않고, 다음과 같이 보기만 제시되었다. 또한 질문법, 토의학습법 등과 같은 다양한 방법의 적용이 가능하다는 것은 구조 분석법은 '기법'에 해당하는 방법이기 때문이다. 교육과정해설서에는 모형이나 절차를 제시하지 않고, 다음과 같이 〈보기〉를 제시하였다.

보기	休→人[사람] + 木[나무] : 사람이 나무 밑에 있다. 곧 '쉬다.'
	材→木[나무 : 뜻 부분) + 才[재 : 음 부분]

3) 조어 분석법

조어 분석법은 어휘의 짜임을 풀이하여 지도하는 학습법이다.[13] 교육과정해설서에는 모형이나 절차를 제시하지 않고, 다음과 같이 〈보기〉를 제시하였다.

보기	年少	年少 나이어리다	→	나이가 어림

4) 이야기를 통한 고사성어 학습법

이야기를 통한 고사성어 학습법은 고사성어의 배경 고사를 학습자들에게 이야기해 줌으로써 학습자들이 고사성어 속에 담겨있는 속뜻을 이해하도록 하며, 스토리텔링의 기법을 활용함으로써 학습자에게 흥미를 유발하도록 하는 방법이다. 전통적인 학습 방법의 하나이다.

한문과 교사는 이야기를 통한 고사성어 학습법을 위하여 다음의 절

---

13) 교육과학기술부(2008), 71면. 7차 교육과정에서는 '한자를 서로 결합하여 의미를 점차 넓혀 나가는 학습법'으로 정의되어 있다. 용어와 내용이 일치하지 않아, 2007년 개정 한문과 교육과정에서는 그 개념을 새롭게 정의하였다.

차를 준비한다. ①고사성어의 배경 고사를 파악한다. 배경 고사의 내용이 의미하는 바를 파악한다. ②학습자에게 고사성어를 학습하면서, 배경 고사를 이야기한다. 학습자들이 배경 고사의 내용이 고사성어의 속뜻임을 알게 한다. ③고사성어의 겉 뜻과 고사성어의 속뜻이 차이가 있음을 알게 한다.

이야기를 통한 고사성어 학습법은 '이야기'를 한다는 것은 교수·학습의 행동과 연관되어 있다. 그러나 '고사성어'라는 한문의 특수한 교과 내용이 연관되어 있으므로 내용 중심 학습법으로 하였다.

5) 도제식 한시 교수·학습법[14]

도제식 한시 교수·학습은 협동 학습을 통해서 한시를 이해하고 풀이하도록 하며, 상호 토의 속에서 형성된 풀이 내용을 전체 토의 속에서 정리하도록 하며, 이 때 교사는 인지적 도제가 되어 학습자들의 학습 활동에 다양한 도움을 주어 학습의 효과를 높이도록 한다. 또한 상호 과정 속에서 형성된 사고를 반성적 사고를 통해 비평적 에세이를 쓰게 하여 텍스트를 이해하도록 하는 방법이다.[15]

도제식 한시 교수·학습법의 준비를 위하여 다음과 같은 절차를 준비한다. ①한시 텍스트를 선정, 한시의 번역 및 번역 방법을 구술 방법을 통해 시범을 보인다. ②학습자들은 교사의 시범을 따라 한시 텍스트를 송독하고 개인별 학습자 스스로 1차 번역과 해석한다. 교사는 학습자들로 하여금 협동 학습을 통하여 2차 번역 및 해석을 하게 한다. 내용을

---

14) 김연수(2006a); 김연수(2006b), 이 방법은 김연수가 제기한 방법으로 원래의 명칭은 '인지적 도제 방식의 한시 교수·학습 모형'이나, 명칭이 압축적이질 않아 '도제식 한시 교수·학습 방법'이라고 약칭한다. 이하 동.
15) 김연수(2006).

명료화하는 과정으로 전체 토의 및 종합정리하게 한다. 이 과정에서 교사가 인지적 도제가 되어 학습자에게 도움[飛階 scaffold]을 줄 수 있는 여러 단서를 제공한다. ③마무리 단계에 교사는 일체의 도움을 중지시키고 반성적 사고를 통해 비평적 에세이를 쓰게 한다. 자기주도적으로 텍스트를 상호 이해하도록 한다.[16]

도제식 한시 교수·학습법은 반성적 사고를 통해 비평적 에세이를 쓴다든지, 자기 주도적으로 텍스트를 상호 이해하도록 하는 것 등은 행동 중심 교수·학습 방법에 속한다. 그러나 '한시'라는 한문의 특수한 교과 내용이 연관되어 있으므로 내용 중심 학습법으로 하였다.

이상의 것 외에도 한문과의 내용 중심 교수·학습 방법에는 자원 활용법, 비교학습법, 허자 지도를 통한 독해학습법, 어순 구조를 통한 독해지도법 등 다양한 방법이 있다.

3. 漢文科의 媒體[17] 中心 敎授·學習 方法

한문과의 매체 중심 교수·학습 방법은 한문과 수업을 위해 교구나 기타 매체를 활용하여 수업하는 방식이다. 언어 활용법, 이미지컷 활용 학습법, 한자 카드 활용법, 옥편 지도법, CAI(컴퓨터 활용 수업) 등 다양한 매체를 활용한 학습법이 있다.

1) 언어 활용법

언어 활용법은 어휘를 실제 언어생활이나 학습 내용에 적용하게 하

---

16) 이 학습법은 '해석'의 과정은 풀이의 학습법에 적용이 되며, '반성적 글쓰기'의 부분은 내용 이해의 학습법에 적용된다.

17) 여기서 매체의 의미는 '전달 수단'과 '도구 활용'의 의미가 담긴 것이다.

는 학습법이다.[18] 교육과정해설서에는 모형이나 절차를 제시하지 않고, 다음과 같이 〈보기〉를 제시하였다.

<table>
<tr><td>보기</td><td>나는 논어라는 위대한 古典을 현대적인 관점에서 이것저것 해석해 보려고 했다.
《안병욱, 사색인의 향연》</td></tr>
</table>

언어 활용법에서 언어는 눈에 보이는 도구와 같은 매체는 아니다. 그러나 한자 어휘는 우리의 언어생활에서 활용이 된다. 이때 언어는 매개적인 역할을 하므로 매체 활용 중심 교수·학습 방법에 넣었다.

2) 색출법

색출법은 신문·서적·표지판·광고 등을 제시하여 학습하거나, 학습한 어휘를 찾아보는 학습법이다.[19] 이때 신문·서적·표지판·광고 등은 생활 속의 문화적 도구이나 한자 어휘의 학습에 좋은 매체로 활용할 수 있다. 교육과정해설서에는 모형이나 절차 및 〈보기〉를 제시하지 않았다.

3) 이미지컷 활용 학습법

이미지컷 활용 학습법은 한자의 제자원리를 교수·학습하기 위하여 개발된 방법이다. 제자원리와 유사한 이미지컷을 이용해서 학생들에게 상형자와 지사자와 같은 제자원리를 학습하는 방법이다. 이 방법은 육서의 원리를 교과를 듣는 학생들에게 재해석해서 자기화 시킨 것이

---

18) 교육과학기술부(2008), 71면.

19) 교육과학기술부(2008), 71면.

다. 이를 교수·학습에 활용하면 매우 흥미로운 수업이 될 것이다.

이미지컷 활용 학습법은 생활 주변의 이미지컷을 통한 것이므로 학생들의 한자 학습의 동기를 느낄 수 있다.[20]

4) 한자 카드 활용법

한자 카드 활용법은 한자의 뜻과 음, 또는 제자원리 등에 대한 학습을 교수·학습하기 위하여 개발된 것이다. 한자 교육에서 잘 알려진 일반적인 방법으로 한자와 관련된 정보가 담긴 카드를 이용해서 학습자의 흥미를 유발하는 방법이다.

* 한자 카드는 매체

5) NIE 활용 학습법

한문과의 NIE 활용 학습법은 한자 및 한자 어휘가 신문·방송 등 언어생활을 기본으로 하는 매체를 활용하는 학습법이다. 신문·방송에 활용되는 언어를 활용한다는 점에서 언어 활용법과 유사하다.[21]

6) 웹기반 교수·학습 방법

한문과의 웹기반 교수·학습 방법(WBI : Web-Based Instruction)은 웹상에서 이루질 수 있는 기능을 활용하여 한문과의 교수·학습에 적용하는 것이다. 이는 세 가지 유형이 있는데, 첫째, '상호작용적 교환'으로 전자우편이나 인터넷 채팅과 같은 거리가 먼 지역 간의 공통관심거리에 의한 한문과의 수업 연결, 시간과 장소를 초월한 한자·한

---

20) 송병렬(2002); 宋秉烈(2001).
21) 김재영(2007).

문에 대한 질문과 답변 활동이다. 둘째는 '정보수집'으로 한자·한문에 대한 정보 교환, 데이터베이스 개발, 전자출판 등의 활동이다. 셋째는 '문제해결 프로젝트'로 주어진 한자·한문에 관한 문제해결을 위한 정보탐색, 서로 다른 지역 학생들 간의 개별적 작업 결과를 공유하고, 학생과 교사간의 인터넷 채팅을 통한 동시적 협의 등을 통한 학습 활동이다.22)

웹기반에서 이루어지는 교수·학습 방법이지만, 문제해결 프로젝트 등은 문제해결 중심 교수·학습 방법을 활용한 것이다.

이상에서 제시한 한문과의 매체 중심 교수·학습 방법 외에도 옥편 활용 지도법 등 여러 가지 매체 활용 교수·학습 방법이 있다.

4. 傳統的인 學習 方法

전통적인 교수·학습 방법은 근대의 교수·학습 방법과는 다른 것이 주로 학습법에 치중되어 있다. 자기주도 학습법이라고 할 만한 것이 대부분이다. 이는 중세의 사대부들의 인식과도 관련이 있다. 당시 그들은 공부를 하나의 자기 수양과 같이 여겼다. 따라서 공자가 언급한 것과 같이 志學(학문에 뜻을 두고), 立志를 실천해가는 과정이었다. 이에 선인들의 공부법을 소개해 본다.

1) 誦讀法

송독법은 성독법이라고 하나 낭송하여 읽으므로 주로 송독법이라 한다. 글을 소리 내어 읽는 방법이다. 한문의 텍스트(단문, 한시, 산문)

---

22) 백광호(2000), 한문과에 적용 가능한 웹기반 수업과 문제 중심 학습, 漢文敎育 研究 제15호, 韓國漢文敎育學會.

입으로 소리 내어 읽음으로써 한문의 문장의 맥락을 파악하고, 한문 문장의 구성과 구절, 한자의 음 등을 이해하는 학습법이다. 오늘날 낭독법과 같다. 다만 낭송하는 방법이 있어 리듬을 타는 것이 낭독법과 다르다. 낭독법은 반복학습의 방법으로 많이 활용된다. 송독 또한 낭독법과 같이 현토하여 송독하는 것이 일반적이다. 이 방법은 반복과 다독학습의 기본 방법이다.[23]

2) 多讀 學習法

다독 학습법은 말 그대로 '하나의 텍스트를 반복해서 많이 읽는 것이다.' 한문 고전에 대한 학습은 많은 양의 글과 典故를 이해하여야 하는 특징이 있으므로 반복해서 많이 읽는 것이 학습에 매우 효과적이다. 선인들에 따라서는 하나의 텍스트를 백 번, 천 번씩 읽기도 하였다. 다독 학습은 암기 학습과도 연관이 되어 많이 읽다 보면 텍스트를 암기할 수 있게 되어 완전히 체득하는 경지에 이를 수 있어, 한문과 같은 언어의 학습에 매우 효과적이다. 그러나 오늘날과 같이 다양한 학문을 공부하는 경우에는 많이 읽을 수 있는 시간이 부족하며, 학습자가 흥미를 잃기가 쉽다.[24]

3) 格物致知 學習法(精讀 學習法)

격물치지 학습법은 학습하고자 하는 텍스트의 이치를 깨닫고 사고하는 방법으로 사물의 이치를 궁리하여 깨우치는 것과 같이 하는 학습법이다. 텍스트의 내용(경전)을 글귀나 풀이하는 수준에서 이해하는

---

23) 김건우(2003).
24) 김건우(2003).

것이 아니라, 글에 담긴 내용과 경전의 깊은 의미를 깨달을 때까지 사고하여 완전히 자기화한다. 책을 정독하고 사고하여 뜻을 깨우칠 때까지 학습하는 것으로 읽은 후에 思考를 통하여 이치를 깨우친다. 옛 사람의 마음을 헤아려 깨우쳐서 마음으로 체득하는 학습법이다.[25]

4) 全心全力 學習法

전심전력 학습법은 철저하게 자기 관리를 통한 학습을 하여 학습 목표를 성취하는 것이다. 학습하는 것을 자신과의 싸움으로 여기고 극기하는 것이다. 조광조, 조식 같은 분이 이러한 학습 방법을 사용하였다. 특히 남명 조식은 '常惺惺法'(늘 깨어있는 법)이라 하여 정신이 혼미하지 않고 늘 깨어있는 상태를 유지하여 학습하였다. 학습이 곧 극기로 여기는 수양의 과정이기 때문이다.[26]

5) 暗誦 學習法

암송 학습법은 다독 학습법을 기본으로 하여 많이 읽어서 텍스트를 보지 않고도 그대로 소리 내어 읽을 수 있도록 하는 학습법이다. 이 방법은 미암 유희춘이 유명하다.

이상과 같이 전통적인 학습법은 주로 자기 주도적인 학습으로 반복을 위주로 하며 하나의 텍스트를 완전히 체득하는 것을 가장 좋은 학습법으로 여겼다.

선인들은 한문의 학습을 위해서 바람직한 학습의 절차를 중시하였다. 유희춘은 다음과 같이 독서 절목을 제시하였다.

---

25) 김건우(2003).
26) 김건우(2003).

(1) 부지런히 글을 읽을 것(多讀)

(2) 잘 기억할 것(强記)

(3) 정밀히 생각할 것(精思)

(4) 분명히 분별할 것(明辨)

(5) 잘 기술할 것(善述)

(6) 독실하게 행할 것(獨行)27)

또한 택당 이식의 경우, 공부하는 순서와 목록을 다음과 같이 제시
하였다.

(1)『시경』과『서경』을 일백 번 읽을 것

(2)『논어』를 章句와 같이 일백 번 읽을 것

(3)『맹자』를 일백 번 읽을 것

(4)『중용』과『대학』을 아침, 저녁으로 읽을 것

(5)『綱目』과『宋鑑』을 수십 번 읽을 것

(6)『周易』의 대문을 읽을 것

(7) 춘추의『좌씨전』『胡氏傳』등을 몇 번 읽고 대략의 뜻을 이해할 것

(8)『예기』를 초록해서 읽을 것

(9)『의례』는『예기』를 읽을 때 비교해서 읽지 말 것

(10)『주례』는『춘추』를 읽을 때 비교하면서 검토할 것

(11)『소학』은 한 달에 한 번씩 읽을 것

(12)『주자가례』는 평소에 실행하면서 읽을 것

(13)『근사록』『성리대전』『성리군서』『심경』『이정전서』『주자전서』
등은 많이 읽으려고만 하지 말고, 철저히 강론하여 체득하고 실행에
옮길 것28)

---

27) 김건우(2003).

28) 김건우(2003).

이상의 것은 학습의 순서나 절목으로서 오늘날과 같은 학습 방법은 아니다. 그러나 학습의 순서나 절목도 학습의 중요한 전제이므로 선인들은 학습법의 일부로 보았다.

Ⅲ. 結論

이상에서 교수·학습 방법의 일반적인 이론과 한문과 교수·학습의 방법을 살펴보았으며, 아울러 전통적인 학습법도 알아보았다.

교육학의 교수·학습 방법 연구 중에서 교수·학습 방법에 대해 일관된 체계와 기준을 가지고 분류한 연구 논문이나 저서를 아직 보지 못했다. 물론 교육학 이론은 주로 행동 중심과 매체 중심으로 이루어져 왔기 때문이다. 이에 본고에서는 한문과의 교수·학습 방법을 교수·학습자의 행동의 강조를 두어 개발한 행동 중심 교수·학습 방법과 한문과의 교과 내용을 중심으로 개발된 내용 중심 교수·학습 방법, 도구와 전달 수단을 중심으로 개발된 매체 중심 교수·학습 방법 등으로 나누어 보았다. 이를 도표로 제시하면 다음과 같다.

기준	교수·학습 방법
행동 중심 교수·학습 방법	· 강의법 · 질문법 · 토론법 · 개별 학습법 · 브레인 스토밍과 버즈 학습법 · 문제 중심 학습법 · 협동 학습법 · 자기주도 학습법 · 역할놀이 학습법 · 낭독법

내용 중심 교수·학습 방법	· 부수 중심 지도법 · 구조 분석법 · 조어 분석법 · 이야기를 통한 고사성어 학습법 · 도제식 한시 교수·학습법 · 자원 활용법 · 비교학습법 · 허자지도를 통한 학습법 · 어순 구조를 통한 학습법
매체 중심 교수·학습 방법	· 언어 활용법 · 색출법 · 이미지컷 활용 학습법 · 한자 카드 활용법 · NIE 활용 학습법 · 웹기반 교수·학습 방법 · 옥편 활용 지도법
전통적인 학습 방법	· 송독법 · 다독 학습법 · 격물치지 학습법(정독 학습법) · 전심전력 학습법 · 암송 학습법

그동안 개발된 여러 가지의 한문과의 교수·학습 방법이나 기법을 중복이 되지 않게 분류하는 기준을 세운 것이다. 앞으로 한문과의 교수·학습 방법을 연구할 때에 적용할 수 있을 것이다.

그러나 한문과는 체계화가 미흡하여 다양한 유형과 모형, 기법 등이 정리되지 않은 상태에 있다. 교육과정의 영역별로 살펴본 결과 일부 영역에만 방법과 기법이 치중되어 있었다. 많은 기법들이 제시되고 있지만, 그 또한 모형이나 절차가 없어서 교수·학습 방법의 이론이라고 칭하기에 부끄러운 것도 있다. 그러한 가운데서도 성과는 있었다. 교수·학습 방법 연구의 대상이 보다 분명해졌다.

한문과 교과교육의 연구가 전반적으로 부족하지만, 교수·학습 방법에 관한 연구는 그 가운데서도 어려운 상황이다. 교수·학습 방법의 개발이 어려운 것임에도 불구하고 한문과의 교육대학원에서 교수·학습 방법에 관한 많은 논문들이 매년 쏟아져 나온다. 상황이 이렇다 보니, 교육학의 일반 이론에 의한 행동 중심 교수·학습 방법이나 매체 중심 교수·학습 방법을 한문과 적용하는 논문들이다. 이들 논문은 선행 논문이나 연구 저서 등을 편집하는 수준의 표절이 상당수 있다. 앞으로 연구자나 지도 교수나 반성해야 될 일이다.

참고문헌

교육과학기술부(2008), 『고등학교 한문과 교육과정 해설』, 교육과학기술부.

김건우(2003), 『옛사람 59인의 공부 산책』, 도원미디어.

김연수(2006a), 「한시 교육에서의 구성주의 교수·학습 방법 연구」, 박사학위 청구논문, 고려대학교 대학원.

김연수(2006b), 「認知的 徒弟 방식의 漢詩 敎授·學習 模型의 실제 적용 양상 연구」, 『漢文敎育硏究』 第27號 167~201면, 韓國漢文敎育學會.

김재영(2007), 「漢文科 敎授·學習의 體系化 方案」, 『漢文敎育硏究』 第29號 129~157면, 韓國漢文敎育學會.

박숙희·염명숙(2004), 『교수·학습과 교육공학』, 학지사.

백광호(2000), 「한문과에 적용 가능한 웹기반 수업과 문제 중심 학습」, 『漢文敎育硏究』 第15號 453~470면, 韓國漢文敎育學會.

宋秉烈(2002), 「바람직한 漢文科 敎授-學習 方法의 摸索」, 『古典文學의 現況과 展望-農所 金慶洙 博士 華甲紀念論文集-』 837~867면, 역락출판사.

宋秉烈(2001), 「漢文敎科敎育에서 「漢字의 짜임」 指導 方法의 一考察」, 『漢文敎育硏究』 第16號 166~189면, 韓國漢文敎育學會.

이종숙·류영숙·조안나(2006), 『교육방법론』, 학이당.

이 글은 『漢字漢文硏究』 제5호(고려대학교 한자한문연구소, 2009)에 수록한 논문을 재수록한 것이다.

한문과 교수·학습 방법론 논저목록

강덕희(1991), 「기초 조어표의 활용을 통한 조어표의 효과적인 지도방안」, 『漢文教育研究』 5, 韓國漢文教育學會(舊 漢文教育研究會), 49~113면.

金慶洙(1986), 「漢文教科와 그 指導案」, 『漢文教育研究』 1, 韓國漢文教育學會(舊 漢文教育研究會), 217~243면.

金慶洙(1989), 「漢文科 授業設計에 관하여」, 『漢文教育研究』 3, 韓國漢文教育學會, 5~18면.

金相洪(1986), 「茶山의 ≪耳談續纂≫ 研究」, 『漢文教育研究』 1, 韓國漢文教育學會(舊 漢文教育研究會), 9~36면.

金相洪(1994), 「漢詩 鑑賞指導의 一斑」, 『漢字漢文教育』 1, 韓國漢字漢文教育學會, 153~174면.

金相洪(1996), 「近體詩의 平仄譜 教授－學習 方法」, 『漢字漢文教育』 2, 韓國漢字漢文教育學會, 57~69면.

金鍊秀(2006), 『漢詩 教育에서 구성주의 교수·학습 방법 연구』, 高麗大學校 大學院 博士學位 論文.

金禹鏞(1994), 特活을 通한 漢文科 學習指導가 學習者의 學力伸張에 미치는 影響」, 『漢字漢文教育』 創刊號, 韓國漢字漢文教育學會, 107~125면.

金翊壽(1990), 「高校漢詩 指導方法에 관한 試論」, 『漢文教育研究』 4, 韓國漢文教育學會(舊 漢文教育研究會), 104~152면.

김재영(2007), 「漢文科 教授－學習 方法의 體系化 方案」, 『漢文教育研究』 29, 韓國漢文教育學會, 129~157면.

柳豊淵(1986), 「益齋詩의 特色과 影響, 『漢文教育研究』 1, 韓國漢文教育學會(舊 漢文教育研究會), 121~134면.

閔丙秀(1986), 「朝鮮前期 漢詩研究」, 『漢文教育研究 1, 韓國漢文教育學會(舊 漢文教育研究會), 37~68면.

裵源龍(1996), 「漢文科 교수·학습 지도 방법-시청각 자료 활용을 중심으로-」, 『漢字漢文教育』 3, 韓國漢字漢文教育學會, 107~125면.

裵源龍(1997), 「漢文科 교수·학습 지도 방법-시청각 자료 활용을 중심으로-」, 『漢字漢文教育』 3, 韓國漢字漢文教育學會, 11~29면.

백광호(2000), 「漢文科에 적용 가능한 웹기반 수업과 문제중심학습」, 『漢文教育研究』 15, 韓國漢文教育學會(舊 漢文教育研究會), 453~470면.

백광호(2009), 「漢文科 授業에서의 교육용 콘텐츠 활용 방안」, 『漢文教育研究』 32, 韓國漢文教育學會, 131~156면.

白源鐵(1986), 「洛下生 紫霞의 文學的 交驩」, 『漢文教育研究』 1, 韓國漢文教育學會(舊 漢文教育研究會), 69~88면.

白源鐵(1997), 「漢文科 學習의 傳統的 朗讀法에 對하여-漢文科 學習의 效果的 一方案의 摸索-」, 『漢文教育研究』 11, 韓國漢文教育學會(舊 漢文教育研究會), 31~43면.

卞英安(1994), 「漢文 讀解力 伸張을 爲한 段階的 文型 指導 方案」, 『漢字漢文教育』 1, 韓國漢字漢文教育學會, 127~151면.

成澤泳(2000), 「멀티미디어를 活用한 效果的인 漢字 學習指導 研究」, 『漢字漢文教育』 6, 韓國漢字漢文教育學會, 102~143면.

宋秉烈(2001), 「漢文教科教育에서 '漢字의 짜임' 指導 方法의 一考察-象形字·指事字를 중심으로-」, 『漢文教育研究』 16, 韓國漢文教育學會(舊 漢文教育研究會), 165~189면.

宋秉烈(2007), 「漢文科 敎授·學習의 協同學習 模型 適用」, 『東方漢文學』 32, 東方漢文學會, 401~424면.

宋秉烈(2009), 「한문과 교수·학습의 이론과 방법」, 『漢字漢文研究』 5, 고려대학교 한자한문연구소, 81~82면.

宋永日(1997), 「漢文教育의 效率的 授業模型 研究」, 『漢字漢文教育』 3, 韓國漢字漢文教育學會, 269~310면.

宋載卲(1986), 「漢文教育은 왜 필요한가?」, 『漢文教育研究』 1, 韓國漢文教育學會(舊 漢文教育研究會), 207~216면.

沈慶昊(1986), 「天台山人 《朝鮮漢文學史》 檢證」, 『漢文教育研究』 1, 韓國漢文教育學會(舊 漢文教育研究會), 135~151면.

沈浩澤(1986), 「《破閑集》의 역사적 성격-撰錄意圖의 시대적 배경-」, 『漢文教育研究』 1, 韓國漢文教育學會(舊 漢文教育研究會), 89~120면.

安載澈(1986), 「孝經 語法研究-人稱代名詞와 指示代名詞를 中心으로-」, 『漢文教育研究』 1, 韓國漢文教育學會(舊 漢文教育研究會), 169~206면.

余美玉(1997), 「視聽覺을 利用한 漢字敎育, 漢字漢文敎育』3, 韓國漢字漢文敎育學會, 1~9면.

吳錫環(1996), 「高等學校 漢文科 敎材 分析 硏究, 『漢字漢文敎育』2, 韓國漢字漢文敎育學會, 19~34면.

吳錫環(1998), 「農巖의 哀祭類 散文 文學 硏究-漢文文章의 感賞과 敎育의 方法論 摸索-」, 『漢字漢文敎育』4, 韓國漢字漢文敎育學會, 251~289면.

元容錫(1996), 「漢字語 敎授-學習 方法에 對한 硏究-中學校 6次 敎育課程을 中心으로-」, 『漢字漢文敎育』2, 韓國漢字漢文敎育學會, 1~17면.

柳修賢(1997), 「視聽覺 資料의 活用을 통한 '漢文' 讀解 指導 效率化 方案」, 『漢字漢文敎育』3, 韓國漢字漢文敎育學會, 31~50면.

李京雨(2009), 「UCC를 기반으로 하는 한시 학습 방법 연구-7차 고등학교 교육과정 한시를 중심으로-, 『漢文敎育硏究』32, 韓國漢文敎育學會(舊 漢文敎育硏究會), 87~129면.

이복규(1999), 「옛날 이야기와 수수께끼를 통한 漢字·漢文 學習」, 『漢字漢文敎育』5, 韓國漢字漢文敎育學會, 57~72면.

李相鎭(1986), 「閭巷人의 傳에 대하여-鄭來僑 '傳' 作品의 分析-」, 『漢文敎育硏究』1, 韓國漢文敎育學會(舊 漢文敎育硏究會), 153~168면.

李鍾福(1996), 「漢詩의 指導方法에 關한 硏究」, 『漢字漢文敎育』2, 韓國漢字漢文敎育學會, 35~55면.

李鍾虎(1988), 「高校漢詩 指導方法에 관한 試論」, 『漢文敎育硏究』2, 韓國漢文敎育學會(舊 漢文敎育硏究會), 89~105면.

이태희(1997), 「近體詩의 4단 구성과 그림으로 하는 漢詩 수업」, 『漢文敎育硏究』11, 韓國漢文敎育學會(舊 漢文敎育硏究會), 5~12면.

張基聖(1988), 「漢文의 讀解力 伸張을 위한 虛辭와 文型 學習指導에 관한 硏究」, 『漢文敎育硏究』2, 韓國漢文敎育學會, 106~140면.

張銅禧(1998), 「虛字指導를 통한 漢文 讀解力 伸張에 關한 硏究」, 『漢字漢文敎育』4, 韓國漢字漢文敎育學會, 165~187면.

張政遠(2011), 「日本漢字學習的傳統與方法」, 『漢字漢文硏究』26, 韓國漢字漢文敎育學會, 323~339면.

조규남(1995), 「그림을 活用한 漢字指導法 硏究」, 『漢文敎育硏究』5, 韓國漢文敎育學會(舊 漢文敎育硏究會), 49~113면.

최승호(1990), 「構造類型의 探索活動을 통한 漢字·漢字語·漢文에로의 단계별 指導方案」, 『漢文敎育硏究』4, 韓國漢文敎育學會(舊 漢文敎育硏究會), 57~103면.

▌필자 소개

강덕희　전 광주 송정여자상업고등학교　　송병렬　영남대학교 한문교육과
김은경　경기 능곡중학교　　　　　　　　원용석　경기 평촌고등학교
김재영　전 진주 진명여자중학교　　　　이경우　경기 동우여자고등학교
배원룡　전 선화예술대학교　　　　　　이복규　서경대학교 국어국문학과
백광호　전주대학교 한문교육과　　　　이태희　서울 선덕고등학교
백원철　전 공주대학교 한문교육과　　　진철용　서울 송화초등학교

▌한국한문교육학회 창립 30주년 기념 한국한문교육연구총서 간행위원회

간행위원장 : 윤재민
간 행 위 원 : 김왕규, 김연수, 송혁기, 백광호, 권경순

韓國漢文敎育學會 創立 30週年 紀念
韓國漢文敎育硏究叢書 2

한문과 교수·학습 방법론

2012년 7월 6일 초판 1쇄 펴냄

편　자 송병렬·진철용
발행인 김흥국
발행처 도서출판 보고사

등록 1990년 12월 13일 제6-0429호
주소 서울특별시 성북구 보문동7가 11번지 2층
전화 922-5120~1(편집), 922-2246(영업)
팩스 922-6990
메일 kanapub3@chol.com
http://www.bogosabooks.co.kr

ISBN 978-89-8433-293-5 93710
정가 20,000원